普通高等教育“十一五”国家级规划教材

寿险精算原理

（第二版）

李晓林　主编

中国财政经济出版社

图书在版编目（CIP）数据

寿险精算原理/李晓林主编．—2 版．—北京：中国财政经济出版社，2012.9（2023.1 重印）
普通高等教育“十一五”国家级规划教材
ISBN 978 - 7 - 5095 - 3835 - 7

Ⅰ.①寿…　Ⅱ.①李…　Ⅲ.①人寿保险 - 计算方法 - 高等学校 - 教材　Ⅳ.①F840.62

中国版本图书馆 CIP 数据核字（2012）第 188371 号

中国财政经济出版社出版

URL：http：//www.cfeph.cn

E - mail：cfeph@cfeph.cn

社址：北京市海淀区阜成路甲 28 号　邮政编码：100142

营销中心电话：88191537　北京财经书店电话：64033436　84041336

北京富生印刷厂印刷　　各地新华书店经销

787 × 1092 毫米　16 开　19.75 印张　421 000 字

2012 年 9 月第 2 版　2023 年 1 月北京第 4 次印刷

定价：38.00 元

ISBN 978 - 7 - 5095 - 3835 - 7/F · 3141

（图书出现印装问题，本社负责调换）

本社质量投诉电话：010 - 88190744

打击盗版举报热线：010 - 88191661　QQ：2242791300

编写说明

本书系普通高等教育“十一五”国家级规划教材的修订版，原书是在全国财经类通用教材《寿险精算原理》的基础上修订而成。

寿险精算是精算学的核心内容，揭示了对未来的不确定的财务事件提供数量化意见的精算方法。它以概率统计为基础的生命模型研究人的死亡和疾病的不确定性，以复利函数研究资产的时间价值对未来事件进行量化，并将生命模型和复利函数结合，形成了一整套全面量化未来不确定的财务事件的方法。它不仅在保险、金融等领域发挥着巨大的作用，对于可以通过类似方法描述不确定性和时间价值函数的事务，也是一个重要的工具，如可以参考死亡保险的量化模型分析大型设备寿命等。

全书除了绪言共分十三章，编写中力求系统展示寿险精算的主要思想和基本工具。

为了控制篇幅，修订中删去了原书的部分生命表，参考目前寿险公司实践中的多数做法，仅列全了利率为3%的中国人寿保险经验生命表（1990—1993）的6张表，利率为5%的生命表以及中国人寿保险经验生命表（2000—2003）等其他生命表仅列出了学习本书所必须的数据，并调整了部分例题和习题。

原书的习题由黄虹女士编写；多次修订中，唐涛、朱建奇、彭康、杨旭山、杨阳、李昊、夏睿鑫、高星、岳莹等同志提出了宝贵的修改意见。此次修订中，包双宝、凤兰、张婧子等同志阅读了全书主要章节，并提出了修改意见。在此对上述各位表示感谢。

由于作者水平所限，书中难免存在缺点，请广大读者不吝赐教。

作　者

2012年8月

目　录

绪言

精算工作的内容

第一节　精算的概念

早在19世纪初期，世界上的那些老牌保险公司就已经把精算师摆在非常权威的位置上。他们在强调自己实力雄厚时常常这样说：“本公司拥有××名精算师”，而不是强调公司拥有多少资金。因为经营者们很清楚，对风险的把握程度直接决定着保险公司的信誉。不以精算为前提的任何一个关于投资、保险、就业、社会保障、福利等方面的分析报告，是很不可靠的。因此，拥有多少精算师成为衡量一个保险公司实力的重要标志。

精算学的概念并不神秘，它研究如何利用数学、统计学、经济学等理论，对未来的、不确定的、与财务相关的事物提供数量化意见。精算工作主要是由精算师承担的。

这里，重要的是“未来的不确定的事物”。同不确定事物打交道的能力，标志着精算师成为一个具有重要作用的独立职业。

精算学研究的是“财务”问题。从非常简单的问题（如确定在一项抵押下每月的投资是多少)，到非常复杂的问题（如管理一项大的养老基金）。这些问题可以通过精算中的一个很重要的内容——利息理论——找到恰如其分的答案。

精算学研究的对象是“不确定性”，而说明财务不确定性的一个很好的例子就是保险合同。在投保自行车盗窃险时，一辆超豪华的山地车的拥有者，与一辆普通的旧车车主相比较，分别应缴多少保费呢？哪一辆将被偷是不确定的，但是研究一下这两种车过去被盗窃的规律，精算师就可以为每一种自行车确定一个合适的保费。解决这种问题的主要工具就是统计学。

精算学研究“未来的”不确定性。例如，个人养老基金问题，这是一笔很大的资产基金，它为特定的一些人提供将来的养老金。这笔基金也许必须为那些现在还很年轻的人提供退休养老金。这些养老金也许在40年以后才开始支付,也许向领取者连续支付40年或者更长时间。所以，养老基金的管理者们必须考察下面两种情况：一是这些资产在40年或更长的时间里的价值是多少？二是养老金领取者活着并领取养老金的时间有多长？精算师的工作，就是把这些不确定事件的可能性数量化。

多数精算师就职在既能赢利又有风险的企业，例如保险公司。保险公司承保着人们的风险。作为回报，它收取保费，所以它拥有大额的钱财。重要的不是这钱财的多少，而是怎样依靠专家来经营和管理这笔基金。这就是需要精算师的原因。精算师受雇于保险公司后，处理人寿保险、年金及其他诸如汽车保险等各类非寿险的有关数量分析问题，其工作包括设计和评估保单和公司的各类证券投资。部分精算师是在顾问公司或咨询公司工作，他们为一些小型保险公司提供咨询服务。像英国的 Endwerd R. Mores 人寿保险公司，正是因为 1762 年就设立了精算部门，因此在之后很长的一段时间里，其业务一直处于领先地位。

精算师还工作于政府部门。政府的失业保障、养老保障、医疗保障等各种社会保障方案都是在精算师对社会各种政治、经济、人口因素分析和预测的基础上制定的。政府还通过精算师来监督保险公司等多种行业。

此外，在咨询公司、证券公司、大型企业及人口统计等部门，精算师都显示了不可替代的作用。

第二节　预 测 未 来

精算师常常必须对将来要发生的事件作出估计(预测)。例如：估计一笔养老基金作为特殊的资产在未来 10 年中的利率；估计每 10 万套同一类型的房屋在下一年将被火灾毁坏的房屋数；估计已经参加了人身保险的人中有多少将在未来 10 年中死亡；估计未来 10 年的通货膨胀率，进而估计一个具体的正在营运的公司在支出方面将要受到的影响；就一笔对政府发行的 10 年债券的投资而言，估计它的可兑现的现金流量的增值情况；就一项由一家大公司发行的权益股，估计它的可兑现的现金流量的增值，等等。

很明显，第一个问题就是要弄清“过去告诉了我们什么”。如果我们肯去研究过去 40 年的通货膨胀率，或是研究过去 10 年中被火烧掉的房屋的比例或者一系列类似的数据，那就可以具备那种能力——把未来的基本情况准确地估计出来。例如，如果我们发现在过去的每一年里，在年初的所有房屋的 9‰将在这一年底以前被烧掉，我们就可以预言在保险公司投保了的这类房屋将有 9‰的会在这一年中被烧掉，就能对责任的成本作出确定的预告。

然而，很多的情况是，我们不能精确地知道在给定的那一年中会有 9‰的房屋被烧，但是能知道整个比例在年复一年地上下波动。它可能在 6‰～12‰之间变化。于是，通过对过去资料的分析和计算之后，也许我们可以说，平均起来，投保的房屋在未来一年中将有 9‰的房屋被烧毁，但可能高出 3‰或低出 3‰。根据不同的情况，在计算之后可能会得到不同的平均值。

针对这种情况，通过对过去的研究，我们可以对未来做出两个报告：(1)按照预期，平均会有百分之几的房屋被烧；(2)实际的结果与我们预期的平均数的偏差幅度有多少。

这两个报告都很重要，特别是第二个报告，对于准确地估计未来的基本情况显得更为重要。这涉及怎样更科学地使用概率论与数理统计工具。

同样，我们可以研究通货膨胀率在过去的情况，做一份报告，不仅说明在未来最可能发生的情况，而且说明实际的结果可能会有多大的不同。

我们再考虑精算师工作的一个例子，这是针对某一个已知年龄的人在未来有生之年中获得具体保险金的不确定性。一个典型的人寿保险合同是在死亡之前——比如说 20 年内——支付一笔钱。于是这笔钱要支付的概率就是这人在 20 年内死亡的概率。

不同的人会死于不同的年龄，但是通过对大量的人死亡的年龄研究之后，精算师就能估计出同样年龄的一大群人中有多少会在 20 年之内死亡，或者在另一个期间内死亡。对于给定了年龄的一组人，计算他们的生命平均起来将在多少年内结束是能够做到的，这就是“生命的平均期望值”。这些数据对决策工作至关重要。

同样，通过研究过去通货膨胀率变动的方式，你可以判断未来最可能发生的情况以及实际情况可能和预期有多大偏差。

第三节　未来风险的货币表达

在实践中，一些风险是经济方面的，或者说是可以用货币衡量的，如支付汽车维修费用的风险性。如果一个司机向一家保险公司支付了保费，那么他就将这种经济方面的风险转移给了保险公司，他不再面临有关费用的不确定性，其费用就是支付给保险人的保费。现在是保险公司面临着这个司机可能撞车的风险，它将不确定其费用支出情况。

当然，没有保险公司会承保货币无法衡量的风险。保险人可以支付司机汽车的修理费用，但无法衡量其他伤害的风险损失，所以，精算师讨论的风险主要是财务方面的风险。

保险公司之所以能够承担起这种经济方面的风险，是因为它承担了大量的相似风险。通常，一部分司机会在明天发生车祸，因为所有人都不发生车祸是很不寻常的，所有人明天都发生车祸也同样是不寻常的。如果投保司机的数量很大，保险公司就能有一定把握估计出成本，也许，它可以从过去的经验中推算出每年发生车祸的司机的比例不会小于 35‰，也不会大于 95‰。那么投保的司机之中能发生车祸的人数就可以在这些界限中估计出来。保险公司就能够把所有这些车祸的预期费用平均摊在投保的所有司机身上。

一般来说，保险公司承保的风险个体数量越大，发生事故并且索赔的人的比例就会越确定。

投保汽车险所支付的保费看上去可能很高，但至少是可以承受的。但一旦发生严重车祸而他又必须负全责的话，可能就难以负担了。慎重考虑之后，一个司机可能更愿意支付一个确定的数量不大的费用，而不愿支付一个不确定的但可能是毁灭性的费用。

在这个过程中，精算师的工作就是在保险公司接受了大量司机投保时，估计出公司所承担的风险，并由过去的经验推定费用的大小。对过去了解越多，就能够更好地测算将来的费用。可能费用仍是不确定的，但它能够降低不确定性的程度。

精算师不仅能量化风险，还能设计经营或控制风险的方案。例如，精算师可以做到：

1. 为寿险公司测算应该采用的各类保费水平，以确保身体状况良好的人和身体状况不好的人都能恰当支付相应的寿险保费。

2. 向保险人建议最好的投资方式，以保护公司不受资本市场波动的影响。

3. 向保险人或养老金提供人建议应当写入协议中的有关条款，以保证保险人或养老金提供人不承担他并不愿承担的风险。

其他行业也会对承担风险的商业的成功经验作出重要贡献。然而精算师将估测未来整体蓝图所必须的数学技巧和经济知识结合起来。因此，一些国家立法要求在对寿险公司及养老金基金进行监管的过程中必须有精算师的参与。

一般说来，为保险业服务的精算师其主要职能包括以下几个方面：

- 搜集整理人的出生 、死亡、婚姻、就业、退休、意外事故、自然灾害等一系列事件发生率的经验统计资料，研究利率、保单失效率、费用率以及竞争环境等动态因素，以制定各险种的费率。
- 根据搜集的资料编制全国及地区性的不同行业、不同类别的生命表、病伤率表、人均收入增长率。
- 计算各类准备金，编制偿付能力报告。
- 根据经济环境的变化趋势，为保险投资决策提供各种数量化预测指标，如投资的收益率、资产的增长率。
- 分析保险公司年度利润及其来源，提供有效保单按盈余分配红利的数据；测算有效业务价值,进而完成内含价值等各类价值报告。
- 根据保险环境的变化和要求以及地区性特点，参与研究和设计新险种。
- 参与公司的计划、销售、投资、财务等经营管理决策，参与公司各种年度报表的编制，如财务状况报表、所得税报告、经营状况报告、呈送保险监管部门的其他定期报表等。
- 协助其他职能部门根据经验统计资料研究各种险种的效益与费率的调整，以适应竞争环境的要求，并编制内部使用的各种报告。

第四节　长期的风险与不确定性

在保险合同中，涉及的风险和不确定性往往要持续很长的时间，精算师常常要研究一个较长时期内的种种变化。例如：

- 寿险合约可能有 10 年、20 年、30 年或更长的期限。精算师关心的是在这些投保期限中被保险人死亡的风险。
- 养老金基金可能会有义务对一个 20 岁的青年支付未来几十年的养老金。它要确保将基金进行安全的投资，并在需要的时候立即供款。但是投资所能获得的未来利息收入是不确定的。在决定养老金的金额时，精算师必须对一个较长时间内的这种不确定的利息作出估计。

• 一个设计未来几十年人口模型的人口工作者必须考虑到以后 30 ~ 40 年间出生、死亡、结婚、离婚等的变化，包括随着社会的发展这些变量的变化。

风险和不确定性的长期性特点在精算工作中是十分突出的。

第一，精算师对未来作预测时采用各种技巧所描述的是长期性变化而不仅仅是短期变化。例如，投资分析家最感兴趣是下个月某公司股票的价格，希望能够迅速获利。而精算师可能更注意股票在较长时期内的价格变动，看看它能不能作为养老金基金采用的投资对象以应付多年后养老金的支付。

第二，精算师总是超越近期的形势，测算出特定的经济行为的最终结果。例如，在给寿险公司就发行某种特定储蓄计划的效果提建议时，精算师会警告有关的长期风险。精算师会看到在近期效果有利的情况下可能会出现的不利的长期后果。公司也许最关心的是现在该做什么决定，而精算师考虑的是这些决定在遥远的未来意味着什么。

第三，精算师调查过去时必须考虑过去很长一段时间以预测未来的长期趋势。如果只观测股市过去一年的回报率用以预测未来 40 年的情况是没有意义的。

精算师还要密切注意表面现象可能会产生的误导。例如，假设在过去 30 年我国人口以某个稳定的增长率增长，很容易据此想象未来 30 年中人口的增长模型，或者在未来更短时间内的情况。然而，这其中有一个陷阱，因为你所观察的人口过去的增长正是一些有关人口的更基本特征的末期效果。例如，人口可能反映出如下特征：

• 在 40 ~ 60 岁年龄段中人口数量大。这些人可能会加大未来老龄人口的数量，但他们不会再有更多的孩子。

• 婚龄人口增长，结婚人数增多而且以后才会生育，因而这一代人对出生率的全部影响在一段时间内不能表现出来。

• 每对夫妇生育率降低，可能因为经济因素(如夫妇两人都必须工作)。

这些因素综合起来将导致人口下降，而且会因为中年人变老和较高的死亡率，使人口下降得相当快。因此，就人口过去增长而得出未来将增长的简单结论可能是错误的。

还有很多类似的因素会使得表面现象推出错误的结论。为了设计人口模型，必须分别调查作为统计推断基础的出生率、死亡率、婚姻状况，等等。

面对寿险公司的承保实例，只有理解了寿险保单涉及的人口状况是不断变化的，才能不觉得太惊奇。仅仅在过去数年寿险公司现金流的变化图像上画一条线来预测未来数年该公司的现金流是不可能的。保险公司在各个时间点上对基金的需要取决于寿险保单的具体要求，而针对不同的保单、不同的承保人口，在不同的时期其要求是不同的。因此，为了预测基金在未来各个时间点上应有的数额，就必须首先考察承保人口的变化状况。

第五节 数学模型

精算工作离不开数学模型。数学模型是把现实生活中的某个过程用数学方程进行的描述。通过解方程得到数学答案，可以更透彻地理解被模型化的过程中的各种行为。

例如，考虑一个年龄为30岁的人的未来生存时间的问题。

这个问题可以通过建立个人未来生存时间的数学模型得到解决，模型的细节都影响不大，模型的最终答案是一系列等式，它告诉我们一个人在一年死亡的概率是多少，在两年内死亡的概率是多少，等等。精算师可以运用这些概率计算出一个保险单的实际费用。

数学模型是解决问题的一个非常有用的方法。尤其是数学的概率理论在解决保险和投资中的不确定性和风险问题上起着重要作用，因而它对精算师也同样至关重要。它为精算师用正确的方式解决问题提供了思路，并且(有时候)较为有效地解决这些问题。

运用数学模型时应当注意以下几点：

第一，一个有效的模型总是要在参照过去经验的基础上建立起来。例如，设计一个未来死亡率的模型的第一步是找到过去死亡率的模型。这一步总是要求过去的数量化数据，这些数据通常不会完全符合我们的期望，因此设计者必须确保模型不会由于使用了低质量数据而产生误导性结论。

第二，所有的数学模型都是在某种程度上对现实生活作了简化或抽象的产物。这样做是因为复杂的模型常常无法求解，而一个简单模型同样能对一种复杂情况产生有价值的洞察效果。了解到这些简化过程会对模型产生什么影响，以及了解设计模型的技巧对这些假定的依赖程度是很重要的。

模型的选择取决于要解决的问题、建立模型所要用的数据以及所要得到答案的性质。有时一个简单模型就足够了，有时需要一个复杂模型。事先说哪种模型最好是不可能的，但大体上我们可以说：如果一个简单模型能够给一个复杂问题提供非常有用的结论，那么简单模型的潜在部分应该被忽略掉，但是当复杂过程是源于一些基本的因素(如前面例子中的总人口)，一个简单模型就因无法考虑到这些基本的因素而显得太肤浅。

模型的选择取决于我们对基本因素的理解。当理解深入时，模型也会深入。

精算师必须把模型中的结果向公众解释，并不是所有人都会对模型有相同的理解。因此一个精算师用清晰的术语交流他们的结论，解释他们预计的结果是很重要的。随着对精算工作的深入就会发现，它将是精算师最主要的技能之一，在其职业生涯中会不断地运用到。

在建立数学模型预测未来的过程中，精算师总在不断地检验预测的结果和实际情况有多大距离，并且在有必要时用新信息来调整模型。这就是通常所说的“反馈”。

例如，回到上述人口模型中，精算师或人口工作者首先建立了研究未来每年的死亡率、结婚率、出生率和迁移状况的模型。这些模型是根据过去搜集到的数据建立的。

这些包含基本因素的模型将被运用到当前人口，用来预测未来每年的出生、死亡等的数量。可能的话，这个模型将会非常复杂，如预测那些现在还未出生的人口 30 年后的出生率。其最终结果是预测出未来几年的总人口状况。

几年后我们就知道实际的出生人口和死亡人口等数据，可以把这些数据与用模型预测出的结果进行比较。具体说，可以把实际死亡人口与用模型预测的死亡人口相比较，把实际结婚人口与用模型预测的结婚人口相比较，等等。这样就可运用新信息来改进模型，改进对其余各年的总人口的预测。

这是一个运用新信息改进模型的例子。精算师在他们所使用的任何一个模型中都会遵循相同的步骤，使用新的经验数据来检验模型是否可以改进或维持。

第一章 利息与现金流量

第一节 利　　息

一、利息与利率

利息指借用某种资本的代价或借出某种资本的报酬。即借债人除偿还出借人(放款人)原来出借的资本外，还要支付一个附加的补偿，这个补偿叫做“利息”。这里的资本也常被称做“本金”。

影响利率的因素有很多。例如，如果存在违约风险(指损失资本或利息)，放款者会期望获得比其他情况下高的利率；交易中采用的货币可能发生的升值或贬值也影响交易中的利息。很明显，在高通货膨胀时期，这个因素十分重要。

我们通过在现实生活中常见的银行业务来描绘利息的运动。例如，一个投资者开立了一个账户并存入初始存款1 000元，之后他没有向这个账户存取过款项。一年后他要结清这个账户，期望支取到超过1 000元的款项。假设结清账户时他得到了1 060元。这个数目可以被看做是本金1 000元以及60元利息，这个利息就是该账户存在期间，银行使用投资者的资本而支付的报酬。

单位本金在单位时间(一个计息期)所获得的利息即效用利率，又称实际利率①，简称为利率。利率常用百分比表示。根据单位时间的长短不同，有年利率、季利率、月利率、日利率。若无特别声明，本书中提到的利率均为年利率。

① 本书中的实际利率和名义利率，是沿用近几年精算工作者采用的说法。它不同于货币银行学中所说的实际利率和名义利率。在货币银行学中，实际利率是指排除了通货膨胀因素之后的利率，而未排除通货膨胀因素的利率称为名义利率，即实际利率等于名义利率减通货膨胀率。

二、单利

假定投资一个单位本金，在每一个单位时间所得的利息是相等的，而利息并不转为本金，按这种形式增长的利息称为单利。例如，一个投资者在银行开了一个存款账户并存入了 100 元，该账户按每年单利率 8% 支付利息，那么每年他将得到 8 元的利息。如果他一年以后结算这个账户，可以得到 108 元；如果两年后结算，他可得到 116 元。

一般地，如果一位投资者把总额为 C 的本金存入单利利率为 i 的账户——这期间没有其他存款和提款——那么，n 年以后可得的利息为：

$$I = niC$$

若用 S_n 表示第 n 年末的本利和，则

$$S_n = C + I = C(1 + ni)$$

到此为止，在以上的讨论中我们已隐含地假定在前面两个表达式中，n 是一个整数。然而，在通常的商业惯例中，对于小于 1 年的部分时段，要按比例支付利息，于是可以认为上述表达式适用于所有的 n 为非负的情况。

上述表达式反映了单利的基本特征，即利息本身不再转为本金获得利息。如果一个投资者的初始存款为 100 元，1 年后获得 8 元的利息，即本利和为 108 元，若按单利计息，第二年末的本利和为 116 元，第三年末的本利和为 124 元……也就是说，第一年中 100 元产生了 8 元的利息，第二年 108 元产生了 8 元的利息，第三年 112 元产生了 8 元的利息……而这会使投资者认为利息受益水平在下降。这种情况应用复利理论可以得到避免。

三、复利

我们看到，在以单利计息时，利息不能作为本金来赚取利息。例如，考虑 100 元的投资，以单利 8% 投资 2 年。在单利的情况下，每年可获利息 8 元。实际上，在第二年初，投资者已拥有 108 元，显然用 108 元在 8% 的利率下投资是更有利的，可以在下一年中获得 8.64 元利息，而不是 8 元。

复利就是假定每个计息期所得的利息可以自动地转成投资(本金)，以在下一个计息期赚取利息。在以复利计息的过程中，本利和在每期都处于计息状态。

假如一个投资者在银行开了一个账户并存入了 100 元，该账户按 8% 的年利率以复利计息。那么，1 年以后，该账户的本利和为 108 元，这 108 元又作为第二年的本金，到第二年末的本利和为：

本利和 $= 108 \times (1 + 0.08) = 100(1 + 0.08)^2 = 116.64$(元)

一般地，如果将本金 C 存入复利为 i 的账户，我们假定之后没有对该账户的存款和提款，设 S_n 表示第 n 年末的本利和，那么，第$(n+1)$年的利息为：

$$I_{n+1} = iS_n$$

$S_0 = C$，则第$(n+1)$年末的本利和为：

$$S_{n+1} = S_n + iS_n = C(1 + i)^{n+1}$$

以下如无特别说明，书中的利息均为复利。很显然在一个计息期内，单利、复利产生

同样的结果。而在多于一个计息期时，复利下的本利和要大于单利的本利和。

单利、复利的另一个不同点与增长方式有关。当利率不变时，在单利下，每个相等计息期利息增长的绝对数额相等，而在复利下，在相等计息期内，利息增长的相对比率为常数。

复利几乎用于所有的金融活动中，单利常常用于短期交易和不足一个计息期时作为复利的近似值。

第二节　现 金 流 量

现金流量(cash flows)就是在不同时期支出或收入的资金金额(例如，一家保险公司会得到保费和投资收入，并支出理赔和支付管理费用)。从公司的角度，我们把保费和投资收入看作是具有正值的现金流量(指获得的资金)，而理赔和管理费用的支出看作是负值的现金流量(指支出的资金)。从理论上，我们还可以设计一种持续的可支付的现金流量。

以下是实际中的几个简单例子，用现金流量模型可以清楚地描述它们。

一、偿债抵押

假设一个人为了买一所房子，想从银行借一笔钱。银行可能会与他签订一个贷款合同，根据合同，借款者在每月月末支付一系列款项，一直到偿还完全部贷款为止。获准用贷款购买的房地产通常作为该项贷款的抵押物。我们通常称之为房屋抵押贷款。

在实际情况下，为了反映贷款存续期间普遍的利率水平的变动，许多时候，银行将保留有时变动每月偿还款项金额的权利。

例如，假设一家银行准备发放一笔 80 万元的贷款，贷款分次偿还，在 20 年内每月偿还 6 000 元。从借款者的角度看，这项交易的现金流量如表 1 - 1 所示。

表 1 - 1

时间(月份)	现金流量(元)
0	+800 000
1	-6 000
2	-6 000
3	-6 000
…	…
239	-6 000
240	-6 000

注意，在表 1 - 1 中，时间是从贷款之日起按月计量的。

每年偿还的总金额是 7.2 万元(即 12 ×6 000 元),在 20 年里借款者偿付的总金额为 144 万元。

应当重视的是当借款者分期偿还贷款时，每次支付分为“利息”和“本金”两部分，每次还款时利息与本金所占的比例在整个贷款期内变化极大。首次还款几乎都是还利息，只有很少一部分是偿还本金。相反，末次还款几乎都是还本金，只有一小部分是偿还利息。

二、无息债券

表 1 - 2

日 期	时间(年)	现金流量(元)
1998 年 10 月 1 日	0	- 35 160
2010 年 10 月 1 日	12	+ 70 000

"无息债券"是指这样一种证券，它没有固定的利息支付，只是在未来的某一特定日期支付一笔约定的金额。例如，某种债券承诺在 2010 年 10 月 1 日支付给持有者 7 万元，此外没有其他支付，这种债券就是一种无息债券，假定在 1998 年 10 月 1 日这种债券的价格是 35 160 元，对于一个在这一天购买该债券的投资者来说，其现金流量如表 1 - 2 所示。

三、固定利息债券

政府或公司常常会通过发行债券的方式筹措资金。在许多情况下会以固定利息债券的形式出现，这种债券以某一个确定的名义金额发行。最简单的是，债券持有者在未来某些特定时间将得到约定金额的一次总付款以及一系列约定的利息报酬。

在一些国家里政府发行的固定利息债券通常被称为"金边债券"或"金边证券"("gilt edged stocks"或"gilts")。

表 1 - 3

日 期	时间	现金流量
1998 年 9 月 30 日	0	- P
1999 年 9 月 30 日	1	76
2000 年 9 月 30 日	2	76
2001 年 9 月 30 日	3	76
…	…	…
2014 年 9 月 30 日	16	76
2015 年 9 月 30 日	17	76
2016 年 9 月 30 日	18	1 076

例如，一个票息为 7.6%，2016 年到期的财政债券，持有一张这种面额为 1 000 元的债券的人有以下权利：每年获得 76 元的利息，利息在每年 9 月 30 日支付，直到 2016 年 9 月 30 日(包括这一天也支付利息)，并且在这一天偿还本金 1 000 元。设想一名投资者在 1998 年 9 月 30 日以 P 元的价格购买了这样一张债券(刚好在当时到期的利息被支付以后)。如果该投资者不必纳税并且持有该债券直至最后偿付日(而不是在早一些时候卖出)，这项交易的现金流量如表 1 - 3 所示。

在表 1 - 3 中，时间是从购买日开始按年计算的。

表 1 - 4

日 期	时间	现金流量
1998 年 9 月 30 日	0	- P
1999 年 3 月 31 日	0.5	38
1999 年 9 月 31 日	1	38
2000 年 3 月 31 日	1.5	38
2000 年 9 月 30 日	2	38
…	…	…
2015 年 9 月 30 日	17	38
2016 年 3 月 31 日	17.5	38
2016 年 9 月 30 日	18	1 038

如果在上例中，利息改为分期支付，每半年支付一次(每次金额为 38 元)，利息在每年 3 月 31 日和 9 月 30 日支付，直到 2016 年 9 月 30 日(包括这一天也支付利息)，则这项交易的现金流量如表 1 - 4 所示。

表中的时间是从购买日开始按年计算的。

四、指数关联债券

传统的固定利息债券每期的利息都是同样的。如果经济活动中的通货膨胀得不到控制，随着时间的流逝，一定金额货币的购买力会减少，尤其当通货膨胀率高时效果更为明显。因此，一些投资人被这样一种证券吸引，这种证券的利息支付和最终本金返还的实际现金量是与零售物价指数相关联的。

零售物价指数简称为RPI(retail prices index),这一指数反映了通货膨胀的影响。

下面的例子说明了指数关联债券的基本思想。

假设某国政府6%的2010年到期指数关联债券在1995年5月1日发行。持有一张面额为100元的人，按面额的6%计算，在购买该债券后于5月1日获得了6元的利息支付，并且在以后每年的5月1日都获得该金额，直至2010年(包括该年)。此外，在2010年5月1日，该债券会按面额100元的方式被赎回(返还)。然而，实际的利息和资本的现金支付会与它们的面额不同，并且取决于该国的零售物价指数，如下所示：

(I)在日历年份第 n 年5月1日支付利息的现金量将会是：

$$6\text{ 元}\times\frac{\text{第 }n\text{ 年 1 月的 RPI 值}}{\text{1995 年 1 月的 RPI 值}}$$

(II)在2010年5月1日返还本金的现金量将是：

$$100\text{ 元}\times\frac{\text{2010 年 1 月的 RPI 值}}{\text{1995 年 1 月的 RPI 值}}$$

注意：尽管利息支付是在每年5月发生，用于指数化计算的RPI值是1月份的(而不是5月份的)。这反映出这样一种状况，由于需要一些时间来计算每月的RPI值(以月份某一特定的日子当时的物价为基础计算)，在支付利息的时候人们还不知道5月份的指数值。

因此，如果该国1995年1月的RPI值为184.5，2010年1月的RPI值是332.1，最后的利息支付(在2010年5月1日)将是6元×332.1/184.5＝10.8元，本金返还的数额(在这一天)将是100元×332.1/184.5＝180元。

注意，直至2010年1月的RPI值被公布(也许在下个月的某个时候，这取决于进行必需的计算所用的时间)，人们才能知道最后的利息支付和返还本金的现金量。由于类似的评价适用于更普遍的情况，购买指数关联证券的任何投资人都面临一定程度的不确定性，即对他将会获得的现金流量的确切金额的不确定性。

从理论的角度看，在任何一项特定交易中，尽管指数关联的做法其支出和收入都是很简单的，但实际上指数关联的金边债券其精确细节比上述假想的例子更复杂一些。

五、人寿保险

(一)定期寿险保单

定期寿险保单是这样一种合同：当被保险人在保单约定期限内死亡时，寿险公司一次性给付一笔保险金，这种保单的期限可能会很长(如20年)，也可能会较短(如1年甚至更短)。

定期寿险保单通常以每年支付一定保费的方式购买，保费通常(但不是必须)是固定金额。年保费通常在保单期限内的每年某个固定时间支付，直到被保险人死亡终止或期满。保费也可以在较短的时间内付清或者可以一次性金额购买保单(称为“趸缴保费”)。

例如，考虑一个期限为15年的定期寿险保单，保险金额为100万元，每年初支付保费2 000元，保险金在死亡之年年末给付(在保单期限内)。这里的保费金额相对较小，它反映出被保险人的死亡风险较低，通常是在被保险人较年轻的时候。

如果被保险人在投保第九年死亡，那么从人寿保险公司的角度看，该保单能够提供九次数额为正值的现金流量，分别在0，1，2，…，8时刻(从开始投保起按年计)，每次金额为2 000元，该保单在时刻9发生一次负值的现金流量(金额为－100万元)。但是，如果被保险人在保单期限内没有死亡，人寿保险公司将获得每次金额为2 000元的15次数额为正值的现金流量，并且不必支出任何款项。

(二)两全保险保单

两全保险保单是这样一种合同：当被保险人在保险期内死亡时，或在保险期满时他还活着，寿险公司一次性给付一笔保险金。这种保单经常每年支付一定的保费，在被保险人死亡时或在保单期满时终止。

考虑如下这个期限为15年的两全保险保单：投保金额为100万元，每年初支付保费5.8万元，应付死亡保险金在死亡之年年末支付。对于该保单来说，如果保单持有人在投保第九年死亡，那么从人寿保险公司的角度看，该保单能够提供九次数额为正值的现金流量，分别在0，1，2，…，8时刻；以及在时刻9的一次数额为负值的现金流量(金额为－100万元)。如果保单持有人在保单期限内没有死亡，人寿保险公司将获得15次每次金额为5.8万元的数额为正值的现金流量(在0，1，2，…，14时刻)以及在时刻15的一次数额为负值的现金流量(金额为－100万元)。

(三)年金保单

两全保险金是一次性地给付一笔保险金。年金保单是给付一系列有规律的款项作为保险金，年金给付的条件有明确的约定。

最简单的年金可能是：在被保险人生存期间，每年年末给付一定水平的款项，假如，设想现在发行一种为年龄60岁的女性准备的保单，人寿保险公司一次性收取10万元的保费，在被保险人生存期间每年年末支付9 400元。

如果被保险人在保单第7年死亡(即在6和7时刻之间死亡，时间是从发行保单之日起按年计算)，人寿保险公司的该合同的现金流量将包括在时刻0的一笔数额为正值的现金流量(10万元)和以后的在1，2，3，…，6时刻的数额为负值的现金流量(每次－9 400元)，但是如果被保险人在保单生效后一年内死亡，人寿保险公司就不必支付保险金，也就不会发生数额为负值的现金流量。

还存在其他种类的年金保险合同，例如，保单条款可能会规定在保单持有人生存期间每年年末给付年金，但是给付次数有一个总的上限。这种保单被称为“定期生命年金”。

另外，保单条款可能会规定在保单持有人生存期间每年年末给付年金，但是有一个保证的给付次数的下限。例如，如果保证的给付次数的下限是5次，而保单持有人在保单的前5年内死亡，那么年金给付要继续直至(并且包括)时刻5的给付。这种年金被称为“最低保证年金保险”。

第三节　利率、终值与现值

一、实际利率与名义利率的含义

(一)实际利率

我们考虑一种投资，其本金和利息在固定期限的期末支付，没有期中支付的任何数额的利息和本金。

在讨论利息问题时,时间单位是个重要的概念，它可能是1个月或1年，在实践中较常用的是1年，但在某些情况下，选择一个其他的时间单位(例如6个月)也可能会简化问题。

设想一个从 t 时刻开始，期限为1时间单位的金额为1元的投资，假设在 $(t+1)$ 时刻返还 $1+i(t)$，$i(t)$ 即前面提到的该时期的实际利率。称为“实际利率”是为了把它同下面将讨论的名义利率、表面利率区分开来。如果假定利率不取决于投资的金额，那么在 t 时刻的投资 C 在 $(t+1)$ 时刻返还的现金是 $C[1+i(t)]$。很容易看出，C 从时刻0到时刻 n (n 是一个正整数)的本利总和为：

$$C[1+i(0)][1+i(1)]\cdots[1+i(n-1)] \tag{1.1}$$

在时刻1的本利和 $C[1+i(0)]$ 可以作为本金投资以生成时刻2的本利和，依次类推。

利率常以百分比表示，例如，可以说实际利率(对某一给定的时期)为12.75%，这意味着这段时期的实际利率为0.1275。

如果每期的利率水平不随投资的时刻 t 发生变化，即对于任意的 t，$i(t)=i$。在这种情况下，根据公式(1.1)，金额为 C 的投资在 n 个时间单位后的本利和为：

$$C(1+i)^n \tag{1.2}$$

并且这个公式即使是在 n 不是整数时也成立。

(二)名义利率

名义利率是相对于实际利率而言的。我们通过一个例子来说明名义利率的概念。

在实际中常常会有1年中利息结算多次的情况——这里的结算是指把利息结转成本金，又称为计息——即计息期小于1年的情况。例如，一笔金额为 S 元的款项，年利率为10%，每半年结算一次(每年结算两次)，也就相当于这笔款项每半年的利息为5%。在复利情况下，经过2个半年，即1年后的本利和为 $S(1+0.05)^2=S\times1.1025$，这就相当于在这一年的实际利率为0.1025，即10.25%。即由于利息的结算次数不同，产生了利率的名实不符，与之相应的实际利率不再是10%了。于是，我们把这个10%称为名义利率①。

一般地，考虑期限为h时间单位的交易，$h>0$并且不一定是整数，我们用这种方式定义从时刻t开始的期限为h时间单位的每单位时间的名义利率$i_h(t)$，即从时刻t开始期限为h时间单位的实际利率为$hi_h(t)$。因此，如果在时间t投资金额C，期限为h，根据定义，在$t+h$时间收到本利和(终值)将是

$$C[1+hi_h(t)] \tag{1.3}$$

如果$h=1$，从t到$t+1$时期的名义利率与实际利率相等，因此，

$$I_1(t)=i(t) \tag{1.4}$$

在实际中很多情形下，$i_h(t)$不取决于t。在这种情况下我们可以说

$$I_1(t)=i_h \tag{1.5}$$

如果在这种情况下，当$h=1/m$，m是一个正整数(即h是时间单位的某一部分)，通常情况下写做$i^{(m)}$，而不是$i_{1/m}$，因此，作为定义，我们有

$$i^{(m)}=i_{1/m} \tag{1.6}$$

在这种情况下，可以得出：期限为$1/m$的投资1将生成的本利和为：

$$1+\frac{i^{(m)}}{m} \tag{1.7}$$

注意：$i^{(m)}$通常称为每单位时间计息m次的名义利率，或称为每单位时间结转利息为本金(convertible)m次的名义利率。

二、终值

在一定的利率情况下，一笔款项A经过K个时间单位后，其本利和成为B，我们称B为A经过K个时间单位后的终值，A为B在K个时间单位前的现值。

以计息期为1年的情况来说，假定各年的利率水平是不变的，初始时的1元到了1年后变成了$(1+i)$元，2年后变成了$(1+i)^2$，我们称$(1+i)$为1元钱在1年后的终值，称$(1+i)^2$为1元钱在2年后的终值。例如，年利率为5%时，1元钱在1年后的终值为1.05元(见图1-1)，12年后的终值为$(1+0.05)^{12}=1.79586$元(见图1-2)。

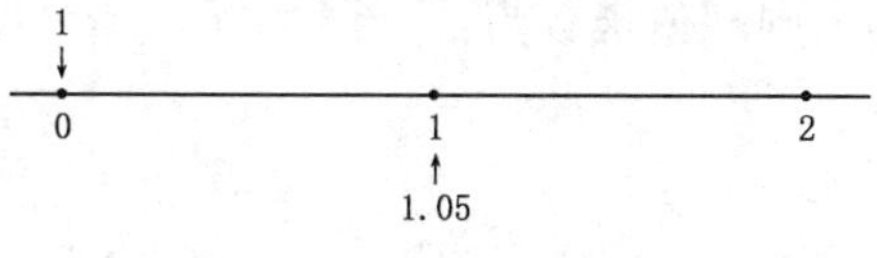

图1-1

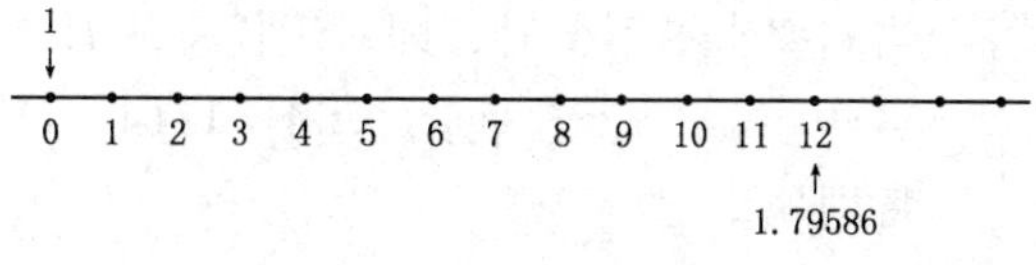

图1-2

一般地，1元经过n年后变成了$(1+i)^n$，C元经过n年后变成了$C(1+i)^n$元，我们称$(1+i)^n$为1元钱在n年后的终值，称$C(1+i)^n$为C元钱n年后的终值。

一般地，对于适当的时间单位，对于$t_1\leqslant t_2$，我们定义$a(t_1,t_2)$为t_1时刻每单位投资额经过期限为(t_2-t_1)的时间在t_2时间的终值，我们称之为“终值函数”。由$i_h(t)$的定义

① 参阅本章第一节“利息与利率”部分关于实际利率的注释。

得到，对于所有的 t 及所有的 $h>0$，有

$$a(t,\ t+h)=1+hi_h(t) \tag{1.8}$$

因此，
$$i_h(t)=\frac{a(t,\ t+h)-1}{h} \qquad h>0 \tag{1.9}$$

同时定义对于所有 t，有 $a(t,\ t)=1$，$a(t_1,\ t_2)$经常被称为“单位累积函数”，或称“单位终值函数”，简称累积函数或终值函数，因为在 t_1 时刻金额为 C 的本金在 t_2 时刻的终值将是

$$Ca(t_1,\ t_2) \tag{1.10}$$

现在令 $t_0 \leqslant t_1 \leqslant t_2$ 并设想在 t_0 时刻投资 1，如果在 t_0 时刻投资期限为(t_2-t_0)，在 t_2 时刻终值将是 $a(t_0,\ t_2)$；如果在 t_0 时刻投资期限为(t_1-t_0)，并且到了 t_1 时刻，把所得的终值再投资，其期限为(t_2-t_1)，则在 t_2 时刻的终值将是 $a(t_0,\ t_1)a(t_1,\ t_2)$，在一个统一的市场上，终值不应当取决于投资者采取的行动步骤，因此我们说根据连续性原理：

$$a(t_0,\ t_n)=a(t_0,\ t_1)a(t_1,\ t_2)\cdots a(t_{n-1},\ t_n) \tag{1.11}$$

当利率水平不变时，即对于任意的 t，$i(t)=i$，则终值函数为：

$$a(t_0,\ t_n)=(1+i)^{t_n-t_0}$$

特别地，我们称 $a(0,\ 1)=(1+i)$为终值因子。

三、现值

前面讲过，假定各年的利率水平是不变的，1 元经过 n 年后变成了$(1+i)^n$，C 元经过 n 年后变成了 $C(1+i)^n$ 元。反过来，在一定的利率下，多少钱经过 n 年后成为 1 元钱呢？显然，$1/(1+i)$经过 1 年后成为 1 元，$1/(1+i)^n$ 经过 n 年后即成为 1 元。即 $1/(1+i)$为 1 元钱在 1 年前的现值，$1/(1+i)^n$ 为 1 元钱在 n 年前的现值。例如，当利率为 5% 时，1 元钱在 1 年前的现值为 $1/(1+0.05)=0.95238$ 元。

一般地，对于 $t_1 \leqslant t_2$，在 t_1 时刻投资 $1/a(t_1,\ t_2)$即能在 t_2 时刻产生 1 元的收益；在 t_1 时刻投资 $C/a(t_1,\ t_2)$即能在 t_2 时刻产生收益 C，因此我们说在 t_2 时刻到期的 C 在 t_1 时刻的现值为 $C/a(t_1,\ t_2)$。记 $v(t_1,\ t_2)=1/a(t_1,\ t_2)$，称之为现值函数或贴现函数。

当利率水平不变时，即对于任意的 t，$i(t)=i$，则现值函数为：

$$v(t_1,\ t_2)=1/(1+i)^{t_2-t_1}$$

特别地，记

$$v(t)=v(0,\ t)=\frac{1}{(1+i)^t} \tag{1.12}$$

当 $t=1$ 时，称 $v=1/(1+i)$为现值因子或贴现因子。于是，1 元钱在 n 年前的现值为 v^n。当利率为 5% 时，现值因子 $v=0.95238$。

由 $0.95238^{12}=0.55684$ 知，当利率为 5% 时，1 元钱在 12 年以前的现值为 0.55684 元。

第四节　利　息　力

一、利息力与终值函数

假设对于 t 的每一个取值，都有一个函数 $\delta(t)$，使得

$$\lim_{h\to 0^+} i_h(t) = \delta(t) \tag{1.13}$$

通常把 $\delta(t)$ 叫做 t 时刻每单位时间的利息力。根据公式(1.13)，$\delta(t)$ 有时被称做可瞬时转换的在 t 时刻每单位时间的利息力。

把等式(1.9)与(1.13)综合起来，可直接用终值函数 $a(t_1, t_2)$ 定义 $\delta(t)$ 如下：

$$\delta(t) = \lim_{h\to 0^+}\left[\frac{a(t,t+h)-1}{h}\right] \tag{1.14}$$

这里，利息力函数 $\delta(t)$ 被用终值函数表示。我们还可以根据连续函数的性质，在很普遍的情况下用利息力来表述终值函数。

如果 $\delta(t)$ 和 $a(t_0, t)$ 是在 $t\geqslant t_0$ 上对 t 的连续函数，并且连续性原理成立，那么，对于 $t_0\leqslant t_1\leqslant t_2$，有

$$a(t_1, t_2) = \exp\left[\int_{t_1}^{t_2}\delta(t)\,dt\right]① \tag{1.15}$$

于是，一旦确定了每单位时间的利息力 $\delta(t)$ 就可以根据公式(1.15)确定终值函数。也可以通过公式(1.15)和(1.14)得出 $i_h(t)$，因此，

$$i_h(t) = \frac{\exp\left[\int_t^{t+h}\delta(s)\,ds\right]-1}{h} \tag{1.16}$$

如果对于所有 t，$\delta(t)=\delta$，这种情形在实践中十分重要。很显然，在这种情况下，

$$a(t_0, t_0+n) = e^{\delta n} \tag{1.17}$$

对于所有 t_0 和 $n\geqslant 0$，根据公式(1.17)每单位时间的实际利率为：

$$i = e^{\delta}-1 \tag{1.18}$$

因此，

$$e^{\delta} = 1+i \tag{1.19}$$

终值函数 $a(t_0, t_0+n)$ 因此可以另一种方式表达：

$$a(t_0, t_0+n) = (1+i)^n \tag{1.20}$$

这与我们在前面讲过的性质相吻合。

现在我们定义

$$F(t) = a(t_0, t) \tag{1.21}$$

其中，t_0 是一个固定的值，且 $t_0\leqslant t$，因此 $F(t)$ 是在 t_0 时刻单位投资在 t 时刻的终值，根

① 推导过程参见附录。

据公式(1.15),

$$\log F(t) = \int_0^t \delta(s)\,ds \tag{1.22}$$

因此，对于 $t > t_0$，有

$$\delta(t) = \frac{d}{dt}\log F(t) = \frac{F'(t)}{F(t)} \tag{1.23}$$

二、利息力与现值函数

我们知道，对 $t_1 \leqslant t_2$，在 t_2 时刻到期的 C 在 t_1 时刻的现值为:

$$\frac{C}{a(t_1, t_2)}$$

即

$$C\exp\left[-\int_{t_1}^{t_2} \delta(t)\,dt\right] \tag{1.24}$$

也就是说一笔数额为 $C\exp\left[-\int_{t_1}^{t_2} \delta(t)\,dt\right]$ 的资金如果在 t_1 时刻投资，在 t_2 时刻即能收回 C，特别地,在 $t(t \geqslant 0)$ 时刻到期的一笔数额为 C 的资金在0时刻(当前时刻)的现值等于:

$$C\exp\left[-\int_0^t \delta(s)\,ds\right] \tag{1.25}$$

我们现在定义函数

$$v(t) = \exp\left[-\int_0^t \delta(s)\,ds\right] \tag{1.26}$$

当 $t \geqslant 0$ 时，$v(t)$ 是在 t 时刻到期的单位资金的(贴现后)的现值。

当 $t < 0$ 时，式子 $\int_t^0 \delta(s)\,ds = -\int_0^t \delta(s)\,ds$ 说明 $v(t)$ 是从时刻 t 到时刻0的终值。由公式(1.25)和(1.26)得出，在一个非负时刻 t 到期的数额为 C 的资金在今天的现值为:

$$Cv(t) \tag{1.27}$$

在现实生活中最普遍的情况是对于所有 t，有 $\delta(t) = \delta$，也就是说 $\delta(t)$ 为常数，我们可以说，对于所有 t,

$$v(t) = v^t \tag{1.28}$$

在这里,

$$v = v(1) = \frac{1}{1+i} = e^{-\delta} \tag{1.29}$$

第五节　现金流量的现值

在许多复利问题中，必须计算出未来的现金流量的现值。其中，我们对离散的现金流量和连续的现金流量采用不同的计算方式。

一、离散的现金流量

根据公式(1.27)，在 t_1，t_2，…，t_n　$(0 \leqslant t_1 < t_2 < \cdots < t_n)$时刻到期的金额为 c_{t_1}，c_{t_2}，…，c_{t_n}的现金流量其现值是：

$$c_{t_1}v(t_1) + c_{t_2}v(t_2) + \cdots + c_{t_n}v(t_n) = \sum_{j=1}^{n} c_{t_j}v(t_j) \tag{1.30}$$

如果支付的次数是无限的，现值被定义为：

$$\sum_{j=1}^{\infty} c_{t_j}v(t_j) \tag{1.31}$$

(按实际中的通常情况，我们假设该级数是收敛的。)

二、连续的现金流量

我们考虑这样一种情况：假设在0时刻与 T 时刻之间投资者连续地支付款项(其中 $T>0$)，在 t 时刻的付款率为每单位时间 $\rho(t)$元，这个现金流量的现值是多少？

要回答这个问题，必须理解在 t 时刻现金流量的付款率意味着什么。如果 $M(t)$代表从时刻0到时刻 t 的支付总额，那么根据定义，对于所有 t，有

$$\rho(t) = M'(t) \tag{1.32}$$

那么，如果 $0 \leqslant \alpha < \beta \leqslant T$，在 α 时刻和 β 时刻之间收到的总支付是：

$$M(\beta) - M(\alpha) = \int_{\alpha}^{\beta} M'(t)\,dt = \int_{\alpha}^{\beta} \rho(t)\,dt \tag{1.33}$$

这样一来，在任一时刻的付款率就是到那个时刻为止的支付总额的导数，而在任意两个时刻之间的支付总额就是在适当的时间间隔的付款率的积分。

在 t 时刻与 $t+\Delta t$ 时刻之间所收到的总支付为 $M(t+\Delta t) - M(t)$。当 Δt 趋近于0时，$M(t+\Delta t) - M(t)$近似等于 $M'(t)dt$ 或 $\rho(t)dt$。因此，理论上可以把 t 时刻和 $t+dt$ 时刻之间收到的资金总额的现值看做为 $v(t)p(t)dt$,通过积分得到的整个现金流量的现值为：

$$\int_0^T v(t)\rho(t)\,dt \tag{1.34}$$

如果 T 为无限，我们依据类似的理由得出现值：

$$\int_0^{\infty} v(t)\rho(t)\,dt \tag{1.35}$$

我们把离散的现金流量和连续的现金流量的结果综合起来，可以得出计算一般现金流量的公式：

$$\sum c_t v(t) + \int_0^{\infty} v(t)\rho(t)\,dt \tag{1.36}$$

其中，求和部分是针对时刻 t 对所有非零的离散现金流量 c_t 求和。

到此为止，我们假定所有的支付，不论是离散的还是连续的都是正值，如果某人有一系列的收入款项(可以把它看做是正值)以及一系列的支出款项(可以看做是负值)，则它们的净现值被定义为数额为正值的现金流量总和与数额为负值的现金流量总和的差。

三、现金流量的估值

考虑 t_1 和 t_2 时刻的情况，这里 t_2 不一定大于 t_1。在 t_2 时刻的金额为 C 的款项在 t_1 时刻的值被定义为：

如果 $t_1 \geqslant t_2$，等于从 t_2 时刻的款项 C 到 t_1 时刻的终值；

如果 $t_1 < t_2$，等于 t_2 到期的款项 C 在 t_1 时刻的现值。

由公式(1.17)和(1.24)得出在上述两种情况中，在 t_2 时刻到期的 C 在 t_1 时刻的值为：

$$C\exp\left[-\int_{t_1}^{t_2}\delta(t)\,dt\right] \tag{1.37}$$

注意公式：如果 $t_1 > t_2$，则

$$\int_{t_2}^{t_1}\delta(t)\,dt = -\int_{t_1}^{t_2}\delta(t)\,dt$$

由于 $\int_{t_1}^{t_2}\delta(t)\,dt = \int_0^{t_2}\delta(t)\,dt - \int_0^{t_1}\delta(t)\,dt$，由等式(1.26)和(1.37)立即推出在 t_2 时刻到期的 C 在 t_1 时刻的值为：

$$C\,\frac{v(t_2)}{v(t_1)} \tag{1.38}$$

通过前面一节给出的方法，可以算出在 t 时刻(对于 t 的各种取值)离散的现金流量在一个一般的 t_1 时刻的值以及每时间单位付款为 $\rho(t)$ 的连续的现金流量的值。如下所示，等于

$$\sum c_t\,\frac{v(t)}{v(t_1)} + \int_{-\infty}^{\infty}\rho(t)\,\frac{v(t)}{v(t_1)}\,dt \tag{1.39}$$

这里的求和号是对那些使 $c_t \neq 0$ 的所有 t 的值求和。

我们注意到，在 $t_1 = 0$(当前时刻)这个特例中，现金流量的值是：

$$\sum c_t v(t) + \int_{-\infty}^{\infty}\rho(t)v(t)\,dt \tag{1.40}$$

这里的求和号是对那些使 $c_t \neq 0$ 的所有 t 的值求和，这是对公式(1.36)的推广，它适用于过去的也适用于未来的支付。如果有收入和支出的两方面的支付行为，相应的净值可以像前面一节一样被定义为数额为正值和负值的现金流量的差。如果所有的支付都在 t_1 时刻或者之后到期，它们在 t_1 时刻的值也可以被称做它的现值；如果所有的支付都在 t_1 时刻或者之前到期，它们在 t_1 时刻的值可以被称为它们的终值。由此可知，任何一个时间点上的任何金额的款项都可以被表达为之前或之后某一点上的终值或现值。此外，如果 $t_1 = 0$ 并且所有的支付都是在当前时刻或之后到期，则它们的价值可以像公式(1.36)中定义的那样也被表述为它们在0时刻的现值。

由公式(1.39)可以得出，在任一时刻 t_1 的现金流量的值可通过应用它在另一个时刻 t_2 的值和因子 $v(t_2)/v(t_1)$ 求出，即

$$\begin{bmatrix}\text{现金流量在}\\ t_1\ \text{时刻的值}\end{bmatrix} = \begin{bmatrix}\text{现金流量在}\\ t_2\ \text{时刻的值}\end{bmatrix}\left[\frac{v(t_2)}{v(t_1)}\right] \tag{1.41}$$

或者

$$\begin{bmatrix}\text{现金流量在}\\ t_1\text{ 时刻的值}\end{bmatrix}[v(t_1)]=\begin{bmatrix}\text{现金流量在}\\ t_2\text{ 时刻的值}\end{bmatrix}[v(t_2)] \tag{1.42}$$

等式(1.42)的两边都是现金流量在当前时刻的值(时刻0)。

特别地，把 t_2 作为当前值并让 $t_1=t$，我们得出如下结果：

$$\begin{bmatrix}\text{现金流量在}\\ t\text{ 时刻的值}\end{bmatrix}=\begin{bmatrix}\text{现金流量在}\\ \text{当前时刻的值}\end{bmatrix}\left[\frac{1}{v(t)}\right] \tag{1.43}$$

第六节　利 息 收 入

考虑这样一位投资者，他不希望扩大本金，但是想获得一种收入，同时保持他的本金固定在数额 C 上，如果利率固定为每单位时间 i，并且投资者希望在每单位时间末端获得利息收入，很显然，他的收入将是在每个单位时间末端的 iC，直至他提取了本金。

一般地，设 $t>t_0$，投资者希望在 t_0 时刻存入 C，在 t 时刻提取。进一步假设 $n>1$，并且投资者希望在 n 个等距的时间点 (t_0+h)，(t_0+2h)，…，(t_0+nh) 收到他的存款利息，这里 $h=(t-t_0)/n$。考虑时刻 (t_0+jh) 到 $[t_0+(j+1)h]$，在时刻 $[t_0+(j+1)h]$ 的应付利息等于 $Chi_h(t_0+jh)$，因此，在 t_0 时刻到 t 时刻之间的全部应付利息等于：

$$C\sum_{j=0}^{n-1} hi_h(t_0+jh) \tag{1.44}$$

由于根据假定，当 h 趋近于0时，$i_h(t)$ 趋近于 $\delta(t)$，很容易说明[假定 $\delta(t)$ 是连续的]随着 n 的增大(因此 h 趋近于0)在 t_0 时刻和 t 时刻之间所收到的全部利息，收敛于

$$I(t)=C\int_0^t \delta(s)\,ds \tag{1.45}$$

因此，求极限之后知，在 t 时刻每单位时间的利息收入的支付率为：

$$I'(t)=C\delta(t) \tag{1.46}$$

如果投资者在 T 时刻提取本金，根据公式(1.26)和(1.32)，他的收入和本金的现值分别是：

$$C\int_0^T \delta(t)v(t)\,dt \tag{1.47}$$

和

$$Cv(T) \tag{1.48}$$

由于

$$\begin{aligned}\int_0^T \delta(t)v(t)\,dt &= \int_0^T \delta(t)\exp\left[-\int_0^t \delta(s)\,ds\right]dt\\ &= \left[-\exp\left(-\int_0^t \delta(s)\,ds\right)\right]_0^T\\ &= 1-v(T)\end{aligned}$$

得

$$C = C\int_0^T \delta(t)v(t)dt + Cv(T) \tag{1.49}$$

当 $T=\infty$ 时，(在这种情况下投资者永远不提取本金)，类似的推论得出这样的结果：

$$C = C\int_0^\infty \delta(t)v(t)dt \tag{1.50}$$

上式右边表示的是利息收入的现值。

第七节　固 定 利 率

在实践中，最常见的情况是在 t 时刻的单位时间利息力 $\delta(t)$ 是一个常量，不随 t 的变化而变化。在这种情况下可假设对所有 t

$$\delta(t) = \delta \tag{1.51}$$

其中 δ 为常量。

$(s+t)$ 时刻到期的 1 单位货币在 s 的值

$$\exp\left[-\int_s^{s+t}\delta(r)dr\right] = \exp\left[-\int_s^{s+t}\delta dr\right] = \exp(-\delta t)$$

显然与 s 无关。因此在任意时刻后经历时间 t 到期的单位资金在该时刻的现值均为：

$$v(t) = e^{-\delta t} \tag{1.52}$$

$$= v^t \tag{1.53}$$

$$= (1-d)^t \tag{1.54}$$

其中 v 和 d 可用 δ 表示为：

$$v = e^{-\delta} \tag{1.55}$$

$$1-d = e^{-\delta} \tag{1.56}$$

这样，为了在时间 1 能够得到 1 元的返还，投资者必须在时间 0 投入 $(1-d)$ 元资金。这就相当于 1 单位时间后到期的 1 元钱，在单位时间里产生的利息为 d，因此 d 被称为单位时间贴现率。为了避免与名义贴现率混淆，d 有时被称为单位时间实际贴现率。

我们举例来说明贴现率的概念。如果 A 有一张 1 年后到期的面额为 100 元的票据，他想立即到银行兑现，银行只给他兑现了 90 元，也就是说银行扣去了 10%，我们称 10% 为实际贴现率，简称贴现率。

例如，某人以 8% 的实际贴现率向银行贷款 100 元，银行将先收取 8 元的利息而只给 92 元，1 年后，他向银行偿还贷款 100 元。

显然，实际贴现率是在 1 年内的利息量(或称贴现量)与期末资金总额的比率。

假设以同样的利率进行贴现，则与利率 i 等价的贴现率为：

$$d = \frac{i}{(1+i)} = 1 - v \tag{1.57}$$

而 $v = 1/(1+i)$，因此，又称 v 为贴现因子。与之相似，根据公式(1.21)，在 s 时刻投资的 1 单位货币在 $s+t$ 时刻的终值与 s 无关。

$$F(t)=e^{\delta t}=(1+i)^{t} \tag{1.58}$$

其中 i 由方程

$$1+i=e^{\delta} \tag{1.59}$$

决定。因此投资者为了在时刻 1 得到$(1+i)$元返还，必须在时刻 0 投入 1 元资金。据此 i 被称为单位时间利息率(或实际利率)。

因此 δ，i，v 和 d 之间关系如表 1－5 所示。

表 1－5

自变量 \ 因变量	δ	i	v	d
δ		$e^{\delta}-1$	$e^{-\delta}$	$1-e^{-\delta}$
i	$\log(1+i)$		$(1+i)^{-1}$	$i(1+i)^{-1}$
v	$-\log v$	$v^{-1}-1$		$1-v$
d	$-\log(1-d)$	$(1-d)^{-1}-1$	$1-d$	

当 i 很小的时候，d 和 δ 关于 i 的近似公式可以通过保留无穷级数的前面几项而舍掉后面各项得到。例如，因为

$$\begin{aligned}\delta &=\log(1+i)\\ &=i-\frac{i^2}{2}+\frac{i^3}{3}-\frac{i^4}{4}+\cdots \quad (\text{如果}|i|<1)\end{aligned}$$

对于一个较小的 i 值，

$$\delta\approx i-\frac{i^2}{2}$$

而对于一个较小的 δ 值，

$$i\approx\delta+\frac{\delta^2}{2}$$

与之相似，

$$\begin{aligned}d &=i(1+i)^{-1}\\ &=i(1-i+i^2-i^3+\cdots) \quad (\text{如果}|i|<1)\\ &=i-i^2+i^3-i^4+\cdots\end{aligned}$$

因此，如果 i 很小，

$$d\approx i-i^2$$

而对于较小的 d 值，

$$d\approx\delta-\frac{\delta^2}{2}$$

第八节　名义利率与名义贴现率

现在，我们开始考虑在每个单位时间里计息 m 次的情况。

设想一个借款者，其在时刻 0 借入 1 元而在时刻 1 偿还，假设把 0 到 1 的这个期间分成 m 个相等的间隔并在每个间隔末(如在 $1/m$，$2/m$，$3/m$，…，1 这些时刻)支付相同的利息。按过去提到的符号①，我们记 $i^{(m)}$ 为 1 元本金在这 m 个间隔的全部利息总额，称之为名义利率，即在每个间隔末支付的利息额为 $i^{(m)}/m$。我们可以很容易地以 i 来表达 $i^{(m)}$。

考虑 1 元本金在一个单位时间里的利息总额。若单位时间计息 m 次，则每次利息为 $i^{(m)}/m$，于是，

$$\sum_{t=1}^{m}\frac{i^{(m)}}{m}(1+i)^{(m-t)/m}=i \tag{1.60}$$

如果 $i\neq 0$，

$$\frac{i^{(m)}}{m}\frac{i}{(1+i)^{1/m}-1}=i$$

因此，

$$i^{(m)}=m\{(1+i)^{1/m}-1\} \tag{1.61}$$

$$\left(1+\frac{i^{(m)}}{m}\right)^{m}=1+i \tag{1.62}$$

事实上，考虑 1 元资金在一个单位时间后的终值，若计息 m 次，每个时间间隔的长度为 $1/m$ 且利率为 $i^{(m)}/m$，则一个单位时间后的终值为$\left(1+\frac{i^{(m)}}{m}\right)^{m}$，于是，即有

$$\left(1+\frac{i^{(m)}}{m}\right)^{m}=1+i$$

类似地，考虑这样的情况：债权人借出 1 元，在 1 年中按月息 2.5% 于每月初收取利息，并于最后一个月末收回 1 元。这里的利息是先支付的。12 个月的利息总额为 2.5% × 12 = 25%，25% 即 1 年计息 12 次的名义贴现率，记为 $d^{(12)}$。我们把名义贴现率 $d^{(p)}$ 定义为在单位时间里支付的利息总额，这里的支付是在 0 到 1 的这个期间分成的 p 个相等间隔的间隔初(如在 0，$1/p$，$2/p$，…，$(p-1)/p$ 这些时刻)按相同的数额进行的，即每次支付的金额为 $d^{(p)}/p$。

同样，可以得出

$$d^{(p)}=p\{1-(1-d)^{1/p}\} \tag{1.63}$$

$$\left(1-\frac{d^{(p)}}{p}\right)^{p}=1-d \tag{1.64}$$

---

① 见公式(1.6)。

图 1－3 所显示的五种支付方式，在每个单位时间内利息力为 δ 的情况下，它们的价值相同。

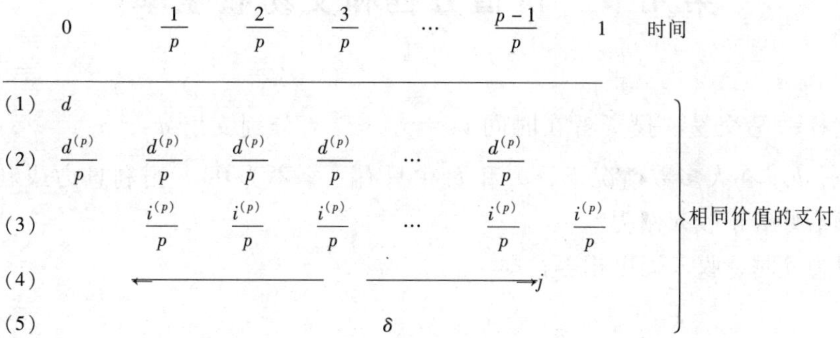

图 1－3

多数情况下，我们在探讨相关问题时采用的基本时间单位是年。例如，我们常常将 1 个月看做 1/12 年，1 个季度看做 1/4 年。但是，涉及名义利率(名义贴现率)问题的处理往往可以通过时间单位的适当选择而简化。例如，$i^{(4)}=12\%$，即名义利率为 12% 每年分 4 次计息的情况下，t 年后到期的 1 元现金的现值为：

$$(1+i)^{-t}=[1+i^{(4)}/4]^{-4t}=[1+0.12/4]^{-4t}=1.03^{-4t}$$

因此，如果采用一个 1/4 年作为基本时间单位，并且使用 3% 作为这个基本时间单位实际利率，则我们可以简单地估计未来的支付。

也就是说，选择与名义利率计息频率相符的期间为基本时间单位，使用 $i^{(p)}$ 作为每个基本时间单位的实际利率。例如，对于按月计息的年名义利率 18%，我们便可以将一个月作为基本时间单位且 1.5% 作为每个基本时间单位的利率。

注意 $i^{(p)}$ 以及 $d^{(p)}$ 可以由利息力 δ 直接给出：

$$i^{(p)}=p(e^{(\delta/p)}-1) \tag{1.65}$$

$$d^{(p)}=p(1-e^{-\delta/p}) \tag{1.66}$$

根据公式(1.65)以及公式(1.66)，

$$\lim_{p\to\infty^+} i^{(p)}=\lim_{p\to\infty^+} d^{(p)}=\delta \tag{1.67}$$

这是我们从定义中可以直接得出的结果，因为，一个连续的支付可以认为是间隔无限小或计息次数无穷大，即 $p\to\infty$ 时的极限。

很容易地，可以建立

$$i>i^{(2)}>i^{(3)}>\cdots \tag{1.68}$$

$$d<d^{(2)}<d^{(3)}<\cdots \tag{1.69}$$

因此，$\{i^{(p)}\}$ 与 $\{d^{(p)}\}$ 分别从上和从下单调地趋向于共同的极限 δ。

第九节　价值方程和交易收益率

考察这样一笔交易：投资者在时间 t_1，t_2，…，t_n分别支出 a_{t_1}，a_{t_2}，…，a_{t_n}，收入 b_{t_1}，b_{t_2}，…，b_{t_n}(在大多数情况下，a_{t_i}和 b_{t_i}中只有一个不为 0)。当利息力或利率为何值时，支出额恰好等于收入额呢？

设利息力 δ 时，收入支出相等，即

$$\sum_{r=1}^{n} a_{t_r} e^{-\delta t_r} = \sum_{r=1}^{n} b_{t_r} e^{-\delta t_r} \tag{1.70}$$

将此方程写成

$$\sum_{r=1}^{n} c_{t_r} e^{-\delta t_r} = 0 \tag{1.71}$$

其中，$c_{t_r} = b_{t_r} - a_{t_r}$是时间 t_r的净现金流量。此处，我们采用如下惯例：数额为负的现金流量对应于投资者的支出，数额为正的现金流量则代表投资者的收入。

方程(1.71)用代数方法表示了利息力为δ时，净现金流量总额为 0 的条件。该方程被称为关于此交易的利息力的价值方程。

由 $e^{\delta} = 1 + i$，该方程可以写成

$$\sum_{r=1}^{n} c_{t_r} (1+i)^{-t_r} = 0 \tag{1.72}$$

此形式被称为关于利率的价值方程或收益率方程。方程(1.72)的左端还可以被写成

$$\sum_{r=1}^{n} c_{t_r} v^{t_r}$$

注意在上述方程中，n 可能是无穷大。

对于连续支付流，令 $\rho_1(t)$ 和 $\rho_2(t)$ 分别表示 t 时刻支付和接受货币的速度，我们称 $\rho(t) = \rho_2(t) - \rho_1(t)$为 t 时刻的净现金流率。则对应于方程(1.71)，关于利息力的价值方程为：

$$\int_0^{\infty} \rho(t) e^{-\delta t} dt = 0 \tag{1.73}$$

当离散和连续现金流量都存在时，价值方程为：

$$\sum_{r=1}^{n} c_{t_r} e^{-\delta t_r} + \int_0^{\infty} \rho(t) e^{-\delta t} dt = 0 \tag{1.74}$$

与其等价的收益率方程为：

$$\sum_{r=1}^{n} c_{t_r} (1+t)^{-t_r} + \int_0^{\infty} \rho(t) (1+t)^{-t_r} dt = 0 \tag{1.75}$$

对于某一交易，方程(1.74)可能无解，或有一解或有几个解。如果只存在一解，比如 δ_0，那么该解就被称为该交易的利息力，与其对应的利率 $i_0 = e^{\delta_0} - 1$ 则被称为单位时间收益率(该收益率也被称为该交易的内在收益率或资金加权收益率)。当且仅当方程

(1.75)只有一个大于 -1 的根时(如果这样一个根存在的话)，那么它就被定义为收益率。

关于给定交易，价值方程的分析可能有一点复杂。我们令 $f(i) = \sum_{r=1}^{n} c_{t_r}(1+i)^{-t_r} + \int_0^{\infty} \rho(t)(1+i)^{-t_r}dt$。但当 f 为单调函数时，对方程 $f(i)=0$ 的分析就变得相当简单。此时，只要我们能够找到 i_1 和 i_2，使 $f(i_1)$ 与 $f(i_2)$ 符号相反，那么该方程就有一个根。在这种情况下，该根是唯一的并且介于 i_1 和 i_2 之间。选择足够接近的 i_1 和 i_2，我们就可以求得满足想要精确程度的收益率。

应当注意的是，在两边同乘以 $(1+i)^{t_0}$ 后，方程(1.72)的左端变成如下等价形式

$$\sum_{r=1}^{n} c_{t_r}(1+i)^{t_0-t_r} = 0 \tag{1.76}$$

这个更为普遍的形式被称为 t_0 时刻的价值方程，它与原来的方程(0 时刻的价值方程)完全等价。

在某些问题中选择一个合适的 t_0 可以使计算简化。

【例】 为得到 1 万元的贷款借款人同意在 7 个月后偿还 1.1 万元，求：(1)年利率；(2)年贴现率；(3)该交易的年利息力。借款人在取得贷款后请求在原定清偿日偿还 5 000 元，而余额则在原定清偿日后六个月偿还。假定贷款人同意该请求，请在原利率基础上求得变动后交易的第二次偿还金额。

解： 为了说明方便，我们用基本原理求 i，d 和 δ。

(1)根据方程

$$10\,000(1+i)^{7/12} = 11\,000$$

求得年利率 $i=0.17749$ 或 17.749%。

(2)根据方程

$$10\,000 = 11\,000(1-d)^{7/12}$$

求得年贴现率 $d=0.15074$ 或 15.074%。

(3)根据方程

$$10\,000e^{(7/12)\delta} - 11\,000 = 0$$

求得年利息力 $\delta=0.16339$ 或 16.339%。

设变动后交易的第二次支付额为 X 元，然后，运用最后清偿日(借款后 13 个月)的价值方程，得到

$$10\,000e^{(13/12)\delta} - 5\,000e^{(1/2)\delta} - X = 0$$

因此，

$$X = 10\,000e^{(13/12)\delta} - 5\,000e^{(1/2)\delta}$$

因为假定使用原来的利息力水平，$\delta=0.16339$(上面求得)，求得上面方程的解 $X=6\,510.7566$。

还可以用另一种方法求得 X 值。借款人愿意在原清偿日仅仅还 5 000 元，希望将到期的另外 6 000 再推迟 6 个月偿还。推迟偿还(金额 X 元)必须与它所取代的 6 000 等值。在最终清偿日将这些值列入方程，得到

$$6\,000e^{(1/2)\delta}=X$$

求得 $X=6\,510.7566$，与前面所求相等。

习　题

1. 小王投资1000元购买证券，以单利计该证券的年实际利率为3%，五年后此人将得到多少金额？其中有多少利息？

答案： 所获金额 $=1\,000\times(1+5\times3\%)=1\,150$(元)

利息 $=1\,150-1\,000=150$(元)

2. 在复利的情况下再解上题。

答案： 所获金额 $=1\,000\times(1+0.03)^5=1\,159$(元)

利息 $=1\,159-1\,000=159$(元)

3. 如果现金流量在时刻2为1 000元，时刻4为2 000元，时刻5.5为3 000元，利率 $i=10\%$，求：

(1)这些现金流量在时刻0的现值；

(2)这些现金流量在时刻1的现值。

答案： $PV(0)=1\,000\times(1+10\%)^{-2}+2\,000\times(1+10\%)^{-4}+3\,000\times(1+10\%)^{-5.5}$
$=3\,968.56$

$PV(1)=1\,000\times(1+10\%)^{-1}+2\,000\times(1+10\%)^{-3}+3\,000\times(1+10\%)^{-4.5}$
$=4\,365.4$

4. 预测未来一段时间内现金流量如下：在时刻6为1 000元，时刻8为2 500元，时刻9为3 000元，给定利息率 $\delta=0.05$，求：

(1)这些现金流量在时刻0的现值；

(2)这些现金流量在时刻3的现值。

答案： $PV(0)=1\,000\times e^{-\int_0^6 0.05dt}+2\,500\times e^{-\int_0^8 0.05dt}+3\,000\times e^{-\int_0^9 0.05dt}=4\,329.5$

$PV(3)=4\,329.5\times e^{\int_0^3 0.05dt}=5\,030.16$

5. 若年利率为5%，在第三年末能积累到2 000元。求：

(1)在单利方式下的期初投资额；(2)在复利方式下的期初投资额。

答案： 单利 $2\,000\div(1+3\times0.05)=1\,739$

复利 $2\,000\div(1+0.05)^3=1\,727.7$

6. 一个投资者预期在未来时刻有下列收入：在时刻5收入为1 000元，时刻6收入为2 000元，时刻7收入为3 000元。假设利息力 $\delta(t)=0.5+\dfrac{0.04}{1+t}$，$t\geqslant0$，求：

(1)这些收入在时刻0的现值；

(2)这些收入在时刻4的现值。

答案： (1) $1\,000\times e^{-\int_0^5\frac{0.04}{1+t}+0.5dt}+2\,000\times e^{-\int_0^6\frac{0.04}{1+t}+0.5dt}+3\,000\times e^{-\int_0^7\frac{0.04}{1+t}+0.5dt}=251.89$

(2) $251.89\times e^{\int_0^4\frac{0.04}{1+t}+0.5dt}=1\,985$

7. 求与实际利率6%等价的每年计息两次的年名义利率，以及每年计息四次的年名义贴现率。

答案： $\left[1+\frac{i^{(2)}}{2}\right]^{2}=1+6\%$，$i^{(2)}=5.9\%$

$$1+0.06=\left[1-\frac{d^{(4)}}{4}\right]^{-4}$$

$$d^{(4)}=5.78\%$$

8. 设 $i=0.08$，求 $i^{(12)}$，$d^{(4)}$，δ，v 和 d 的值。

答案： $i^{(12)}=0.077$　　$d^{(12)}=0.076$

$\delta=0.077$　　$v=0.93$　　$d=0.074$

9. 设利息力函数如下，求从时刻0开始的资本投入率为1的连续支付八年的现金流量在时刻0时的现值。

$$\delta(t)=\begin{cases}0.09(0\leqslant t<5)\\0.06(5\leqslant t)\end{cases}$$

答案： $\int_0^5 e^{-\int_0^t 0.09du}dt+\int_5^8 e^{-\int_0^5 0.09du-\int_5^t 0.06du}dt=5.777$

10. 如果利息力 $\delta(t)=\begin{cases}0.08(0\leqslant t<10)\\0.12(10\leqslant t)\end{cases}$ 求在时刻16数额为4 000元的金额在时刻7的价值。

答案： $4\,000[e^{-\int_7^{10}0.08dt}e^{-\int_{10}^{16}0.12dt}]=1\,531.57$

11. 在一个八年的投资中，前四年的实际利率为8%，随后两年的实际利率为5%，最后两年的 $\delta=6\%$，求一笔1 000元的投资在八年后的终值。

答案： $1\,000\times(1+0.08)^4(1+0.05)^2e^{2\times0.06}=1\,691.18$

12. 某人在一个储蓄账户中投资了250元，前三个月以月计息，名义利率是18%，后九个月以季计息，名义利率是20%。那么一年后账户上将会有多少元？

答案： 302.63元

13. 如果实际利率为每年10%，计算 $i^{(4)}$ 和 $d^{(12)}$。

答案： 9.6455%，9.4933%

14. 如果 $\delta=8\%$，计算 $i^{(4)}$ 和 $d^{(12)}$。

答案： 8.08%，7.97%

15. 某投资者支付了100，希望在五年以后收回60元，十年以后再收回60元。问这项投资的年实际利率是多少？

答案： 2.49%

第二章

确 定 年 金

第一节　年金的概念

在相同间隔的时间上进行的一系列支付称为年金。例如，在未来的十年中，每年年末支付 1 000 元；从 1998 年至 2015 年每年年初支付 3 800 元。年金包括每年支付一次的年金和每半年、每个季度、每月支付一次及支付更频繁的年金。在现实生活中，年金的例子很普遍，如购买房屋、汽车等固定资产时的抵押分期付款。

相邻的两个支付日期之间的间隔称为**支付周期**，相邻的两个计息日期之间的间隔称为**计息周期**。这里的计息是指将到期得到的利息结转为本金。

年金的支付分为确定的和不确定的。这里的确定是针对在相应的时间点的支付与否和数额是否确定来说的。

确定年金是指一定的时期内在相同间隔的时间上，按既定的数额进行的一系列支付。例如，前面提到的用分期付款购买一个价值 82 万元的房屋，在约定的时间点上支付与否和支付的金额都是确定的，可能是先付 24 万元，然后在 10 年中每月末付款 5 500 元。

不确定年金又叫**或有年金**，是指在未来相应的时间点上的支付是否发生是不确定的。这种年金的一个最常见的类型是，在未来的某些年内在一个人的生存期间于每月月初支付一定数额的年金。这种年金在相应时间点上的支付与否是由其当时的生命状态决定的，是事先无法确定的。这种年金叫做**生命年金**。

每个支付周期末支付的年金称做期末支付的年金，如每年年末支付的年金、每月月末支付的年金；每个支付周期初支付的年金称做期初支付或期首支付的年金，如每年年初支付的年金、每个季度初支付的年金。

在不致于发生混淆时，“年金”一般指期末支付的确定年金。

第二节 确定年金的终值和现值

一、期末支付年金的终值和现值

我们考虑在0时刻开始的 n 年中每年年末支付1元的年金，见图2-1。

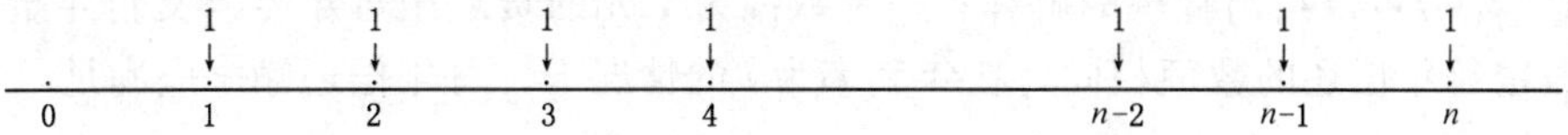

图2-1

为了方便，我们把每年末支付1元、共支付 n 年的确定年金在第 n 年末(n 时刻)的终值记为 $s_{\overline{n}|}$。

容易看出，如果 $i=0$，则 $s_{\overline{n}|}=n$；否则，第1年末(时刻1)支付的1元在第 n 年末(时刻 n)的终值为 $(1+i)^{n-1}$，第2年末(时刻2)支付的1元在第 n 年末的终值为 $(1+i)^{n-2}$……第 $n-2$ 年末(时刻 $n-2$)支付的1元在第 n 年末的终值为 $(1+i)^2$，第 $n-1$ 年末(时刻 $n-1$)支付的1元在第 n 年末的终值为 $(1+i)$，第 n 年末(时刻 n)支付的1元在第 n 年末的终值为1，即

$$
\begin{aligned}
s_{\overline{n}|} &= (1+i)^{n-1}+(1+i)^{n-2}+(1+i)^{n-3}+\cdots+(1+i)^2+(1+i)+1 \\
&= \frac{(1+i)^n-1}{(1+i)-1} \\
&= \frac{(1+i)^n-1}{i}
\end{aligned}
\tag{2.1}
$$

这里的推导过程用到了几何级数前 n 项和的公式。类似地，我们把每年末支付1元、共支付 n 年的确定年金在第1年初(0时刻)的现值记为 $a_{\overline{n}|}$。于是，如果 $i=0$，则 $a_{\overline{n}|}=n$；否则，第1年末(时刻1)支付的1元在第1年初(时刻0)的现值为 v，第2年末(时刻2)支付的1元在第1年初的现值为 v^2，第3年末(时刻3)支付的1元在第1年初的现值为 v^3……第 $n-1$ 年末(时刻 $n-1$)支付的1元在第1年初的现值为 v^{n-1}，第 n 年末(时刻 n)支付的1元在第1年初的现值为 v^n，即

$$
\begin{aligned}
a_{\overline{n}|} &= v+v^2+v^3+\cdots+v^n \\
&= \frac{v(1-v^n)}{1-v}=\frac{1-v^n}{v^{-1}-1} \\
&= \frac{1-v^n}{i}
\end{aligned}
\tag{2.2}
$$

例如，当利率 $i=8\%$ 时，$s_{\overline{10}|}=14.4866$，即表示在未来10年里，每年年末1元的确定年金在该10年期末的终值是14.4866元；$a_{\overline{10}|}=6.7101$，即表示在未来10年里，每年年末1元的确定年金在该10年期初的现值是6.7101元。在未来10年里每年年末6 500元的确定年金的现值即 $6\,500\times a_{\overline{10}|}=6\,500\times6.7101=43\,615.65$ 元。由 $s_{\overline{n}|}$ 和 $a_{\overline{n}|}$ 的意义及计

算公式可以得出它们之间的关系式：

$$s_{\overline{n}|} = a_{\overline{n}|}(1+i)^n \tag{2.3}$$

显然，$s_{\overline{n}|}$是$a_{\overline{n}|}$在n年后的终值。$s_{\overline{n}|}$与$a_{\overline{n}|}$的另一个关系式为：

$$\frac{1}{a_{\overline{n}|}} = \frac{1}{s_{\overline{n}|}} + i \tag{2.4}$$

事实上，

$$\frac{1}{s_{\overline{n}|}} + i = \frac{i}{(1+i)^n - 1} + i = \frac{i + i(1+i)^n - i}{(1+i)^n - 1} = \frac{i}{1 - v^n} = \frac{1}{a_{\overline{n}|}}$$

公式(2.4)可以给出直观的解释：一笔数额为1元的贷款用每年年末支付年金的形式偿还，假定每年偿还的数额相同。在年利率为i的情况下，每年偿还额x应满足

$$xa_{\overline{n}|} = 1$$

即

$$x = \frac{1}{a_{\overline{n}|}}$$

债权人在每年末收到x的时候提取出数额为i的款项作为他当年1元钱投资的利息收入，而将余额$1/a_{\overline{n}|} - i$存入利率为i的账户，到第n年末他将得到$(1/a_{\overline{n}|} - i)s_{\overline{n}|}$。而作为一个投资了1元且在每年年末收回利息的人，$n$年后在利息之外将只能再收回本金1元。于是，

$$\left(\frac{1}{a_{\overline{n}|}} - i\right)s_{\overline{n}|} = 1$$

即

$$\frac{1}{a_{\overline{n}|}} - i = \frac{1}{s_{\overline{n}|}}$$

【例2-1】 假设贷款利率为9%，比较为期10年的1 000元贷款在以下列三种方式偿还贷款的情况下将支付的利息总额：

(1)全部贷款及利息累积额在第10年末一次性还清；

(2)利息每年末支付，本金第10年末还清；

(3)贷款在10年内的各年末平均偿还。

答案：

(1)10年末贷款的终值 $=1\ 000 \times (1.09)^{10} = 2\ 367.36$(元)

支付的利息总额 $=2\ 367.36 - 1\ 000 = 1\ 367.36$(元)

(2)每年贷款所赚利息 $=1\ 000 \times 0.09 = 90$(元)

10年的利息总额 $=10 \times 90 = 900$(元)

(3)设平均量为R，则

$$Ra_{\overline{10}|} = 1\ 000$$

于是，

$$R = \frac{1\ 000}{a_{\overline{10}|}} = \frac{1\ 000}{6.417658} = 155.82$$

支付的利息总量 $=10(155.82) - 1\ 000 = 558.20$(元)

由此可以看出，偿还贷款越晚，支付的利息额就越高；相反，偿还得越早，则要支付的利息量越少。但是，尽管三种情况下支付的利息总量是不同的，它们的现值都是 1 000 元。

二、期初支付年金的终值和现值

考虑在 0 时刻开始的 n 年中每年年初支付 1 元的年金，见图 2 - 2。

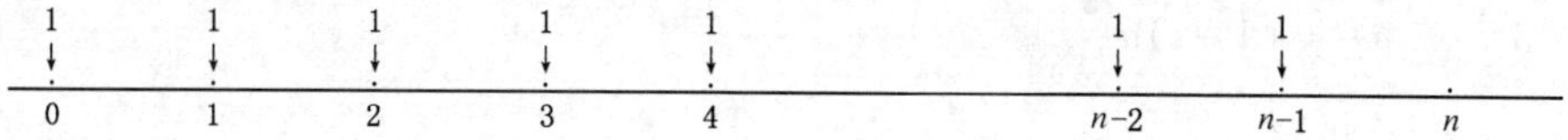

图 2 - 2

我们把每年初支付 1 元、共支付 n 年的确定年金在第 n 年末(n 时刻)的终值记为 $\ddot{s}_{\overline{n}|}$。如果 $i=0$，则 $\ddot{s}_{\overline{n}|}=n$。否则，第 1 年初(时刻 0)支付的 1 元在第 n 年末(时刻 n)的终值为 $(1+i)^n$，第 2 年初(时刻 1)支付的 1 元在第 n 年末的终值为 $(1+i)^{n-1}$……第 $n-1$ 年初(时刻 $n-2$)支付的 1 元在第 n 年末的终值为 $(1+i)^2$，第 n 年初(时刻 $n-1$)支付的 1 元在第 n 年末的终值为 $(1+i)$，即

$$\begin{aligned}\ddot{s}_{\overline{n}|} &= (1+i)^n+(1+i)^{n-1}+(1+i)^{n-2}+\cdots+(1+i)^2+(1+i)\\ &= (1+i)\frac{(1+i)^n-1}{(1+i)-1}\\ &= \frac{(1+i)^n-1}{d}\end{aligned} \tag{2.5}$$

类似地，把每年初支付 1 元、共支付 n 年的确定年金在第 1 年初(0 时刻)的现值记为 $\ddot{a}_{\overline{n}|}$。于是，如果 $i=0$，则

$$\ddot{a}_{\overline{n}|}=n$$

否则，第 1 年初(时刻 0)支付的 1 元在第 1 年初(时刻 0)的现值为 1，第 2 年初(时刻 1)支付的 1 元在第 1 年初的现值为 v，第 3 年初(时刻 2)支付的 1 元在第 1 年初的现值为 v^2……第 $n-1$ 年初(时刻 $n-2$)支付的 1 元在第 1 年初的现值为 v^{n-2}，第 n 年初(时刻 $n-1$)支付的 1 元在第 1 年初的现值为 v^{n-1}，即

$$\ddot{a}_{\overline{n}|}=1+v+v^2+v^3+\cdots+v^{n-1}=\frac{1-v^n}{1-v}=\frac{1-v^n}{d} \tag{2.6}$$

例如，当利率 $i=8\%$ 时，$\ddot{s}_{\overline{n}|}=15.6455$，即表示在未来 10 年里，每年年初 1 元的确定年金在该 10 年期末的终值是 15.6455 元；$\ddot{a}_{\overline{10}|}=7.2469$，即表示在未来 10 年里，每年年初 1 元的确定年金在该 10 年期初的现值是 7.2469 元。在未来 10 年里，每年年初 6 500 元的确定年金的现值为：

$$6\,500\times\ddot{a}_{\overline{10}|}=6\,500\times 7.2469=47\,104.85(\text{元})$$

很容易观察到 $\ddot{s}_{\overline{n}|}$ 和 $\ddot{a}_{\overline{n}|}$ 之间类似公式(2.3)和(2.4)的关系式

$$\ddot{s}_{\overline{n}|}=(1+i)^n\ddot{a}_{\overline{n}|} \tag{2.7}$$

$$\frac{1}{\ddot{a}_{\overline{n}|}}=\frac{1}{\ddot{s}_{\overline{n}|}}+d \tag{2.8}$$

请考虑作一个对公式(2.4)的直观的解释。

由公式(2.1)、(2.5)容易得出

$$\ddot{s}_{\overline{n}|}=(1+i)s_{\overline{n}|}$$

$$s_{\overline{n+1}|}=1+\ddot{s}_{\overline{n}|} \tag{2.9}$$

或

$$\ddot{s}_{\overline{n}|}=s_{\overline{n+1}|}-1 \tag{2.10}$$

同样，由公式(2.2)、(2.6)可得

$$\ddot{a}_{\overline{n}|}=(1+i)a_{\overline{n}|} \tag{2.11}$$

$$\ddot{a}_{\overline{n}|}=1+a_{\overline{n-1}|} \tag{2.12}$$

此外，公式(2.1)、(2.2)、(2.5)、(2.6)可以写成如下的形式：

$$(1+i)^n=is_{\overline{n}|}+1 \tag{2.1)'$$

$$1=ia_{\overline{n}|}+v^n \tag{2.2)'$$

$$(1+i)^n=d\ddot{s}_{\overline{n}|}+1 \tag{2.5)'$$

$$1=d\ddot{a}_{\overline{n}|}+v^n \tag{2.6)'$$

这样可以很简单地给出这些公式的直观上的解释。以第二个公式(2.2)′为例：在0时刻投资1元，之后的n年中每年年末提取数额为i的利息，直到第n年末(n时刻)不仅提取数额为i的利息，还要收回1元的本金。这样，他投入资金在0时刻的现值为1，即等式的左边；收入的利息现值为$ia_{\overline{n}|}$，在n时刻收回的本金1元在0时刻的现值为v^n，即等式的右边。其余三个公式也有类似的解释。

当n的值从1到60时，在几个利率下$s_{\overline{n}|}$，$a_{\overline{n}|}$，$\ddot{s}_{\overline{n}|}$和$\ddot{a}_{\overline{n}|}$的值列在附录中的复利年金表中。

有的复利年金表仅仅列出了$s_{\overline{n}|}$和$a_{\overline{n}|}$的值，未列出$\ddot{s}_{\overline{n}|}$和$\ddot{a}_{\overline{n}|}$的值，需要通过公式(2.9)和(2.11)或者公式(2.10)和(2.12)进行简单的计算得出$\ddot{s}_{\overline{n}|}$和$\ddot{a}_{\overline{n}|}$的值。

例如，当利率$i=8\%$时，

$$\ddot{a}_{\overline{7}|}=(1+i)a_{\overline{7}|}=7.2469$$

表示在未来7年的每年年初1元的确定年金在这7年期初时的现值是7.2469元。

可以很容易地理解：

$$2\ 000s_{\overline{15}|}=2\ 000(1+i)^{15}a_{\overline{15}|}=2\ 000\times 27.1521=54\ 304.2$$

即表示在未来15年，每年年末2 000元的确定年金在第15年年末的终值为54 304.20元。

三、永久年金

对于一个固定的利率i来说，$s_{\overline{n}|}$，$a_{\overline{n}|}$，$\ddot{s}_{\overline{n}|}$和$\ddot{a}_{\overline{n}|}$都是n的增函数，即随着n的增长而增长。当n趋于∞时，即年金的支付永远持续下去，我们称这种永远持续下去而不中止的年金为**永久年金**或称**永续年金**。期末支付和期初支付永久年金的现值分别用$a_{\overline{\infty}|}$和$\ddot{a}_{\overline{\infty}|}$表示。这样，如果$i>0$，有

$$a_{\overline{\infty}|}=\lim_{n\to\infty}a_{\overline{n}|}=\frac{1}{i} \tag{2.13}$$

$$\ddot{a}_{\overline{\infty}|}=\lim_{n\to+\infty}\ddot{a}_{\overline{n}|}=\frac{1}{d} \tag{2.14}$$

如果 $i\leqslant 0$，则 $a_{\overline{\infty}|}$和 $\ddot{a}_{\overline{\infty}|}$均为无穷大。

四、延期年金

假定 m 和 n 为非负整数。每笔金额为 1，分别发生在时刻$(m+1)$，$(m+2)$，…，$(m+n)$的 n 次数额为 1 的支付在时刻 0 的值表示为${}_{m}|a_{\overline{n}|}$(见图 2－3)。

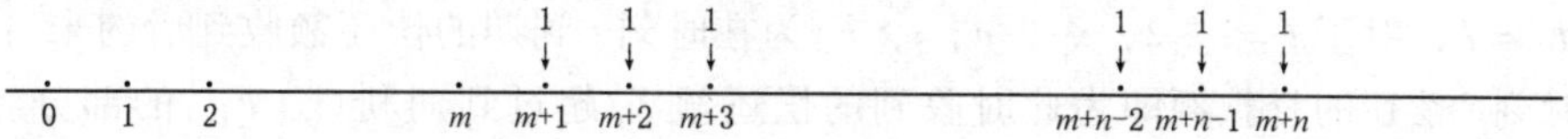

图 2－3

这样一系列支付可以看成是一份推迟了 m 个时间单位的期末发生的年金。当 $n>0$，

$$ {}_{m}|a_{\overline{n}|}=v^{m+1}+v^{m+2}+v^{m+3}+\cdots+v^{m+n} $$

显然有

$$ {}_{m}|a_{\overline{n}|}=(v+v^{2}+v^{3}+\cdots+v^{m+n})-(v+v^{2}+v^{3}+\cdots+v^{m}) $$

和

$$ {}_{m}|a_{\overline{n}|}=v^{m}(v+v^{2}+v^{3}+\cdots+v^{n}) $$

上面两个方程表明：

$$ {}_{m}|a_{\overline{n}|}=a_{\overline{m+n}|}-a_{\overline{m}|} \tag{2.15} $$

$$ {}_{m}|a_{\overline{n}|}=v^{m}a_{\overline{n}|} \tag{2.16} $$

这两个方程中任意一个都可用来计算延期期末支付年金的值。(2.15)还可表示为：

$$ a_{\overline{m+n}|}=a_{\overline{m}|}+v^{m}a_{\overline{n}|} \tag{2.17} $$

我们也可定义相应的期首支付的延期生命年金：

$$ {}_{m}|\ddot{a}_{\overline{n}|}=v^{m}\ddot{a}_{\overline{n}|} \tag{2.18} $$

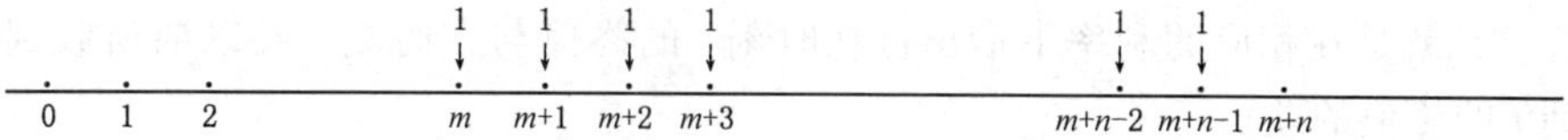

图 2－4

第三节 通用摊销表

假定一个投资者在时刻 0 借出 L，并得到 n 次偿还，其中第 r 次金额为 X_r，到期时间为 $r(1\leqslant r\leqslant n)$。假定借款在第 r 年的实际利率为 $i_r(1\leqslant r\leqslant n)$。在许多情况下 i_r 并不依赖于 r，但是这样会有利于考察更一般的情况。

显然，借款额不过是偿还额在给定利率水平下的现值。这样，

$$ \begin{aligned} L= & X_1(1+i_1)^{-1}+X_2(1+i_1)^{-1}(1+i_2)^{-1}+X_3(1+i_1)^{-1}(1+i_2)^{-1}(1+i_3)^{-1}+\cdots \\ & +X_n(1+i_1)^{-1}(1+i_2)^{-1}(1+i_3)^{-1}\cdots(1+i_n)^{-1} \end{aligned} \tag{2.19} $$

投资者可能会把每笔偿还额的一部分看做是未偿还贷款的利息(最近一期的)，而将

余额看做是本金偿还以减少未偿还贷款的金额。如果偿还额少于未清偿贷款的利息，不足部分则被追加为未清偿贷款额。在这种情况下，投资者可以画一张表表示出每次偿还中所包含的利息额以及在收到的每次偿还后的未清偿贷款金额。详细考察这张表是必要的。在课税中，由于需要也经常将每次的每笔偿还额分为利息和本金。进一步，当借款人不能履行还款义务时，贷款人有必要知道此时未清偿的贷款额。

令 $F_0=L$，对于 $t=1, 2, \cdots, n$，令 F_t 为在时刻 t 到期的偿还额收到后的未清偿贷款金额。时刻 t 偿还的贷款额即为此时收到的偿还额 X_t 超过到期利息 i_tF_{t-1} 的部分。在第 t 次偿还发生后的未清偿贷款额也等于前一次偿还发生的未清偿贷款额与时刻 t 偿还的贷款在金额的差。因此，

$$F_t=F_{t-1}-(X_t-i_tF_{t-1})\quad 1\leqslant t\leqslant n \tag{2.20}$$

因为已经定义 $F_0=L$，则该方程在 $t=1$ 时也成立。这样，

$$F_t=(1+i_t)F_{t-1}-X_t\quad t\geqslant 1 \tag{2.21}$$

因此，

$$F_1=(1+i)F_0-X_1=(1+i_1)L-X_1$$

然后，

$$\begin{aligned}F_2&=(1+i_2)F_1-X_2\\&=(1+i_2)\{(1+i_1)L-X_1\}-X_2\\&=(1+i_1)(1+i_2)L-(1+i_2)X_1-X_2\end{aligned}$$

等等。

更一般地，容易看出

$$\begin{aligned}F_t=&(1+i_1)(1+i_2)\cdots(1+i_t)L-(1+i_2)(1+i_3)\cdots(1+i_t)X_1\\&-(1+i_3)(1+i_4)\cdots(1+i_t)X_2-\cdots-(1+i_t)X_{t-1}-X_t\end{aligned} \tag{2.22}$$

这样，F_t就是在相应的利率下借出额在时刻 t 的终值与在时刻 t 及以前所收到的偿还额在时间 t 的终值的差。

在公式(2.19)两边各乘以$(1+i_1)(1+i_2)\cdots(1+i_t)$，得

$$\begin{aligned}L(1+i_1)(1+i_2)\cdots(1+i_t)=&(1+i_2)(1+i_3)\cdots(1+i_t)X_1\\&+(1+i_3)(1+i_4)\cdots(1+i_t)X_2+\cdots+X_t\\&+(1+i_{t+1})^{-1}X_{t+1}+\cdots+(1+i_{t+1})^{-1}(1+i_{t+2})^{-1}\cdots\\&(1+i_{t+n})^{-1}X_n\end{aligned}$$

与公式(2.22)相结合，得

$$\begin{aligned}F_t=&(1+i_{t+1})^{-1}X_{t+1}\\&+(1+i_{t+1})^{-1}(1+i_{t+2})^{-1}X_{t+2}+\cdots\\&+(1+i_{t+1})^{-1}(1+i_{t+2})^{-1}\cdots(1+i_{t+n})^{-1}X_n\end{aligned} \tag{2.23}$$

这表明 F_t 即未偿还金额在时间 t 的值。

由公式(2.21)可得

$$F_{t+1}=(1+i_{t+1})F_t-X_{t+1}$$

如果 $i_t=i_{t+1}$，上述二式相减得：

$$F_t-F_{t+1}=(1+i)(F_{t-1}-F_t)+X_{t+1}-X_t \tag{2.24}$$

其中 $i = i_t = i_{t+1}$。

令

$$R_t = F_{t-1} - F_t$$

表示在时间 t 所偿还的贷款额，方程(2.24)可以写成

$$R_{t+1} = (1+i)R_t + X_{t+1} - X_t \tag{2.25}$$

注意只有在第 t 年和 $t+1$ 年利率相同时，公式(2.25)才成立。特别地，当利率在整个交易中保持恒定并且所有偿还金额相等时，各次贷款偿还金额构成一个公比为$(1+i)$的等比数列。后面我们将简要考察这种情形。

第四节　用年金偿还贷款

考虑在单位时间利率为 i 的情况下，一笔在时刻 0 发生的数额为 $a_{\overline{n}|}$的贷款，分 n 次偿还，每次还款金额为 1，偿还时间分别为 $1,2,\cdots,n$。贷款人可以建立一张表表示每次收到的偿还额中利息和本金的构成。

在第 t 次偿还发生后尚有$(n-t)$笔未偿还金额，公式(2.23)表明未偿还的贷款为：

$$a_{\overline{n-t}|}$$

这样，用第三节中的符号

$$F_t = a_{\overline{n-t}|} \tag{2.26}$$

因此，时刻 t 的贷款偿还额为：

$$R_t = F_{t-1} - F_t = a_{\overline{n-t+1}|} - a_{\overline{n-t}|} = v^{n-t+1} \tag{2.27}$$

贷款人的摊销表形式如表 4-1 所示。

表 4-1　　贷款偿还(贷款额$a_{\overline{n}|}$)摊销表

清偿	清偿额中的利息部分	本金清偿	清偿后未清偿贷款额
1	$ia_{\overline{n}|} = 1 - v^n$	v^n	$a_{\overline{n}|} - v^n = a_{\overline{n-1}|}$
2	$ia_{\overline{n-1}|} = 1 - v^{n-1}$	v^{n-1}	$a_{\overline{n-1}|} - v^{n-1} = a_{\overline{n-2}|}$
⋮	⋮	⋮	⋮
t	$ia_{\overline{n-t+1}|} = 1 - v^{n-t+1}$	v^{n-t+1}	$a_{\overline{n-t+1}|} - v^{n-t+1} = a_{\overline{n-t}|}$
⋮	⋮	⋮	⋮
$n-1$	$ia_{\overline{2}|} = 1 - v^2$	v^2	$a_{\overline{2}|} - v^2 = a_{\overline{1}|}$
n	$ia_{\overline{1}|} = 1 - v$	v	$a_{\overline{1}|} - v = 0$

更一般地，如果借款额为 L，分 n 次偿还，每次偿还额为 $L/a_{\overline{n}|}$，贷款人摊销表中的数字将为表 4-1 中所列各数的 $L/a_{\overline{n}|}$倍。

第五节　支付频率高于每单位时间1次的年金(每年支付多次)

除了如前所述的基本确定年金，还存在支付频率高于或低于计息频率的确定年金，我们称之为一般确定年金。例如，每年计息一次，而每年支付2次或4次或12次等等，还有每2年、3年支付一次的情况。

对于正整数 m 和 n，以 $a_{\overline{n}|}^{(m)}$ 表示在未来 n 年中每年支付1元，而这1元钱在1年中分 m 次支付，并且在每一个支付间隔的间隔末(时刻 $1/m, 2/m, 3/m, \cdots, (nm-1)/n$)支付的确定年金在第1年年初(即0时刻)的现值。这里的每1元钱分 m 次支付，即每次支付 $1/m$ 元。通常称 $a_{\overline{n}|}^{(m)}$ 为每年支付 m 次的期末支付的年金现值。例如，$a_{\overline{n}|}^{(12)}$ 表示在未来 n 年中每年分12次支付1元钱，即每月月末支付1/12元的确定年金在这 n 年期初的现值；$a_{\overline{20}|}^{(4)}$ 表示在未来20年中每季度末支付1/4元的确定年金在这20年期初的现值。

根据名义利率的含义，在任何一个单位时间里的 m 个小间隔的间隔末支付 $i^{(m)}/m$，与在整个单位时间间隔的末端单独支付 i 的价值是相等的。根据比例，在单位时间里的 m 个间隔的末端分别支付 $1/m$ 与在单位时间末单独支付 $i/i^{(m)}$ 的价值也是相等的。

于是，对于现值为 $a_{\overline{n}|}^{(m)}$ 的年金，在时刻 $(r-1)$ 与 r 之间的 m 次数额为 $1/m$ 的支付与在 r 时一次支付 $i/i^{(m)}$ 的价值是相等的。这里，$r=1,2,\cdots,n$。因此，这个年金与支付期为 n 年、每年末支付额为 $i/i^{(m)}$ 年金具有相同的价值。这意味着

$$a_{\overline{n}|}^{(m)} = \frac{i}{i^{(m)}} a_{\overline{n}|} \tag{2.28}$$

事实上，

$$\begin{aligned} a_{\overline{n}|}^{(m)} &= \frac{1}{m}v^{1/m} + \frac{1}{m}v^{2/m} + \frac{1}{m}v^{3/m} + \cdots + \frac{1}{m}v^{mn/m} \\ &= \frac{1}{m}\frac{v^{1/m}(1-v^n)}{1-v^{1/m}} \\ &= \frac{1-v^n}{i^{(m)}} \end{aligned} \tag{2.29}$$

此即公式(2.28)。

类似地，以 $\ddot{a}_{\overline{n}|}^{(m)}$ 表示在未来 n 年中每年支付1元，而这1元钱在1年中分 m 次支付，并且在每一个支付间隔的间隔初[时刻 $0, 1/m, 2/m, \cdots, n-(1/m)$]支付 $1/m$ 元的确定年金在第1年年初(即0时刻)的现值。通常称 $\ddot{a}_{\overline{n}|}^{(m)}$ 为每年支付 m 次的期初支付的年金现值。例如，$\ddot{a}_{\overline{n}|}^{(12)}$ 表示在未来 n 年中每月月初支付1/12元的确定年金在这 n 年期初的现值；$\ddot{a}_{\overline{20}|}^{(4)}$ 表示在未来20年中每季度初支付1/4元的确定年金在这20年期初的现值。

类似地，根据名义贴现率的含义，在任何一个单位时间里的 m 个小间隔的间隔初支付 $d^{(m)}/m$，与在整个单位时间间隔的末端单独支付 i 的价值是相等的。根据比例，在单位

时间里的 m 个间隔的初始时刻分别支付 $1/m$ 与在单位时间末单独支付 $i/d^{(m)}$ 的价值也是相等的。

于是，现值为 $\ddot{a}_{\overline{n}|}^{(m)}$ 与支付期为 n 年、每年末支付额为 $i/d^{(m)}$ 年金具有相同的价值。这意味着：

$$\ddot{a}_{\overline{n}|}^{(m)}=\frac{i}{d^{(m)}}a_{\overline{n}|} \tag{2.30}$$

与公式(2.29)类似，可得

$$\begin{aligned}\ddot{a}_{\overline{n}|}^{(m)}&=\frac{1}{m}+\frac{1}{m}v^{1/m}+\frac{1}{m}v^{2/m}+\cdots+\frac{1}{m}v^{(mn-1)/m}\\&=\frac{1-v^{n}}{d^{(m)}}\end{aligned} \tag{2.31}$$

此即公式(2.30)。

很容易看出：

$$a_{\overline{n}|}^{(m)}=v^{1/m}\ddot{a}_{\overline{n}|}^{(m)}$$

或

$$\ddot{a}_{\overline{n}|}^{(m)}=(1+i)^{1/m}a_{\overline{n}|}^{(m)} \tag{2.32}$$

类似地，可以定义每年支付 m 次的期末支付的年金终值 $s_{\overline{n}|}^{(m)}$ 和每年支付 m 次的期初支付的年金终值 $\ddot{s}_{\overline{n}|}^{(m)}$。

$s_{\overline{n}|}^{(m)}$ 表示在未来 n 年中每年支付 1 元，而这 1 元钱在 1 年中分 m 次支付，并且在每一个支付间隔的间隔末支付 $1/m$ 元的确定年金在第 n 年年末(即 n 时刻)的终值。例如，$s_{\overline{n}|}^{(12)}$ 表示在未来 n 年中每月月末支付 1/12 元的确定年金在这 n 年期末的终值；$s_{\overline{20}|}^{(4)}$ 表示在未来 20 年中每季度末支付 1/4 元的确定年金在这 20 年期末的终值。

$\ddot{s}_{\overline{n}|}^{(m)}$ 表示在未来 n 年中每年支付 1 元，而这 1 元钱在 1 年中分 m 次支付，并且在每一个支付间隔的间隔初支付 $1/m$ 元的确定年金在第 n 年年末(即 n 时刻)的终值。例如，$\ddot{s}_{\overline{n}|}^{(12)}$ 表示在未来 n 年中每月月初支付 1/12 元的确定年金在这 n 年期末的终值；$\ddot{s}_{\overline{20}|}^{(4)}$ 表示在未来 20 年中每季度初支付 1/4 元的确定年金在这 20 年期末的终值。

事实上，$s_{\overline{n}|}^{(m)}$ 和 $\ddot{s}_{\overline{n}|}^{(m)}$ 为 $a_{\overline{n}|}^{(m)}$ 与 $\ddot{a}_{\overline{n}|}^{(m)}$ 在 n 年后的终值，因此，

$$s_{\overline{n}|}^{(m)}=(1+i)^{n}a_{\overline{n}|}^{(m)}=(1+i)^{n}a_{\overline{n}|}^{(m)}=(1+i)^{n}\frac{i}{i^{(m)}}a_{\overline{n}|}=\frac{i}{i^{(m)}}s_{\overline{n}|}$$

$$\ddot{s}_{\overline{n}|}^{(m)}=(1+i)^{n}\ddot{a}_{\overline{n}|}^{(m)}=(1+i)^{n}\frac{i}{d^{(m)}}a_{\overline{n}|}=\frac{i}{d^{(m)}}s_{\overline{n}|} \tag{2.33}$$

以上有关每年支付 m 次的年金和每年支付 1 次的年金之间的比例关系可以推广到一些其他的支付方式。例如，一份年金在 n 年中的每年末支付，在第 t 年时支付 x_t，很明显，这份年金的现值为：

$$a=\sum_{t=1}^{n}x_{t}v^{t} \tag{2.34}$$

现在试想第二份年金，同样支付 n 年，在第 t 年支付金额为 x_t，而在 t 这一年份相等的 m 次进行 m 个数额相同的支付。如果 $a^{(m)}$ 表示第二份年金的现值，而用在年末一次性支付金额 $x_t[i/i^{(m)}]$ 的方式代替在第 t 年支付 m 次(每次金额为 x_t/m)的方式，我们立即

可以得到:

$$a^{(m)}=\frac{i}{i^{(m)}}a \tag{2.35}$$

这里的 a 由等式(2.34)给出。

一份年金在期末支付,一个单位时间支付 m 次,同时支付一直持续而不终止,我们称之为每单位时间支付 m 次的永久年金,当支付的金额为恒等时,且一个单位时间支付1元,我们记这种永久年金的现值为 $a_{\overline{\infty}|}^{(m)}$,如果是在期初支付,则相应地,现值可以表示为 $\ddot{a}_{\overline{\infty}|}^{(m)}$。

明显地,

$$\ddot{a}_{\overline{\infty}|}^{(m)}=\frac{1}{m}+a_{\overline{\infty}|}^{(m)}$$

在公式(2.28)和(2.29)中令 n 趋于无穷,可以得到(如果 $i>0$):

$$a_{\overline{\infty}|}^{(m)}=1/i^{(m)} \tag{2.36}$$

$$\ddot{a}_{\overline{\infty}|}^{(m)}=1/d^{(m)} \tag{2.37}$$

延期 m 时间单位,每个单位时间支付1,分 P 次支付,相应地期末支付与期初支付对应的年金现值可表示为:

$$\begin{aligned}{}_{m|}a_{\overline{n}|}^{(p)}&=v^{m}a_{\overline{n}|}^{(p)}\\{}_{m|}\ddot{a}_{\overline{n}|}^{(p)}&=v^{m}\ddot{a}_{\overline{n}|}^{(p)}\end{aligned} \tag{2.38}$$

第六节　支付频率低于每单位时间1次的年金(多年支付1次)

对于 $a_{\overline{n}|}^{(m)}$,到目前,我们直觉地认为 m 是一个大于1的正整数,并且认为 nm 的结果也是一个整数。当然,n 一般也是一个整数,不过有例外的情况,如 $m=4(n=5.75,nm=23)$。$a_{\overline{n}|}^{(m)}$ 表示 nm 次支付在0点时的现值,每次支付额为 $1/m$,支付时间时点为 $1/m$,$2/m$,…,$(nm)/m$。我们应该注意到,当 m 为一个整数的倒数,而 nm 也是一个整数的情况(如当 $m=0.25$,$n=40$ 时)。例如,10次支付,每次支付额4,在时点4,8,12,…,40支付,这份年金在0点的价值可以表示为 $a_{\overline{40}|}^{(0.25)}$。由公式(1.61)及(2.29)得:

$$a_{\overline{40}|}^{(0.25)}=\frac{1-v^{40}}{0.25[(1+i)^{4}-1]}$$

此式可表述为:

$$\frac{4}{\dfrac{(1+i)^{4}-1}{i}}\,\frac{1-v^{40}}{i}=\frac{4}{s_{\overline{4}|}}a_{\overline{40}|}$$

一般地,当 k、r 为大于1的整数,考虑在时刻 r,$2r$,$3r$,…,kr 支付数额为 X 的年金。这是一笔每 r 个时间单位支付一次的年金,也就是支付频率低于每单位时间1次的年金。我们可以把这种情况表述为，在 0 到 kr 之间发生在 1，2，3，…，r，$r+1$，$r+2$，…，$2r$，$2r+1$，$2r+2$，…，$3r$，…，$kr-1$，kr 的 kr 次支付，每次支付的数额为 Y，其中，选取 Y 的值使之满足

$$YS_{\overline{r}|}=X \quad 或 \quad Y=\frac{X}{s_{\overline{r}|}} \tag{2.39}$$

即 r 次支付、每次支付额为 Y 的期末支付的年金终值为 X，而后一种表述的年金其现值为：

$$Ya_{\overline{kr}|}$$

于是，要考虑的这笔支付频率低于每单位时间 1 次的年金的现值为：

$$\frac{X}{s_{\overline{r}|}}a_{\overline{kr}|} \tag{2.40}$$

第七节　连 续 年 金

设 n 为一非负数。假设单位时间内支付额恒为 1，在时间 0 和 n 之间的连续支付年金在 0 时刻的现值记为 $\bar{a}_{\overline{n}|}$。显然，当利息力 δ 为常量时，

$$\bar{a}_{\overline{n}|}=\int_0^n e^{-\delta t}dt=\frac{1-e^{-\delta n}}{\delta}=\frac{1-v^n}{\delta}(如果\ \delta\neq 0) \tag{2.41}$$

注意，在 $\bar{a}_{\overline{n}|}$的定义中，n 不一定是整数。如果 $\delta=0$(或等价地，$i=0$)，$\bar{a}_{\overline{n}|}$等于 n。

如果 m 为非负数，我们用符号${}_{m}|\bar{a}_{\overline{n}|}$表示一笔延期 m 个时间单位、在 n 个时间单位内每单位时间的支付金额为 1 的连续支付年金的现值。这样

$${}_{m}|\bar{a}_{\overline{n}|}=\int_m^{m+n} e^{-\delta t}dt$$

即

$${}_{m}|\bar{a}_{\overline{n}|}=\int_0^{m+n} e^{-\delta t}dt-\int_0^{m} e^{-\delta t}dt$$

或

$${}_{m}|\bar{a}_{\overline{n}|}=e^{-\delta m}\int_0^{n} e^{-\delta t}dt$$

因此，

$${}_{m}|\bar{a}_{\overline{n}|}=\bar{a}_{\overline{m+n}|}-\bar{a}_{\overline{m}|} \tag{2.42}$$

或

$${}_{m}|\bar{a}_{\overline{n}|}=v^m\bar{a}_{\overline{n}|} \tag{2.43}$$

公式(2.41)可以写为：

$$\bar{a}_{\overline{n}|}=\frac{i}{\delta}\ \frac{1-v^n}{i}$$

据此，如果 n 为整数，则

$$\bar{a}_{\overline{n}|}=\frac{i}{\delta}a_{\overline{n}|} \qquad (如果\ \delta\neq 0) \tag{2.44}$$

该年金在支付停止时的终值记为 $\bar{s}_{\overline{n}|}$。

根据定义，$\bar{s}_{\overline{n}|}=\int_0^n e^{\delta(n-t)}dt$，因此，

$$\bar{s}_{\overline{n}|}=(1+i)^n\bar{a}_{\overline{n}|}$$

如果利率不为0，则

$$\bar{s}_{\overline{n}|}=\frac{(1+i)^n-1}{\delta}=\frac{i}{\delta}s_{\overline{n}|}\quad(\text{如果 }\delta\neq 0)\tag{2.45}$$

第八节　变 动 年 金

在现实生活中，我们常常会涉及各年的支付数额不同的年金。例如，一笔在未来12年中每年年末的支付额分别为5 500，6 000，6 500，7 000，7 500，…，10 500，12 000元的年金。根据基本原理，我们可以求得每次支付金额不完全相等的年金的现值(或终值)。例如，在未来 n 年中的时刻 t_i 的支付额为 X_i 的年金在第1年初(时刻0)的现值为：

$$\sum_{i=1}^{n}X_i v^{t_i}$$

其在第 n 年末的终值为：

$$\sum_{i=1}^{n}X_i(1+i)^{t_i}$$

如果 $X_i=t_i=i$，则该年金称为递增年金(见图2－5)，其在第1年初(时刻0)的现值记为$(Ia)_{\overline{n}|}$。这样，

$$(Ia)_{\overline{n}|}=v+2v^2+3v^3+\cdots+nv^n\tag{2.46}$$

从而

$$(1+i)(Ia)_{\overline{n}|}=1+2v+3v^2+\cdots+nv^{n-1}$$

上两式相减，得

$$i(Ia)_{\overline{n}|}=v+v^2+v^3+\cdots+nv^{n-1}-nv^n=\ddot{a}_{\overline{n}|}-nv^n$$

因此，

$$(Ia)_{\overline{n}|}=\frac{\ddot{a}_{\overline{n}|}-nv^n}{i}\tag{2.47}$$

类似地，也可以将上式写成

$$\ddot{a}_{\overline{n}|}=i(Ia)_{\overline{n}|}+nv^n$$

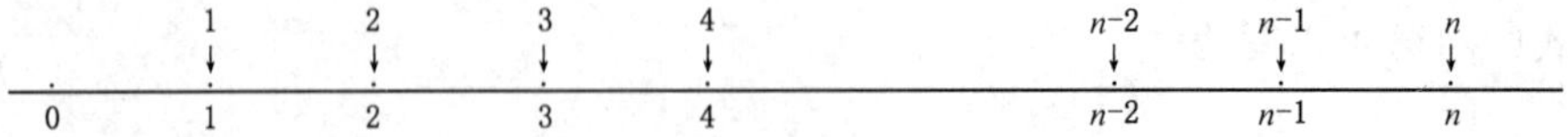

图2－5

对于任意在 n 个时间单位的期末支付的、其支付金额构成一个等差级数的年金现值均可用$a_{\overline{n}|}$和$(Ia)_{\overline{n}|}$表示。如果这样一笔年金在每年末支付的金额分别为 P，$(P+Q)$，$(P+2Q)$，…，$P+(n-1)Q$，即第 r 笔支付额为$(P-Q)+Qt$，那么该年金的现值为：

$$(P-Q)^{a_{\overline{n}|}}+Q(Ia)_{\overline{n}|} \tag{2.48}$$

年初支付的递增年金现值同样可根据基本原理推导得出。

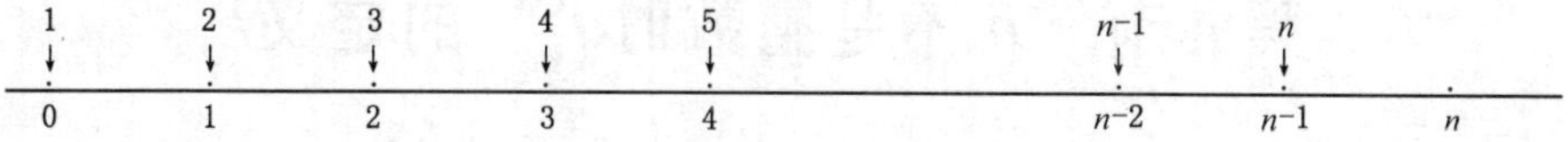

图 2－6

符号$(I\ddot{a})_{\overline{n}|}$用来表示在 n 个时间单位内期初支付的递增年金的现值，其第 t 次支付（金额为 t）发生于时刻 $t-1$，见图 2－6。即

$$(I\ddot{a})_{\overline{n}|}=1+2v+3v^2+\cdots+nv^{n-1}=(1+i)(Ia)_{\overline{n}|}$$
$$=1+a_{\overline{n-1}|}+(Ia)_{\overline{n-1}|} \tag{2.49}$$

对于连续支付的递增年金，区分如下两种年金是必要的：在第 r 期（第 r 个单位时间）内支付速率恒为 r 的年金和在 t 时刻支付速率为 t 的年金。前者支付速率为取间断值 1，2…的阶梯函数，后者支付速率则不断增加。如果这些年金在 n 个时间单位内支付，则它们的现值分别由$(I\bar{a})_{\overline{n}|}$和$(\bar{I}\bar{a})_{\overline{n}|}$表示。显然，

$$(I\bar{a})_{\overline{n}|}=\sum_{r=1}^{n}\int_{r-1}^{r}rv^t dt \quad 及 \quad (\bar{I}\bar{a})_{\overline{n}|}=\int_0^n tv^t dt$$

两式可以表示为：

$$(I\bar{a})_{\overline{n}|}=\frac{\ddot{a}_{\overline{n}|}-nv^n}{\delta} \tag{2.50}$$

$$(\bar{I}\bar{a})_{\overline{n}|}=\frac{\bar{a}_{\overline{n}|}-nv^n}{\delta} \tag{2.51}$$

对应于现值$(Ia)_{\overline{n}|}$，$(I\ddot{a})_{\overline{n}|}$，$(I\bar{a})_{\overline{n}|}$和$(\bar{I}\bar{a})_{\overline{n}|}$的是这些支付系列在时间 n 的终值。这些终值分别由$(Is)_{\overline{n}|}$，$(I\ddot{s})_{\overline{n}|}$，$(I\bar{s})_{\overline{n}|}$和$(\bar{I}\bar{s})_{\overline{n}|}$表示。因为这些符号是前面各支付系列在 n 时间单位后的终值，所以，

$$(Is)_{\overline{n}|}=(1+i)^n(Ia)_{\overline{n}|} \tag{2.52}$$

$$(I\ddot{s})_{\overline{n}|}=(1+i)^n(I\ddot{a})_{\overline{n}|} \tag{2.53}$$

$$(I\bar{s})_{\overline{n}|}=(1+i)^n(I\bar{a})_{\overline{n}|} \tag{2.54}$$

$$(\bar{I}\bar{s})_{\overline{n}|}=(1+i)^n(\bar{I}\bar{a})_{\overline{n}|} \tag{2.55}$$

延期递增年金现值的定义方法显而易见，例如：

$$_{m|}(Ia)_{\overline{n}|}=v^m(Ia)_{\overline{n}|} \tag{2.56}$$

符号$(Da)_{\overline{n}|}$用于表示相对在 n 单位时间内期末支付的递减年金的现值。该年金依次支付的金额为 n，$(n-1)$，$(n-2)$，…，1。因为第 r 次支付的金额为$(n+1-t)$，所以，

$$(Da)_{\overline{n}|}=(n+1)a_{\overline{n}|}-(Ia)_{\overline{n}|}$$

该方程可由一般推理得出，它反映了 $P=n$，$Q=-1$ 时的特殊情形。

第九节　n 不是整数时 $a_{\overline{n}|}^{(m)}$ 的定义

到目前，对于符号 $a_{\overline{n}|}^{(m)}$，我们所涉及的 n 一直是正整数，对于特定的不为整数的 n，虽然符号 $a_{\overline{n}|}$ 还没有一个明确的解释，也就是说，对如 $a_{\overline{9.5}|}$ 没有明确的含义，但是符号 $a_{\overline{9.5}|}^{(4)}$ 代表这样的年金：每年支付 1 元并且等分为 4 次于期末支付，共支付 9.5 年(也就是每次支付 0.25 元，共支付 38 次)。然而，符号 $a_{\overline{1/6}|}^{(4)}$ 便没有明确的含义。于是，对于特定的不为整数的 n，符号 $a_{\overline{n}|}^{(m)}$ 有其具体的含义。考虑 n 为 $1/m$ 的整数倍，即 $n=r/m$，r 为一个整数。在这个例子里，我们定义 $a_{\overline{n}|}^{(m)}$ 为 r 次支付，每次支付额为 $1/m$，支付发生于时刻 $1/m$，$2/m$，$3/m$，…，$r/m=n$ 的年金在时刻 0 的现值。如果 $i=0$，则很明显地，$a_{\overline{n}|}^{(m)}=n$，如果 $i\neq0$，那么，

$$a_{\overline{n}|}^{(m)}=\frac{1}{m}(v^{1/m}+v^{2/m}+v^{3/m}+\cdots\cdots+v^{r/m}) \tag{2.57}$$
$$=\frac{1}{m}v^{1/m}\frac{1-v^{r/m}}{1-v^{1/m}}$$
$$=\frac{1}{m}\frac{1-v^{r/m}}{(1+i)^{1/m}-1}$$

则

$$a_{\overline{n}|}^{(m)}=\frac{1-v^n}{i^{(m)}}\qquad(\text{如果 } i\neq0)$$
$$=n(\text{如果 } i=0) \tag{2.58}$$

注意，我们可以把原来的时间单位与 $1/m$ 的乘积作为一个新的时间单位，因此这个新的时间单位的实际利率为 $\frac{i^{(m)}}{m}$(每一个新的时间单位)。于是，

$$a_{\overline{n}|\text{利率为}i}^{(m)}=\frac{1}{m}a_{\overline{nm}|\text{利率为}\frac{i^{(m)}}{m}} \tag{2.59}$$

这是一个很有用的公式。等式(2.58)给出的 $a_{\overline{n}|}^{(m)}$(对于所有 n 为非整数时)是富于明显的数学含义的。因此，采用公式(2.58)作为 $a_{\overline{n}|}^{(m)}$ 的定义是很方便的。例如，如果 $n=n_1+f$，而且为 $1/m$ 的整数倍($0<f<1/m$)，一些精算工作者把 $a_{\overline{n}|}^{(m)}$ 定义为：

$$a_{\overline{n_1}|}^{(m)}+fv^n$$

由此，

$$a_{\overline{9.75}|}^{(2)}=a_{\overline{9.5}|}^{(2)}+0.25v^{9.75}$$

以上为每年 1 元在 9.5 年内每半年支付一次，期末支付的年金与 9.75 年末，支付 0.25 两者的现值。注意这与按照公式(2.58)得出的价值不完全相等(见例 2-2)。

如果 $i\neq0$，对于所有非整数 n，我们定义

$$\ddot{a}_{\overline{n}|}^{(m)}=(1+i)^{\frac{1}{m}}a_{\overline{n}|}^{(m)}=\frac{1-v^n}{d^{(m)}} \tag{2.60}$$

$$s_{\overline{n}|}^{(m)}=(1+i)^{n}a_{\overline{n}|}^{(m)}=\frac{(1+i)^{n}-1}{i^{(m)}}\tag{2.61}$$

$$\ddot{s}_{\overline{n}|}^{(m)}=(1+i)^{n}\ddot{a}_{\overline{n}|}^{(m)}=\frac{(1+i)^{n}-1}{d^{(m)}}\tag{2.62}$$

在这里，$i^{(m)}$、$d^{(m)}$分别由公式 1.61、1.63 给定。如果 $i=0$，则这三个式子都等于 n。

无论何时，n 为 $1/m$ 的整数倍，$n=r/m$，那么，$\ddot{a}_{\overline{n}|}^{(m)}$、$s_{\overline{n}|}^{(m)}$、$\ddot{s}_{\overline{n}|}^{(m)}$都可以用 r 次间隔为 $1/m$ 的支付，每次支付 $1/m$ 的年金相应地表示出来。

目前，使用 $a_{\overline{n}|}$、$\ddot{a}_{\overline{n}|}$、$s_{\overline{n}|}$和 $\ddot{s}_{\overline{n}|}$相应地表示 $a_{\overline{n}|}^{(m)}$、$\ddot{a}_{\overline{n}|}^{(m)}$、$s_{\overline{n}|}^{(m)}$和 $\ddot{s}_{\overline{n}|}^{(m)}$，因此，将基本确定年金的有关定义推广之后，对任意的整数或非整数 n，当 $i\neq0$，有

$$a_{\overline{n}|}^{(m)}=\frac{i}{i^{(m)}}a_{\overline{n}|}\tag{2.63}$$

$$\ddot{a}_{\overline{n}|}^{(m)}=\frac{i}{d^{(m)}}a_{\overline{n}|}\tag{2.64}$$

$$s_{\overline{n}|}^{(m)}=\frac{i}{i^{(m)}}s_{\overline{n}|}\tag{2.65}$$

$$\ddot{s}_{\overline{n}|}^{(m)}=\frac{i}{d^{(m)}}s_{\overline{n}|}\tag{2.66}$$

也可以把${}_{m|}a_{\overline{n}|}^{(m)}$、${}_{m|}\ddot{a}_{\overline{n}|}^{(m)}$的定义推广到对所有的 n 都成立。即对任意的 n，有

$${}_{m|}a_{\overline{n}|}^{(m)}=v^{m}a_{\overline{n}|}^{(m)}\tag{2.67}$$

$${}_{m|}\ddot{a}_{\overline{n}|}^{(m)}=v^{m}\ddot{a}_{\overline{n}|}^{(m)}\tag{2.68}$$

并且，

$${}_{m|}a_{\overline{n}|}^{(m)}=a_{\overline{n+m}|}^{(m)}-a_{\overline{m}|}^{(m)}\tag{2.69}$$

$${}_{m|}\ddot{a}_{\overline{n}|}^{(m)}=\ddot{a}_{\overline{n+m}|}^{(m)}-\ddot{a}_{\overline{m}|}^{(m)}\tag{2.70}$$

【例 2－2】 计算下列各项年金：(1) $\ddot{s}_{\overline{15}|}^{(4)}$，$i^{(4)}=10\%$；(2) $s_{\overline{10}|}^{(0.5)}$，$i=1\%$；(3) $a_{\overline{15.5}|}^{(4)}$，$i=4\%$；(4) $\ddot{a}_{\overline{15.75}|}^{(4)}$，$i=4\%$；(5) ${}_{2.5|}a_{\overline{15.5}|}^{(4)}$，$i=4\%$。

解：

$$(1)\ \ddot{s}_{\overline{15}|}^{(4)}=\frac{1}{4}\ddot{s}_{\overline{60}|@2.5\%}=\frac{1}{4}(1+i)s_{\overline{60}|}=\frac{1}{4}\times1.025\times135.9916=34.848$$

$$(2)\ s_{\overline{10}|}^{(0.5)}=\frac{i}{i^{(0.5)}}s_{\overline{10}|}=\frac{0.01}{0.5(1.01^{2}-1)}\times10.4622=10.410$$

或

$$s_{\overline{10}|@1\%}^{(0.5)}=2s_{\overline{5}|@2.01\%}=2\left[\frac{(1+i)^{5}-1}{i}\right]=2\times\frac{1.0201^{2}-1}{0.0201}=10.410$$

或

$$\begin{aligned}s_{\overline{10}|}^{(0.5)}&=2[1+(1+i)^{2}+(1+i)^{4}+(1+i)^{6}+(1+i)^{8}]\\&=2[1+1.02010+1.04060+1.06152+1.08286]=10.410\end{aligned}$$

$$(3)\ a_{\overline{15.5}|}^{(4)}=\frac{1-v^{(15.5)}}{i^{(4)}}=\frac{1-1.04^{(15.5)}}{0.039414}=11.005$$

$$(4)\ \ddot{a}_{\overline{15.75}|}^{(4)}=\frac{1}{4}+a_{\overline{15.5}|}^{(4)}=11.255$$

(5) $_{2.5|}a_{\overline{15.5}|}^{(4)}=v^{(2.5)}a_{\overline{15.5}|}^{(4)}=9.9772$

习　题

1. 如果有一笔1万元的年金按下列方式支付20年，实际利率为4%，求下列各方式下的年金现值：(1)每年年初支付；(2)每个季度初均匀支付；(3)每个月的月末均匀支付。

答案： (1) $10\,000\ddot{a}_{\overline{20}|}=10\,000\times14.1339=141\,339$(元)

(2) $10\,000\ddot{a}_{\overline{20}|}^{(4)}=10\,000\times13.9284=139\,284$(元)

(3) $10\,000a_{\overline{20}|}^{(12)}=10\,000\times13.8377=138\,377$(元)

2. 有一笔2 500元的年金按下列方式支付15年，实际利率为6%，求下列各方式的年金终值：(1)每年年初支付；(2)每个季度初均匀支付；(3)每个月的月末均匀支付。

答案： (1) $2\,500\ddot{s}_{\overline{15}|}=2\,500\times10.2949=25\,737.25$(元)

(2) $2\,500\ddot{s}_{\overline{15}|}^{(4)}=2\,500\times10.5237=26\,309.25$(元)

(3) $2\,500s_{\overline{15}|}^{(12)}=2\,500\times9.9765=24\,941.25$(元)

3. 有一笔5 000元的年金每年年末支付，支付20年，推迟5年后开始支付，利率为8%，求这笔年金的现值。

答案： $5\,000v^5a_{\overline{20}|}=5\,000\times0.68058\times9.8181=33\,410$(元)

4. 有一项投资预测在将来有如下回报：时刻1回报为10元，时刻2为20元……时刻20为200元，利率为6%。求这个项目投资回报的现值和终值。

答案： 时刻0现值：$10(Ia)_{\overline{20}|}=987$(元)

时刻20终值：$10(Ia)_{\overline{20}|}\times(1+i)^{20}=987\times3.2071=3\,165.408$(元)

5. 设X为一个每年末支付，共支付8年，每年支付2 000元，年利率5%的年金的现值，Y为一个每四年末支付一次，共支付16年，每次支付4 000元，年利率3%，求X与Y的比。

答案： $X=2\,000a_{\overline{8}|}@5\%=2\,000\times6.4632=12\,926.4$(元)

$1+i=(1+3\%)^4, i=12.55\%, v=0.8885$

$$Y=4\,000a_{\overline{4}|}@12.25\%=4\,000\times\frac{1-0.888^4}{0.1225}=12\,349.3\text{(元)}$$

$X/Y=1.076$

6. 一年金每年支付4次，期末支付，共支付12年，每次支付400元，名义年利率12%，求其在第12年末的终值。

答案： $i^{(4)}=12\%$

$$\frac{i^{(4)}}{4}=3\%$$

$PV=400\times s_{\overline{48}|}@3\%=400\times104.4084=41\,763.36$(元)

7. 用为期10年的等额年金偿还一笔贷款。等额年金每年支付4次，分别在3月、6月、9月、12月的最后一天，年利率为10%。已知第4年支付的利息总额为3 216.96，求这笔贷款的总额：

答案：设每次支付额为 X 元，则：

$$4X-4X(a_{\overline{7}|}^{(4)}-a_{\overline{6}|}^{(4)})=3\ 216.96(\text{元})$$

$$X=2\ 512.33(\text{元})$$

$$PV=4Xa_{\overline{10}|}^{(4)}=75\ 608(\text{元})$$

8. 一笔年金在 5 时刻的支付额为 200 元，在 6 时刻的支付额为 190 元，在 7 时刻的支付额为 180 元，以此类推，直到在时刻 15 的支付额为 100 元。已知年利率 3.5%，计算：(1) 此年金在时刻 4 的现值；(2) 此年金在时刻 0 的现值；(3) 此年金在时刻 15 的终值。

答案：(1) 递减年金：$PV_4=210a_{\overline{11}|}-10(Ia)_{\overline{11}|}=1\ 381.14(\text{元})$

(2) $PV_0=PV_4\times1.035^{-4}=1\ 203.58(\text{元})$

(3) $AV_{15}=PV_4\times1.035^{11}=2\ 016.42(\text{元})$

9. 某公司从银行借了 5 000 元贷款，年利率为 10%。这个公司用五年的等额年金偿还贷款。计算每次偿还中利息与资本所占的份额并做出摊销表。

答案：

清偿	清偿额中的利息部分	本金清偿	清偿后未清偿贷款额
1	500	818.98	4 181.02
2	418.10	900.88	3 280.14
3	328.01	990.97	2 289.17
4	228.92	1 090.06	1 199.11
5	119.91	1 199.07	0.04

10. 某人发生意外死亡后，保险公司支付 20 万元的保险金，其三个受益人经协商决定按永续年金方式领取该笔款项，受益人甲领取前 8 年的年金，受益人乙领取以后 10 年的年金，然后由受益人丙领取以后的所有年金。所有年金领取都在年初发生。保险公司的预定利率为 6.5%。计算甲、乙、丙各自领取的保险金份额。

答案：每年领取的年金数额 $=\dfrac{200\ 000}{a_{\overline{\infty}|}}=12\ 206.58(\text{元})$

甲的份额 $=12\ 206.58\times\ddot{a}_{\overline{8}|}=79\ 153.76(\text{元})$

乙的份额 $=12\ 206.58\times(\ddot{a}_{\overline{18}|}-\ddot{a}_{\overline{8}|})=56\ 486.3(\text{元})$

丙的份额 $=12\ 206.58\times(\ddot{a}_{\overline{\infty}|}-\ddot{a}_{\overline{18}|})=79\ 153.76(\text{元})$

11. 某人现在 48 岁，当他在 60 岁退休时将会每周领取 35 元退休金。假设该人于 76 岁去世，计算其退休金现值（年利率 10%，每年按 52.18 周计算）。

答案：$PV=52.18\times35\times{}_{12}|\bar{a}_{\overline{16}|}-1\ 826.3v^{-12}\dfrac{1-v^{16}}{\delta}=4\ 777(\text{元})$

第三章

生存模型与生命表

第一节 简单生存模型

一、生存状况与生存模型

通常，我们把寿险公司出售的合同称为**寿险保单**。按寿险保单的约定，保险人(即寿险公司)将根据被保险人在约定时间内的生存或死亡决定是否给付保险金。

例如，我们考虑一个30岁的人购买一份期限为10年的生存保险，保额为1万元。也就是说，如果他活到40岁，将得到1万元的保险金；如果他在10年内死亡，保险公司不会有任何给付。

这种只有在特定事件发生时才给付保险金称为**条件支付**，其最重要特征就是它发生的不确定性。一个人的未来生存时间是不确定的，只有在特殊情况下才是预先可知的。

被保险人在未来某个时期的生死是一个不确定性事件，对这个不确定性事件的研究是寿险精算中最重要的工作之一，它决定着保险金的给付与否。

从数学的角度，生存状况是一个简单的过程。这个过程有如下特征：

- 存在两种状态：生存和死亡。
- 单个的人——经常称做生命个体——可被划分为生存者或死亡者，也就是说，我们可说出他们所处的状态。
- 生命个体可从“生存”状态到“死亡”状态，但反过来不能成立。
- 任何个体的未来生存时间都是未知的，所以我们应从生存或死亡概率的探讨而着手生存状况的研究。

生存模型就是对此过程建立的一个数学模型，用数学公式进行清晰的描述，从而对死亡率的问题作出了一些解释。下面就是生存模型可回答的几个问题的例子：

- 一个45岁的人在下一年中死亡的概率是多少？
- 假若有1 000个45岁的人，那么他们中有多少人可能在下一年内死亡？

• 如果某一45岁的男性公民投保了一个10年的定期的某种人寿保险，那么应该向他收取多少保费？

• 一个45岁男性公民将可能继续生存的年数？

• 由许多45岁的男性公民组成的一组人，其死亡概率分布是怎样的？

• 一些特定因素(如一天吸50根烟)对于45岁的男性公民的未来生存时间的影响是怎样的？

以上这些问题都是从概率和统计的角度阐述的，是根据过去的统计资料所做的估计和预测，因为死亡率不是一个确定的常量。

二、新生婴儿的未来生存时间

一个刚刚出生的个体(0岁)，其未来生存时间(或称存活时间)可作为一个随机变量，我们用 T_0 表示。T_0 代表一个0岁的人未来生存的时间，也就是他的寿命。T_0 通常以年来计量。

我们通常假定 T_0 是一个连续随机变量，T_0 可以取任何比0大的值。我们用 $P[A]$ 表示事件 A 发生的概率。我们定义随机变量 T_0 的分布函数 $F_0(t)$ 为：

$$F_0(t) = P[T_0 \leqslant t] \tag{3.1}$$

依定义，$F_0(t)$ 是一个0岁的人不晚于 t 岁死亡的概率。

另一个互补性的概率也是经常应用的，即一个0岁的人在 t 岁之后死亡的概率，也就是他的未来生存时间超过 t 年的概率，我们记作 $S_0(t)$，称为**生存函数**或生存分布，即

$$S_0(t) = P[T_0 > t] = 1 - F_0(t) \tag{3.2}$$

例如，一个0岁的人在50岁之后死亡的概率为：

$$P[T_0 > 50] = S_0(50)$$

在60岁之前死亡的概率为：

$$P[T_0 \leqslant 60] = F_0(60)$$

50～60岁之间死亡的概率为：

$$P[50 < T_0 \leqslant 60] = F_0(60) - F_0(50)$$

三、年龄为 x 岁($x>0$)的人的未来生存时间

我们已定义了生存时间分布 $F_0(t)$ 是一个新生个体(定义为0)随机未来生存时间的分布函数，我们考虑一些年龄为 x 岁($x>0$)的人。我们可以同样的方式将一个年龄已为 x 岁的人的未来生存时间定义为一个随机变量 T_x。

$$T_x = \text{一个 } x \text{ 岁的人将来继续生存的时间}$$

例如，假设我们考虑一个30岁的人，假设他将在52.5岁死亡。那么，对于这个人，T_{30} 的值为22.5。在这里，重要的是意识到 T_x 是一个 x 岁的人将来继续生存的时间，这比知道一个 x 岁的人死亡的年龄更重要。

随机变量 T_x 的分布函数记做 $F_x(t)$，因此：

$$F_x(t) = P[T_x \leqslant t] \tag{3.3}$$

类似地，我们定义一个 x 岁的人在 t 年之后死亡的概率，也就是他的未来生存时间超

过 t 年的概率，我们记作 $S_x(t)$，称为生存函数或生存分布，即

$$S_x(t)=P[T_x>t]=1-F_x(t) \tag{3.4}$$

事实上，分布 $F_0(t)$ 和 $F_x(t)$ 之间是有联系的，如果我们知道 0 岁的人(即新生个体)的生存时间分布 $F_0(t)$，我们也就能知道所有年龄 $x>0$ 的人的生存时间分布。

为了说明这个问题，让我们再仔细看一下 T_x 的定义。它是一个 x 岁的人将来可继续生存的时间，以他已生存了 x 岁为条件的。

回忆一下条件概率的定义。假设两个事件 A 和 B，在 B 已发生条件下的概率是：

$$P[A|B]=\frac{P[AB]}{P[B]}$$

因此对所有年龄 $x>0$ 的人，假设我们知道 $F_0(t)$，则

$$F_x(t)=P[T_0\leqslant x+t|T_0>x]=\frac{P[x<T_0\leqslant x+t]}{P[T_0>x]}$$

$$=\frac{F_0(x+t)-F_0(x)}{1-F_0(x)} \tag{3.5}$$

生存函数也有类似的表达式，并且这种表示用得更多。

$$S_x(t)=P[T_0>x+t|T_0>x]=\frac{P[T_0>x+t]}{P[T_0>x]}$$

$$=\frac{S_0(x+t)}{S_0(x)} \tag{3.6}$$

这有更引人注意的直观解释。如果我们把公式(3.6)整理一下，可以重写成：

$$S_0(x+t)=S_0(x)\times S_x(t) \tag{3.7}$$

我们可以把上式右边的结果解释为 0 岁的人生存到 x 岁的生存概率与一个已经活到 x 岁的人再生存到 $(x+t)$ 岁的条件概率的乘积。这是一个重要的结果，我们将重复使用它。

容易证明，对于 t，当 $u\geqslant 0$ 时，

$$S_x(t+u)=S_x(t)\times S_{x+t}(u)=S_x(u)\times S_{x+u}(t) \tag{3.8}$$

四、未来生存时间的密度函数

(一)未来一年的生存与死亡概率(p_x 和 q_x)

精算界已设计了一些国际标准符号，包括世界公认的生存和死亡概率符号。定义：

$$p_x=S_x(1)=P[T_x>1] \tag{3.9}$$

$$q_x=F_x(1)=P[T_x\leqslant 1] \tag{3.10}$$

显然，p_x 表示一个 x 岁的人在 $x+1$ 岁仍然生存的概率；q_x 表示一个 x 岁的人在未来一年内死亡的概率。很明显，

$$p_x=1-q_x \tag{3.11}$$

q_x 被称做死亡概率，不严格地讲，它用来度量 x 岁到 $(x+1)$ 岁之间死亡的比率，但不要忽略一个事实——它是用概率来定义的。

这些符号很有用的一个原因是整数年龄的 q_x 的数值常常用表格形式列出。其中有生命偶然事件的概率和其他相关数字的表格称做**生命表**。

(二)未来任意期限内的生存与死亡概率

符号 p_x 与 q_x 可扩展到不只限于 1 年的死亡与生存概率。定义：

$$_tp_x = S_x(t) = P[T_x > t] \tag{3.12}$$

$$_tq_x = F_x(t) = P[T_x \leqslant t] \tag{3.13}$$

即 $_tp_x$ 表示 x 岁的人在 $x+t$ 岁时仍然生存的概率；$_tq_x$ 表示 x 岁的人在未来 t 年中死亡的概率。显然，

$$_tp_x = 1 - {_tq_x} \tag{3.14}$$

注意，p_x 和 q_x 是 $_tp_x$ 和 $_tq_x$ 的特殊形式，

$$p_x = {_1p_x},\quad q_x = {_1q_x}$$

回想一下上一节的结论：

$$S_x(t+u) = S_x(t) \times S_{x+t}(u) = S_x(u) \times S_{x+u}(t)$$

用精算符号可以表示为：

$$_{t+u}p_x = {_tp_x} \times {_up_{x+t}} = {_up_x} \times {_tp_{x+u}} \tag{3.15}$$

容易理解：

$$_{t+u}q_x = 1 - (1 - {_uq_x})(1 - {_tq_{x+u}}) \tag{3.16}$$

注意，等式 $_{t+u}q_x = {_uq_x} \times {_tq_{x+u}}$ 是不成立的，用这结果代替公式(3.16)是错误的。

五、未来生存时间的密度函数

既然未来生存时间是个随机变量，它的密度函数就显得尤为重要。我们用 $f_x(t)$ 表示 T_x 的密度函数，也就是：

$$f_x(t) = \frac{d}{dt}F_x(t) \tag{3.17}$$

第二节　死 亡 力

一、死亡力的概念

死亡力是从生存模型中获得的最重要的数据，这是生存问题研究中一个基本概念。

死亡力通常被统计学家称为危险率，在本书中，死亡力和危险率的意思是相同的。令 w 表示人的极限年龄，或者表示最长寿者的年龄，我们将一个生命在 x 岁($0 \leqslant x \leqslant w$)的人的死亡力记做 μ_x，定义为：

$$\mu_x = \lim_{h \to 0^+}\left\{\frac{1}{h} \times P[T_0 \leqslant x + h \mid T_0 > x]\right\} \tag{3.18}$$

我们假定式中的极限总是存在的。

在这个表达式中的概率是一个条件概率：活到 x 岁的人在一个很短时间间隔 h 内死亡的

概率。把这个条件概率以长度为 h 的时间单位加以分割(如年龄)，当 h 趋于0时，整个表达式是有意义的。括号中的表达式是在一个很小的时间间隔，即每单位时间内死亡的概率。

直观地看，从 μ_x 的定义中可以理解，如果 h 很小，

$$\mu_x \approx \frac{1}{h} \times P[T_0 \leqslant x + h \mid T_0 > x]$$

因此，对于很小的 h，$h\mu_x$ 近似看做一个活到 x 岁的人在一个很短的时间间隔 $(x, x+h)$ 死亡的概率。也就是说，

$$h\mu_x \approx {}_hq_x$$

二、关于死亡力的一个重要公式

从以上所给定义，我们可得到关于死亡力的一个简捷公式：

$$\begin{aligned}
\mu_x &= \lim_{h \to 0^+} \left\{ \frac{1}{h} \times P[T_0 \leqslant x + h \mid T_0 > x] \right\} \\
&= \lim_{h \to 0^+} \left\{ \frac{1}{h} \times \frac{F_0(x+h) - F_0(x)}{1 - F_0(x)} \right\} \\
&= \frac{1}{1 - F_0(x)} \times \frac{d}{dx} F_0(x) \qquad (3.19) \\
&= \frac{-1}{S_0(x)} \times \frac{d}{dx} S_0(x) \qquad (3.20)
\end{aligned}$$

我们假设 $F_0(t)$、$F_x(t)$、$S_0(t)$、$S_x(t)$ 都是关于 t 的可微函数。

三、死亡力与未来生存时间的分布函数、密度函数之间的关系

死亡力与未来生存时间的分布函数，密度函数之间的关系是生存模型中最重要的关系，我们可以通过有关的概念和性质得出它们之间的表达式。

根据 $f_x(t) = \frac{d}{dt} F_x(t)$，

$$\begin{aligned}
f_x(t) &= \frac{d}{dt} P[T_x \leqslant t] \\
&= \lim_{h \to 0^+} \frac{1}{h} \times \{P[T_x \leqslant t + h] - P[T_x \leqslant t]\} \\
&= \lim_{h \to 0^+} \frac{P[T_0 \leqslant x + t + h \mid T_0 > x] - P[T_0 \leqslant x + t \mid T_0 > x]}{h} \\
&= \lim_{h \to 0^+} \frac{P[T_0 \leqslant x + t + h] - P[T_0 \leqslant x] - P[T_0 \leqslant x + t] + P[T_0 \leqslant x]}{S(x) \times h} \\
&= \lim_{h \to 0^+} \frac{P[T_0 \leqslant x + t + h] - P[T_0 \leqslant x + t]}{S(x) \times h} \qquad (3.21)
\end{aligned}$$

同时乘以和除以 $S(x+t)$ 得到：

$$f_x(t) = \frac{S_0(x+t)}{S_0(x)} \lim_{h \to 0^+} \frac{1}{h} \frac{P[T_0 \leqslant x + t + h] - P[T_0 \leqslant x + t]}{S_0(x+t)}$$

$$= S_x(t) \times \lim_{h \to 0^+} \frac{1}{h} P[T_0 \leqslant x + t + h \mid T_0 > x + t]$$

$$= S_x(t) \times \mu_{x+t} \tag{3.22}$$

或者，用精算符号，对 0 到 w 间的某一年龄 x，

$$f_x(t) = {}_t p_x \times \mu_{x+t} \qquad 0 \leqslant t \leqslant w - x \tag{3.23}$$

这是生存模型的最重要的一个结果。

四、两个重要公式

本节的最后，我们探讨一下死亡概率、生存概率与死亡力的两个重要公式。

（一）${}_t q_x$ 的公式

根据密度函数的上述表达式，我们可以很容易地写出从死亡力 μ_{x+t} 的角度来探讨 ${}_t q_x$ 的公式：

$${}_t q_x = F_x(t) = \int_0^t f_x(s)\, ds = \int_0^t {}_s p_x \times \mu_{x+s}\, ds \tag{3.24}$$

这是一个非常有用的公式。特别地，当 $t = 1$ 时，有：

$$q_x = \int_0^1 {}_s p_x \times \mu_{x+s}\, ds \tag{3.25}$$

它的一个简单、直观的说明是：${}_s p_x \times \mu_{x+s} ds$ 是（近似地）一个 x 岁的人生存到 $x + s$ 岁，并在一个很短的时间间隔 ds 里死亡的概率。这个定积分因此是这个人在 x 岁到 $(x+1)$ 岁之间任意一个给定时刻死亡的概率的加总。这些事件当然都是独立的，所以我们把它们的概率加起来得到总的概率 q_x。

（二）${}_t p_x$ 的公式

由公式（3.20），我们有：

$$\mu_s = \frac{-({}_s p_0)'}{{}_s p_0}$$

即：

$$\mu_s = \frac{-d}{ds} \log({}_s p_0)$$

因此，

$$\int_x^{x+t} \mu_s\, ds = -\int_x^{x+t} \frac{-d}{ds} \log({}_s p_0)\, ds$$

所以，

$$-\int_x^{x+t} \mu_s\, ds = [\log({}_s p_0)]_x^{x+t} = \log({}_{x+t} p_0) - \log({}_x p_0)$$

$$= \log\left(\frac{{}_{x+t} p_0}{{}_x p_0}\right)$$

$$= \log({}_t p_x)$$

所以，我们有

$$_tp_x = \exp\left(-\int_x^{x+t} \mu_s ds\right) \tag{3.26}$$

第三节 生命期望值

一、完全生命期望值

随机变量 T_x 的数学期望值叫做 x 岁的人的完全生命期望值，又称平均余命，用 $\mathring{e}_x$ 表示，即：

$$\begin{aligned}
\mathring{e}_x &= E[T_x] \\
&= \int_0^{w-x} t \times {}_tp_x\mu_{x+t}dt \\
&= \int_0^{w-x} tf_x(t)dt \\
&= \int_0^{w-x} t\left(\frac{-\partial}{\partial t}{}_tp_x\right)dt \\
&= -(t \times {}_tp_x)\Big|_0^{w-x} + \int_0^{w-x} {}_tp_x dt \qquad \text{(分部积分)} \\
&= \int_0^{w-x} {}_tp_x dt
\end{aligned} \tag{3.27}$$

平均余命经常被用来衡量总体死亡率的高低。例如，通常用新生儿的平均余命来比较在不同国家的生活水平和保健水平。

二、简单(整数化)未来生存时间 K_x

以上将 $\mathring{e}_x$ 作为完全生命期望值的原因，不仅仅是拘泥于形式，而且是为了把它与另一个量——简单(整数化)生命期望值区分开来。完全生命期望值是未来生存时间的期望值，简单(整数化)生命期望值是简单(整数化)未来生存时间的期望值。我们现定义如下：

一个 x 岁的人的简单(整数化)未来生存时间，是完全未来生存时间的整数部分，用 K_x 表示。

从现在起，我们常常把未来生存时间称为完全未来生存时间，以区别于简单(整数化)未来生存时间。

显然，简单(整数化)未来生存时间就是对不足一年的生存时间忽略不计。这是一个有用的概念，因为一些由寿险公司签订的合同仅保证在每年签合同的周年日偿付。例如，一个寿险合同将在死亡那年末给付保险金，或一个年金将在证明被保人还活着的前提下在每年末支付。与完全未来生存时间相比，这些意外事故更依赖于简单(整数化)未来生存时间，因为我们更感兴趣的是在每年的间隔里，一个生命是处于生存还是死亡状态。在下一章里，你将看到很多例子。

注意：K_x是一个离散的随机变量，取值为整数0，1，2…

从 T_x的密度函数，我们可得函数 K_x的概率：

$$\begin{aligned}P[K_x=k]&=P[k\leqslant T_x<k+1]\\&=F_x(k+1)-F_x(k)\\&={}_kp_x-{}_{k+1}p_x\\&={}_kp_x-{}_kp_x\times p_{x+k}\\&={}_kp_x(1-p_{x+k})\\&={}_kp_x\times q_{x+k}\end{aligned}\tag{3.28}$$

这是直观的事实——它是一个 x 岁的人活到 $x+k$ 岁，然后在下一年内死亡的概率。

三、简单(整数化)生命期望值 e_x

K_x的数学期望值被称做简单(整数化)生命期望值，记为 e_x。

$$\begin{aligned}e_x&=E[K_x]\\&=\sum_{k=0}^{\infty}k\times P[K_x=k]\\&=\sum_{k=0}^{\infty}k\times{}_kp_x\times q_{x+k}\\&=\sum_{k=1}^{\infty}\sum_{j=k}^{\infty}P[K_x=j]\\&=\sum_{k=1}^{\infty}P[T_x\geqslant k]\\&=\sum_{k=1}^{\infty}{}_kp_x\end{aligned}\tag{3.29}$$

注意：这里我们假设：

$$P[T_x\leqslant k]=P[T_x<k]=F_x(k)$$

这是一个合理的、可做的假设，因为我们在前面已假设 $F_x(t)$是连续的。

简单(整数化)生命期望值这个名字有点误导，e_x 应该更精确地被叫做简单(整数化)未来生存时间的期望值。但第一个名字已用习惯了，所以我们就这样认可了。不要掉入陷阱，误认 e_x 是 $\mathring{e}_x$的整数部分——它并不是。事实上，当我们近似地把某个年龄死亡的人的死亡时间看做是均匀分布的时候，有：

$$\mathring{e}_x\approx e_x+\frac{1}{2}\tag{3.30}$$

四、未来生存时间和简单未来生存时间的方差

很容易写出随机变量 T_x和 K_x的方差：

$$Var[T_x]=\int_0^{w-x}t^2\times{}_tp_x\mu_{x+t}dt-\mathring{e}_x{}^2$$

$$Var[K_x]=\sum_{k=0}^{[w-x]}k^2\times{}_kp_x\times q_{x+k}-e_x{}^2$$

但它们不能像期望值一样完全简化。

第四节　生命表函数

一、生命表的概念

概率${}_tp_x$、${}_tq_x$可以用来完成许多计算，因此，用某种方法把这些函数值列表是很有用的。

生命表(life table)是用一个小表来表达诸多相关概率的方法，表中各项内容均为年龄的函数。

生命表又称“死亡表”(mortality table)，它是根据一定时期的特定国家（或地区）或特定人口群体（如寿险公司的全体被保险人、某企业的全体员工）的有关生存状况统计资料，编制成的统计表。生命表可以反映出任意年龄的人在任何期限内的生存概率、死亡概率等相关信息。

生命表定义的关键是：

$$ {}_{t+s}p_x = {}_tp_x \times {}_sp_{x+t} = {}_sp_x \times {}_tp_{x+s} $$

假设已知一个特定的生存模型的所有概率，与这个模型相应的生命表主要是由以下数据构成的：l_x、d_x、q_x、$\mathring{e}_x$、e_x等等。在此之前，我们已经定义了q_x、$\mathring{e}_x$、e_x，下面将定义其余的函数。

二、l_x函数

生命表中最重要也是最基本的数据是l_x，可以由它计算出其他一切数据。

选择一个开始年龄，记为α，它将是表中的最小年龄。α的选择经常取决于能够得到的数据或者根据具体需要。通常情况下α可以是0，但不是必须这样。也就是说，生命表的开始年龄可以是0岁，也可以是15岁或其他任意一个年龄。比如，在研究养老金领取人的死亡率时，通常不观测小于50岁的人，因此在代表养老金领取人死亡率的生命表中，50岁可能是α的合适选择。

选择任意的正整数l_α作为生命表的基数，表示在具体的特定群体中年龄为α岁的人的人数。

对于$\alpha \leqslant x \leqslant \omega$，假设概率${}_{x-\alpha}p_\alpha$已知，$l_x$被定义为：

$$ l_x = l_\alpha \times {}_{x-\alpha}p_\alpha \tag{3.31} $$

其中，ω表示该生命表或该特定群体的最大年龄。事实上，对于许多生存模型来说，超过某个年龄而继续生存被认为是不可能的，上述的这种不可能超过的年龄中的最小者称为极限年龄，用ω表示。显然，

$$ l_\omega = 0 $$

例如:在中国人寿保险业的经验生命表(1990—1993)中，$\alpha=0$，$l_\alpha=1\,000\,000$;在英国第12号(男性)生命表中，$\alpha=0$，$l_\alpha=100\,000$；在英国1967—1970生命表中，$\alpha=0$，$l_\alpha=34\,489$。

针对不同的生存模型，常见的生命表的开始年龄 α 为0岁、15岁、18岁、55岁等等，而 l_α 通常为100 000，也有1 000 000或其他数额的情况。

至此，我们知道，

$$\frac{l_{x+t}}{l_\alpha}\times\frac{l_\alpha}{l_x}=\frac{l_{x+t}}{l_x}$$

因此，如果我们知道函数 l_x，对 $\alpha\leqslant x\leqslant\omega$，我们可以找出任一概率 ${}_tp_x$ 或 ${}_tq_x$。

根据前面的内容我们知道，当 $t>0$ 且 $x\geqslant\alpha$ 时，

$${}_{x+t-\alpha}p_\alpha={}_{x-\alpha}p_\alpha\times{}_tp_x$$

等式两边同乘以 l_α，根据生命表的定义可得：

$$l_{x+t}=l_x\times{}_tp_x \tag{3.32}$$

移项后得到一个很重要的公式：

$${}_tp_x=\frac{l_{x+t}}{l_x} \tag{3.33}$$

该公式表示，如果知道了函数 l_x(只有一个变量 x，当 $x\geqslant\alpha$ 时)就可以知道在这个生存模型中，满足 $t>0$ 且 $x\geqslant\alpha$ 的所有的 ${}_tp_x$。因此，生存模型和生命表两个术语常常是同义的。

既然 ω 表示极限年龄，则对任意的 x 和 t，当 $x\geqslant0$ 且 $t\geqslant\omega-x$ 时，

$${}_tp_x=0$$

所以，

$$l_y=0，当\ y\geqslant\omega\ 时$$

要注意的一个重要问题是，虽然一个生命表可以确定唯一的一个生存模型，但反过来说不一定正确，假如有两个生命表函数 l_x 和 l_x^*，并假设其中一个乘以一个不变的正数等于另外一个，换句话说就是，存在一个不变的正数 k，使得：

$$l_x=kl_x^*$$

则这两个生命表决定同一个生存模型。这是因为：

$${}_tp_x=\frac{l_{x+t}}{l_x}=\frac{kl_{x+t}^*}{kl_x^*}={}_tp_x^*$$

由此，从生存模型联想到生命表的定义中，我们对于基数 l_α 的选择的任意性，就不会感到奇怪了。

容易证明，生命表函数 l_x 对 x 来说是一个非负且递减的函数。

前面给出了生命表基本函数 l_x 的定义，下面我们将给出一个关于生命表的解释。

对于一个由生命表 l_x 确定的生存模型，假设某给定的数字 A 表示其中年龄为 x 岁的人数。于是对每个人而言生存到 $x+t$ 岁的概率是 ${}_tp_x\left(=\frac{l_{x+t}}{l_x}\right)$。因此，活到 $x+t$ 岁的实际人数是一个随机变量，且服从参数为 A 和 ${}_tp_x$ 的二项分布。因此，活到 $x+t$ 岁的预期人数

是 $A\times {}_tp_x=A\dfrac{l_{x+t}}{l_x}$。在非正式计算中，如果我们让 $A=l_x$，这个预期的生存人数就是 l_{x+t}。

这个解释在实践中是很有用的。在一个给定的生命表（生存模型）中，我们可把 l_{x+t} 当做 l_x 个 x 岁的人中活到 $x+t$ 岁的预期人数。

我们通过这种非正式的计算来得到这个解释的理由是，虽然 A 被假定为一个整数，l_x 却未必是整数。因此，严格来说 A 和 l_x 是不等的，而且这个对 l_x 的解释从数学上来说是不严格的。然而上述的解释常常是有用的，这在本章及以后的章节中我们会看到。

三、d_x 函数

对一个给定的生命表，函数 d_x 被定义为：

$$d_x=l_x-l_{x+1}\qquad（当 x\geqslant 0 时）\tag{3.34}$$

在上述等式两边同除以 l_x，得到

$$\frac{d_x}{l_x}=1-p_x=q_x\tag{3.35}$$

这是求 q_x 的一个常用公式。

注意：q_x 是 x 岁的人在 $x+1$ 前死亡的概率，我们可像前一节那样同理给出一个（不严谨的）解释：

我们可把 d_x 当做服从于一个给定的生命表中 l_x 个 x 岁的人中在 $x+1$ 岁前死亡的预期人数。容易验证：

$$l_x=\sum_{k=0}^{\infty}d_{x+k}\tag{3.36}$$

第五节　延期死亡概率和非整数年龄的生命表函数

一、延期死亡概率

这是 q_x 含义的一个推广。通常我们要讨论 x 岁的人在一些给定年龄死亡的概率。${}_{n|m}q_x$ 就是一个现在 x 岁的人在 $x+n$ 岁到 $x+n+m$ 岁之间死亡的概率。${}_{n|m}q_x$ 读做“延期 n 年的 $m-q-x$”。

像其他精算符号一样，当一个期间等于 1 年时，我们就把它从公式中省略了，省略的下标就被理解为 1，例如符号 ${}_{n|}q_x$，它的意义与 ${}_{n|1}q_x$ 相同，${}_{n|}q_x$ 表示一个现年 x 岁的人在第 $x+n$ 岁到 $x+n+1$ 岁之间死亡的概率。这是一个经常使用的符号。

对于整数 n，${}_{n|}q_x$ 可以很容易地通过下面的公式求出：

$${}_{n|}q_x=\frac{d_{x+n}}{l_x}\tag{3.37}$$

容易理解：

$$ {}_{n|m}q_x = \frac{l_{x+n} - l_{x+n+m}}{l_x} \tag{3.38} $$

回想简单未来生存时间 K_x的定义，我们可以将函数 K_x表示为延期死亡概率的形式：

$$ P[K_x = k] = {}_{k|}q_x $$

【例 3-1】在某特定的人口群体中，所有年龄的死亡力为 0.025，计算：

①新生婴儿生存至 5 岁的概率。

②年龄为 10 岁的人在 12 岁前死亡的概率。

③年龄为 5 岁的人在 10～12 岁死亡的概率。

④新生婴儿的完全生命期望。

⑤新生婴儿的简单生命期望。

解：① $ {}_5p_0 = \exp\left(-\int_0^5 0.025\,dt\right) = e^{-0.125} = 0.88250 $

② $ {}_2q_{10} = 1 - {}_2p_{10} = 1 - \exp\left(-\int_0^2 0.025\,dt\right) = 1 - e^{-0.05} = 0.04877 $

③ $ {}_{5|2}q_5 = {}_5p_5 \times {}_2q_{10} = e^{-0.125} \times 0.04877 = 0.04304 $

④ $ \mathring{e}_x = \int_0^\infty {}_tp_0\,dt = \int_0^\infty e^{-0.025t}\,dt = \frac{1}{0.025} = 40 $

⑤ $ e_x = \sum_{k=1}^{\infty} {}_kp_0 = \sum_{k=1}^{\infty} e^{-0.025k} = \frac{e^{-0.025k}}{1 - e^{-0.025}} = 39.5 $

二、非整数年龄的生命表函数

像 l_x、p_x和 μ_x这样的生命函数只列表给出整数年龄，但有时需要计算涉及非整数年龄或期间的概率，比如 ${}_{25}p_{37.5}$，我们可以用两种近似的方法计算。

两种方法都是将所求概率中的年限分段，之后只需进一步近似计算年限不足 1 年的即可。比如，可以把 ${}_3p_{55.5}$写作 ${}_{0.5}p_{55.5} \times {}_2p_{56} \times {}_{0.5}p_{58}$，中间一项可以从生命表查到，近似计算另外两项。

（一）假设 1 年内死亡时间均匀分布

第一种方法是假设在 1 年之内死亡时间服从均匀分布，即对整数 x 和 $0 \leqslant t \leqslant 1$，函数 ${}_tp_x\,\mu_{x+t}$为常数。由于这是年龄为 x 的人的未来生存时间的密度函数。这个假设的意思是说，如果死亡发生在年龄 x 与 $x+1$ 之间，则死亡时间均匀分布在 x 与 $x+1$ 之间。我们称此假设为**均匀分布假设**。

令 $s=1$，由

$$ {}_sq_x = \int_0^1 {}_tp_x\mu_{x+t}\,dt $$

得

$$ {}_tp_x \times \mu_{x+t} = q_x \tag{3.39} $$

因此，

$$ {}_sq_x = \int_0^s q_x\,dt = s \times q_x \tag{3.40}$$

有时，将上式作为1年当中的死亡时间均匀分布假设的定义，其中 q_x可以从生命表中查到。可以用它来近似得到任意的${}_sq_x$或${}_sp_x$($0\leqslant s\leqslant 1$)。

注意:在上面的公式中必须是整数年龄 x，只能估计 ${}_{0.5}p_{58}$，而不能计算 ${}_{0.5}p_{55.5}$。

利用

$$ {}_tp_x = {}_sp_x \times {}_{t-s}p_{x+s} $$

容易证明:对 $0\leqslant s<t<1$，

$$ {}_{t-s}q_{x+s} = \frac{1-t\times q_x}{1-s\times q_x} \tag{3.41}$$

令 $s=0.5$，$t=1$，可以用该结论估计出${}_{0.5}p_{55.5}$。

(二)假设死亡力为常数

第二种近似方法假设死亡力为常数。即对整数 x 和 $0\leqslant t\leqslant 1$，假设 $\mu_{x+t}=\mu=$常数，由公式

$$ {}_tp_x = \exp\left(-\int_0^t \mu_{x+s}ds\right) = e^{-t\mu} $$

可以找出所求的概率。首先求出 μ:

由 $$p_x = e^{-\mu}$$

得

$$\mu = -\log p_x$$

p_x可以从表中查出。

对 $0\leqslant s\leqslant t\leqslant 1$，有

$$ {}_{t-s}p_{x+s} = \exp\left(-\int_s^t \mu_{x+r}\,dr\right) = e^{-(t-s)\mu} \tag{3.42}$$

第六节　选　择　表

一、生命表的种类

生命表一般分为**国民生命表**(national life table)和**经验生命表**(experience life table)两大类。国民生命表是以全体国民或特定地区的人口统计资料编制而成的，而经验生命表是人寿保险公司依据过去其承保的被保险人实际的生存状况统计资料编制的。由于国民生命表的资料来源于人口普查资料和抽样调查等，其对象男女老幼、体质强弱均有;而人寿保险公司的被保险人，一般要经体检后合格者才予承保。因此，在同一时期内，国民生命表的死亡率一般要高于经验表的死亡率。

国民生命表又可分为**完全生命表**(complete life table)和**简易生命表**(abridged life ta-

ble)。完全生命表是根据完整的人口普查资料，依年龄分别计算死亡率、生存率、平均余命等生命函数而编制的;简易生命表则采取每年的人口生存状况动态统计资料和人口抽样调查的资料，按年龄段(如 5 岁或 10 岁为一段)计算的死亡率、生存率、平均余命等生命函数。

经验生命表又可分为**终极表**(ultimate table)、**选择表**(select table)、**总合表**(aggregate table)等。

终极表是指剔除了被保险人投保后 5 ~ 15 年的经验数据，根据被保险人最终的死亡率编制的生命表，也就是按照承保选择的影响消失后的死亡率来编制生命表。

我国现在已有两张经验生命表（见附录)，分别为“中国人寿保险业经验生命表（1990—1993)”和“中国人寿保险业经验生命表（2000—2003)”，常常分别称为“旧表”和“新表”。根据目前中国保监会的精算规定，普通人寿保险及新型人寿保险在产品定价时，保险公司可以自行选择使用新表或者旧表。但是，在评估责任准备金时，必须使用新生命表（2000—2003)。

选择表是一种不同于终极表的生命表。在人寿保险的承保过程中，经过体检等选择的被保险人的死亡率等风险低于一般人口的风险，而且最近几年选择的被保险人的死亡率风险低于前些年选择的被保险人的死亡率风险，考虑到这种选择因素的影响之后编制的生命表称为选择表。

总合生命表是指不考虑保险契约有效后经过的年数，以整个保险期间为对象，根据不同年龄的被保险人的死亡率数据编制的生命表。

寿险公司常常还要为养老年金保险专门编制一份年金生命表。这主要是因为：购买年金保险的人一般都是身体健康的人，尤其是在使用趸缴保费方式购买年金保险的情况下，年金受益人的死亡率低于普通人寿保险被保险人的死亡率，而且寿险（死亡保险）的生命表对死亡率作了谨慎性的高估，因为死亡率偏高的估测会增加寿险经营的安全系数，但对年金保险的影响却恰恰相反，会导致年金保险的亏损。也就是说，要结合可能较低的死亡率来编制年金生命表。

另一方面，人寿保险所使用的生命表一般都是静态表，随着社会科技与经济的发展，死亡率逐步降低，要定期地用根据较近经验数据编制的新静态表代替原来的静态表。例如，美国 1980 年保险监督官标准普通生命表已取代了 1958 年保险监督官标准普通生命表。该表是根据 1970—1975 年的死亡率数据编制而成的，分为男性生命表和女性生命表，显示了较低的死亡率。死亡率的持续降低趋势使人寿保险的死亡保险金给付时间推迟，保险公司可从其资金运用中取得额外利息，并收取额外的保险费。然而，死亡时间推迟使年金保险的给付增加。由于经常地编制新的静态表需花费大量费用，实际中经常使用年龄倒退法对死亡率进行调整，即使用原来的静态表中较低年龄的死亡率，如使用 1 ~ 4 年的年龄倒退，即采用低于实际年龄 1 ~ 4 岁的死亡率信息。由于年金保险业务在人寿保险公司的业务中所占的比重越来越大，目前已普遍开始使用结合预测因素的生命表。

二、选择表

前面探讨的死亡率，我们实际上假定所有的同年龄的生命具有相同或相似的死亡率。

在某些情况下，这是不符合实际的。

通常情况下，保险合同不卖给那些身体状况很差，在不久的将来有很大可能性死亡的人。其原因是被保险人可能知道他们的生存机会比平均水平差得多。不健康的人和那些知道自己身体不好的人应当不允许以与“一般人”相同的价格参加保险。

因此，保险公司在签发保单之前，会采取措施以确保被保险人有符合要求的身体状况。一般以提问的方式，或要求提交被保险人的健康报告，或安排身体检查。无论用哪种方法，结果是那些通过体检获得保险合同的人比平均健康状况要好(“平均”健康包括那些被体检后排斥的身体不好的人)。也就是说，在人寿保险的承保过程中，经过体检等选择的被保险人的死亡率等风险低于一般人口的风险，而且最近几年选择的被保险人的死亡率风险低于一般人口的因素会逐渐消失。

为了区别于终极表的数据符号，表达选择表数据的符号都在表示年龄的变量上加一个中括号，以区别于来自终极表的数据。

如${}_tq_{[x]+r}$表示投保时年龄为 x 的人，在已生存至 $x+r$ 岁之后又在 $x+r+t$ 岁前死亡的概率。

定义：

$$ {}_tp_{[x]+r}=1-{}_tq_{[x]+r} $$

如果 $t=1$，去掉前缀 t，即

$$ q_{[x]+r}={}_1q_{[x]+r} $$

$$ p_{[x]+r}={}_1p_{[x]+r} $$

其他如 ${}_{n|m}q_x$的符号也可以用相同的方法扩展至选择表的数据符号。比如 ${}_{n|m}q_{[x]+r}$表示投保时年龄为 x 岁的人，生存至 $x+r$ 岁的情况下，在 $x+r+n$ 岁到 $x+r+n+m$ 岁之间死亡的概率。

这里的 r 称为已承保时间、保龄或称持续期。当 $r=0$，我们忽略它，比如${}_tq_{[x]+0}$写做${}_tq_{[x]}$。

按前面所提及的，在被保险人投保后，随着时间的推移，其死亡率风险低于一般人口的因素会逐渐消失。我们现在假设承保时对死亡率选择的影响不会持续很久，即假设有一个持续期，即所谓的选择期 s(年)，经过这段期间后，死亡率将不再取决于已承保时间，而仅与年龄有关。该假设即：对于选择期 s，有

$$ {}_tq_{[x]+s}={}_tq_{[x-1]+s+1}={}_tq_{[x-2]+s-2}={}_tq_{x+s}=\cdots \tag{3.43} $$

对于终极表中的死亡率 ${}_tq_x$，有

$$ {}_tq_x={}_tq_{[x-r]+r} \quad 对所有\ r\geqslant s \tag{3.44} $$

由于到目前为止，中国的两张经验生命表都是终极表，因此下面论述选择表时，我们将采用英国的 AM92 经验生命表(见附录)。

在英国，近几年通常选用的选择期为 1 年、2 年或 5 年，美国通常使用时间较长的选择期。

最后，我们按前面定义 l_x函数的方式定义选择表的函数。

我们同样选出最小年龄，记做 α。考虑任意的 $l_{[x]}$，令 r 表示整数持续期，则

对于 $r<s$，定义：

$$l_{[\alpha]+r}=l_{[\alpha]}\times {}_{r}p_{[\alpha]}$$

对于 $r\geqslant s$，定义：

$$l_{\alpha+r}=l_{[\alpha]}\times {}_{r}p_{[\alpha]}$$

这构成了生命表中的终极表部分，及 $l_{[\alpha]},l_{[\alpha]+1},\cdots,l_{[\alpha]+s-1}$。

对于任意整数 $x>\alpha$，我们可以根据

$$_{r}p_{[x]}=\frac{l_{[x]+r}}{l_{[x]}} \tag{3.45}$$

来计算 $_{r}p_{[x]}$ 的概率。

对任意整数持续期 $r=0,1,\cdots s-1$，定义：

$$l_{[x]+r}=\frac{l_{x+s}}{_{s-r}p_{[x]+r}}$$

对所有选择表函数，可以用任意持续期 r，而不考虑 $r<s$ 或 $r\geqslant s$。我们可以在有关计算中利用关系式：

$$l_{[x-s]+s}=l_{[x-s-1]+s+1}=\cdots=l_{x}$$

我们现在定义：

$$d_{[x]+r}=l_{[x]+r}-l_{[x]+r+1} \tag{3.46}$$

由此，对于生命表函数的所有概率公式适用于选择表函数，例如：

$$_{t}p_{[x]+r}=\frac{l_{[x]+r+t}}{l_{[x]+r}} \tag{3.47}$$

$$q_{[x]+r}=\frac{d_{[x]+r}}{l_{[x]+r}} \tag{3.48}$$

$$_{n|m}q_{[x]+r}=\frac{l_{[x]+r+n}-l_{[x]+r+n+m}}{l_{[x]+r}} \tag{3.49}$$

$$_{n|}q_{[x]+r}=\frac{d_{[x]+r+n}}{l_{[x]+r}} \tag{3.50}$$

$$l_{[x]+r}=d_{[x]+r}+d_{[x]+r+1}+d_{[x]+r+2}+\cdots \tag{3.51}$$

【例 3-2】假设(a)整数年龄之间，采用死亡均匀分布假设；(b)整数年龄之间，采用死亡力为常数的假设。依据英国 AM92 选择表的数据计算：

①$_{0.5}q_{[56]+1}$

②$_{2}p_{56.5}$

③$\mu_{[57]+0.5}$

④$_{2|1}q_{56.5}$

解：(a)由题意，死亡均匀分布，所以有

$$_{t}q_{x}=t\times q_{x}\qquad(0\leqslant t\leqslant 1)$$

和

$$\mu_{x+t}=\frac{q_{x}}{1-t\times q_{x}}$$

于是，

①$_{0.5}q_{[56]+1}=0.5\times q_{[56]+1}=0.5\times 0.005507=0.0027535$

②$_2p_{56.5}={}_{0.5}p_{56.5}\times p_{57}\times{}_{0.5}p_{58}=\dfrac{p_{56}}{1-0.5\times q_{56}}\times(1-q_{57})\times(1-0.5\times q_{58})=0.98870$

③$\mu_{[57]+0.5}=\dfrac{q_{[57]}}{1-0.5q_{[75]}}=0.004180$

④$_{2|1}q_{56.5}={}_2p_{56.5}\times q_{58.5}$

$={}_2p_{56.5}\times(1-p_{58.5})$

$={}_2p_{56.5}\times(1-{}_{0.5}p_{58.5}\ {}_{0.5}p_{59})$

$={}_2p_{56.5}\times\left(1-\left(1-\dfrac{0.5\ q_{58}}{1-0.5\ q_{58}}\right)\times(1-0.5q_{59})\right)$

$=0.0066685$

(b)由死亡力为常数，得:

$$\mu=-\log p_x=-\log(1-q_x)$$

于是，有:

①$_{0.5}q_{[56]+1}=1-{}_{0.5}p_{[56]+1}=1-(1-q_{[56]+1})^{0.5}=0.0027573$

②$_2p_{56.5}={}_{0.5}p_{56.5}\times p_{57}\times{}_{0.5}p_{58}$

$=(1-q_{56})^{0.5}\times(1-q_{57})\times(1-q_{58})^{0.5}$

$=0.988693$

③$\mu_{[57]+0.5}=\mu_{[57]}=-\log(1-q_{[57]})=0.0041797$

④$_{2|1}q_{56.5}={}_2p_{56.5}\times q_{58.5}$

$={}_2p_{56.5}\times{}_{0.5}p_{58.5}\times{}_{0.5}q_{59}$

$={}_2p_{56.5}\times(p_{58})^{0.5}\times(1-(p_{59})^{0.5})$

$=0.003525$

【例 3-3】解释下列符号的意义，计算它们的值，假设死亡率符合英国 AM92 生命表:

①$_5p_{[60]}$

②$_2q_{[48]+1}$

③d_{57}

④$_{3|}q_{52}$

解:①投保时年龄为 60 岁的人生存至 65 岁的概率，其值为:

$$\frac{l_{65}}{l_{[60]}}=0.952297$$

②投保时年龄为 48 岁，已生存至 49 岁的人，在 51 岁前死亡的概率，其值为:

$$\frac{l_{[48]+1}-l_{51}}{l_{[48]+1}}=0.004673$$

③年龄为 57 岁的人恰在 57 ~ 58 岁之间死亡的人数，表中数据为 53.4905。

④年龄为 52 岁的人，在 55 ~ 56 岁之间死亡的概率，其值为:

$$\frac{d_{55}}{l_{52}}=0.004421$$

习　题

1. 试说明 $S_{30}(40)$ 代表的具体含义。

答案：一个30岁的人40年后死亡的概率，或一个30岁的人活到70岁以上的概率。

2. ${}_5p_{34}$ 与 ${}_7p_{33}$ 哪个更大？

答案：${}_5p_{34} > {}_7p_{33}$

3. 如果 $\mu_x = 0.01908 + 0.001(x-70)$，其中 $x \geqslant 55$，请计算 ${}_5q_{60}$ 和 ${}_{10}p_{65}$。

答案：0.94374

4. 如果 μ_x 在25～35岁之间取常数值0.001，请计算一个25岁的人能活到35岁的概率。

答案：${}_{10}p_{25} = 0.99$

5. 对于某类人群，他们的45岁和46岁的简单（整数化）生命期望值分别为 $e_{45} = 40.20$，$e_{46} = 39.27$，计算 q_{45}。

答案：$q_{45} = 0.00174$

6. 证明 $e_x = p_x(1 + e_{x+1})$。

答案：略

7. 将 q_{30}，e_{30}，${}_5p_{35}$ 用 K_{30} 的概率形式表示出来。

答案：$q_{30} = P(K_{30} = 0), e_{30} = E(K_{30}) = \sum_{k=0}^{\infty} kP(K_{30} = k)$.

$$ {}_5P_{35} = P(K_{30} \geqslant 10 \mid K_{30} \geqslant 5) = \frac{P(K_{30} \geqslant 10)}{P(K_{30} \geqslant 5)} $$

第四章 基本生命保险

第一节 生命保险与生命年金

在这一章里，我们将着重讨论寿险公司几种保险金。保险金是寿险公司的主要负债，由寿险公司在未来的时间里支付，具体支付时间视被保险人死亡时间而定。通常这些保险根据给付保险金方式的不同分为两大类：

1. **普通人寿保险**：如果被保险人在某一期限内死亡或活过某一期限，保险人将向被保险人给付一笔保险金，即一次性给付保险金。

2. **年金保险**：在约定期间当被保险人活着时，保险人在相同间隔的时间上向被保险人多次给付一系列保险金。

在绪论和前两章中我们介绍过人寿保险、确定年金等概念，为了便于读者更清楚地理解相关概念而不致于发生混淆，在此把普通人寿保险称为**生命保险**，把以生存与否作为支付前提的年金称为**生命年金**。

我们只涉及按固定年实际利率计算的生命保险与生命年金的现值，该现值在某种意义上代表为了支付将来给付所需的资金(假设它投资能获得的年实际利率为 i)。你将会发现，这个现值并不能精确地获得，但可以作为随机变量模型化，我们通过模型来研究这个现值的均值。

假定被保险人死亡率和生存概率可以从给定的生命表中得到，并且，为了简单起见，假定生命表采用终极生命表。

“年龄 x 岁的人”在寿险精算中经常使用，为了方便，通常把它缩写为 (x)，例如，当你看到“(x) 死于 n 年内”，意即“一个年龄为 x 岁的人在 n 年内死亡”。

下面几节探讨的是一些特殊的保险金。

第二节　生存保险及其预期现值

假设(x)投保了保险期间为 n 年、保额为 S 元的生存保险，我们知道，如果(x)活到 $x+n$ 岁(保险期末)，寿险公司将在期末支付保险金 S 元(图 4－1)；如果(x)活不到 $x+n$ 岁，寿险公司将不作任何支付(图 4－2)。

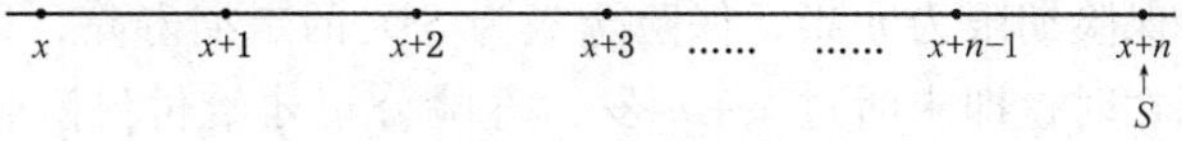

图 4－1

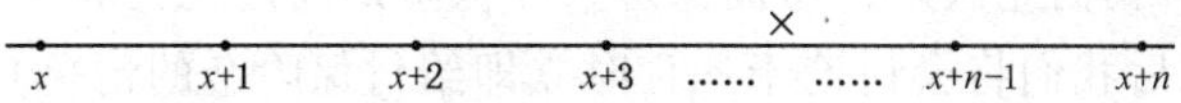

图 4－2

显然，如果(x)活到 $x+n$ 岁，所得到的给付现值为 Sv^n(按固定有效利率计算)，否则将一无所获。我们可以把得到的给付数额的现值作为随机变量建立模型(见表 4－1)。该离散型随机变量的数学期望值的计算如下：

表 4－1

给付的现值	Sv^n	0
P(概率)	${}_np_x$	$1-{}_np_x$

$$Sv^n\times{}_np_x+0\times(1-{}_np_x)=Sv^n\times{}_np_x$$

它的方差为：

$$(Sv^n)^2\times{}_np_x+0^2\times(1-{}_np_x)-(Sv^n\times{}_np_x)^2=(Sv^n)^2\times{}_np_x\times(1-{}_np_x)$$

当 $S=1$ 时，即为每单位保险金对应的生存保险的给付现值的期望值，称之为生存保险的单位预期现值，用 ${}_nE_x$ 表示(假定年龄为 x 岁、期限为 n 年)，则 ${}_nE_x$ 表达式为：

$$ {}_nE_x=v^n\times{}_np_x \tag{4.1}$$

生存保险的单位预期现值也常常用 $A_{x:\overset{1}{\overline{n|}}}$ 表示，即，

$$A_{x:\overset{1}{\overline{n|}}}=v^n\times{}_np_x \tag{4.2}$$

我们注意到，${}_nE_x$ 的值取决于：(1)被保险人的年龄 x；(2)生存保险期限 n 年；(3)实际年利率 i，它决定了 v 的值；(4)用来建立被保险人生存模型的生命表，它决定了 ${}_np_x$ 的值。

例如，在前面章节提到的那个例子：考虑一个 30 岁的人购买一份期限为 10 年的生存保险，保额为 1 万元。也就是说，如果他活到 40 岁，将得到 1 万元的保险金；如果他在 10 年内死亡，保险公司不会有任何给付。

根据中国人寿保险业经验生命表(1990—1993)，利率为 $i=5\%$，由题意可得：$x=30$，$n=10$，$S=10\ 000$，$v=1/(1+0.05)=0.95238$，${}_{10}p_{30}=l_{40}/l_{30}=958\ 785/971\ 627=0.986783$。则对应的单位预期现值为：

$${}_{10}E_{30}=0.605799$$

于是，$S\times{}_{10}E_{30}=6057.99$ 元。

第三节　定期寿险及其预期现值

第二种生命保险是定期寿险，又称“定期死亡保险”。

假设(x)投保了保险期限为 n 年，保险金额为 S 元的定期寿险，即当且仅当被保险人(x)在保险期间内死亡时，即未活过 $x+n$ 岁，寿险公司才给付保险金 S 元。如果被保险人(x)活到保险期末，寿险公司将不作任何支付。

为了清楚起见，我们先假定，当被保险人在保险期间内死亡时，保险金于被保险人死亡那年年末支付(以后我们将会讨论于死亡时立即给付保险金的情况)。

为了进一步弄清楚，假定 x 岁的被保险人死于 $x+y$ 岁，图 4－3 和图 4－4 标出了从零时刻起的年数，图 4－3 假定 $y>n$，所以在这种情况下，寿险公司不作任何支付。

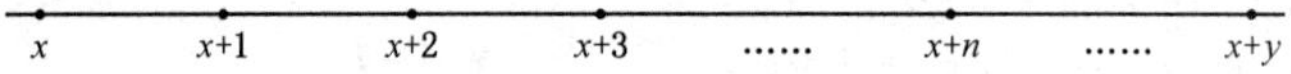

图 4－3

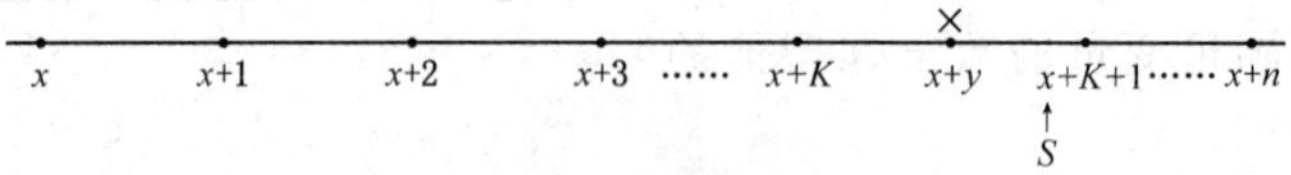

图 4－4

图 4－4 假定 y 处于 K 和 $K+1$ 之间：即(x)死于 $x+K$ 岁和 $x+K+1$ 岁之间，寿险公司将在 $x+K+1$ 岁年初($x+K$ 岁年末)支付保险金。

我们已经知道，K_x 表示(x)的未来生存时间的整数部分，即(x)将在未来 K_x 和 K_x+1 年内死亡。在死亡年末给付的定期寿险可以描述为：若 $K_x<n$，则在 K_x+1 时给付 S；若 $K_x\geqslant n$，则没有给付(K_x 表示的(x)死亡之年年初，所以保险金给付在 K_x+1 时，而不在 K_x 时；在图 4－4 中，$K_x=3$，保险金在 4 时候给付)。那么保险金给付现值可如下表示：

$$Sv^{K_x+1}$$

所以，这个现值是个离散型随机变量，它的可能取值和相应的概率如表 4－2 所示。

表 4－2

给付现值	Sv^1	Sv^2	Sv^3	…	Sv^{n-1}	Sv^n	0	
概率	q_x	${}_{1\mid}q_x$	${}_{2\mid}q_x$	…	${}_{n-2\mid}q_x$	${}_{n-1\mid}q_x$	${}_{n}p_x$	概率总和为 1

现值 $Sv^m(m=1,2,\cdots,n)$对应的事件是“(x)死于 $x+m-1$ 和 $x+m$ 之间”，现值 0 表示(x)岁的人活过 $x+n$ 岁，所以无任何保险金给付。

当 $S=1$ 时，即为定期寿险每单位保险金对应的给付预期现值，称之为定期寿险或定期死亡保险的单位预期现值，用 $A^1_{x:\,\overline{n|}}$ 表示。它与生存保险单位预期现值符号的区别是“1”的位置不同。以上面的现值和其概率，(假定 $S=1$)，我们可以得到：

$$A^1_{x:\,\overline{n|}} = \sum_{m=0}^{n-1} {}_{m|}q_x \times v^{m+1} \tag{4.3}$$

其方差为：

$$\sum_{m=0}^{n-1} {}_{m|}q_x \times v^{2(m+1)} - \left(\sum_{m=0}^{n-1} {}_{m|}q_x \times v^{m+1}\right)^2 \tag{4.4}$$

让我们用 V 来代替 v^2，即选取适当的利率 j，使其相应的贴现因子为：

$$V = v^2$$

显然，

$$V = v^2 = \left[\frac{1}{(1+i)}\right]^2 = \frac{1}{(1+2i+i^2)}$$

这意味着我们可以把 $2i+i^2$ 作为利率，V 作为一个贴现因子，而 i 是计算我们现值的基础利率，公式(4.4)中第一项可以写为：

$$\sum_{m=0}^{n-1} {}_{m|}q_x \times V^{m+1}$$

和公式(4.3)相比，我们可以看出，这是定期寿险保险金期望现值表达式，只是利率为 $2i+i^2$，于是，公式(4.4)可以简化表示为：

$${}^2A^1_{x:\,\overline{n|}} - (A^1_{x:\,\overline{n|}})^2 \tag{4.5}$$

${}^2A^1_{x:\,\overline{n|}}$ 左上角的“2”不是专门的精算符号，而是表明表达式应按年利率 $j=2i+i^2$ 来计算，而不是基础利率 i。

第四节　两全保险及其预期现值

假设(x)投保了保险期限为 n 年，保险金额为 S 元的两全保险，即：如果被保险人在保险期间内死亡，寿险公司则在被保险人死亡的这年年末给付 S 元，如果被保险人活过 $x+n$ 岁(保险期末)，寿险公司则在保险期末给付 S 元。假定 y 表示被保险人 x 岁后生存的年数，如果 $y>n$，如图 4-5，保险金将在时刻 n 支付；如果 $y<n$，假如 $3<y<4\leqslant n$，如图 4-6 所示，保险金将在(x)死亡年年末支付，即在时刻 4 支付(图 4-6 中)。

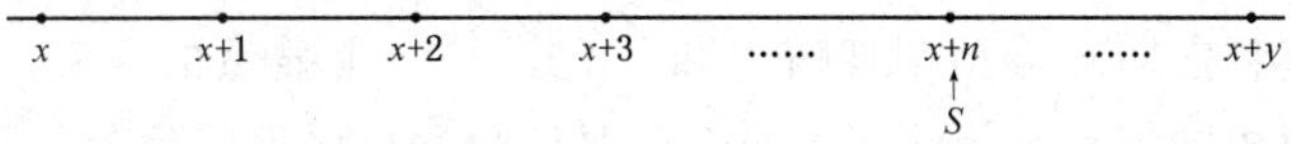

图 4-5

注意，图 4-6 在定期寿险中意义与图 4-4 是一致的，但图 4-5 与图 4-3 却不相同，两全保险与定期寿险及生存保险之间的一个重要差异就是，两全保险金肯定会在将来某个时刻支付，唯一不确定的是什么时候支付，而对生存保险和定期寿险，存在着保险金

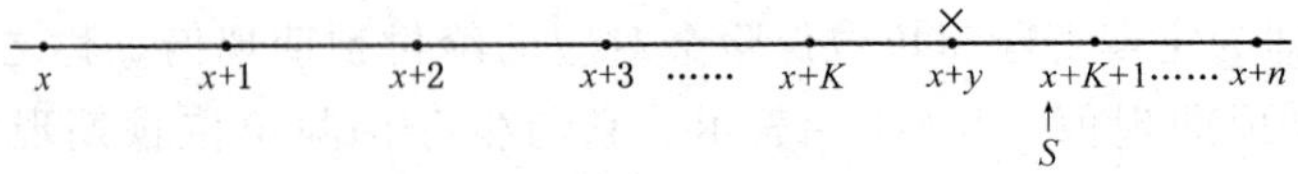

图 4－6

不会支付的可能性。

一个 n 年期的 (x) 的两全保险给付的现值为：

$$Sv^{K_x+1}，若 K_x<n$$
$$Sv^n，若 K_x\geqslant n$$

可以写成：

$$Sv^{min(K_x+1,n)}$$

所以，这个现值是个离散型的随机变量，其可能的取值及其概率如表 4－3 所示。

表 4－3

给付现值	Sv^1	Sv^2	Sv^3	…	Sv^{n-1}	Sv^n	
概率	q_x	${}_{1\mid}q_x$	${}_{2\mid}q_x$	…	${}_{n-2\mid}q_x$	${}_{n-1}p_x$	概率总和为 1

m 对应着 (x) 死于 $x+m-1$ 和 $x+m$ 之间的事实，现值 Sv^n 表明保险金在时间 n 时支付，这只要求两个不可能同时发生的事件——死或生——任意发生一个即可，或者 (x) 死于 $x+n-1$ 和 $x+n$ 之间（概率为 ${}_{n-1\mid}q_x$）或者 (x) 活过 $x+n$（概率为 ${}_np_x$），二者概率之和为 ${}_{n-1}p_x$。

当 $S=1$ 时，即为单位保险金对应的定期两全保险的给付预期现值（期限为 n，年龄为 x），称之为定期两全保险的单位预期现值，用 $A_{x:\overline{n}|}$ 表示（注意没有上标“ 1 ”）。我们可以根据给付现值及其概率表得到：

$$A_{x:\overline{n}|}=\sum_{m=0}^{n-2}{}_{m\mid}q_x\times v^{m+1}+v^n\times{}_{n-1}p_x \tag{4.6}$$

由 ${}_{n-1}p_x={}_{n-1\mid}q_x+{}_np_x$，得：

$$A_{x:\overline{n}|}=\sum_{m=0}^{n-1}{}_{m\mid}q_x\times v^{m+1}+v^n\times{}_np_x \tag{4.7}$$

于是，

$$A_{x:\overline{n}|}=A^1_{x:\overline{n}|}+A_{x:\overset{\ 1}{\overline{n}|}} \tag{4.8}$$

事实上，对于“在保险期限相同、投保年龄相同的情况下，定期两全保险预期现值是生存保险预期现值和定期寿险预期现值之和”，这是一个显然的事实，因为对于寿险公司，支付相同保额相同年龄、相同期限的生存保险和死亡保险保险金，等于支付相同条件的两全保险保险金，假定 x、y、z 分别代表两全保险、死亡保险和生存保险的保险金现值的随机变量，且所有的期限、年龄、保额均相等，则上述描述可表示为：

$$x=y+z$$

左右两边同时求数学期望值，便可得到公式（4.8）。

然而，$V_{(x)}$ 并不等于 $V_{(y)}+V_{(z)}$，因为 y、z 并非独立。如果你知道 y 不等于零，那么 x 必然在期限内死亡，即 z 必为零。单位两全保险金现值的方差同样可以由其现值和概率计算出来，其公式为：

$$\sum_{m=0}^{n-1} {}_{m|}q_x \times v^{2(m+1)} + v^{2n} \times {}_np_x - \left(\sum_{m=0}^{n-1} {}_{m|}q_x \times v^{m+1} + v^n \times {}_np_x\right)^2$$

令 $V=v^2$，如定期寿险的形式一样，对定期两全保险，其方差为：

$${}^2A_{x:\overline{n|}} - (A_{x:\overline{n|}})^2$$

这里如公式(4.5)一样，左上方的“2”表明，它应按 $2i+i^2$ 作为利率来计算。

第五节　终身寿险及其预期现值

终身寿险，可以看做是一种特殊的定期寿险，其期限是无限的。假设(x)投保了终身寿险，也就是说，从保单生效开始，无论被保险人什么时候死亡，寿险公司都在被保险人死亡的这年年末给付保险金 S 元。这笔保险金的现值可写做：

$$Sv^{K_x+1}$$

当 $S=1$ 时，即为单位保险金对应的终身寿险的给付预期现值，称之为终身寿险的单位预期现值，用 A_x 表示，其公式可从公式(4.3)中直接得到，只需设 $n=\infty$，即：

$$A_x = \sum_{m=0}^{\infty} {}_{m|}q_x \times v^{m+1} \tag{4.9}$$

如果所用生命表有限年是 w，那么上式中求和公式的上限是 $w-1-x$，因为在 $m \geqslant w-x$ 时 ${}_{m|}q_x=0$。

从另一个角度，终身寿险可以看做一个无限期的两全保险，如果生命表有限年是 w，其期限至少等于 $w-x$，如果有一限定年限 w 在生命表上，那么非常清楚地，有：

$$A_x = A_{x:\overline{n|}} = A^1_{x:\overline{n|}}，当\ n \geqslant w-x\ 时 \tag{4.10}$$

也就是说，如果定期保险或两全保险的期限 n 足够长以致要活过这个期限是不可能的，那么保险金将在(x)的死亡年末支付，就与终身寿险一样。

终身寿险每单位保额现值的方差可以写做：

$$\sum_{m=0}^{\infty} {}_{m|}q_x \times v^{(2m+1)} - \left(\sum_{m=0}^{\infty} {}_{m|}q_x \times v^{m+1}\right)^2 \tag{4.11}$$

与公式(4.10)一样，在求和公式上有一个无限上界，如果生命表的年龄有上限为 w 的话，上界可设置为 $w-1-x$。

如前所述，公式(4.11)可以表达为：

$${}^2A_x - (A_x)^2$$

这里，第一项的左上角标“2”表明它以 $2i+i^2$ 为利率而不是 i。

第六节　延期支付的生命保险

延期支付的保险给付是在将来支付的。例如，一个 26 岁的人考虑用保险金支付他退休之后死亡时的丧葬费用，于是，他投保了一份延期 34 年的终身寿险。如果人在退休前死亡，他工作期间的丰厚收入会解决其丧葬费用，如果在退休之后死亡，则保险公司支付的保险金将可以为他举行一个很体面的葬礼。这就是一份终身寿险，但延期了 34 年。

我们可以从生命保险的符号，引申出延期支付的生命保险的符号。我们没有列出所有情况下的符号，读者可以从我们给出的例子中推出其他的符号。

${}_{m|}A_x$ 表示(x)的延期 m 年的终身寿险，即在(x)延期 m 年之后的死亡之年的年末给付 1 元的预期现值。也就是说，如果(x)在 m 年($x+m$ 岁)之后死亡，即在其死亡的这年年末给付 1 元钱；若他在 m 年内($x+m$ 岁之前)死亡，则没有任何支付。

类似地，${}_{m|}A^1_{x:\overline{n|}}$表示$(x)$的延期 m 年的期限为 n 年的定期寿险，即在(x)延期 m 年之后的 n 年内的死亡之年的年末给付 1 元钱的预期现值。也就是说，如果(x)在 $x+m$ 岁至 $x+m+n$ 岁之间死亡，就在他死亡的这年年末给付这 1 元钱，若他在 m 年内($x+m$ 岁之前)死亡，或在 $m+n$ 年之后死亡，则没有任何给付。

在这里，我们略去证明过程，只给出延期生命保险预期现值的计算公式，并请读者思考一下为什么有这样的公式：

$$ {}_{m|}A_x = v^m\ {}_mp_x \times A_{x+m} = {}_mE_x \times A_{x+m} \tag{4.12}$$

$$ {}_{m|}A^1_{x:\overline{n|}} = v^m\ {}_mp_x \times A^1_{x+m:\overline{n|}} = {}_mE_x \times A^1_{x+m:\overline{n|}} \tag{4.13}$$

第七节　基本生命保险的数值计算

为了计算各种类型的生命保险与生命年金的预期现值，我们将定义换算函数，这些换算函数可以把很长的计算大大简化。

一、换算函数 D_x

第一个换算函数用 D_x 表示，是为简化生存保险的单位预期现值公式而定义的。考虑(x)的 n 年期的生存保险，我们已经知道：

$$A_{x:\overline{n|}}^{\ \ 1} = v^n\ {}_np_x$$

即对于某一个生命表，有

$$A_{x:\overline{n|}}^{\ \ 1} = v^n \frac{l_{x+n}}{l_x} = \frac{v^{x+n}l_{x+n}}{v^x l_x}$$

考虑到该表达式的分子和分母的形式相同（$v^r \times l_r$，在分子中，$r=x+n$，在分母中 $r=x$），于是，定义：

$$D_x = v^x \times l_x \tag{4.14}$$

然后有

$$A_{x:\overset{\ 1}{\overline{n|}}} = \frac{D_{x+n}}{D_x} \tag{4.15}$$

由此，只需关于所有年龄 x 的 D_x 表，就能计算对应于表中的任何年龄和期限的所有生存保险的预期现值。这是一个相当重要的收获。只是有一点应当注意，对于不同的利率，D_x 表是不同的。

二、换算函数 C_x 和 M_x

如果仅仅 D_x 是计算生存保险的捷径，则是不够的。事实上，它还揭示了更多的东西。在这里，我们再定义另外两种换算函数 C_x 和 M_x，它可用来计算死亡保险的预期现值。

考虑 (x) 的死亡保险，如他在 $x+k$ 岁到 $x+k+1$ 岁之间死亡，保险公司将在 $x+k+1$ 岁时支付保险金 1 元。其中 k 是大于等于 0 的整数。此保险的预期现值是 $v^{k+1} \times {}_{k|}q_x$。我们可将其表示为：

$$v^{k+1} \times {}_{k|}q_x = v^{k+1} \times {}_kp_x \times q_{x+k} = v^{k+1} \times \frac{l_{x+k}}{l_x} \times q_{x+k} = \frac{v^{x+k+1} d_{x+k}}{v^x l_x}$$

此表达式的分母即 D_x，而且如将分子作为另一换算函数 C_x，使用时会更方便。因此，定义：

$$C_x = v^{x+1} \times d_x \tag{4.16}$$

C_x 自身的用途是有限的，但当我们研究其他保险时，它与另一个非常有用的换算函数 M_x 有直接联系。先看一个 (x) 的终身寿险的例子，即在被保险人死亡之年年末支付单位保险金，其预期现值为：

$$A_x = \sum_{k=0}^{\infty} {}_{k|}q_x \times v^{k+1} \tag{4.17}$$

代入已学过的符号，它可写成：

$$A_x = \sum_{k=0}^{\infty} \frac{C_{x+k}}{D_x}$$

显然，若定义：

$$M_x = \sum_{k=0}^{\infty} C_{x+k} \tag{4.18}$$

则可以简化上述表达式，于是，

$$A_x = \frac{M_x}{D_x} \tag{4.19}$$

注意，这里的 C_x 和 M_x 是指保险金死亡年末支付的情形。如果保险金为死亡立即支付，则对应有 $\overline{C}_x$ 和 $\overline{M}_x$。

三、利用 M_x 计算定期的和延期支付的寿险

M_x 可以用来计算定期的和延期支付的寿险。

根据已学过的内容很容易导出下面的公式：

$$A_{x:\overline{n}|}^{1} = A_x - {}_{n|}A_x = A_x - v^n\,{}_np_x A_{x+n} \tag{4.20}$$

作为一个练习，请读者从这个公式入手，证明：

(1) $$A_{x:\overline{n}|}^{1} = \frac{M_x - M_{x+n}}{D_x} \tag{4.21}$$

(2) $$_{n|}A_x = \frac{M_{x+n}}{D_x} \tag{4.22}$$

显然，这也是十分重要的两个公式。

四、利用换算函数计算两全保险

在这里，我们将把两全保险看做一个定期寿险和一个生存保险的组合。于是，可以证明：

$$A_{x:\overline{n}|} = \frac{M_x - M_{x+n} + D_{x+n}}{D_x} \tag{4.23}$$

换算函数的确把很长的计算大大简化了。但它们有一个缺陷，就是对每个不同的利率需要一套独立的换算函数。

习　　题

注意：除非特殊说明，本章练习题采用“中国人寿保险业经验生命表(1990—1993) CL1”。

1. 小李今年整30岁，他买了一份终身寿险，保额为5万元，于身故当年年末支付。试计算该给付的期望现值(假定利率为3%)。

答案： 13 922.85

2. 在某家公司，一个雇员在某一年内离开公司的概率是5%，并且各个雇员之间是独立的。如果员工在公司连续服务25年，将可获得10万元奖金。对于一个新员工，试计算这笔支付的期望现值(假定利率为5%，不考虑死亡的可能性)。

答案： 8 191.391

3. 老李今年40岁，刚刚买了一份20年期的生死两全保险，保额为10万元。若他在60岁之前不幸身故，保险金将于死亡当年年末支付。试计算该给付的期望现值(假定利率为3%)。

答案： 56 794.32

4. 某人今年65岁，其接下来两年内的每年死亡的可能性是正常情况的两倍。试计算他在67岁前死亡的概率。

答案： 0.088889

5. 试证明：$_{n|}A_x = A_x - A_{x:\overline{n|}}^{1} = v^n\ {}_np_x A_{x+n}$

证明：略(提示：根据定义来证)。

6. 令 X 为一个保额为 1、死亡年末支付的终身寿险产品的给付现值，Y 为一个保额为 1、死亡年末支付的定期寿险的给付现值。试证明：

$$Cov(X,Y) = {}^2A_{x:\overline{n|}}^{1} - A_x A_{x:\overline{n|}}^{1}$$

证明：略。

7. 已知：$p_{80} = 0.988$，试估计：$_{0.5}p_{80}$。

(1)假定死亡时间在各整数年龄间均匀分布；

(2)假定各整数年龄的死亡力为常数。

答案：(1)0.99400；(2)0.99398。

8. 不通过计算，判断下列不等式是否正确：

(i)$A_{17:\overline{2|}} < A_{27:\overline{2|}}$

(ii)$A_{25:\overline{10|}} > 0.3$

(iii)$A_{30:\overline{25|}}^{1} < 0.3$

答案：(i)错误；(ii)正确；(iii)正确。

第五章

基本生命年金

我们到目前为止讨论的都是普通人寿保险，即一次性给付保险金，它的给付期取决于投保人的死亡年限。本章我们开始探讨生命年金。

本书第二章里，我们用了很多的篇幅研究确定年金，这是在相同间隔的时间上进行的一系列给付。其中，每年末或每年初支付1元的定额确定年金的现值用$a_{\overline{n}|}$或$\ddot{a}_{\overline{n}|}$表示。这一章，这种思想将扩展到生命年金，其不同之处在于，生命年金款项的给付与否，取决于特定的人——(x)是否处于生存期间。

我们先考虑每年支付一次、每次1元的生命年金，我们称之为基本生命年金。更加复杂的例子将本章后面部分介绍。

第一节　终身生命年金及其预期现值

考虑在(x)生存期间每年支付一次、每次1元的情况，这种年金叫做终身年金，根据给付时间不同，有两种表现形式：(1)第一笔款项是立即给付的；(2)第一笔款项是一年后给付的。

对于学过$a_{\overline{n}|}$与$\ddot{a}_{\overline{n}|}$区别的读者来说，这一特点会很熟悉。在第一种情况，我们讨论期初支付即年初支付的生命年金；在第二种情况，我们讨论期末支付即年末支付的生命年金。例如，假设(x)死于$x+7$岁与$x+8$岁之间，图5－1表示的为现在开始支付的期初支付年金(年初支付年金)，图5－2表示的为期末支付的年金(年末支付的年金)。

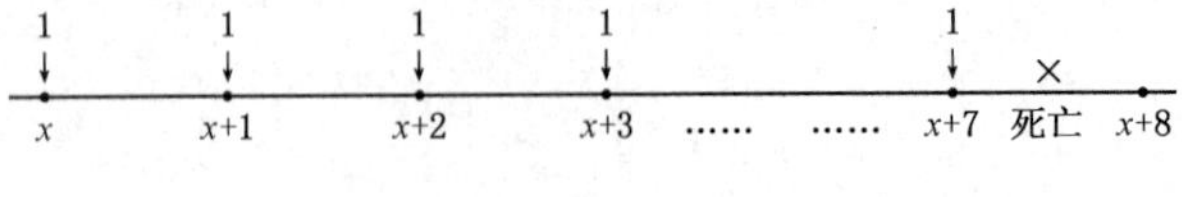

图5－1

下面我们为图5－1和图5－2作两点解释：(1)在两个图中，第7年后，都没有给

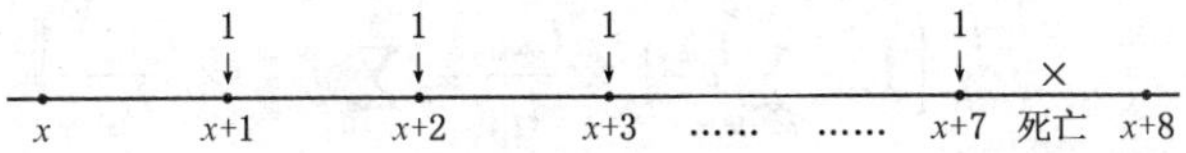

图 5－2

付，因为(x)在第 8 年给付的时候已经不再存活了。(2)两图中唯一的差异就是图 5－1 中 x 点的给付。

(x)的期末支付的终身年金(每年末支付 1 元)的现值是 $a_{\overline{K_x}|}$，这里的 K_x 和以前一样，指(x)的未来生存时间的整数部分。(x)的期初支付的终身年金(每年初支付 1 元)的现值为 $\ddot{a}_{\overline{K_x+1}|}$。这几个随机变量的可能取值及其概率可用表 5－1 概括。

表 5－1

K_x	0	1	2	…
概　率	q_x	$_{1\mid}q_x$	$_{2\mid}q_x$	…
$a_{\overline{K_x}\mid}$	0	$a_{\overline{1}\mid}$	$a_{\overline{2}\mid}$	…
$\ddot{a}_{\overline{K_x+1}\mid}$	$\ddot{a}_{\overline{1}\mid}$	$\ddot{a}_{\overline{2}\mid}$	$\ddot{a}_{\overline{3}\mid}$	…

$a_{\overline{K_x}|}$的期望值用 a_x 表示，一个关于 a_x 的公式可以从表 5－1 得到：

$$a_x = \sum_{m=0}^{\infty} {}_{m|}q_x a_{\overline{m}|} \tag{5.1}$$

$\ddot{a}_{\overline{K_x+1}|}$的期望值用 $\ddot{a}_x$表示，一个关于 $\ddot{a}_x$的公式可以从表 5－1 得到：

$$\ddot{a}_x = \sum_{m=0}^{\infty} {}_{m|}q_x \ddot{a}_{\overline{m+1}|} \tag{5.2}$$

我们可以通过代数变换，使得公式(5.2)更加有趣。首先，回想一下如下公式：

$$\ddot{a}_{\overline{n}|} = 1 + v + v^2 + v^3 + \cdots + v^{n-1} = (1+i)a_{\overline{n}|} = \frac{1-v^n}{d}$$

可以得出：

$$\ddot{a}_{\overline{m+1}|} = \frac{1-v^{m+1}}{d}$$

而

$$_{m|}q_x = \frac{l_{x+m} - l_{x+m+1}}{l_x}$$

并且，

$$\sum_{m=0}^{\infty} \frac{l_{x+m} - l_{x+m+1}}{l_x} = \frac{l_x - l_{x+1} + l_{x+1} - l_{x+2} + \cdots}{l_x} = 1$$

在公式 5.2 中代入以上三公式，得：

$$\begin{aligned}\ddot{a}_x &= \sum_{m=0}^{\infty} {}_{m|}q_x \ddot{a}_{\overline{m+1}|} \\ &= \frac{1}{d} \sum_{m=0}^{\infty} \frac{(1-v^{m+1})(l_{x+m} - l_{x+m+1})}{l_x}\end{aligned}$$

$$=\frac{1}{d}\left[1-\sum_{m=0}^{\infty}v^{m+1}\times\frac{l_{x+m}}{l_x}+\sum_{m=0}^{\infty}v^{m+1}\times\frac{l_{x+m+1}}{l_x}\right]$$

注意，第二个求和公式可以把从 0 到∞ 的和写成一个从 1 到∞ 的和，即

$$=\frac{1}{d}\left[1-v\sum_{m=0}^{\infty}v^{m}\times\frac{l_{x+m}}{l_x}+\sum_{m=1}^{\infty}v^{m}\times\frac{l_{x+m}}{l_x}\right]$$

$$=\frac{1}{d}\left[-v\sum_{m=0}^{\infty}v^{m}\times\frac{l_{x+m}}{l_x}+\sum_{m=0}^{\infty}v^{m}\times\frac{l_{x+m}}{l_x}\right]$$

$$=\frac{1}{d}(1-v)\sum_{m=0}^{\infty}v^{m}\times\frac{l_{x+m}}{l_x}$$

而 $d=(1-v)$。于是，

$$\ddot{a}_x=\sum_{m=0}^{\infty}v^{m}\times\frac{l_{x+m}}{l_x}\tag{5.3}$$

如果在公式 5.1 上作相应的代数变换，可以更容易地推导出：

$$a_{\overline{K_x|}}=\ddot{a}_{\overline{K_x+1|}}-1\tag{5.4}$$

在公式 5.4 两边同时求数学期望，可以得到重要的关系：

$$a_x=\ddot{a}_x-1\tag{5.5}$$

公式 5.5 和公式 5.3 给出 a_x 的如下表示式：

$$a_x=\sum_{m=1}^{\infty}v^{m}\times\frac{l_{x+m}}{l_x}\tag{5.6}$$

第二节　定期生命年金及其预期现值

定期生命年金与终身年金相似，其区别在于定期年金的给付次数有一个上限，即为保险期间，用 n 来表示。例如，考虑 (x) 的每年末给付 1 元的 5 年期定期生命年金。如果 (x) 在 $x+5$ 岁后某一时刻死亡，那么支付的情形如图 5－3 所示。

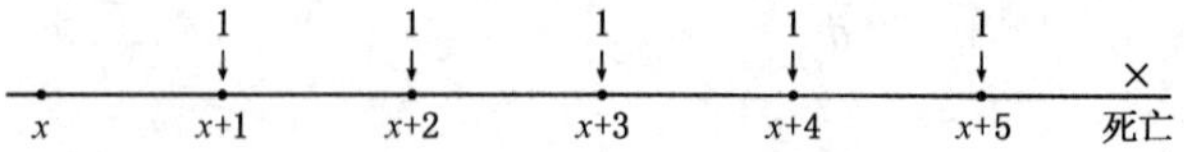

图 5－3

通过图 5－3 可以看出：第一笔给付从现在开始一年后发生，这是我们讨论的期末支付的生命年金。我们还可看出，第 5 年之后就不再有给付了，这是因为 5 年期的年金，其最大支付期限就是 5 年。另外，给付是在 (x) 生存期间发生的。如果 (x) 在 $x+3$ 岁到 $x+4$ 岁之间死亡，即第 3 年末与第 4 年末之间死亡，则给付的次数为 3 次，如图 5－4 所示。

图 5－4 区别于图 5－3 之处是在第 4 年末和第 5 年末没有发生给付，这是因为 (x) 在第 4 年末的给付发生之前已经死亡了。

现在考虑 (x) 的 5 年期的每年初支付 1 元的生命年金，支付的情形如图 5－5 所示。图 5－5 与图 5－3 比较，在图 5－5 中第 1 年初的给付(这是一个期初支付的生命年金)和在

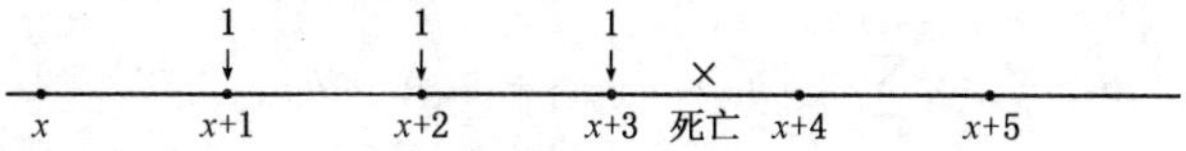

图 5－4

第 5 年末没有给付，即便在(x)存活到 5 年以后(最大支付期限是 5 年)。一般的，对一个 n 年期的期初支付的生命年金来说，可能的最后一次支付在第 n 年初，即第 $n-1$ 年末。假设与图 5－4 一样，(x)在 $x+3$ 岁到 $x+4$ 岁之间死亡，给付的情形如图 5－6 所示。

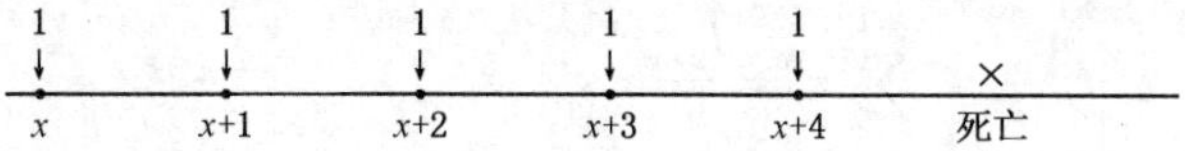

图 5－5

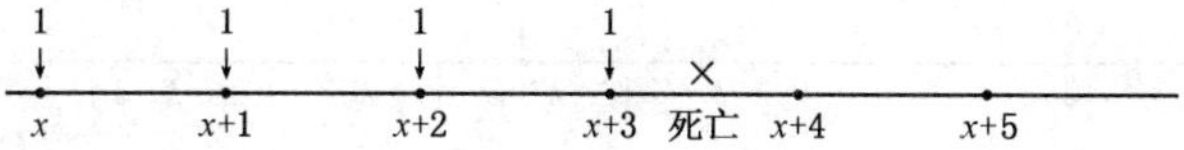

图 5－6

注意：即使(x)在 $x+5$ 岁前($x+4$ 岁之后)死亡，即第 5 年末之前死亡，仍然会有 5 次给付发生。

现在我们已经弄清楚了定期生命年金的给付形式。下面我们讨论这些给付的现值及其期望值。

首先，考虑(x)的每年末支付的单位定期生命年金，假设期限为 n 年，给定利率为 i，那么，这笔年金的现值为：

$$a_{\overline{min(K_x,n)}|}$$

这个现值的期望值用 $a_{x:\overline{n}|}$来表示。

我们再来考虑(x)的每年初支付的定期生命年金，假设期限为 n 年，给定利率为 i，那么，这笔年金的现值为：

$$\ddot{a}_{\overline{min(K_x+1,n)}|}$$

这个现值的期望值用 $\ddot{a}_{x:\overline{n}|}$来表示。

K_x 的可能取值和相应的概率及 $a_{\overline{min(K_x,n)}|}$和 $\ddot{a}_{\overline{min(K_x+1,n)}|}$的值如表 5－2 所示。

表 5－2

K_x	0	1	2	…	$n-1$	n	$n+1$	…
概 率	q_x	$_{1\mid}q_x$	$_{2\mid}q_x$	…	$_{n-1\mid}q_x$	$_{n\mid}q_x$	$_{n+1\mid}q_x$	…
$a_{\overline{min(K_x,n)}\mid}$	0	$a_{\overline{1}\mid}$	$a_{\overline{2}\mid}$	…	$a_{\overline{n-1}\mid}$	$a_{\overline{n}\mid}$	$a_{\overline{n}\mid}$	…
$\ddot{a}_{\overline{min(K_x+1,n)}\mid}$	$\ddot{a}_{\overline{1}\mid}$	$\ddot{a}_{\overline{2}\mid}$	$\ddot{a}_{\overline{3}\mid}$	…	$\ddot{a}_{\overline{n}\mid}$	$\ddot{a}_{\overline{n}\mid}$	$\ddot{a}_{\overline{n}\mid}$	…

$min(K_x,n)$取 n 值的概率为$_n p_x$，于是从表 5－2 中得到如下公式：

$$a_{x:\overline{n}|} = \sum_{m=1}^{n-1} {}_{m|}q_x \times a_{\overline{m}|} + {}_np_x \times a_{\overline{n}|} \tag{5.7}$$

$$\ddot{a}_{x:\overline{n}|} = \sum_{m=0}^{n-2} {}_{m|}q_x \times \ddot{a}_{\overline{m+1}|} + {}_{n-1}p_x \times \ddot{a}_{\overline{n}|}$$

或

$$\ddot{a}_{x:\overline{n}|} = \sum_{m=0}^{n-1} {}_{m|}q_x \times \ddot{a}_{\overline{m+1}|} + {}_{n}p_x \times \ddot{a}_{\overline{n}|} \tag{5.8}$$

类似于公式 5.3，可以推导出：

$$a_{x:\overline{n}|} = \sum_{m=1}^{n} v^m \times \frac{l_{x+m}}{l_x} \tag{5.9}$$

$$\ddot{a}_{x:\overline{n}|} = \sum_{m=0}^{n-1} v^m \times \frac{l_{x+m}}{l_x} \tag{5.10}$$

在本节的最后，我们探讨一下在某个期限内的死亡期间支付的生命年金。

考虑(x)在未来 n 年内的死亡期间每年末支付 1 元的年金，如图 5－7 所示。

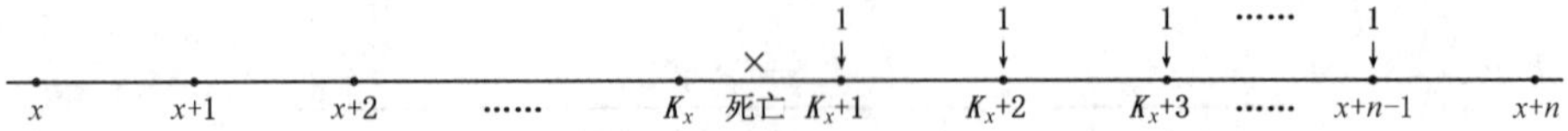

图 5－7

我们把这种死亡之后每年末支付的生命年金的预期现值记为 $a_{x|\overline{n}|}$，容易理解，

$$a_{x|\overline{n}|} = a_{\overline{n}|} - a_{x:\overline{n}|} \tag{5.11}$$

类似地，我们可以定义死亡之后每年初支付的生命年金预期现值符号为 $\ddot{a}_{x|\overline{n}|}$，其表示的年金支付如图 5－8 所示。

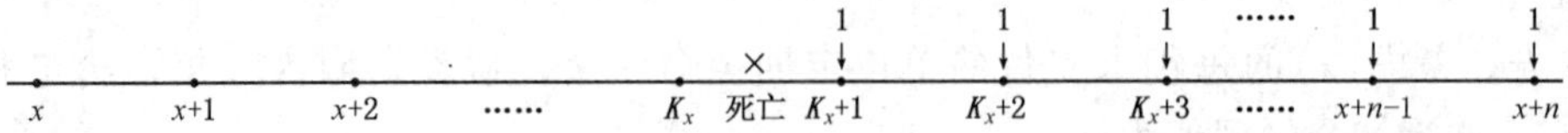

图 5－8

显然，

$$\ddot{a}_{x|\overline{n}|} = \ddot{a}_{\overline{n}|} - \ddot{a}_{x:\overline{n}|} \tag{5.12}$$

第三节　生命保险与生命年金的预期现值之间的关系

A_x 与 $\ddot{a}_x$ 间的重要关系，以及相应的 $A_{x:\overline{n}|}$与 $\ddot{a}_{x:\overline{n}|}$间的关系，在预期现值的计算中常常起到重要的作用，在实际工作中被广泛使用。

A_x 与 $\ddot{a}_x$ 间关系为：

$$A_x = 1 - d\ddot{a}_x \tag{5.13}$$

这里，$d = 1 - v$，是与利率 i 相应的贴现率。

为了便于读者更好地熟悉和理解相关的内容，我们将用三种方法证明或说明这个公式：(1)通过研究寿险和生命年金的预期现值；(2)通过公式的推导；(3)通过对一般意义的解释及说明。

我们已经知道，$\ddot{a}_x$ 为 $\ddot{a}_{\overline{K_x+1}|}$的数学期望值。我们首先从这里开始。

$$\begin{aligned}\ddot{a}_x &= E[\ddot{a}_{\overline{K_x+1}|}] \\ &= E[(1-v^{Kx+1})/d] \\ &= \frac{1}{d}E[1-v^{Kx+1}] \\ &= \frac{1}{d}[1-A_x]\end{aligned}$$

将此公式变形，即得所求公式：

$$A_x = 1 - d\ddot{a}_x$$

这个结果非常重要。下面我们将利用有关 A_x 的公式进行证明。

$$\begin{aligned}A_x &= \sum_{m=0}^{\infty} {}_{m|}q_x \times v^{m+1} \\ &= \sum_{m=0}^{\infty} {}_mp_x \times q_{x+m} \times v^{m+1} \\ &= \sum_{m=0}^{\infty} ({}_mp_x - {}_mp_x \times p_{x+m}) v^{m+1} \\ &= \sum_{m=0}^{\infty} ({}_mp_x - {}_{m+1}p_x) v^{m+1} \\ &= 1 - 1 + \sum_{m=0}^{\infty} ({}_mp_x - {}_{m+1}p_x) v^{m+1} \\ &= 1 - \sum_{m=0}^{\infty} {}_mp_x (v^m - v^{m+1})\end{aligned}$$

而 $1 - v = d$，故，

$$\begin{aligned}\text{上式} &= 1 - d\sum_{m=0}^{\infty} {}_mp_x \times v^m \\ &= 1 - d\ddot{a}_x\end{aligned}$$

最后，我们将利用一般推导来解释此公式。

假定(x)投资 1 元购买年利率为 i 的债券，且将于这个人死亡之年年末偿还。

显然，这项投资的预期现值为 1 元，因为它是现在进行的(见图 5－9)。

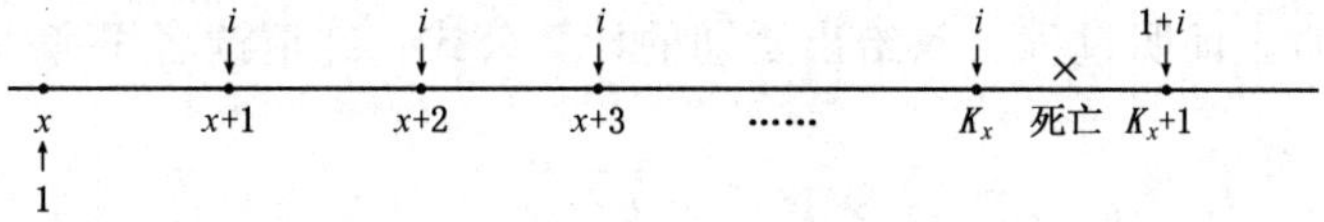

图 5－9

这笔资本将于(x)死亡之年年末偿还，所以，这项死亡给付的预期现值为 A_x。而价值为 i 的利息将在年末支付，直至并且包括(x)死亡之年。这些利息的预期现值为 $i(A_x + \ddot{a}_x) - i$。用语言解释，即(x)活着时，每年末的 i(即 $i\ddot{a}_x$)加上死亡之年年末的 i(即 iA_x)。

这项最初投资的预期现值应与回报的预期现值相同。因此，

$$1 = A_x + i(A_x + \ddot{a}_x) - i$$

$$= (1+i)A_x + i\ddot{a}_x - i$$

因此,

$$(1+i) = (1+i)A_x + i\ddot{a}_x$$

两边同除以 $1+i$ 得:

$$A_x = 1 - d\ddot{a}_x$$

类似地，可以证明:

$$A_{x:\overline{n|}} = 1 - d\ddot{a}_{x:\overline{n|}} \tag{5.14}$$

第四节　延期支付的生命年金

前一章的延期生命保险是指其保险给付在将来支付的情况，而延期的生命年金也很普遍，其中，最常见的例子是延期支付的退休年金。例如，一个机构不会同意对现年 25 岁的人提供养老金，而要当他的年龄达到 60 或 65 岁时开始支付，这种给付仍然是一种年金，但延期了 35 年或 40 年。

我们从生命年金的符号，也可以引申出延期支付的生命年金的符号。与前一章对延期生命保险的探讨一样，我们不列出所有情况下的符号，读者可以根据给出的符号推出其他的符号。下面是两个常用的符号:

${}_{m|}a_x$ 表示(x)的延期 m 年的期末支付的生命年金，即在(x)延期 m 年之后的生存期间，每年末支付 1 元的生命年金的预期现值。这意味着，若(x)活着，则在第 $m+1$ 年末向他支付第一个 1 元，在第 $m+2$ 年末支付第二个 1 元，依次类推，持续到死亡。注意，符号中的 x 表示享受年金的人的现在的年龄，而不是开始支付年金的年龄。

${}_{m|}\ddot{a}_{x:\overline{n|}}$表示$(x)$的延期 m 年、期限为 n 年的期初支付的生命年金，即在(x)延期 m 年之后的 n 年内的生存期间，每年初支付 1 元的生命年金的预期现值。也就是说，若(x)活着，则在第 $m+1$ 年初向他支付第一个 1 元，在第 $m+2$ 年初支付第二个 1 元，依次类推，持续到第 $m+n$ 年的年初，之后便不再支付；若他在 m 年内($x+m$ 岁之前)死亡，则没有任何支付。

同样，我们略去证明过程，只给出延期的计算公式，并请读者思考一下为什么有这样的公式:

$${}_{m|}a_x = v^m\,{}_mp_x \times a_{x+m} = {}_mE_x \times a_{x+m} \tag{5.15}$$

$${}_{m|}\ddot{a}_{x:\overline{n|}} = v^m\,{}_mp_x \times \ddot{a}_{x+m:\overline{n|}} = {}_mE_x \times \ddot{a}_{x+m:\overline{n|}} \tag{5.16}$$

第五节　生命年金预期现值的数值计算

为简化生命年金预期现值的计算，我们继续定义恰当的换算函数。

一、换算函数 N_x

考虑(x)的年末支付的终身年金为：

$$a_x = \sum_{m=1}^{\infty} v^m \times l_{x+m}/l_x = \sum_{m=1}^{\infty} v^m \times {}_m p_x$$

求和式中的每一项都是一个生存保险的预期现值，即

$$a_x = \sum_{m=1}^{\infty} A_{x:\frac{1}{\overline{m}|}} \tag{5.17}$$

因此，用换算函数 D_{x+m} 表示，即

$$a_x = \sum_{m=1}^{\infty} \frac{D_{x+m}}{D_x} \tag{5.18}$$

于是，我们定义换算函数为：

$$N_x = \sum_{k=0}^{\infty} D_{x+k} \tag{5.19}$$

从而，我们有一个关于 a_x 的简便公式：

$$a_x = \frac{N_{x+1}}{D_x} \tag{5.20}$$

换算函数 N_x 的用处是：如果我们有在同一利率下的一个 N_x 和 D_x 表，我们就可计算任何年龄的任何生命年金。

类似地，可以得到：

$$\ddot{a}_x = \frac{N_x}{D_x} \tag{5.21}$$

对于定期生命年金，通过 $a_{x:\overline{n}|} = a_x - v^n {}_n p_x a_{x+n}$ 可得：

$$a_{x:\overline{n}|} = \frac{N_{x+1} - N_{x+n+1}}{D_x} \tag{5.22}$$

类似地，可以得到：

$$\ddot{a}_{x:\overline{n}|} = \frac{N_x - N_{x+n}}{D_x} \tag{5.23}$$

对于延期的终身年金 ${}_m|a_x$，我们也可以很容易地推出用换算函数表示的计算公式：

$${}_n|a_x = v^n {}_n p_x \times a_{x+n} = \frac{D_{x+n}}{D_x}\frac{N_{x+n+1}}{D_{x+n}} = \frac{N_{x+n+1}}{D_x} \tag{5.24}$$

与

$${}_n|\ddot{a}_x = \frac{N_{x+n}}{D_x} \tag{5.25}$$

二、换算函数间的关系

根据寿险与年金间的关系可导出换算函数间的关系。例如，根据

$$A_x = 1 - d\ddot{a}_x$$

即

$$\frac{M_x}{D_x}=1-d\frac{N_x}{D_x}$$

得:

$$M_x=D_x-dN_x \tag{5.26}$$

类似地,可以得到:

$$C_x=(1-d)D_x-D_{x+1} \tag{5.27}$$

习　　题

注意: 除非特殊说明,本章练习题采用“中国人寿保险业经验生命表(1990—1993)”。

1. 试判断 $\ddot{a}_x-a_x$ 的值,并给出理由。

答案: 1

2. 使用 CL4,计算: $\ddot{a}_{50:\overline{15}|}$,其中利率为3%。

答案: 11.73

3. 使用 CL1,计算: $\ddot{a}_{23:\overline{18}|}$,其中利率为5%。

答案: 12.185

4. 假定利率为5%,使用 CL1 表,计算: a_{30} 与 ${}_{10|}a_{30}$, a_{30} 与 ${}_{10|}a_{70}$
对比两组结果,你能得到什么结论?

答案: 17.197 与 9.521; 7.910 与 1.758

5. 王先生今年50岁,他将在65岁退休,从那时起他开始在每年初获得5 000元支付。假设他退休前的死亡率与中国经验生命表(1990—1993)的非年金业务表一致,退休后的死亡率与该表的年金业务表一致。假定利率为5%,试计算这一系列支付的期望现值。

答案: 22 542.40

6. 假定利率为5%,不通过计算,判断是否有: $\ddot{a}_{20}>20$?

答案: 错误。因为, $\ddot{a}_{20}<a_{\overline{100}|}<a_{\overline{\infty}|}=\dfrac{1}{0.05}=20$。

第六章

一般年金与保险函数

第一节　每年支付 m 次的生命年金

一、"每年支付 *m* 次的生命年金"的概念和符号

到目前，我们所考虑的仅仅是每年初或年末发生一次支付的生命年金。在实际中，生命年金的支付常常更加频繁。例如，养老金通常是按月支付，即每年支付 12 次。此外，还常常有每季度支付和每半年支付一次的情况，即每年支付 4 次、2 次，等等。对于一份每年中支付 m 次的生命年金，这 m 次支付把一年分成 m 个时间间隔，在每个间隔初支付的年金，我们称为期初支付；在每个间隔末支付的年金，我们称为期末支付。例如，每月末支付的生命年金称为每年支付 12 次的期末支付生命年金。下面我们定义每年支付 m 次的生命年金的符号——在这里，要特别注意在定义的符号中，有关每年及每月所支付金额的含义。

我们先定义单位终身生命年金的预期现值符号。

考虑一个人从 x 岁开始，在生存期间每年支付 1 元，分 m 次，在期末支付的终身生命年金，我们将其预期现值表示为 $a_x^{(m)}$。右上标"(m)"表示年金在一年内的支付次数。类似地，我们定义其余几个单位生命年金预期现值的符号：

$a_x^{(m)}$ 表示一个人从 x 岁开始，在生存期间每年支付 1 元、分 m 次，在期末支付的终身生命年金在 x 岁时的现值。

$\ddot{a}_x^{(m)}$ 表示一个人从 x 岁开始，在生存期间每年支付 1 元、分 m 次，在期初支付的终身生命年金在 x 岁时的现值。

$a_{x:\overline{n}|}^{(m)}$表示一个人从 x 岁开始，在未来 n 年中的生存期间，每年支付 1 元、分 m 次，在期末支付的定期生命年金在 x 岁时的现值。

$\ddot{a}_{x:\overline{n}|}^{(m)}$表示一个人从 x 岁开始，在未来 n 年中的生存期间，每年支付 1 元、分 m 次，在期初支付的定期生命年金在 x 岁时的现值。

需要注意的是：这些年金是每年支付 1 元，因此每次支付 $1/m$ 元。例如，$a_{60}^{(12)}$ 表示一个 60 岁的人在未来生存期间，每月末领取 1/12 元；$\ddot{a}_{18:\overline{37|}}^{(12)}$ 表示一个 18 岁的人在未来的 37 年间（55 岁之前）的生存期间，每月初领取 1/12 元。

二、每年分 *m* 次支付的生命年金的计算公式

（一）终身生命年金

我们可以直接写出每年支付 m 次的生命年金的预期现值：

$$\ddot{a}_x^{(m)} = \frac{1}{m}\sum_{k=0}^{\infty}\sum_{j=0}^{m-1} v^{k+\frac{j}{m}} \times {}_{k+\frac{j}{m}}p_x \tag{6.1}$$

注意：因子 $\frac{1}{m}$ 不能缺少，因为符号 $\ddot{a}_x^{(m)}$ 表示每年金额为 1 元的年金的预期现值。

上述表达式中各项为：在 $k+\frac{j}{m}$ 时刻应付的金额，$\frac{1}{m}$；从 $k+\frac{j}{m}$ 时刻到 0 时刻的贴现因子，$v^{k+\frac{j}{m}}$ 时刻；在 $k+\frac{j}{m}$ 时刻进行支付的概率，${}_{k+\frac{j}{m}}p_x$。

生命表函数通常以整数年龄编制，如 $\ddot{a}_x$ 或 $\ddot{a}_{x:\overline{n|}}$ 在制表时，通常也是使用整数的 x 与 n，因此有必要把一年多次支付年金的预期现值用每年支付一次年金的预期现值表示出来。我们探讨如何用 a_x 或 $\ddot{a}_x$ 来对 $\ddot{a}_x^{(m)}$ 进行近似估算。在此，我们不加证明地给出数学中的 Woolhouse's 公式：

对于任何适当函数 $f(t)\ (t \geqslant 0)$，有：

$$\frac{1}{m}\sum_{k=0}^{\infty}\sum_{j=0}^{m-1} f\left(k+\frac{j}{m}\right) = \sum_{k=0}^{\infty} f(k) - \frac{m-1}{2m}f(0) + \frac{m^2-1}{12m}f'(0) - \frac{m^4-1}{720m}f''(0) + \cdots \tag{6.2}$$

（上述级数收敛且存在导数）

对函数 $f(t) = v^t \times {}_tp_x$ 应用上述公式，并注意：

$$\frac{\partial}{\partial t}v^t \times {}_tp_x = \frac{\partial}{\partial t}e^{-\delta t} \times {}_tp_x = -(\delta v^t \times {}_tp_x + v^t \times {}_tp_x \times \mu_{x+t})$$

计算第 m^2 项，有：

$$\ddot{a}_x^{(m)} \approx \ddot{a}_x - \frac{m-1}{2m} - \frac{m^2-1}{12m}(\delta + \mu_x) \tag{6.3}$$

为简单起见，我们在实际中一般采用

$$\ddot{a}_x^{(m)} \approx \ddot{a}_x - \frac{m-1}{2m} \tag{6.4}$$

由此，我们可以得到：

$$\begin{aligned} a_x^{(m)} &\approx \ddot{a}_x^{(m)} - \frac{1}{m} \\ &= \ddot{a}_x - \frac{m+1}{2m} \\ &= a_x + \frac{m-1}{2m} \end{aligned} \tag{6.5}$$

【例 6-1】 计算：

（1）$a_{56}^{(4)}$（死亡率按"中国人寿保险业经验生命表(1990—1993)"CL3，利率为3%）

（2）$\ddot{a}_{30}^{(12)}$（死亡率按"中国人寿保险业经验生命表(1990—1993)"CL3，利率为3%）

解：（在此略去过程给出结果，请读者验证）

（1）$a_{56}^{(4)}=15.94833$

（2）$\ddot{a}_{30}^{(12)}=24.8055$

（二）定期生命年金

对于年龄为 x 的人，在 n 年期内的生存期间，每年支付 m 次、期初支付的定期生命年金，由于相应的延期年金满足

$$ {}_{n|}\ddot{a}_x^{(m)} = v^n \times {}_np_x \ddot{a}_{x+n}^{(m)} $$

以及

$$ \ddot{a}_{x:\overline{n|}}^{(m)} = \ddot{a}_x^{(m)} - v^n \times {}_np_x \ddot{a}_{x+n}^{(m)} $$

因此，

$$ \ddot{a}_{x:\overline{n|}}^{(m)} = \ddot{a}_x - \frac{m-1}{2m} - v^n \times {}_np_x\left(\ddot{a}_{x+n} - \frac{m-1}{2m}\right) $$

$$ = \ddot{a}_{x:\overline{n|}} - \frac{m-1}{2m}(1 - v^n \times {}_np_x) \tag{6.6} $$

$$ = \ddot{a}_{x:\overline{n|}} - \frac{m-1}{2m}\left(1 - \frac{D_{x+n}}{D_x}\right) \tag{6.7} $$

类似地，

$$ a_{x:\overline{n|}}^{(m)} = a_x^{(m)} - v^n \times {}_np_x a_{x+n}^{(m)} $$

$$ = a_{x:\overline{n|}} + \frac{m-1}{2m}(1 - v^n \times {}_np_x) \tag{6.8} $$

$$ = a_{x:\overline{n|}} + \frac{m-1}{2m}\left(1 - \frac{D_{x+n}}{D_x}\right) \tag{6.9} $$

这等同于：

$$ \ddot{a}_{x:\overline{n|}}^{(m)} - \frac{1}{m} + \frac{1}{m}v^n \times {}_np_x = \ddot{a}_{x:\overline{n|}} - \left(\frac{m-1}{2m} + \frac{1}{m}\right)(1 - v^n \times {}_np_x) $$

$$ = \ddot{a}_{x:\overline{n|}} - \frac{m+1}{2m}(1 - v^n \times {}_np_x) \tag{6.10} $$

$$ = \ddot{a}_{x:\overline{n|}} - \frac{m+1}{2m}\left(1 - \frac{D_{x+n}}{D_x}\right) \tag{6.11} $$

第二节　递增寿险与年金

最简单的寿险合同只涉及均衡保额的保险或支付标准恒定的年金。然而，年金或保险金也有可能在保险期限内发生变化。本节考虑一些较重要的情况。

一、递增寿险

(一)递增终生寿险

首先，观察每年保险金递增额为 1 的情况。考虑目前年龄为 x 的人购买一份终身寿险合同，死亡年末支付保险金。当死亡发生在合同第 j 年($j=1$，2，…)时，则在死亡之年年末给付 j 元。该合同的现值为$(K_x+1)v^{K_x+1}$，其预期现值表示为$(IA)_x$，于是，

$$\begin{aligned}(IA)_x &= E[(K_x+1)v^{K_x+1}] \\ &= \sum_{k=0}^{\infty}(k+1)v^{k_x+1}{}_{k|}q_x \qquad (6.12)\end{aligned}$$

由公式(6.12)，有：

$$\begin{aligned}(IA)_x &= \sum_{k=0}^{\infty}\sum_{j=0}^{k}v^{k+1}{}_{k|}q_x \\ &= \sum_{j=0}^{\infty}\sum_{k=j}^{\infty}v^{k+1}{}_{k|}q_x \\ &= \sum_{k=0}^{\infty}{}_{k|}A_x\end{aligned}$$

即

$$(IA)_x = \sum_{k=0}^{\infty}{}_{k|}A_x \qquad (6.13)$$

可以求得该递增保险的方差为：

$$Var[(K_x+1)v^{K_x+1}] = \sum_{k=0}^{\infty}(k+1)^2v^{2(k+1)}\times{}_{k|}q_x-[(IA)_x]^2$$

该式已不能用其他精算函数表示为更简单的形式了。

(二)递增定期寿险

可以按上述同样方式定义定期 n 年递增寿险，即在 $x+n$ 岁以后死亡，则无保险给付。该递增保险的预期现值表示为$(IA)^1_{x:\overline{n}|}$，容易理解

$$(IA)^1_{x:\overline{n}|} = \sum_{k=0}^{n-1}(k+1)v^{k+1}\times{}_{k|}q_x \qquad (6.14)$$

为了用$(IA)_x$来对$(IA)^1_{x:\overline{n}|}$估计，我们作如下推导：

$$\begin{aligned}(IA)^1_{x:\overline{n}|} &= \sum_{k=0}^{\infty}(k+1)v^{k+1}{}_{k|}q_x - \sum_{k=n}^{\infty}(k+1)v^{k+1}{}_{k|}q_x \\ &= (IA)_x - v^n\times{}_np_x\left[\sum_{k=0}^{\infty}nv^{k+1}\times{}_{k|}q_{x+n}+\sum_{k=0}^{\infty}(k+1)v^{k+1}{}_{k|}q_{x+n}\right] \\ &= (IA)_x - v^n\times{}_np_x[(IA)_{x+n}+nA_{x+n}] \\ &= (IA)_x - \frac{D_{x+n}}{D_x}(IA)_{x+n} - n\times\frac{D_{x+n}}{D_x}\times A_{x+n} \qquad (6.15)\end{aligned}$$

(三)递增两全寿险

期限为 n 年的递增两全保险定义为：年龄为 x 的人，如果在第 j 年($j=1$，2，…n)死

亡，则在该年末领取 j 元保险金；如果生存至期满(第 n 年末)，则在期满时领取 n 元保险金。该递增保险的预期现值表示为$(IA)_{x:\,\overline{n|}}$，显然有：

$$(IA)_{x:\,\overline{n|}}=(IA)^{1}_{x:\,\overline{n|}}+nv^{n}\times{}_{n}p_{x}=(IA)^{1}_{x:\,\overline{n|}}+nA_{x:\,\overline{n|}}^{\ \ 1} \tag{6.16}$$

也就是说，递增两全保险是递增定期寿险与保额为 n 的生存保险的组合，因此其预期现值等于其组成部分的预期现值之和。**注意**:递增两全保险的方差不能以同样方式得出。

(四)用换算函数计算递增的生命保险

根据公式(6.13)，

$$\begin{aligned}(IA)_{x}&=\sum_{k=0}^{\infty}{}_{k|}A_{x}\\&=\sum_{k=0}^{\infty}\frac{M_{x+k}}{D_{x}}\\&=\frac{1}{D_{x}}\sum_{k=0}^{\infty}M_{x+k}\end{aligned}$$

我们定义：

$$R_{x}=\sum_{k=0}^{\infty}M_{x+k}$$

于是，

$$(IA)_{x}=\frac{R_{x}}{D_{x}} \tag{6.17}$$

类似地，由公式(6.15)、(6.16)可得：

$$IA^{1}_{x:\,\overline{n|}}=\frac{R_{x}-R_{x+n}-nM_{x+n}}{D_{x}} \tag{6.18}$$

$$(IA)_{x:\,\overline{n|}}=\frac{R_{x}-R_{x+n}-nM_{x+n}+nD_{x+n}}{D_{x}} \tag{6.19}$$

这就构成了常用的一套换算函数。

例如，对于$(IA)^{1}_{30:\,\overline{10|}}$，当利率为3%，死亡率按“中国人寿保险业经验生命表(1990—1993) CL3”计算时，由书后附表可查得，$R_{30}=4\ 478\ 484.937$，$R_{40}=3\ 430\ 379.936$，$M_{40}=102\ 716.735$，$D_{30}=402\ 350.6$，于是，由公式(6.18)可得：

$$(IA)^{1}_{30:\,\overline{10|}}=0.0520383$$

类似地，在同一利率及死亡率假设下，有：

$$(IA)_{30:\,\overline{10|}}=7.41420$$

$$(IA)_{55:\,\overline{15|}}=6.49904$$

二、递增年金

在探讨了递增保险之后，我们自然会想到递增年金。我们将探讨的递增年金是以等差数列的节奏递增的，分别为在期初或期末支付。我们给出期初支付的递增年金的例子，可推广到其他类型的年金。

(一)递增的终身年金

我们现考虑期初支付的递增年金。对于一个年龄为 x 岁的人,在其未来生存期间的第 j 年初($j=1$, 2, …)支付金额为 j 的年金。也就是说,在未来生存期间的第 1 年初支付 1 元,在第 2 年初支付 2 元……直至死亡时结束。这就是我们将探讨的单位递增年金。该递增年金的现值为 $(I\ddot{a})_{\overline{K_x+1}|}$,其预期现值表示为 $(I\ddot{a})_x$,其值为:

$$(I\ddot{a})_x = E[(I\ddot{a})_{\overline{K_x+1}|}] = \sum_{k=0}^{\infty}(I\ddot{a})_{\overline{K+1}|\,k|}q_x \tag{6.20}$$

注意,我们可以把该年金看做一系列期初支付的延期年金的加总,如:

$$(I\ddot{a})_x = \sum_{j=0}^{\infty} {}_{j|}\ddot{a}_x = \sum_{j=0}^{\infty}\sum_{k=j}^{\infty} v^k \times {}_kp_x \tag{6.21}$$

改变加总的顺序后,有:

$$(I\ddot{a})_x = \sum_{k=0}^{\infty}(k+1)v^k \times {}_kp_x \tag{6.22}$$

我们还可以把年金看做一系列生存保险的和,显然这是与上述公式类似的结果。

类似地,我们将期末支付的递增终身生命年金预期现值记为 $(Ia)_x$。显然,

$$\begin{aligned}(Ia)_x &= E[(Ia_{\overline{K_x}|}]\\ &= \sum_{k=0}^{\infty}(Ia)_{\overline{k}|}\times {}_{k|}q_x\\ &= \sum_{k=1}^{\infty}kv^k \times {}_kp_x\end{aligned} \tag{6.23}$$

(二)递增定期年金

在 n 年中,每年初支付的定期递增年金,可按同样方式定义,只是支付将在至多 n 年后停止。该年金的现值为 $(I\ddot{a})_{\overline{\min[K_x+1,n]}|}$,其预期现值,表示为 $(I\ddot{a})_{x:\overline{n}|}$,容易理解

$$(I\ddot{a})_{x:\overline{n}|} = E[(I\ddot{a})_{\overline{\min[K_x+1,n]}|}] = \sum_{k=0}^{n-1}(I\ddot{a})_{\overline{k+1}|\,k|}q_x \tag{6.24}$$

我们还可以采用前面的形式将定期递增年金预期现值简单地表示为:

$$(I\ddot{a})_{x:\overline{n}|} = \sum_{k=0}^{n-1}(k+1)v^k \times {}_kp_x \tag{6.25}$$

以及

$$\begin{aligned}(I\ddot{a})_{x:\overline{n}|} &= (I\ddot{a})_x - v^n \times {}_np_x[(I\ddot{a})_{x+n} + n\times\ddot{a}_{x+n}]\\ &= (I\ddot{a})_x - \frac{D_{x+n}}{D_x}\times(I\ddot{a})_{x+n} - n\times\frac{D_{x+n}}{D_x}\times\ddot{a}_{x+n}\end{aligned} \tag{6.26}$$

期末支付的定期递增年金也可以按同样的方式进行定义。我们将期末支付的定期递增年金的预期现值表示为 $(Ia)_x$。显然,

$$(Ia)_{x:\overline{n}|} = \sum_{k=0}^{n-1} (Ia)_{\overline{k}|} \times {}_{k|}q_x + (Ia)_{\overline{n}|}\,{}_np_x$$

$$= \sum_{k=0}^{n-1} k \times v^k \times {}_kp_x \tag{6.27}$$

容易证明下列关系：

$$(I\ddot{a})_x = \ddot{a}_x + (Ia)_x \tag{6.28}$$

$$(I\ddot{a})_{x:\overline{n}|} = \ddot{a}_{x:\overline{n}|} + (Ia)_{x:\overline{n-1}|} \tag{6.29}$$

$$(Ia)_{x:\overline{n}|} = v \times p_x (I\ddot{a})_{x+1:\overline{n}|} \tag{6.30}$$

但它们不能再简化。

(三)用换算函数计算递增的生命年金

根据公式(6.23)

$$(Ia)_x = \sum_{k=1}^{\infty} kv^k \times {}_kp_x$$

$$= \sum_{k=1}^{\infty} \sum_{j=1}^{k} v^k \times {}_kp_x$$

$$= \sum_{j=1}^{\infty} \sum_{k=j}^{\infty} v^k \times {}_kp_x$$

$$= \sum_{j=1}^{\infty} {}_{j-1|}a_x$$

$$= \sum_{j=1}^{\infty} \frac{N_{x+j}}{D_x}$$

于是，定义

$$S_x = \sum_{k=0}^{\infty} N_{x+k}$$

则有：

$$(Ia)_x = \frac{S_{x+1}}{D_x} \tag{6.31}$$

类似地，可以推导出：

$$(I\ddot{a})_x = \frac{S_x}{D_x} \tag{6.32}$$

$$(Ia)_{x:\overline{n}|} = \frac{S_{x+1} - S_{x+n+1} - nN_{x+n+1}}{D_x} \tag{6.33}$$

$$(I\ddot{a})_{x:\overline{n}|} = \frac{S_x - S_{x+n} - nN_{x+n}}{D_x} \tag{6.34}$$

三、递增保险与递增年金的关系

现在，我们证明递增保险与递增年金间的重要关系。我们先从终身递增保险与终身递增年金的关系入手。

$$(I\ddot{a})_x = E[(I\ddot{a})_{\overline{K_x+1}|}]$$
$$= E\left[\frac{\ddot{a}_{\overline{K_x+1}|} - (K_x+1)v^{K_x+1}}{d}\right]$$
$$= \frac{1}{d}[\ddot{a}_x - (IA)_x]$$

我们可以写成如下的形式：

$$(IA)_x = \ddot{a}_x - d(I\ddot{a})_x \tag{6.35}$$

对于定期合同，

$$(I\ddot{a})_{x:\overline{n}|} = E[(I\ddot{a})_{\overline{\min[K_x+1,n]}|}]$$
$$= E\left[\frac{\ddot{a}_{\min[K_x+1:\overline{n}|]} - \min[K_x+1,n]v^{\min[K_x+1,n]}}{d}\right]$$
$$= \frac{1}{d}[\ddot{a}_{x:\overline{n}|} - (IA)_{x:\overline{n}|}]$$

可以写成：

$$(IA)_{x:\overline{n}|} = \ddot{a}_{x:\overline{n}|} - d(I\ddot{a})_{x:\overline{n}|} \tag{6.36}$$

有时，还会遇到递减保险或年金。它们可通过基本年金(或保险)减去递增年金(或保险)而很容易地得到。

四、支付额按几何级数增长的保险或年金

支付额按几何级数或者说按等比数列的节奏增长的保险或年金，是在实际工作中经常遇到的情况。最典型的例子是在通货膨胀情况下，与保险或年金有关的费用增长。

我们考虑一个终身寿险合同，年龄为 x 的人在死亡年末得到保险给付。给付在零时刻为1，每年以公比为 $1+b$ 的等比数列的节奏递增，或者说，以利率为 b 的复利增长水平增长。因此，如果在 j 时刻发生支付的话，支付金额将为 $(1+b)^j (j=1,2,\cdots)$。其现值为：

$$(1+b)^{K_x+1}v^{K_x+1}$$

既然式中的 $1+b$ 和 v 有相同的指数，我们就考虑把它们合在一起。显然，

$$(1+b)v = \frac{1+b}{1+i} = \frac{1}{\dfrac{1+i}{1+b}}$$

于是，我们作代换，有：

$$j = \frac{1+i}{1+b} - 1$$

可以发现，该递增保险的现值与利率为 j 的基本终身寿险(非递增)的预期现值相等。因此，其预期现值为 A_x^j，上标 j 表示利率。

显然，任何一种支付，不管是年金还是保险，只要金额以每年 b 的复利递增，效果都是一样的，即现值、预期现值及现值的方差与利率为 $j = \dfrac{1+i}{1+b} - 1$ 的基本年金或保险一样。

第三节　死亡时立即给付的生命保险与连续支付的生命年金

一、死亡时立即给付的生命保险

以上我们假设死亡保险金在死亡年末给付，并且集中讨论了每年支付一次的年金，只是略微涉及了多次支付的年金。实践中，只要索赔单证的有效性得以证明，死亡保险金在死后的很短时间内给付。因此，假设延至死亡年末给付就显得不够谨慎了，而假设死亡后立即给付保险金才是谨慎的态度。

(一)终身寿险

考虑一份保额为1的终身寿险，在年龄为 x 的人死亡时立即支付。该保险金的现值为 v^{T_x}，因为 T_x 的密度函数为 ${}_tp_x\mu_{x+t}$。

所以，v^{T_x}的期望值，即终身寿险给付的单位预期现值为：

$$\bar{A}_x = E(v^{T_x})$$

$$= \int_0^{\infty} v^t \times {}_tp_x \times \mu_{x+t}dt \tag{6.37}$$

并且，容易推导出其方差为：

$$Var(v^{T_x}) = {}^2\bar{A}_x - (\bar{A}_x)^2$$

式中，上前标“2”为预期现值以利率 $(1+i)^2-1$ 计算。

(二)定期寿险与两全保险

我们对死亡时立即给付保险金的定期寿险和两全保险定义其预期现值及延期寿险的符号和意义。

我们用 $\bar{A}^1_{x:\overline{n|}}$、$\bar{A}_{x:\overline{n|}}$ 分别表示在死亡时立即给付保险金的定期寿险和定期两全保险的单位预期现值。于是，

$$\bar{A}^1_{x:\overline{n|}} = \int_0^{n} v^t \times {}_tp_x \times \mu_{x+t}dt \tag{6.38}$$

$$\bar{A}_{x:\overline{n|}} = \bar{A}^1_{x:\overline{n|}} + A_{x:\overline{n|}}^{\;\;1} \tag{6.39}$$

注意：公式(6.39)中，仅死亡保险金受支付时间变化的影响，生存保险金并不受其影响。

此外，我们把如下公式的含义及其证明留给读者去考虑：

$$\bar{A}_x = \bar{A}^1_{x:\overline{n|}} + {}_{n|}\bar{A}_x \tag{6.40}$$

$${}_{n|}\bar{A}_x = v^n \times {}_np_x\,\bar{A}_{x+n} \tag{6.41}$$

我们可以用常见的生命表函数很方便地估算 $\bar{A}_x$、$\bar{A}_{x:\overline{n|}}$ 等。一种简单的近似是将一年

中死亡的发生时间看作是服从均匀分布的。也就是说，当死亡发生在 $x+k$ 岁与 $x+k+1$ 岁之间($k=0,1,2,\cdots$)时，就大约地认为死亡平均年龄为 $x+k+\frac{1}{2}$。在该假设下，死亡保险金平均在死亡年末之前6个月支付。因此，其预期现值近似为：

$$\bar{A}_x \approx (1+i)^{1/2}A_x \tag{6.42}$$

$$\bar{A}^1_{x:\overline{n}|} \approx (1+i)^{1/2}A^1_{x:\overline{n}|} \tag{6.43}$$

$$\bar{A}_{x:\overline{n}|} \approx (1+i)^{1/2}A^1_{x:\overline{n}|} + A_{x:\overline{n}|}^{\ \ 1} \tag{6.44}$$

再一次提请注意：两全保险中，仅死亡保险金受支付时间的影响。

另一种近似可以把终身或定期寿险当作一年期延期定期寿险的加总，那么(以终身寿险为例)，

$$\begin{aligned}\bar{A}_x &= {}_0|\bar{A}^1_{x:\overline{1}|} + {}_1|\bar{A}^1_{x:\overline{1}|} + {}_2|\bar{A}^1_{x:\overline{1}|} + \cdots \\ &= \bar{A}^1_{x:\overline{1}|} + vp_x \times \bar{A}^1_{x+1:\overline{1}|} + v^2 \times {}_2p_x\,\bar{A}^1_{x+2:\overline{1}|} + \cdots \end{aligned}\tag{6.45}$$

而

$$\bar{A}^1_{x+k:\overline{1}|} = \int_0^1 v^t \times {}_tp_{x+k}\mu_{x+k+t}dt \tag{6.46}$$

我们知道，如果对每整数年龄间使用均匀分布假设，有：

$${}_tp_{x+k} \times \mu_{x+k+t} = q_{x+k} \quad (0 \leqslant t < 1)$$

那么，

$$\bar{A}^1_{x+k:\overline{1}|} = q_{x+k}\int_0^1 v^t dt = q_{x+k}\frac{iv}{\delta}$$

因此，

$$\begin{aligned}\bar{A}_x &\approx \frac{i}{\delta}(vq_x + v^2 \times p_x \times q_{x+1} + v^3 \times {}_2p_x \times q_{x+2} + \cdots) \\ &= \frac{i}{\delta}A_x \end{aligned}\tag{6.47}$$

类似地，

$$\bar{A}^1_{x:\overline{n}|} \approx \frac{i}{\delta}A^1_{x:\overline{n}|} \tag{6.48}$$

二、连续支付的生命年金

前面我们探讨了死亡时刻立即给付的生命保险，相应地，连续而非每隔一时段支付一次的年金也是在实际工作中起重要作用的函数。当然，这在实践中并不存在，但若支付十分频繁，如每周或每天，这一假设也是合理的。实际上，若每周支付，按连续支付的假设进行计算比使用近似 $\ddot{a}_x^{(52)} = \ddot{a}_x - \frac{51}{104}$ 等更为常见。

(一)连续支付的终身年金

考虑一个年金，假设目前 x 岁的人在生存期间连续领取每年数额为1元的年金，该年金的现值为 $\bar{a}_{\overline{T_x}|}$，其预期现值表示为 $\bar{a}_x$，其值为：

$$\bar{a}_x = E[\bar{a}_{\overline{T_x}|}] = \int_0^\infty \bar{a}_{\overline{t}|}\,{}_tp_x\mu_{x+t}dt$$

注意：

$$a_{\overline{t}|} = \int_0^t e^{-\delta s}ds$$

因此，

$$\frac{d}{dt}\bar{a}_{\overline{t}|} = e^{-\delta t} = v^t$$

联立后，有：

$$\bar{a}_x = [-\ddot{a}_{\overline{t}|}\,{}_tp_x]_0^\infty + \int_0^\infty v^t\,{}_tp_x dt$$

根据近似公式 $\ddot{a}_{\overline{x}|}^{(m)} \approx \ddot{a}_x - \frac{m-1}{2m}$，令 $m\to\infty$，有：

$$\bar{a}_x \approx \ddot{a}_x - \frac{1}{2} \tag{6.49}$$

(二)连续支付的定期年金

对于连续支付的定期生命年金，根据概念，其预期现值应为：

$$\begin{aligned}\bar{a}_{x:\overline{n}|} &= E[\bar{a}_{\overline{\min[T_x,n]}|}]\\ &= \int_0^n \bar{a}_{\overline{t}|}\,{}_tp_x\mu_{x+t}dt + \bar{a}_{\overline{n}|}\,{}_np_x\\ &= \int_0^n v^t \times {}_tp_x dt\end{aligned}$$

容易理解：

$$\bar{a}_x = \bar{a}_{x:\overline{n}|} + {}_{n|}\bar{a}_x$$

由公式(6.7)，令 $m\to\infty$，有：

$$\begin{aligned}\bar{a}_{x:\overline{n}|} &= \ddot{a}_{x:\overline{n}|} - \frac{1}{2}(1 - v^n \times {}_np_x)\\ &= \ddot{a}_{x:\overline{n}|} - \frac{1}{2}\left(1 - \frac{D_{x+n}}{D_x}\right)\end{aligned} \tag{6.50}$$

三、死亡时立即给付的生命保险与连续支付的生命年金之间的关系

死亡时刻立即给付的生命保险与连续支付的生命年金之间的关系。对于终身寿险，有：

$$\bar{a}_x = E[\bar{a}_{\overline{T_x}|}] = E\left[\frac{1-v^{T_x}}{\delta}\right] = \frac{1}{\delta}(1-\bar{A}_x)$$

因此，

$$\bar{A}_x = 1 - \delta\bar{a}_x \tag{6.51}$$

对于定期寿险，

$$\begin{aligned}\bar{a}_{x:\overline{n}|} &= E[\bar{a}_{\overline{\min[T_x,n]}|}]\\ &= E\left[\frac{1-v^{\min[T_x,n]}}{\delta}\right]\end{aligned}$$

$$= \frac{1}{\delta}(1 - \bar{A}_{x:\overline{n}|}^{1})$$

因此，

$$\bar{A}_{x:\overline{n}|}^{1} = 1 - \delta \bar{a}_{x:\overline{n}|} \tag{6.52}$$

四、死亡时刻立即给付的递增生命保险与连续支付的递增生命年金

(一)死亡时刻立即给付的递增生命保险

1. 死亡时刻立即给付的递增终身寿险的连续递增形式。死亡时刻立即给付的递增终身寿险是指这样一种保险合同：对于当前年龄为 x 岁的人，在其死亡时立即给付 T_x 元。换言之，保险金额以每年递增 1 元的速度线形增长。该保险金的现值为 $T_x v^{T_x}$，我们称之为连续递增的形式，其预期现值以 $(\bar{I}\bar{A})_x$ 表示，数值为：

$$(\bar{I}\bar{A})_x = E[T_x v^{T_x}] = \int_0^{\infty} t v^t \, {}_t p_x \mu_{x+t} dt \tag{6.53}$$

其方差为：

$$Var[T_x v^{T_x}] = \int_0^{\infty} t^2 v^{2t} \, {}_t p_x \mu_{x+t} dt - [(\bar{I}\bar{A})_x]^2 \tag{6.54}$$

2. 连续递增形式的定期寿险及两全保险。与终身寿险的情况类似，我们用 $(\bar{I}\bar{A})_{x:\overline{n}|}^{1}$ 和 $(\bar{I}\bar{A})_{x:\overline{n}|}$ 分别表示如此递增的定期寿险和两全保险的预期现值。可以推导出如下的计算公式：

$$(\bar{I}\bar{A})_{x:\overline{n}|}^{1} = \int_0^{n} t v^t \times {}_t p_x \mu_{x+t} dt \tag{6.55}$$

$$(\bar{I}\bar{A})_{x:\overline{n}|}^{1} = (\bar{I}\bar{A})_x - v^n \times {}_n p_x [(\bar{I}\bar{A})_{x+n} + n\bar{A}_{x+n}] \tag{6.56}$$

$$(\bar{I}\bar{A})_{x:\overline{n}|} = (\bar{I}\bar{A})_{x:\overline{n}|}^{1} + nA_{x:\overline{n}|}^{\ \ 1} \tag{6.57}$$

3. 死亡时刻立即给付的递增生命保险的跳跃递增形式。我们探讨终身寿险的情况。死亡时刻立即给付的递增生命保险的跳跃递增形式是指保险金额在死亡时刻给付，但不是连续增长，而是在每年末增长一个单位。这样的终身寿险，如果被保险人的年龄为 x 岁，保额第 1 年为 1 元，以后每年末增长 1 元。该保险金的现值为：$(K_x + 1)v^{T_x}$，其预期现值表示为：$(I\bar{A})_x$，其计算公式为：

$$\begin{aligned}(I\bar{A})_x &= E[(K_x + 1)v^{T_x}] \\ &= \sum_{k=0}^{\infty} \int_0^1 (k+1) v^t \times {}_t p_{x+k} \mu_{x+k+t} dt\end{aligned} \tag{6.58}$$

其方差为：

$$Var[(K_x + 1)v^{T_x}] = \sum_{k=0}^{\infty} \int_0^1 (k+1)^2 v^{2(k+t)} \times {}_t p_{x+k} \mu_{x+k+t} dt - [(I\bar{A})_x]^2 \tag{6.59}$$

对于相应的定期寿险与两全保险的预期现值，我们分别以 $(I\bar{A}_{x:\overline{n}|}^{1})$ 及 $(I\bar{A}_{x:\overline{n}|})$ 表示。

上述概念比较容易理解，我们可以用基本的生命保险函数近似地表示出这些预期现值。对于跳跃递增的情况，有：

$$(I\bar{A})_x \doteq (1+i)^{1/2} (IA)_x \tag{6.60}$$

$$(I\bar{A})_x \doteq \frac{i}{\delta}(IA)_x \tag{6.61}$$

对于连续递增的情况，最简单的假设是平均起来，发生在整数年龄 $x+k$ 与 $x+k+1$ 之间的死亡平均在 $x+k+\frac{1}{2}$，因此，若 $K_x=k$，应付保额为 $k+\frac{1}{2}$，因此，有：

$$(\bar{I}\bar{A})_x = (1+i)^{(1/2)}\left[(IA)_x - \frac{1}{2}A_x\right] \tag{6.62}$$

(二)连续支付的递增生命年金

每一种上述的递增保险都对应着一个递增的连续年金。

1. **连续递增的终身生命年金**，是指一个年龄为 x 岁的人，在其生存期间以连续递增的方式支付年金。该年金的现值为 $(I\bar{a})_{\overline{T_x}|}$，其预期现值表示为 $(\bar{I}\bar{a})_x$，其值为：

$$\begin{aligned}(\bar{I}\bar{a})_x &= E[(\bar{I}\bar{a})_{\overline{T_x}|}] \\ &= \int_0^{\infty}(\bar{I}\bar{a})_{\overline{t}|}\,{}_tp_x \times \mu_{x+t}dt\end{aligned} \tag{6.63}$$

注意到：

$$\frac{d}{dt}(\bar{I}\bar{a})_{\overline{t}|} = tv^t$$

联立后，得：

$$(\bar{I}\bar{a})_x = \int_0^{\infty} tv^t \times {}_tp_x dt \tag{6.64}$$

其方差为：

$$Var[(\bar{I}\bar{a})_{\overline{T_x}|}] = \int_0^{\infty}[(\bar{I}\bar{a})_t]^2\,{}_tp_x \times \mu_{x+t}dt - [(\bar{I}\bar{a})_x]^2 \tag{6.65}$$

2. 跳跃递增的连续生命年金。考虑向年龄为 x 岁的人，在其生存期间连续支付的年金，在 $x+k$ 与 $x+k+1$ 岁之间支付年金额为每年 $k+1(k=0,1,\cdots)$ 元。因此，增长情况为每年末增长 1 元。该年金的现值为 $(I\bar{a})_{\overline{T}|}$，其预期现值表示为 $(I\bar{a})_x$，其值为：

$$\begin{aligned}(I\bar{a})_x &= E[(I\bar{a})_{\overline{T_x}|}] \\ &= \int_0^{\infty}(I\bar{a})_{\overline{t}|}\,{}_tp_x \times \mu_{x+t}dt\end{aligned} \tag{6.66}$$

容易推出：

$$\begin{aligned}(I\bar{a})_x &= \bar{a}_x + {}_1|\bar{a}_x + {}_2|\bar{a}_x + \cdots \\ &\approx (\ddot{a}_x - 1/2) + v \times p_x(\ddot{a}_{x+1} - 1/2) + v^2 \times {}_2p_x(\ddot{a}_{x+2} - 1/2) + \cdots \\ &= (I\ddot{a})_x - \frac{1}{2}\ddot{a}_x\end{aligned} \tag{6.67}$$

等同于 $(Ia)_x + \frac{1}{2}\ddot{a}_x$。

为了对 $(\bar{I}\bar{a}_x)$ 估计，可以证明下列近似公式(证明过程略)：

$$(\bar{I}\bar{a})_x \doteq (Ia)_x + \frac{1}{12} \tag{6.68}$$

最后，我们有：

$$(\bar{I}\bar{a})_{\overline{n}|}=\frac{\bar{a}_{\overline{n}|}-nv^n}{\delta} \tag{6.69}$$

据此，易于证明：

$$(\bar{I}\bar{A})_x=\bar{a}_x-\delta(\bar{I}\bar{a})_x \tag{6.70}$$

$$(\bar{I}\bar{A})_{x:\overline{n}|}=\bar{a}_{x:\overline{n}|}-\delta(\bar{I}\bar{a})_{x:\overline{n}|} \tag{6.71}$$

为了用年金的预期现值表示$(I\bar{A})_x$，代入

$$\begin{aligned}(I\bar{A})_x&=\bar{A}_x+v\times p_x\bar{A}_{x+1}+v^2\times{}_2p_x\bar{A}_{x+2}+\cdots\\&=(1-\delta\bar{a}_x)+v\times p_x(1-\delta\bar{a}_{x+1})+v^2\times{}_2p_x(1-\delta\bar{a}_{x+2})+\cdots\\&=\ddot{a}_x-\delta(I\bar{a})_x\end{aligned} \tag{6.72}$$

类似地，有：

$$(I\bar{A})_{x:\overline{n}|}=\ddot{a}_{x:\overline{n}|}-\delta(I\bar{a})_{x:\overline{n}|} \tag{6.73}$$

习　题

1. 计算：$\ddot{a}_{60}^{(4)}\ a_{60}^{(12)}\ a_{50:\overline{15}|}^{(2)}$(死亡率按“中国人寿保险业经验生命表(1990—1993)”CL4，利率为3%)。

答案：14.3094；14.1427；11.3937

2. 当利率为3%，死亡率按“中国人寿保险业经验生命表(1990—1993)”CL3时，计算：$(IA)_{30:\overline{10}|}^{1}$，$(IA)_{30:\overline{10}|}$。

答案：0.0520383；7.41420

3. 验证如下三个关系式：

$(I\ddot{a})_x=\ddot{a}_x+(Ia)_x$

$(I\ddot{a})_{x:\overline{n}|}=\ddot{a}_{x:\overline{n}|}+(Ia)_{x:\overline{n-1}|}$

$(Ia)_{x:\overline{n}|}=v\times p_x(I\ddot{a})_{x+1:\overline{n}|}$

4. 计算：$(I\ddot{a})_{45}$，$(Ia)_{50:\overline{15}|}$(死亡率按“中国人寿保险业经验生命表(1990—1993)”CL4，利率为3%)。

答案：309.2257998；81.9946626

5. 计算如下一份由一名50岁的人投保的终身寿险的期望现值：

(1)基本的保额10万元，假定死亡时立即给付；

(2)除第一年外，每年初保额增长1.94175%；

(3)在死亡之年年末给付保险金；

(4)死亡率按“中国人寿保险业经验生命表(1990—1993)”CL3和5%利率。

答案：45 518.5

6. 计算：A_{40}，并据此有两种方法近似计算并比较$\bar{A}_{40}$。

答案：第一种，$\bar{A}_{40}\approx\frac{i}{\delta}A_{40}=0.362496$

第二种，$\bar{A}_{40}\approx(1+i)^{0.5}A_{40}=0.351925$

7. 计算：$\bar{A}^{1}_{40:\overline{25}|}$和$\bar{A}_{40:\overline{25}|}$（注意比较二者区别）。

答案：0.094873；0.499357

8. 计算：$\bar{a}_{40:\overline{25}|}$和$\bar{a}_{40}$（死亡率按“中国人寿保险业经验生命表（1990—1993）”CL4，利率为3%）。

答案：16.87273682；21.70343838

9. 根据公式6.60和公式6.61近似计算：$(I\bar{A})_{35}$，$(I\bar{A})_{55}$；并进一步求出$(I\bar{A})_{35:\overline{20}|}$（死亡率按“中国人寿保险业经验生命表（1990—1993）”CL3，利率为3%）。

答案：11.60087235；11.01455422；10.93555725

10. 根据公式6.62近似计算：$(\bar{I}\bar{A})_{35}$，$(\bar{I}\bar{A})_{55}$；并进一步求出$(\bar{I}\bar{A})_{35:\overline{20}|}$（死亡率按“中国人寿保险业经验生命表（1990—1993）”CL3，利率为5%）。

答案：11.44712889；10.75804187；10.9156609

第七章

寿险保费的计算原理

第一节　价 值 方 程

我们已经了解了寿险与年金等各种支付形式的预期现值。下一步，就是考虑如何确定寿险保费了。在确定保费的过程中，我们要以如下方程为原则：

收入的预期现值 = 支出的预期现值

我们称这个方程为**价值方程**。

例如，一个公司与投保人签订一份充满不确定因素的保单，可能是定期寿险或两全保险，我们可以用预期现值的价值方程计算出投保人为了得到保险给付应承担的保费。如果投保人在保单生效时一次缴清保费，那么从保险公司的角度看，方程左边的预期现值就是确定了的，保费总数恰是将来要给付的保险金与费用支出的预期现值。如果所订的保单为被保险人在一段时间内生存时，每年按一定的金额缴纳保费，则由于被保险人生存时间的不确定性，保险公司收入的现值常常是变化的，这取决于被保险人未来生存时间的长短。

同样地，保险金与费用的现值也经常变化，也依赖于被保险人未来生存时间的长短。在保单刚开始时，我们不知道一个被保险人生命的长短。因此，我们不知道收入与支出的现值实际会有多大。我们知道的只是被保险人未来生存时间的统计分布情况，需要明确一个恰当的生存模型，同时，还要确定一个合理的利率假设，我们才可以计算一系列收入与支出的预期现值。

这就是说，对于设定的保险给付金额，我们可以找到一个适当的投保人缴费标准，以支付此保险给付金额所需的成本和费用；同样，如果设定了缴纳的保费数额，我们就可以找到适当的保险给付与其对应。

第二节　保费与净保费

一、保费

保险费是投保人购买各种保险而向保险人（保险公司）一次性支付或多次支付的费用，简称保费。投保人缴纳保费的目的是获得保险给付。保险给付可能为下列任何标准形式——终身寿险、定期寿险、两全保险、生存保险、年金或以上情况的组合形式。保费的支付一般有以下几种方式：（1）在保单生效时一次付清保费（趸缴保费）；（2）约定每年支付一定金额，保单生效时第一次支付，以后一直持续到被保险人死亡或达到约定的最大保费额度，常常为保单约定的缴费期限（每年支付保费保单）；（3）一年多次支付确定的保费，通常每月支付一次，在被保险人死亡或达到约定最大限额时停缴（月保费），也有每星期支付一次保费的情况。保费的第一次支付总是在投保单生效之时。

下面是一些生命保险和年金保单的例子：

- 两全保险：在未来25年若生存至期满时，或在25年中死亡时，支付保险金额；保费预先每年初支付直到保单期满，如果提前死亡，则只支付到死亡时。
- 终身寿险：在死亡时支付保险金额；在未来25年中每月初缴纳保费，如果提前死亡，则缴费在死亡时终止。
- 即期年金：趸缴保费后开始每年领取年金。
- 延付年金：每月初缴纳保费，直到某个期限后停止，并开始领年金。

二、净保险费

净保险费，是指在给定的假设死亡率与利率下，为了实现保单中预期的生命保险或年金的给付需缴的金额。这里，未考虑公司的营业支出等费用。净保险费也称纯保费或风险保费。保单中，净保费的计算可从下面的净保费价值方程中得出：

净保费收入的预期现值 = 保险给付支出的预期现值

对趸缴保费的保单，保费收入是确定的。而有些保单，其保费的缴纳不是采用期初趸缴的形式，而是在一段时间里多次缴纳，具体的某笔保费缴纳与否取决于被保险人是否处于生存状态；也就是说，寿险公司的保费收入取决于被保险人的未来生存时间，保费收入的现值和保险给付支出的现值都是随机变量，但保费的大小不是随机变量，是预期现值的函数。为了解这个方程，我们要假定被保险人的死亡率和未来可实现利率的值。这一系列假设是计算的基础，我们称之为**精算基础**，又称**精算假设**。

三、利润

利润是指保单终止时（死亡或保单到期），保费的价值减去保险给付与费用支出后的

余值，包含保单终止时已产生的利息[①]。只要在保单终止前,保单未来利润的现值就是一个随机变量，用净保费价值方程求出的净保费意味着预期利润为0，并且未考虑费用。

我们引入如下符号：

V_1为净保费收入的现值。对于多次支付保费的保单来说，它是一个随机变量，但在趸缴保费保单中，它是确定的而不是随机的。

V_0为保险给付支出的现值。这是一个随机变量。

V_{pr}为利润的现值。

于是，

$$V_{pr} = V_1 - V_0$$

当我们用净保费价值方程去解净保费 P 时，我们知道：

$$E(V_1) = E(V_0)$$

因此，

$$E(V_{pr}) = 0$$

注意：在一个具体的保单中，保费不是随机变量，就像保险金额一样，是在保单一开始就确定的。

注意：我们在保险的有关计算中几乎无一例外地都使用现值。这与利息理论中没有不确定性因素的价值方程形成了对比，在那里我们选择现值或终值来列出价值方程都可以。

四、符号

为了便于表达和应用，在研究净保费时我们约定了以下一系列符号：

P_x：对于年龄为 x 岁的人，其保险给付的预期现值为 A_x 时，每年应缴的净保费记为 P_x，即年龄为 x 岁的人投保终身寿险，将来得到每元钱保险给付所应缴的年净保费。

$P_{x:\overline{n|}}$：对于年龄为 x 岁的人，其保险给付的预期现值为 $A_{x:\overline{n|}}$时，每年应缴的净保费记为 $P_{x:\overline{n|}}$。

$P^1_{x:\overline{n|}}$：对于年龄为 x 岁的人，其保险给付的预期现值为 $A^1_{x:\overline{n|}}$时，每年应缴的净保费记为 $P^1_{x:\overline{n|}}$。

${}_tP_x$：对于年龄为 x 岁的人，在 t 年内，生存期间缴费的终身寿险，即每元钱的保险给付应缴的年保费记为${}_tP_x$。

${}_tP^{(m)}_{x:\overline{n|}}$：对于年龄为 x 岁的人，保险期限为 n 年的两全保险，在 t 年内的生存期间缴费，每年缴费 m 次，其每元钱的保险给付应缴的年保费记为${}_tP^{(m)}_{x:\overline{n|}}$，即每次缴费 $\frac{1}{m}{}_tP^{(m)}_{x:\overline{n|}}$元。

五、净保费价值方程应用举例

（一）普通寿险保单的净保费

---

① 这是利润的初始定义。在寿险公司的经营中，利润又有新的含义，即在每年末可将提存了有效保单的准备金之后的余额作为当年利润提取出来，而不是等到保单终止之后再计算利润。事实上，有时会在更短的时间间隔末计算其利润。我们将在以后的章节中探讨此概念。

我们在前面已给出了建立价值方程需要的函数。通常，我们可以对给定的保险给付求应缴纳的保费；有时，我们解价值方程是对给定的保费求保险给付；我们也可以在给出保费、保险给付及保险期间的情况下，解出利率 i；还可以在已给出保费、保额、利率的情况下，求保险期间。

【例 7 -1】 对于(x)的死亡年末支付、保额为 S 元的终身寿险，假定在保险期间内每年初支付净保费 P 元，未来每年实际利率为 i，给出相应的价值方程。

解： 保费收入的预期现值就是被保险人在未来生存期间每年支付 P 元的预期现值，而每年初支付 1 元的预期现值为 $\ddot{a}_x$，因此，在利率为 i 的情况下，每年初支付 P 元的预期现值是 $P\ddot{a}_x$。我们已经知道，终身寿险每单位保险给付的预期现值为 A_x，因此，保险给付为 S 元的预期现值为 SA_x（利率为 i）。由此，可得利率为 i 的净保费价值方程：

$$P\ddot{a}_x = SA_x \quad \text{利率为 } i$$

【例 7 -2】 一个 n 年期的定期两全保险，在被保险人死亡的年末或被保险人生存至保险期末时支付保险金额 S，求价值方程。保险期间内每年初支付保费 P，保单生效时被保险人为 x 岁，假定利率为 i。

解： 所求价值方程为：

$$P\ddot{a}_{x:\overline{n|}} = SA_{x:\overline{n|}}$$

【例 7 -3】

(1)如果被保险人在保单开始时为 x 岁，实际利率假定为 i，保险金额为 S，在保单有效期内每年初支付保费额为 P。求下面两种保险保单的净保费价值方程：

①n 年期定期寿险；

②n 年期生存保险。

(2)采用“中国人寿保险业经验生命表(1990—1993)”CL1，计算上面①与②中的 P，已知 $S=10\,000$，$x=39$，$n=25$，$i=3\%$。

(3)采用“中国人寿保险业经验生命表(1990—1993)”CL1，计算上面①与②中的 S，已知 $P=1\,000$，$x=20$，$n=20$，$i=3\%$。

解： 此处我们略去解题过程，仅仅给出结果，请读者验证。

(1)所求价值方程为：

①$P\ddot{a}_{x:\overline{n|}} = SA^1_{x:\overline{n|}}$

②$P\ddot{a}_{x:\overline{n|}} = Sv^n\ {}_np_x$

(2)①$P=59.28147$

②$P=232.0355$

(3)①$S=922\,589$

②$S=28\,077.43$

(二)年金保单的净保费

【例 7 -4】 一个年龄为 x 岁的被保险人购买了一份每年末给付 S 元的终身年金保险，趸缴保费 P，求净保费的价值方程。

解： $P=Sa_x$

【例 7-5】 一个年龄为 x 岁的人购买了一份延期 n 年、年末支付的终身年金保险，每年支付 S 元，在延付期间每年缴固定保费 P，如提前死亡，即停止缴纳保费。求净保费的价值方程。

解： $P\ddot{a}_{x:\overline{n|}}=Sv^n\ {}_np_xa_{x+n}$

我们不必记住预期现值的每一个公式，只要有基本生命年金(a 型)和生命保险(A 型)函数，我们就可以很容易地按所有保费支付的情况和保险给付的安排对任何一个简单的保险合同确定其净保费价值方程。重要的是必须弄清楚前面几章介绍的所有的生命保险与生命年金函数的意义，而且必须知道如何通过生命表函数计算出它们的值。

尽管在上述价值方程的运用中，利润的预期现值为 0，但是利润可能会有许多值，这些值的大小可能是在预期值的上下，也就是说它并不一定等于预期值，于是，出于谨慎、保守的设计思想，通常保单利润可能会大于 0。当然，某一保单完全有可能为公司提供小于 0 的利润，也就是亏损。

【例 7-6】 一个 60 岁的人投保延期年金保险，从 70 岁起，每年末得到 5 000 元的给付，60—70 岁每年初付一定金额的保费。已知：利率 4%；死亡率采用英国 AM92 选择表，其中，$\ddot{a}_{[60]:\overline{10|}}=8.0729$，${}_{10}p_{[60]}=0.86947$，${}_{21}p_{[60]}=0.52914$，$a_{70}=9.375$。

(1)求净保费；

(2)在不考虑费用的情况下，计算寿险公司因该保单而赚取利润的概率。

解：(1)由

$$P\ddot{a}_{[60]:\overline{10|}}=5\ 000v^{10}\times{}_{10}p_{[60]}a_{70}$$

得：

$$P=3\ 410.63(\text{元})$$

(2)如果被保险人在延期内死亡，或在年金开始支付时间之后的一段时间内死亡，则保单会产生利润。如果活到 70 岁，所缴保费在 70 岁时的值为 $3\ 410.63\times\ddot{s}_{\overline{10|}}=33\ 201.3$(元)；这些将被用完，假设在 70 岁之后又活了 t 年，计算出使不等式 $5\ 000a_{\overline{t|}}>33\ 201.3$ 成立的最小整数为 $t=11$，于是，如果被保险人在 81 岁以前死亡，公司也会获利，81 岁以后投保人的年金支付就超过了保费支付的值，公司损失，公司获利的可能性为：

$$1-{}_{21}p_{[60]}=0.47086$$

六、每年多次支付保费的情况

在实际中，按月缴费是很普遍的，也就是每年支付 12 次保费。按月缴费保单中，缴纳的保费多于相应的按年交费的保单，这主要有以下两个原因：

1. 与每年初缴费相比，平均来讲，按月缴费保单的保费收得较晚。按月缴费保单其缴费过程贯穿于整个一年之中，而不是在年初支付，它的影响是保险人对于每一份保费都少收了一定的利息，所以按月缴费的保费额就稍大一些，以补偿少收的利息。

2. 每年初缴费的保单中，如果被保险人存活至保单的第 t 年，第 t 次保费一定是已支付的，因为是在年初缴费；在按月缴费保单中，被保险人如在年内死亡，一部分保费就没有支付，这是按月缴费的保费额要稍大一点的又一原因。

【例 7-7】 考虑一份保险金额为 2 万元的两全保险保单，被保险人现年 40 岁，保险期间为 20 年，保险金在死亡之年年末支付，或在保单期满时支付；保费从现在起开始每月初支付直至期满或被保险人死亡为止。已知：设定年利率为 4%，死亡率采用英国 AM (92) 选择生命表。要求：计算每月应缴纳的净保费。

解： 设 P 为所求应缴月保费，则缴纳保费的预期现值为：

$$\begin{aligned}12P\ddot{a}^{(12)}_{[40]:\overline{20|}} &\approx 12P\left[\ddot{a}_{[40]:\overline{20|}} - \frac{11}{24}\left(1-\frac{D_{60}}{D_{[40]}}\right)\right]\\ &\approx 12P[13.930 - 0.4583(1-0.43013)]\\ &\approx 164.0257P\end{aligned}$$

而给付的预期现值为：

$$20\,000A_{[40]:\overline{20|}} = 9\,284.6$$

于是，由 $164.0257P = 9\,284.6$ 得：

$$P = 56.6045(\text{元})$$

在实际工作中，有时会采用按周缴纳保费的方式，我们从第六章中知道：

$$\lim_{m\to+\infty}\ddot{a}^{(m)}_{x:\overline{n|}} = \bar{a}_{x:\overline{n|}}$$

一般我们用函数 $\bar{a}_{x:\overline{n|}}$ 来表示按周支付的保费的价值，而不是 $\ddot{a}^{(52)}_{x:\overline{n|}}$；也就是我们把按周缴费认为是连续性缴费。

【例 7-8】 一位 50 岁的人打算购买一份终身寿险，每周缴净保费 65 元，在 70 岁之前的生存期间缴纳保费，保险金在死亡后立即支付。按"中国人寿保险业经验生命表 (1990—1993)" CL1，年利率为 3%。根据保单，应支付的保险金是多少？（提示：每年平均有 52.18 周）

解： 在此我们略去计算细节，仅仅给出主要表达式和最终结果，请读者自行验证：

$$65\times 52.18\bar{a}_{50:\overline{20|}} \approx 65\times 52.18\left\{\ddot{a}_{50:\overline{20|}} - 0.5\left(1-\frac{D_{70}}{D_{50}}\right)\right\} \approx 46\,872.67$$

$$\bar{A}_{50} \approx (1+i)^{1/2}A_{50} = 0.4755$$

保险金给付为 98 575.54 元。

【例 7-9】 对下列保单，求净保费：

(1) 一份定期寿险保单，被保险人 30 岁，保险期限 10 年，在整个保险期内，生存期间按季支付保费，死亡后立即支付保险金 80 万元。

(2) 一份两全保险保单，被保险人 25 岁，保险期限 25 年，保险金额 30 万元，死亡后立即支付或者第 25 年末支付，在整个保险期间内按月缴费。

(3) 一份年金保险保单，被保险人 40 岁，保费在其后 20 年内按周支付，从 60 岁起，每年领取 9 000 元的年金。

(1)、(2) 采用"中国人寿保险业经验生命表 (1990—1993)" CL1；(3) 计算采用"中国人寿保险业经验生命表 (1990—1993)" CL4 计算，年利率为 3%。

解： 解题过程略，答案为：

(1) 季度保费为 259.98 元；(2) 月保费为 695.33 元；(3) 周保费为 86.31 元。

第三节 费　用

在前面的推导和采用的净保费价值方程中，我们在计算时没有考虑费用或其他的保单开支。寿险公司出具一份保单，必须保证保单中所包含的全部费用能够从投保人那里收回来。**投保人实际支付的保费被称为毛保费**，它与计算出的净保费是不同的，其区别在于要负担费用以及可能的其他开支，如利润等。

一、费用的种类

常见的费用类型有下面几种：(1)保单费用。它不依赖于保费或保险金额的多少，是固定的费用，如保单出立单据、每年更新信息的开支，以及合理的一般办公费用。(2)保费比例费用，主要包括付给经纪人或出售保单中间人的佣金，习惯上按保费百分比计算。(3)保险金比例费用，包括税收及在承保时发生的的费用，如体检费用。

在保单订立的初期，费用特别多。这是因为这时要发生所有的承保费用、部门为建立合同的管理费用和最重要的大部分保险中介的佣金。对于一份按年缴费的两全保险保单，一种典型的佣金安排是：在保单开始时支付给保险中介第一笔佣金，为毛保费的50%，即最初的佣金，其后每年支付每笔毛保费的2.5%，即续保佣金。如果保单持有人决定停止缴费，中间人也就停止收到佣金，如果保费支付间隔小于一年，那么最初的佣金费用就可以分散到整个第一年的保费中，或者在保单开始时作为一笔单独的支出。这些费用通常表现为初始费用、续保费用和理赔费用。**初始费用**，即在保单开始发生的费用，包括保单费用、保费比例费用和保险金比例费。**续保费用**，即继续维持保单的费用，包括发保费催单、更新记录等等，以及续保佣金的费用。续保费用一般被假定在未来的支付期间里会上涨。续保费用也包括每份保单费用、保费百分比的费用和(很少的)保险金百分比的费用。**理赔费用**，即应支付保险金时发生的费用。其大小或者和保险金额大小有关，或者是每种类型的保单收取固定的金额。

二、通货膨胀对费用的影响

每份保单的续期费用不会总保持它们开始时的水平，一般会上升，因为寿险部门的经营费用会受物价和工资膨胀的影响。佣金占保费率的百分比不会受通货膨胀的影响。核算每份保单保费的费用成本需要对未来通货膨胀率作出准确的估计。如果我们假定一个固定的未来年通货膨胀率为j，也就是每份保单在时刻0的续期费用X，会成为t时刻的$X(1+j)^t$。在t时刻的支付发生与否是不确定的，取决于被保险人的生存情况，可能性为${}_tp_x$。一般我们对费用在某一利率i下的预期现值感兴趣，每份保单续期费用的预期现值就是：

$$X(1+j)^t v_i^t\ {}_tp_x$$

我们写做：

$$Xv_{i'}^t\ {}_tp_x$$

其中，

$$i' = \frac{1+i}{1+j} - 1$$

也就是：

$$i' = \frac{i-j}{1+j}$$

三、隐含费用

保险单的毛保费通常是根据保费的预期现值等于保险金和费用的预期现值来计算的，也就是根据假设给定的死亡率、利率和费用，按预期利润为零来计算的。

不管怎样，保险金的支出和保费收入都是随机变动的(保费数额不是任意的，而支付的偶然性取决于被保险人生存与否，所以是随机的)，于是寿险公司的实际收入减去支出在某一年可能是正的或负的。公司要保证在每一年支出不能比收入大很多，为此，它必须建立额外的基金来平衡在现金流量上的随机变动性。用最简单的话而言，公司会通过向投保人收取稍多些的保费，即比预期保险金和费用的现值多些，来建立额外基金，这意味着公司不得不在保费方面合并一笔附加费用，或形成一笔额外的利润。

通常，这种额外利润是不允许的，一般采用调整精算计算基础中某些假设的差异来代替隐含费用。例如，用利率的差异。如果我们使用一个保守估计的利率，也就是在保费计算中一个较低的利率假定(我们可以保证，有极大可能性)保费所产生的实际利息加上保费本身，会多于足够支付保险金的数额。

在死亡率和费用的估计方面也会有这样的问题，这样，我们将很少看到保费明显地合并了费用的膨胀或理赔费用——这些部分通过其他基本因素的差异而被隐含起来。在极端的情况下，我们可以根本不作任何费用的假定，而是替之以人为的低利率来计算毛保费，这就允许了费用的隐含。

四、毛保费价值方程

对于一个给定的保险金额，一份保单的毛保费可以通过如下的**毛保费价值方程**而求得：

毛保费的预期现值＝支出的保险金的预期现值＋支出的费用的预期现值

即

收入的预期现值＝支出的预期现值

这个预期现值方程(通常称为价值方程)用于计算任何保单的保费。这意味着保费计算中的原则是保单的预期利润为零(但是我们知道通常假定上的差异会形成一个隐含的、不确定的、正的利润)。还有其余的利润水平可以使用，我们可以允许带来显而易见的利润的保费为一个特定的利润水平而形成的费用负担。

其他的保费计算原则也是可能的。例如，根据已知道的有关保费收入和保险金支出的随机变动性，我们设计一个可能形成利润的保费。这是一个合理的想法，因为收入与支出的随机变动性。另一种情况是在设计上给予一个明确的特定利润。

五、求解毛保费的价值方程举例

【例 7-10】 一个 40 岁的人投保一份保险期间为 20 年的两全保险，保险金额为 1.5 万元，在保险期内的死亡之年年末给付或在到期时给付；保费从现在起开始每年初支付，直至期满或被保险人死亡为止。保险公司的初始费用是保额的 0.25% 与保费的 60% 再加上 100 元，续保费用为每次保费的 3%（不包括第一次），理赔或给付时费用预期为 50 元。计算每年应缴纳的保费。采用英国 AM92 选择生命表，利率按每年 4% 计算。

解： 我们先找出保费、给付和费用的预期现值。假定每年的保费为 P，那么保费收入的预期现值为：

$$P\ddot{a}_{[40]:\overline{20|}} = 13.930P$$

考虑费用的预期现值，如图 6-1 所示。

0	1	2	3	…	19	20
0.6P +0.0025S +100	0.03P	0.03P	0.03P	…	0.03P	0

图 6-1

将图 6-1 改为图 6-2 更清楚。

0	1	2	3	…	19	20
0.03P +0.57P +0.0025S +100	0.03P	0.03P	0.03P	…	0.03P	0

图 6-2

这里，初始费用中的比例费用被表示为再发生费用（保费的 3%）和非再发生费用为保费的 57%。于是，费用的预期现值为：

$$0.03P\ddot{a}_{[40]:\overline{20|}} + 0.57P + 0.0025 \times 15\ 000 + 100 + 50A_{[40]:\overline{20|}}$$

保险给付的预期现值为：

$$15\ 000A_{[40]:\overline{20|}}$$

于是，价值方程为：

$$P\ddot{a}_{[40]:\overline{20|}} = 0.03P\ddot{a}_{[40]:\overline{20|}} + 0.57P + 0.0025 \times 15\ 000 + 100 + 50A_{[40]:\overline{20|}} + 15\ 000A_{[40]:\overline{20|}}$$

即

$$0.97P\ddot{a}_{[40]:\overline{20|}} - 0.57P = 137.5 + 15\ 050A_{[40]:\overline{20|}}$$

所以，

$$P = 550.46（元）$$

下面的例子包括一个递增的死亡给付，如在合同第一年死亡，那么他或她在第一年末收到 B，如在第二年死亡，那么当年末付给 $2B$……等等。本书的前面已讨论过在 1，2，3…n年的死亡给付为 1，2，3…n 的递增生命保险的预期现值，那么就不难接受关于 B，$2B$，$3B$，…，nB 的给付。

【例 7-11】 在例 7-10 中，假定这个 40 岁的人投保的不是保额为 1.5 万元的普通定期两全保险，而是一份保险期间为 20 年的定期递增两全保险，在保险期内的死亡之年年末给付或在到期时给付。若被保险人在第 1 年内死亡，则在第 1 年末给付 14 100 元保险金；若被保险人在第 2 年内死亡，则在第 2 年末给付 14 200 元保险金……若被保险人在第 19 年内死亡，则在第 19 年末给付 15 900 元保险金；若被保险人在第 20 年内死亡，则在第 20 年末给付 1.6 万元保险金；若生存至期满，即生存至第 20 年末，则亦在第 20 年末给付 1.6 万元。假设初始费用保费的 60% 再加上 140 元，试在其他条件不变的情况下，计算每年初应缴纳的保费。

解： 本题与例 7－10 中所不同的主要是保险给付额。对于本题中这个定期递增两全保险的保险的给付，我们可把它视为一个保额为 1.4 万元的定期两全保险和一个自 100 元起、递增幅度为 100 元的递增两全保险的组合。于是，其预期现值为：

$$14\ 000A_{[40]:\overline{20}|}+100(IA)_{[40]:\overline{20}|}$$

于是，价值方程为：

$$P\ddot{a}_{[40]:\overline{20}|}=0.03P\ddot{a}_{[40]:\overline{20}|}+0.57P+140+50A_{[40]:\overline{20}|}+14\ 000A_{[40]:\overline{20}|}+100(IA)_{[40]:\overline{20}|}$$

据此价值方程，即可计算出所求保费的大小。

在这里，我们把最后的计算作为练习留给读者，请读者计算出结果。计算中要用到的公式为：

$$(IA)_{[40]:\overline{20}|}=\frac{R_{[40]}-R_{60}-20M_{60}+20D_{60}}{D_{[40]}}$$

【例 7－12】 一个 18 岁的男性投保了一份养老金保险，按保单约定，在他 60 岁后可于每月初领取 1 000 元的保险金，为此，他将于 18～60 岁期间的每月初缴纳保费。已知保单的初始费用为月保费的 60% 加 10 元，续保费用每月为保费的 10%；采用“中国人寿保险经验生命表(1990—1993)” CL4，利率按 3% 计算。计算他应缴纳的月保费。

解： 设应缴月保费为 P 元。根据题意，保险给付在 60 岁时的预期现值为：

$$1\ 000\times12\ddot{a}_{60}^{(12)}$$

应缴保费在 18 岁时的预期现值为：

$$P\times12\ddot{a}_{18:\overline{42}|}^{(12)}$$

发生的费用在 18 岁时的预期现值为：

$$10\%P\times12\ddot{a}_{18:\overline{42}|}^{(12)}+50\%P+10$$

于是，价值方程为：

$$P\times12\ddot{a}_{18:\overline{42}|}^{(12)}=1\ 000\times12\ddot{a}_{60}^{(12)}v^{42}\times{}_{42}p_{18}+10\%P\times12\ddot{a}_{18:\overline{42}|}^{(12)}+50\%P+10$$

或写成：

$$(1-10\%)P\times12\ddot{a}_{18:\overline{42}|}^{(12)}-50\%P-10=1\ 000\times12\ddot{a}_{60}^{(12)}\times\frac{D_{60}}{D_{18}}$$

其中，

$$\ddot{a}_{60}^{(12)}\approx\ddot{a}_{60}-\frac{11}{24}$$

$$=\frac{N_{60}}{D_{60}}-\frac{11}{24}$$

$$= 25.65849 - \frac{11}{24}$$

$$= 25.20016$$

$$\ddot{a}^{(12)}_{18:\overline{42}|} \approx \ddot{a}_{18:\overline{42}|} - \frac{11}{24}\left(1 - \frac{D_{60}}{D_{18}}\right)$$

$$= \frac{N_{18} - N_{60}}{D_{18}} - \frac{11}{24}\left(1 - \frac{D_{60}}{D_{18}}\right)$$

$$= 23.8695 - \frac{11}{24}(1 - 0.254416) = 23.5278$$

解得： $P = 303.4136871$，即月缴保费 303.41 元。

第四节　超 常 风 险

一、超常风险的含义

寿险公司在同意承保某被保险人之前，应合理确认被保险人的健康水平符合可承保的标准。如果一个人身体有缺陷或从事危险性高的工作，就表明他比普通人有更大的死亡风险，那么对这些人按标准生命表计收保费就不能足以平衡支付给被保险人的死亡给付。在这种情况下，保险公司有以下几种处理方法：（1）为既定的给付水平征收更高的保费，以弥补额外死亡风险带来的费用；（2）被保险人在保单期内提前死亡，则削减保险金给付；（3）拒绝对超常风险承保。

大多数保险公司还是愿意对那些有更高死亡危险的人承保，尽管这些人身有缺陷，按一般情况对其承保是不行的。对其承保的最通常做法是征收更高的保险费。那些被认为有超常死亡危险的被保险人被称为“弱体”。因为以附加保费支付超常死亡率带来的赔付费用的资料数据有限，所以很难准确估算超常费用。我们仅仅了解几种特殊情况的超常风险数据和资料，如糖尿病、冠心病等。

削减保险金是两全保险中常用的方法，不论被保险人在保险期内死亡还是生存至保险期满，保险人都会全额给付保险金。从保险金额中削减的部分可以是固定的扣除额，也可以是数额递减的扣除额(这种情况适于那些随着时间延长、危险是递减的被保险人，如非长期病疾的情况)。如果扣除额是递减的，它应在保单最后一年或保单到期之前减为0；也就是说，全额保险金额应该在最后一年末支付完毕(如果扣除额在最后一年前减为零)，或者在死亡之年年末，而不是在生存到期限满时，仍有削减额。

二、超常风险模型

如果我们要承保超常风险，那么我们应该采用适当的死亡率模型，通常有以下几种方式：

1. 年龄递增法，是在计算保费时，将弱体被保险人的投保年龄提高。比如，对一个40岁的弱体按50岁健康人的水平收费，这就是年龄递增法。按标准“中国人寿保险经验生命表(1990—1993)”的被保险人(弱体)，就应按此生命表增加10年的死亡率计收保费。如果被保险人的危险是临时的，在一段时间之后，年龄递增法停止使用。

2. 增加死亡力，是指在分析、计算超常风险时，将死亡力增加一个固定值。假定年龄为 x 岁的弱体，其死亡力为：

$$\mu'_x = \mu_x + c$$

这里的 μ_x 是正常生命表的死亡力。后面将探讨这种模式。

3. 其他方式。在应用中的其他方式包括用一个固定常数或变化的系数乘以标准生命表的各年龄死亡率。这对计算机而言是很容易的。

面对这些方法，我们所要做的是为那些弱体寻找一个与标准生命表形式相似的(弱体)非标准体生命表。

三、死亡力固定增加的超常风险模式

【例7-13】　证明：${}_np'_x v_i^n = {}_np_x v_{i'}^n$

这里 $\mu'_x = \mu_x + c$，并求利息 i'。

解：已知：${}_np_x = \exp\left(-\int_0^n \mu_{x+t}dt\right)$

所以，

$$\begin{aligned} {}_np'_x &= \exp\left[-\int_0^n (\mu_{x+t}+c)dt\right] \\ &= \exp\left[-\int_0^n \mu_{x+t}dt\right] \times \exp(-cn) \\ &= {}_np_x \times \exp(-cn) \end{aligned}$$

而 $\delta = \log(1+i)$，得：

$${}_np'_x \times v_i^n = {}_np_x \times \exp(-cn) \times v_i^n = {}_np_x \times \exp[-(c+\delta)n] = {}_np_x \times v_{i'}^n$$

其中，

$$v_{i'}^n = \exp[-(c+\delta)n]$$

解得：　$i' = \exp(c+\delta) - 1$

上面要证明的关系式是只针对生存给付的，我们可以通过增加利率的方式确定超常死亡率,它适用于形如 ${}_np'_x v_i^n$ 的预期现值。如一年支付一次或多次的年金，或者生存保险，或者是两全保险的生存给付。它不存在死亡保险金，因为死亡给付的形式不是 ${}_np'_x v_i^n$，而是 ${}_{n-1|}q_x v_i^n$。

在这里，为了找到死亡给付值，我们通常用关系式

$$A'_x = 1 - d\ddot{a}'_x$$

或

$$A'_{x:\overline{n|}} = 1 - d\ddot{a}'_{x:\overline{n|}}$$

其中，d 是根据利息率 i(而不是 i')算出的贴现率。

【例 7－14】 一个寿险公司通过对一组弱体(被保险人)的数据进行整理，确定其定期寿险和两全保险保费收入的增长情况。采用的方法为以下两种：

(1) 对小于 60 岁的被保险人的死亡力加以固定值 0.019231，对 60 岁以上的人不增加。

(2) 对 50 岁以下的被保险人加 10 岁，50～60 岁之间的增加 5 岁，60 岁以上的人的年龄不作调整。

计算按“中国人寿保险经验生命表(1990—1993)” CL1 进行，年利率为 3%。

一个 40 岁的弱体投保 20 年的定期寿险，保险金额是 1 万元，死亡之年年末支付。假定第一次费用占第一次保险费的 50%，以后各年的费用占保费的 5%，试计算：保险公司按以上两种途径年保费收入的增长百分比。

解：首先，我们计算非弱体保险保单下的标准保费 P。

$$\begin{matrix}\text{保 费 的}\\ \text{预期现值}\end{matrix} - \begin{matrix}\text{各项保险费用}\\ \text{的 预 期 现值}\end{matrix} = 0.95P\ddot{a}_{40:\overline{20|}} - 0.45P = 13.64225094P$$

应付保险金的预期现值为：

$$10\,000A^{1}_{40:\overline{20|}} = 10\,000\frac{M_{40}-M_{60}}{D_{40}} = 751.3005$$

所以，$P=55.07159$。

在(1)情况下：令 P'为特别生命表下的保险费。然后保费的预期现值减相关费用为：

$$0.95P'\ddot{a}'_{40:\overline{20|}} - 0.45P'$$

而

$$\ddot{a}'_{40:\overline{20|}} = \ddot{a}_{40:\overline{20|}_{i'}} = 12.760$$

其中，

$$i' = \{\exp(\log(1.03)+0.019231)\} - 1 = 0.05$$

所以，保险费现值减去费用的值为 $11.6206P'$。

而保险金的预期现值为：

$$\begin{aligned}10\,000A^{1}_{40:\overline{20|}} &= 10\,000(1 - d\ddot{a}'_{40:\overline{20|}} - v^{20}_{3\%\,20}p'_{40})\\ &= 10\,000(1-0.04/1.04\times 12.760 - v^{20}_{5\%\,20}p_{40})\\ &= 1\,758.521\end{aligned}$$

所以，$P'=151.3281$。所以，保险费收入增长率为 200%。

在(2)的情况下：$''$表示弱体的有关数据，其计算公式为：

$$\ddot{a}''_{40:\overline{20|}} = \ddot{a}_{50:\overline{10|}} + v^{10}{}_{10}p''_{40}\ddot{a}_{55:\overline{10|}}$$

其中，

$${}_{10}p''_{40} = {}_{10}p_{50}$$

所以，

$$\ddot{a}''_{40:\overline{20|}} = 14.2714$$

而保险费减费用的预期现值为：

$$0.95\times 14.2714P'' - 0.45P'' = 13.1078P''$$

保险金的预期现值为：

$$10\ 000A''^{1}_{40:\overline{20|}} = 10\ 000(A^{1}_{50:\overline{10|}} + v^{10}{}_{10}p''_{40}A^{1}_{55:\overline{10|}})$$

或为：

$$10\ 000A''^{1}_{40:\overline{20|}} = 10\ 000(1 - d(\ddot{a}_{50:\overline{10|}} + v^{10}{}_{10}p''_{40}\ddot{a}_{55:\overline{10|}}) - v^{20}{}_{20}p''_{40})$$

（其中${}_{10}p''_{40} = {}_{10}p_{50}$，${}_{10}p''_{50} = {}_{10}p_{55}$）

所以，

$$10\ 000A''^{1}_{40:\overline{20|}} = 1\ 395.28（元）$$

从而求得：$P'' = 106.45$ 元，这比正常保费增加了 93.3%。

【例 7－15】　一个 45 岁的弱体投保人申请为自己投保两全保险，保险金额为 1 万元，在生存至期满或在期内的死亡之年年末支付保险金，保险期限为 20 年。在整个保险期间内，每年初缴纳定额保险费。

保险公司假定被保险人在保险期间的第一个 5 年适用标准生命表，在第二个 5 年中适用于正常死亡力增加固定值 0.019231 的超常风险。在第三个 5 年中适用于正常死亡力增加 0.038100 的额外死亡危险。在最后一个 5 年中服从于有固定死亡力为 0.047402 的死亡率。假设正常的死亡率按"中国人寿保险经验生命表（1990—1993）"CL1 计算，利率为每年 3%。试计算：

（1）被保险人每年年初应缴的额外保险费；

（2）作为支付额外保费的另一方法，保险人准备接受普通保险单下的正常保险，但是，如果被保险人在保单有效期内死亡，要在给付的保险金中扣除一个固定的金额。这个固定的金额是多少？

解：

（1）首先计算标准保费 P。

$$P = 10\ 000\frac{A_{45:\overline{20|}}}{\ddot{a}_{45:\overline{20|}}} = 395.997$$

令 P'为弱体被保险人的保费。则保费的预期现值为：

$$P'\ddot{a}''_{45:\overline{20|}} = P'(\ddot{a}'_{45:\overline{5|}} + v^{5} \times {}_{5}p'_{45} \times \ddot{a}'_{50:\overline{5|}} + v^{10} \times {}_{5}p'_{45} \times {}_{5}p'_{50} \times \ddot{a}'_{55:\overline{5|}} + v^{15} \times {}_{5}p'_{45} \times {}_{5}p'_{50} \times {}_{5}p'_{55} \times \ddot{a}'_{60:\overline{5|}})$$

而

$$\ddot{a}'_{45:\overline{5|}} = \ddot{a}_{45:\overline{5|}} = 4.68415$$

$$v^{5} \times {}_{5}p'_{45} = v^{5} \times {}_{5}p_{45} = \frac{D_{50}}{D_{45}} = 0.84552$$

$$\ddot{a}'_{50:\overline{5|}3\%} = \ddot{a}_{50:\overline{5|}i'}$$

其中，

$$i' = \exp(\delta_{3\%} + 0.019231) - 1.0 = 5\%$$

所以，

$$\ddot{a}'_{50:\overline{5|}3\%} = \ddot{a}_{50:\overline{5|}5\%} = [\ddot{a}_{50} - v^{5} \times {}_{5}p_{50}\ddot{a}_{55}]_{5\%} = 4.49612$$

$$v^{5}_{3\%} \times {}_{5}p'_{50} = v^{5}_{5\%} \times {}_{5}p_{50} = 0.75871$$

$$\ddot{a}'_{55:\overline{5|}3\%} = \ddot{a}_{55:\overline{5|}i''} = 4.386$$

其中，

$$i'' = \exp(\delta_{3\%} + 0.038100) - 1 = 7\%$$

所以，

$$v_{3\%}^5 \times {}_5p'_{55} = v_{7\%}^5 \times {}_5p_{55} = 0.68986$$

$$\ddot{a}'_{60:\overline{5}|3\%} = 1 + v \times p'_{60} + v^2 \times {}_2p'_{60} + v^3 \times {}_3p'_{60} + v^4 \times {}_4p'_{60}$$

对于 $0 \leqslant t < 5$，

$$v_{3\%}^t \times {}_tp'_{60} = \exp(-\delta_{3\%} \times t) \times \exp\left(-\int_0^t \gamma ds\right)$$

其中，

$$\gamma = 0.047402$$

于是，

$$v_{3\%}^t \times {}_tp'_{60} = \exp[-(\delta_{3\%} + \gamma) \times t] = v_j^t$$

其中，

$$j = \exp(\delta_{3\%} + \gamma) - 1 = 8\%$$

因此，

$$\ddot{a}'_{60:\overline{5}|3\%} = \ddot{a}_{\overline{5}|8\%} = 4.31212$$

$$v_{3\%}^5 \times {}_5p'_{60} = v_{8\%}^5 = 0.68058$$

所以，保费的预期现值为 $13.20767P'$。

给付的预期现值为：

$$10\,000A'_{45:\overline{20}|} = 10\,000(1 - d_{3\%} \times \ddot{a}''_{45:\overline{20}|}) = 6\,153.106$$

得：$P' = 465.87$。所以，弱体被保险人应缴的额外保费为 69.87 元。

(2) 由 (1) 知该保险合同的标准年保费为 395.997 元，故保费的预期现值为：

$$P \times \ddot{a}'_{45:\overline{20}|} = 5\,230.198$$

设 D 为扣除额，则保险给付的预期现值为：

$$\begin{aligned}
(10\,000 - D)A'^{1}_{45:\overline{20}|} + 10\,000A'_{45:\overset{1}{\overline{20}|}} &= 10\,000A'_{45:\overline{20}|} - DA'^{1}_{45:\overline{20}|} \\
&= 10\,000 \times 0.6153106 - D(0.6153106 - v^{20} \times {}_{20}p'_{45}) \\
&= 6\,153.106 - D(0.6153106 - 0.84552 \times 0.75871 \\
&\quad \times 0.68986 \times 0.68058) \\
&= 6\,153.106 - D \times 0.31016
\end{aligned}$$

由此，得：$D = 2\,975.59$ 元。

第五节　分 红 保 险

一、分红保险的概念

保单持有人与保险公司分享投资收益，这在当代保险产品中是常见的。这种保单包括分红保单和投资连接保单等。事实上，对于一些保险公司，如相互保险公司的所有人，常常就是众多的分红保单持有人。其他的人寿保险公司，如股份保险公司，属于股东，但是股份保险公司的投资利润在分红保单持有人和股东之间分配。

分红保单和不分红保单的主要区别是对于给定的保费，分红保单所承诺的保险给付是较低的，保险公司希望所收取的保险费在保险期间内通过投资能积累成更多的金额，除了足以支付较低的保险给付(基本保额)和一些费用外，还可以把公司的期末红利分配给保单持有人。如果保险公司没有额外利润，它可以不宣布分红。但一旦寿险公司宣布分红，即成为保险给付的一部分，就不能再撤回。公司对每年期末红利的确定是精算管理的一个重要部分。

二、单利形式的期末红利

当我们为一个分红保单计算保费时，我们要确定一个未来的红利支付水平。这并不限制公司对不同的期末分红水平的选择权。通常(但不一定)对一个年缴保费的保单而言，第一笔红利加在保单的起始年，并且以后的红利相应地加在随后的每一个保单年的开始。

期末红利可以以单利形式，也可以以复利形式计算。一个以单利计算的红利只适用于保险金额。如果我们设定 b 为固定水平的单利形式的红利，基本保险金额为 S。那么一个保险合同期内死亡的第 $1, 2, \cdots, t$ 年支付的保险金额分别是：$S+bS$，$S+2bS$，$S+3bS, \cdots$，$S+(1+bt)$。这里假设第一次分到的红利加在保单第一年的初始。

年金保险保单也可以有利润分红。在这种情况下，支付的年金将按保单约定来增加不同水平的红利。这样，被保险人就可以获得金额更大的年金。

【例 7-16】　一家寿险公司为一个 35 岁的人承保年缴保费的分红终身寿险，死亡时给付保险金 1.5 万元，保费缴纳期限为 30 年。为了计算被保险人每年应缴的保费，公司假定在承保第 1 年的初始给予一个以 3% 计算的单利形式的期末红利。死亡率按“中国人寿保险经验生命表(1990—1993)” CL1 计算，利率为 3%。初始费用为第一年保费的 60%，续保费用为以后各年保费的 5%。试计算被保险人每年应缴的保费。

解：保费减费用后的预期现值为：

$$P\ddot{a}_{35:\overline{30|}} - 0.05P\ddot{a}_{35:\overline{30|}} - 0.55P = 17.8151P$$

假定按平均水平，死亡发生在各年的中点，给付的预期现值如下：

$$15\,000[1.03q_{35}v^{\frac{1}{2}} + 1.06\ {}_{1|}q_{35}v^{1.5} + 1.09\ {}_{2|}q_{35}v^{2.5} + 1.12\ {}_{3|}q_{35}v^{3.5} + \cdots]$$
$$= 15\,000\bar{A}_{35} + 0.03 \times 15\,000(I\bar{A})_{35} = 10\,101.06$$

所以，$P = 566.9952939$ 元。

三、复利形式的到期红利

如果保险公司宣布以复利形式计算到期红利,那么到期支付的保险给付总额也包括那些红利再投资而获得的红利。例如，保单开始的保险金额为 S，计算红利的复利水平为 b，假定红利加在保单生效的第 1 年初，对于一个 n 年的两全保险而言，被保险人将得到的给付有以下两种情况：

死亡给付(期内死亡)，见表 7-1。

表 7－1

1	2	…	t	…	n
$S(1+b)$	$S(1+b)^2$	…	$S(1+b)^t$	…	$S(1+b)^n$

生存给付(生存到期限满)，见表 7－2。

表 7－2

1	2	…	t	…	n
0	0	…	0	…	$S(1+b)^n$

红利也可以加在每一保单年的年末。这种情况下的 n 年的两全保险的保险给付为：

死亡给付，见表 7－3。

表 7－3

1	2	…	t	…	n
S	$S(1+b)$	…	$S(1+b)^{t-1}$	…	$S(1+b)^{n-1}$

生存给付，见表 7－4。

表 7－4

1	2	…	t	…	n
0	0	…	0	…	$S(1+b)^n$

【例 7－17】

(1) 一个寿险公司对一个 35 岁的人承保期限为 25 年的分红两全保险。保险金额为 1.5 万元，在保险期间内的死亡之年年末支付，或在生存到期满时支付。为计算按季度应收的保费，公司设定按 1.0192308% 复利计算的到期红利在保险期内每年的年末支付。生命表按 AM92 选择表计算，利率为每年 6%。初始费用为季度保费的 105%，续期费用按以后各次(也包括第一次)保费的 6% 计算。试计算按每季度应缴纳的保费。

(2) 现假定死亡给付的支付是在被保险人死亡后即付，而不是在死亡之年年末支付，重做(1)。

(3) 现在假设红利在每一保单年的年初支付，而不在年末支付，重做(2)。

解：

(1)保费减费用的预期现值为(设 P 为每季度缴纳的保费)：

$4P\ddot{a}_{[35]:\overline{25|}}^{(4)}-0.06\times4P\ddot{a}_{[35]:\overline{25|}}^{(4)}-0.99P$(利率 6%) $=48.45P$

令 $b=0.0192308$，保险给付的预期现值为：

$15\,000(q_{[35]}v+{}_1|q_{[35]}v^2(1+b)+{}_2|q_{[35]}v^3(1+b)^2+\cdots+{}_{24}|q_{[35]}v^{25}(1+b)^{24}$

$$+ {}_{25}p_{[35]} v^{25}(1+b)^{25})$$

$$= 15\ 000\left(\frac{A^{1}_{[35]:\overline{25}|i'}}{1+b} + A_{[35]:\overset{1}{\overline{25}|}i'}\right)$$

其中，

$$i' = \frac{1+i}{1+b} - 1 = 0.04$$

所以，保险给付额为 5 743.63 元。故 $P = 118.55$ 元（每季度）。

(2)按平均情况，假定死亡发生在一年的中点，则保险给付的预期现值为：

$$15\ 000(q_{[35]}v^{\frac{1}{2}} + {}_{1}|q_{[35]}v^{1.5}(1+b) + {}_{2}|q_{[35]}v^{2.5}(1+b)^{2} + \cdots + {}_{24}|q_{[35]}v^{24.5}(1+b)^{24}$$
$$+ ({}_{25}|q_{[35]}v^{25}(1+b)^{24.5})$$

$$= 15\ 000\left[(1+i)^{\frac{1}{2}}\left(\frac{A_{[35]:\overset{1}{\overline{25}|}i'}}{1+b}\right) + A_{[35]:\overset{1}{\overline{25}|}i}\right]$$

注意：这里是$(1+i)^{\frac{1}{2}}$，而不是$(1+i')^{\frac{1}{2}}$。

所以，每季度的保险为：$P = 118.83$ 元。

(3)保险给付的预期现值为：

$$15\ 000[q_{[35]}v^{\frac{1}{2}}(1+b) + {}_{1}|q_{[35]}v^{1.5}(1+b)^{2} + {}_{2}|q_{[35]}v^{2.5}(1+b)^{3} + \cdots + {}_{24}|q_{[35]}v^{24.5}(1$$
$$+b)^{25} + {}_{25}|q_{[35]}v^{25}(1+b)^{25}]$$

$$= 15\ 000[(1+i)^{\frac{1}{2}}A^{1}_{[35]:\overline{25}|i'} + A_{[35]:\overset{1}{\overline{25}|}i}] = 5\ 766.40$$

所以，$P = 119.02$ 元。

【例 7-18】　一份 40 岁开始的延期年金，从 60 岁起每半年期末支付一次；红利自一开始每年按复利 2% 计入，直至 60 岁；计算基础为“中国人寿保险经验生命表(1990—1993)” CL4 和利率 3%，费用率为保费的 3%；若年金开始前死亡，则返还保费(无利息)。计算每年1 000元年金应付的年保费。

解：红利在 60 岁即停止增加，即红利只影响年金，令 P' 为每年 1 元年金应收的保费。

$$0.97P'\ddot{a}_{[40]:\overline{20}|} = (1.02)^{20} \times {}_{20}|a^{(2)}_{40} + P'\frac{R_{40} - R_{60} - 20M_{60}}{D_{40}}$$

即

$$0.97P' \times 14.8817 = (1.48595)0.498605(6.82309 + 0.25) + P'0.845804$$
$$14.4352P' = 5.240467 + 0.845804P'$$

所以，$P' = 0.3856$。所以，1 000 元的年金所应收保费为 386 元。

四、超复利分红(Super - Compound reversionary bonus)

保险公司分配红利时可以不仅仅以保单约定的基本给付额为基础计算红利，而是在过去红利的基础上按复利形式计算出更高的红利。这种分红称之为超复利分红。如果公司约定红利由下面两部分组成：一是在初始给付额的基础上，按利率 a 计算的红利；二是对过去的红利按复利 b 计算的红利，并且约定从保单生效的第一年度开始支付红利。那么，在

保险期限为 n 年的两全保险中，公司承诺支付的保险给付为如下数额（初始保单保险给付额为单位金额）：

第一年：$1+a$

第二年：$1+a+a+b\times a=1+a[1+(1+b)]$

第三年：$1+a+a[1+(1+b)](1+b)=1+a\times[1+(1+b)+(1+b)^2]$

……

第 t 年：$1+a+[1+(1+b)+(1+b)^2+\cdots+(1+b)^{t-1}]$

我们知道：

$$1+(1+b)+(1+b)^2+\cdots+(1+b)^{t-1}=s_{\overline{t}|i=b}$$

所以，根据保单，在第 t 年死亡时支付的保险给付为：

$$1+as_{\overline{t}|i=b}\text{（利率为 }b\text{）}$$

注意：这并不是终值，而是在给定条件下的保险给付。

期满时，保险给付为 $1+as_{\overline{n}|i=b}$。

现在，在我们知道支付保险给付的数额、时间和支付的概率的情况下，可以求出保险给付的预期现值。假设一个 x 岁的人投保的一份两全保险，死亡给付于死亡之年年末支付，期满生存给付于期满时支付。则每单位给付额的预期现值为：

$$(1+a)q_x v_i+(1+as_{\overline{2}|i=b})_1|q_x v_i^2+(1+as_{\overline{3}|i=b})_2|q_x v_i^3+\cdots+(1+as_{\overline{n}|i=b})_{n-1}|q_x v_i^n$$
$$+(1+as_{\overline{n}|i=b})_n p_x v_i^n$$

【例 7-19】 证明保限期限为 n 年的两全保险的单位保险给付在超复利分红情况下的预期现值为：$A_{x:\overline{n}|i}\times\left(1-\frac{a}{b}\right)+\frac{a}{b}A_{x:\overline{n}|i'}$。这里，$i'=\frac{i-b}{1+b}$。其中，$i'=\frac{1+i}{1+b}-1$。

解：证明：保险给付的预期现值为：

$$\sum_{t=1}^{n}(1+as_{\overline{t}|b})_{t-1}|q_x v_i^t+(1+as_{\overline{n}|b})_n p_x v_i^n$$

$$=\sum_{t=1}^{n}{}_{t-1}|q_x v_i^t+{}_n p_x v_i^n+\sum_{t=1}^{n}a\times s_{\overline{t}|b}\times{}_{t-1}|q_x v_i^t+a\left[\frac{(1+b)^n-1}{b}\right]{}_n p_x\times v_i^n$$

$$=A_{x:\overline{n}|i}+\frac{a}{b}\left(\sum_{t=1}^{n}{}_{t-1}|q_x v_{i'}^t+{}_n p_x v_{i'}^n\right)-\frac{a}{b}A_{x:\overline{n}|i}$$

$$=A_{x:\overline{n}|i}\times\left(1-\frac{a}{b}\right)+\frac{a}{b}A_{x:\overline{n}|i'}$$

习　题

1. 20 岁的投保人投保一份保额为 10 万元，年初缴费直至死亡的终身寿险。保险金在死亡年末支付。假定按“中国人寿保险业经验生命表（1990—1993）”CL1 计算，未来每年实际利率为 5%，给出相应的价值方程，并求出年净保费。

答案：463.436

2. 一位年龄 40 岁的投保人投保一份 20 年期的定期两全保险，在被保险人死亡时或被保险人生存至保险期末时支付保险金额 2 万元，每年初缴纳保费。试求：价值方程。假定按“中国人寿保险业经验生命表(1990—1993)” CL1 计算，利率 5%，求年净保费。

答案：624.0058352

3. 如果被保险人在保单开始时为 x 岁，实际利率假定为 i，保险金额为 S，在保单有效期内每年初支付保费额为 P。求下面两种保险保单的净保费价值方程：(1) n 年期定期寿险；(2) n 年期生存保险。

采用 AM92 选择表，计算上面(1)与(2)中的 S。已知：$P=1\ 500$，$x=30$，$n=15$，$i=4\%$。

答案：1 941 419.91；31 493.68

4. 考虑一份保险金额为 3 万元的两全保险保单，被保险人现年 35 岁，保险期间为 25 年，保险金在死亡之年年末支付或在保单期满时支付；保费从现在起开始每月初支付，直至期满或被保险人死亡为止。已知：设定年利率为 4%，死亡率采用英国 AM92 选择生命表。计算每月应缴纳的净保费。

答案：60.9424

5. 一个 45 岁的人投保一份保险期间为 20 年的两全保险，保险金额为 2 万元，在保险期内的死亡之年年末给付或在到期时给付；保费从现在起开始每月初支付，直至期满或被保险人死亡为止。保险公司的初始费用是保额的 0.25% 与保费的 60% 再加上 100 元，续保费用为每次保费的 4%（不包括第一次），理赔或给付时费用预期为 60 元。计算每年应缴纳的保费。采用英国 AM92 选择生命表，利率按每年 4% 计算。

答案：740.62

6. 一个 25 岁的男性投保了一份养老金保险，按保单约定，他 60 岁后可于每月初领取 1 000 元的保险金，为此，他将于 25 ~ 60 岁期间的每月初缴纳保费。已知保单的初始费用为月保费的 50% 加 20 元，续保费用每月为保费的 10%；采用“中国人寿保险经验生命表(1990—1993)”（男），利率按 3% 计算。计算他应缴纳的月保费。

答案：743.1633529

7. 一个寿险公司对弱体承保两全保险，采用以下方法：对小于 50 岁的被保险人的死亡力加以固定值 0.019231，对 50 岁以上的人不增加。

一个 40 岁的弱体投保 20 年的年末给付两全寿险，保险金额是 1 万元，死亡之年年末支付。假定第一次费用占第一次保险费的 50%，以后各年的费用占保费的 5%，每年初缴保费直至死亡或 60 岁为止。试计算保险公司按以上方法征收的年保费。计算按“中国人寿保险经验生命表(1990—1993)” CL1 进行，年利率为 3%。

答案：393.3929

8. 一家寿险公司为一个 35 岁的人承保年末给付的年缴保费的分红终身寿险，死亡时给付保险金 1.5 万元，缴纳期限为 30 年。为了计算被保险人每年应缴的保费，公司假定在承保第一年的初始给予一个以 3% 计算的单利形式的期末红利。死亡率按“中国人寿保险经验生命表(1990—1993)” CL1 计算，利率为 3%。初始费用为第一年保费的 50%，续保费用为以后各年(包括第一年)保费的 5%。试计算被保险人每年应缴保费。

答案：561.83

9. 一寿险公司对一个40岁的人承保期限为25年的分红两终身寿险。保险金额为2万元，在保险期间内的死亡之年年末支付。为计算按季度应收的保费，公司设定按1.0192308%复利计算的期末红利在保险期内每年末支付。生命表按AM92选择表计算，利率为每年6%。初始费用为季度保费的100%，而且续期费用按以后各次(也包括第一次)保费的6%计算。试计算每季度应缴纳的保费。

答案：94.6878

10. 一份30岁开始的延期年金，从60岁起每半年期末支付一次，红利自一开始就有，按复利2.5%计入，直至60岁。计算基础为“中国人寿保险经验生命表(1990—1993)”CL4，利率为3%，费率为4%。试计算每年1 000元保费应可获得的基本保险给付。

答案：1 764.0820

第八章

保单价值与准备金

第一节　不考虑费用的预期保单价值

一、保单价值

一份保单在投保人缴纳了一定时期的保费之后，便具有了价值，我们称之为**保单价值**。当保险公司出售保险时，同时也对被保险人作出了承诺。其承诺的内容因保单而异。如果投保一次性给付保险金的普通寿险，公司承诺在被保险人生存至期满或死亡时一次性支付保险给付；如果投保养老金保险(或年金)，公司承诺定期有规律地支付一系列年金。被保险人在购买保险或年金时，很少怀疑保险公司的偿付能力，相信在需要时公司必定会履行其义务。这就涉及寿险公司要履行其承诺的义务和必须有良好的资信。资信不能靠侥幸，而是基于良好的精算管理。这种精算管理的工具，就是保单价值。通常有两种计算保单价值的方式，一种是用保单未来的收支信息计算的保单价值，称为**预期保单价值**(The prospective policy value)；一种是用保单过去已发生的收支信息计算的保单价值，称为**追溯保单价值**(The retrospective policy value)。

二、预期保单价值(The prospective policy value)

(一) 预期保单价值的概念

我们把寿险保单的预期保单价值定义为：

未来支出的预期现值 - 未来收入的预期现值

通常，支出是指保险给付和将发生的费用，而收入是指被保险人所要缴的保费。这里定义的保单价值，是从未来的收入和支出而言，所以把它叫做预期保单价值。

先来看一个不计费用的简单例子。

【例 8-1】 考虑一位 30 岁男性投保的一份生存保险保单，保险金额为 1 000 元，期限为 3 年，投保时一次性支付保费 800 元。按“中国人寿保险业经验生命表(2000—

2003）” CL1、年利率5%计算保单有效后的第一年末、第二年末、第三年末的预期保单价值为多少?（不计费用）

解: “第 n 年末”这一专门术语，表示保单生效后起恰好过了 n 年的那一时刻。注意保单在仍然有效也就是尚未终止时才有计算的价值。如果保单已终止，就不会再有现金流量，从而也不存在保单价值。

在第一年末，未来支出的预期现值为 $1\,000A_{31:\overset{1}{\overline{2|}}}=905.28$(元)，这是因为被保险人在第一年末为31岁，只有活到33岁才能获得保险金额。因不存在未来收入，905.28元也就是第一年末保单价值。

第二年末，未来支出的预期现值为 $1\,000A_{32:\overset{1}{\overline{1|}}}=951.43$(元)，这是因为投保人只有从32岁生存到33岁才可获得保险金额。同样，因没有未来收入，951.43元就是保单价值。最后，利用相同的原理，可断定第三年末保单价值为1 000元。

【例8-2】 在例8-1中，被保险人投保时一次缴清保费800元，于是第一年末、第二年末、第三年末不存在未来收入。假定改变上述支付保费的方法，投保人选择了每年初支付270元的保费。那么，在第一、第二、第三年末预期保单价值是多少?

解: 计算未来支出的预期现值的方法同例8-1一致。在确定预期未来收入的现值之前，我们必须先明确每一年末计算保单价值是恰好在支付保费之前还是恰好在支付保费之后。为了方便，在本书中我们假定恰好在新的保费尚未支付之前计算保单价值，这也是通常流行的假定。于是，在第 n 年末未来收入的预期现值为:

$$\ddot{a}_{30+n:\overline{3-n|}}$$

其中，$n=1$，2，3。因此，

(1) 第一年末预期保单价值为:

$$1\,000A_{31:\overset{1}{\overline{2|}}}-270\ddot{a}_{31:\overline{2|}}=378.38(\text{元})$$

(2) 第二年末预期保单价值为:

$$1\,000A_{32:\overset{1}{\overline{1|}}}-270\ddot{a}_{32:\overline{1|}}=681.43(\text{元})$$

(3) 第三年末预期保单价值为1 000元。

(二) 保单价值与准备金

预期保单价值是寿险公司在也许有未来保费收入的情况下，为应付保单所约定的未来保险给付而需要的资金金额。保单价值即保险公司对投保者的负债。因此保单价值是衡量寿险公司偿付能力的基础，这就是保单价值的重要性。在实际中，当计算了公司所有有效的保单价值之后，必须检查公司是否有至少等于全部保单价值的资金。假定有这笔钱，就要设立金额等于保单价值的准备金，并且，除了支付保险给付之外，不能挪作他用。所以，严格的讲，保单价值是精算师计算出来的一个数，是对负债的评估值;而保单准备金是与保单价值相同金额的、为将来的赔付或返还而储备的款项。这是两个不同的概念。我们在任何时候都可计算保单价值；而公司是否有能力或有足够的资金来设立相应的准备金是完全不同的问题。但它们之间的紧密联系，又往往导致文字使用上的错误，常常用“准备金”来表达“负债”或“价值”。有时读者会遇到“预期保单准备金”，但实际上它是指“预期保单价值”。

（三）计算保单价值的时机

保单价值可在保单有效期内，即保单开出到满期为止的任何一个时刻计算。上述例题都是在有效期内整数年末计算保单价值，但实际上它并不是普遍情况。比起每当到达一个整数年后计算，寿险公司更倾向于在一个固定时间计算所有保单价值，这一天我们叫做**估价日**。只有在满整数年时正好是估价日的情况下，寿险公司才会在整数年末计算所有保单价值。一般来说，法律会规定估计的频率。例如，在英国法律规定一年估价一次，但事实上公司估计的次数会更多。

（四）预期未来支出现值与预期准备金（The prospetive reserve）

对于一个寿险保单，常常要考虑另一个重要的概念——净支出，有时称为损失（loss）。

净支出＝未来支出的现值－未来收入的现值

因为等式右边的两个量是随机变动的，所以净支出也是随机变化的。在保单的起始点上，如果保单是按等价原则定价的，则预期净支出为0。

一旦保单在有效期内已生效一段时间，发生了部分收入和支出，预期的净支出不再是0，而是：

E（净支出）＝E（未来支出的现值）－E（未来收入的现值）＝预期保单价值

这就使我们从另一种角度去看待预期保单价值，即把它看做预期未来净支出。当预计未来支出超过未来收入时，就会有预期的净支出，为了应付这样的净支出，就要求设立准备金，而预期保单价值告诉我们该设立多少准备金。

三、不考虑费用情况下的预期保单价值

（一）估价基础（the valuation basis）

我们已经探讨过保单定价时的一组假定（主要是指利率、死亡率、费用），即寿险保单的定价基础（pricing basis）或保费基础（premium basis）。当计算保单价值，即估价时，也必须（对利息、死亡率、费用）作相应的假定，这一组假设称为**估价基础**（valuation basis）。许多情况下，按监管要求，某一险种的估价基础和保费基础并不一定相同。

在这一节中，我们将考察在以下两个重要假定条件下，简单保单的预期价值：（1）保单的估价基础和保费基础相同；（2）忽略费用。

同样，除非有另外说明，我们假定死亡率按“中国人寿保险业经验生命表（2000—2003）”CL1计算，年利率为5%。

（二）生存保险的预期保单价值

例8－1和例8－2都是关于生存保险的预期保单价值。其中一个是一次性支付保费，另一个是分期支付保费。我们将进一步研究后一种情况，并介绍在一些简单保险给付的情况下，保单价值的标准符号。

假设 x 岁的人取得保险给付为 S，期限为 n 的生存保险保单，并每年支付保费 P，则

当 t 为整数且 $0\leqslant t\leqslant n$ 时，在 t 年末预期价值为：

$$SA_{x+t:\overline{n-t|}}^{\ \ 1} - P\ddot{a}_{x+t:\overline{n-t|}} \tag{8.1}$$

公式(8.1)中，第一部分为保险给付的预期现值；第二部分为保费收入的预期现值。按常规，首先，计算保单价值是在保单有效期内，第 t 年末；其次，计算保单价值是在支付保费之前。在定价基础和估计基础相同的情况下，由于 P 满足价值方程

$$P\ddot{a}_{x:\overline{n|}} = SA_{x:\overline{n|}}^{\ \ 1}$$

所以，

$$P = S\frac{A_{x:\overline{n|}}^{\ \ 1}}{\ddot{a}_{x:\overline{n|}}}$$

于是，保单价值公式(8.1)等价于

$$S\left(A_{x+t:\overline{n-t|}}^{\ \ 1} - A_{x:\overline{n|}}^{\ \ 1}\frac{\ddot{a}_{x+t:\overline{n-t|}}}{\ddot{a}_{x:\overline{n|}}}\right) \tag{8.2}$$

即

$$SA_{x+t:\overline{n-t|}}^{\ \ 1} - P\ddot{a}_{x+t:\overline{n-t|}} = S\left(A_{x+t:\overline{n-t|}}^{\ \ 1} - A_{x:\overline{n|}}^{\ \ 1}\frac{\ddot{a}_{x+t:\overline{n-t|}}}{\ddot{a}_{x:\overline{n|}}}\right) \tag{8.3}$$

注意，公式(8.3)只有在保单定价基础和估价基础相同的条件下成立。请读者自己分析如果两个基础不同，哪里会出现问题。

公式(8.2)中，

$$A_{x+t:\overline{n-t|}}^{\ \ 1} - A_{x:\overline{n|}}^{\ \ 1}\frac{\ddot{a}_{x+t:\overline{n-t|}}}{\ddot{a}_{x:\overline{n|}}}$$

是保险金额为1个单位的生存保险的预期保单价值。我们把它记做${}_tV_{x:\overline{n|}}^{\ \ 1}$，即${}_tV_{x:\overline{n|}}^{\ \ 1}$是指一个 x 岁人投保了保险金额为一个单位的生存保险，并且在 n 年保险期限内、每年初缴保费的情况下，在保单有效期内 t 时刻(第 t 年末，$0\leqslant t\leqslant n$)的预期保单价值。“V”象征保险金额为1个单位的预期保单价值。“V”右边的上标和下标描述保险种类，“V”左边的下标表示有效期内估计的时间(第几年末)。

读者可以验证，对于上述${}_tV_{x:\overline{n|}}^{\ \ 1}$，随着 t 增加，保单价值也在增加。这是因为保单价值与生存到保险期满时的保险给付有密切的关系。随着 t 一年一年地增加，支付这笔保险金额的时间也一年一年靠近给付时刻，于是直接可知为了应付满期时的给付，就应留出更多的款项做为准备金。

（三）定期寿险的预期保单价值

考虑一份定期寿险，保险期限为 n 年，保额为1元，被保险人年龄为 x 岁，每年定额支付保费。该保单在保单有效期内 t 时刻(第 t 年末，其中 t 为整数且 $0\leqslant t\leqslant n$)的预期保单价值可表示为${}_tV_{x:\overline{n|}}^{1}$，即${}_tV_{x:\overline{n|}}^{1}$表示 x 岁的人投保的期限为 n 年的定期寿险在 t 年的预期保单值，其中保费每年初缴纳。

采用根据与${}_tV_{x:\overline{n|}}$的计算公式同样的推导方式，可得${}_tV_{x:\overline{n|}}^{1}$的计算公式。按我们已熟悉的方式，把每单位保额(1元)所缴的保费记为 $P_{x:\overline{n|}}^{1}$，于是，

$$P_{x:\overline{n|}}^{1} = \frac{A_{x:\overline{n|}}^{1}}{\ddot{a}_{x:\overline{n|}}} \tag{8.4}$$

因此，在保单仍有效的情况下，保险给付在第 t 年末的预期现值为：

$$A^{1}_{x+t:\overline{n-t}|}$$

而未来若干年所缴纳保费的预期现值为(假设保单仍有效)：

$$P^{1}_{x:\overline{n}|}\ddot{a}_{x+t:\overline{n-t}|}$$

因此，预期保单价值为：

$$_{t}V^{1}_{x:\overline{n}|}=A^{1}_{x+t:\overline{n-t}|}-P^{1}_{x:\overline{n}|}\ddot{a}_{x+t:\overline{n-t}|} \tag{8.5}$$

注意：这个结果建立在估价基础和定价基础一致的基础上。

保单价值的大小变化是有一定规律的。一般是由较小的保单价值开始缓慢地增长至一定程度，然后慢慢地减少，直至保单期末的0。显然，到了期末，如果保单仍有效，一定是被保险人仍生存，这时没有可支付的保险给付，也没有新的保费收入。

(四) 终身寿险或两全保险的预期保单价值

考虑一份终身寿险，保额为1元，被保险人年龄为 x 岁，每年定额支付保费。该保单在保单有效期内 t 时刻(第 t 年末，其中 t 为整数)的预期保单价值可表示为$_{t}V_{x}$，即$_{t}V_{x}$ 表示 x 岁的人投保的终身寿险在第 t 年的预期保单值，其中保费每年初缴纳。

采用根据与$_{t}V^{1}_{x:\overline{n}|}$的计算公式同样的推导方式，可得$_{t}V_{x}$ 的计算公式。按我们已熟悉的方式，把每单位保额(1 元)所缴的保费记为 P_{x}，于是，

$$P_{x}=\frac{A_{x}}{\ddot{a}_{x}} \tag{8.6}$$

因此，在保单仍有效的情况下，保险给付在第 t 年末的预期现值为：

$$A_{x+t}$$

未来若干年所缴纳保费的预期现值为(假设保单仍有效)：

$$P_{x}\ddot{a}_{x+t}$$

因此，预期保单价值为：

$$_{t}V_{x}=A_{x+t}-P_{x}\ddot{a}_{x+t}$$

可以证明：

$$_{t}V_{x}=1-\frac{\ddot{a}_{x+t}}{\ddot{a}_{x}} \tag{8.7}$$

(证明过程略)

【例 8-3】 对于一份两全保险，假设保险期限为 n 年，保额为1元，被保险人年龄为 x 岁，每年定额支付保费。该保单在保单有效期内 t 时刻(第 t 年末，其中 t 为整数且 $0\leqslant t\leqslant n$)的预期保单价值记为$_{t}V_{x:\overline{n}|}$，试求出$_{t}V_{x:\overline{n}|}$的计算公式。

解：采用根据与$_{t}V_{x}$ 同样的推导方式，可以推导出：

$$_{t}V_{x:\overline{n}|}=A_{x+t:\overline{n-t}|}-P_{x:\overline{n}|}\ddot{a}_{x+t:\overline{n-t}|} \tag{8.8}$$

和

$$_{t}V_{x:\overline{n}|}=1-\frac{\ddot{a}_{x+t:\overline{n-t}|}}{\ddot{a}_{x:\overline{n}|}} \tag{8.9}$$

我们可以证明：

$$ {}_tV_{x:\overline{n}|} = {}_tV^1_{x:\overline{n}|} + {}_tV_{x:\overline{n}|}^{\ \ 1} \tag{8.10} $$

（五）递增风险的准备金

我们以死亡保险为例，研究递增风险的准备金。我们按保单价值的大小提取准备金。假如在整个保单期限内，按均衡标准缴纳保费。由于风险在不断递增，我们需要提存准备金。定期寿险或终身寿险保单下的均衡保费保额意味着不断增加的风险。中年过后，死亡给付的风险大致按指数函数快速增长。比如一份被保险人为 x 岁的终身寿险保单，保额为 S。假定在整个保单期间内收取均衡保费。在第 k 年的预期给付额为 $S \times {}_{k|}q_x$，我们称之为风险的预期成本，随年龄的增加而增长——这是一个不断增加的风险。不计此刻利息的影响，假如我们对这种风险收取均衡保费，我们希望初期保费收入比预期给付额多，后期比预期给付额少。早期保费收入超过风险成本，因此我们提存准备金。当保费收入超过风险成本，准备金在利息和保费余额的双重作用下逐渐增加；后期，风险成本超过保费收入，我们运用准备金补偿风险损失。

【例 8－4】 考虑一份定期寿险保单，其被保险人为 30 岁，保险期限为 30 年，保额为 1 万元，于死亡之年年末支付，在保单有效期内每年初缴纳均衡保费，死亡率按英国 AM92 生命表选择表计算，利率为 4%。试求：

（1）在哪一年风险成本首次开始超过保费收入？

（2）如果保单价值从某年开始下降，是从哪一年开始？

解：

（1）保费为：

$$ 10\,000 \times \frac{A^1_{[30]:\overline{30}|}}{\ddot{a}_{[30]:\overline{30}|}} = 16.01(\text{元}) $$

在 $x+m$ 和 $x+m+1(m>0)$ 岁间的预期风险成本为：

$$ 10\,000 \times {}_{m|}q_{[30]} = 10\,000 \times \frac{d_{[30]+m}}{l_{[30]}} \tag{8.11} $$

当 $d_{[30]+m}$ 首次超过 $0.001601 \times l_{[30]} = 15.89$ 时，公式（8.11）第一次超过保费。此时，$m=17$。

（2）在第 m 年末的保单价值为：

$$ \begin{aligned} 10\,000\ {}_mV^1_{[30]:\overline{30}|} &= 10\,000\left(A^1_{[30]+m:\overline{30-m}|} - 0.001601 \times \ddot{a}_{[30]+m:\overline{30-m}|}\right) \\ &= 10\,000\left(\frac{M_{[30]+m} - M_{60}}{D_{[30]+m}} - 0.001601 \times \ddot{a}_{[30]+m:\overline{30-m}|}\right) \end{aligned} $$

通过反复计算和比较，得（表 8－1）

表 8－1

m:	20,	21,	22,
${}_mV^1_{[30]:\overline{30}|}$:	0.02092,	0.02097,	0.02072,

因此，保单价值在 $m=21$ 时开始下降。容易理解，在预期风险成本超过保费之后不久，保单价值达到最大，这是因为准备金获得的利息收入，在 $m=17$ 时需从准备金中来

提取以弥补保费收入的不足，于是准备金开始减少。

（六）递减风险的准备金

如果在风险递增的整个期限内收取均衡保费，保单价值是正的，因为预期风险成本开始低、后来高。假如承保一个递减的风险，那么就是另外一种情况了——保费收入在一开始可能比预期风险成本低，后来的保费可能高于预期风险成本。于是，我们可能有一个负的保单价值。例如，一个递减的定期寿险即为递减的风险，通常要求在被保险人死亡的情况下给付保险金。死亡的风险是递增的，但是可能没有保额下降那么快，因此风险的预期成本正在下降。

负的保单价值对寿险公司是一个风险，这就是投保人有可能决定未到期就停缴保费，当然他们失去后来的保障或其他权益。但是寿险公司依靠后来的保费收入去填平早期的风险支出，假如收不到那些保费，就会留下一个净支出。怎样避免负的保单价值呢？一种方法是为每一张保单留一个最小为零的准备金，即使保单价值为负。这就是准备金和保单价值的不同之处。这也说明假如投保人停缴保费，寿险公司则已经提前做好了相应的准备。但是这种方法不能把寿险公司从此亏损中挽救出来，更好的方法是在比支付保险给付期限更短的时间里收取更高的保费。例如，在期限为20年的递减保险项下还是采用在20年每年收取保费的方式，就远不如采用在10年内收取更多的保费安全。我们希望早期保费收入超过预期风险成本从而增加正的准备金，这就需要缴纳更高的保费，因此保费缴纳期应适当缩短。在极个别情况下，保费在最初一次缴清。

（七）年金保险的预期准备金

年金保险的预期准备金特别简单，因为年金保险一般为趸缴保费或在年金开始之前的一段时间里定期缴纳保费，一旦年金开始，就不再有保费收入，唯一的未来现金流量就是保险给付的支出。因此，预期保单价值是简单的未来保险给付支出的预期现值。我们必须确定计算保单价值的时间是在某一笔年金给付之前还是之后，一般采取如下的方法：(1)对于年末支付的年金，计算保单价值的时间为支付年金给付以后；(2)对于年初支付的年金，计算保单价值的时间为支付年金给付之前。

【例8-5】 计算下列年金保险单在第 t 年末的保单价值：

(1)年龄为 x 岁的被保险人未来每年年末支付的生命年金；

(2)年龄为 x 岁的被保险人未来每年年初支付的生命年金；

(3)年龄为 x 岁的被保险人在 n 年内每月月初支付的定期年金。

解： 在此，我们只给出结果，略去计算过程，请读者考虑为什么有如此的结果：

(1) a_{x+t}；

(2) $\ddot{a}_{x+t}$；

(3) $\ddot{a}^{(12)}_{x+t:\overline{n-t}|}$。

（八）其他保单的预期保单价值

不是所有的生命保单均有一个专门符号来表示它们的保单价值。我们注意到年金保险

没有，连续的和递增的保险也没有。通常，我们用来表示在第 t 年末的预期保单价值的符号为${}_tV(\cdot)$的形式。例如，符号${}_tV((I\ddot{a})_{x:\overline{n|}})$表示 n 年期的期初支付的递增年金在第 t 年末的预期保单价值等。

可以证明等式：

$$(1)\ {}_tV(\bar{A}_x)=\bar{A}_{x+t}-\frac{\bar{A}_x}{\ddot{a}_x}\ddot{a}_{x+t} \tag{8.12}$$

$$(2)\ {}_tV((IA)^{1}_{x:\overline{n|}})=t\cdot A^{1}_{x+t:\overline{n-t|}}+(IA)^{1}_{x+t:\overline{n-t|}}-\frac{(IA)^{1}_{x:\overline{n|}}}{\ddot{a}_{x:\overline{n|}}}\ddot{a}_{x+t:\overline{n-t|}} \tag{8.13}$$

$$(3)\ {}_tV^{(12)}_{x:\overline{n|}}=A_{x+t:\overline{n-t|}}-\frac{A_{x:\overline{n|}}}{\ddot{a}^{(12)}_{x:\overline{n|}}}\ddot{a}^{(12)}_{x+t:\overline{n-t|}} \tag{8.14}$$

上述三式，读者可以作为练习，仿照公式(8.5)推导过程自行证明。

第二节　不计费用的追溯保单价值

一、追溯保单价值

第二种保单价值是追溯保单价值。预期保单价值向未来看，决定寿险部门为了承担将来的义务所必须持有的资金。追溯保单价值向过去追溯，是计算已缴保费的终值减去已支付的利益的终值。

1. 追溯保单价值的概念。**追溯保单价值是在寿险保单期间中 t 时刻已收到的保费终值减去已支付的给付和费用的终值**。这是一份有效保单在估价日的保单价值。

2. 追溯保单价值的计算基础。我们将采用和第一节中同样的假设：(1)我们假设保单价值的计算基础与保费定价的计算基础是一致的；(2)忽略费用；(3)除非特别说明，我们假定死亡率按“中国人寿保险业经验生命表(2000—2003)”CL1 计算，年利率为 5%。

【例 8-6】 对于一个年龄为 x 岁的被保险人，证明一份保额为 1 元的、每年初缴纳保费的终身死亡保险保单，在 t 时刻($0\leqslant t\leqslant n$)的追溯保单价值为：

$$\frac{A_x}{\ddot{a}_x}\times\frac{N_x-N_{x+t}}{D_{x+t}}-\frac{M_x-M_{x+t}}{D_{x+t}} \tag{8.15}$$

证明：应缴纳保费为$\frac{A_x}{\ddot{a}_x}$。因此，在 t 时刻，保费的终值为：

$$\frac{A_x}{\ddot{a}_x}\times\ddot{S}_{x:\overline{t|}}=\frac{A_x}{\ddot{a}_x}\times\frac{N_x-N_{x+t}}{D_{x+t}}$$

1 元的保额在死亡之年年末给付，其终值为：

$$\frac{M_x-M_{x+t}}{D_{x+t}}$$

因此，保费收入的终值减去已发生给付的终值为：

$$\frac{A_x}{\ddot{a}_x}\times\frac{N_x-N_{x+t}}{D_{x+t}}-\frac{M_x-M_{x+t}}{D_{x+t}}$$

类似地，我们可以推导出：

(1)对于一个年龄为 x 岁的被保险人，一份保额为1元，每年初缴纳保费，期限为 n 年的定期两全保险有效保单在 t 时刻$(0\leqslant t\leqslant n)$的追溯保单价值为：

$$\frac{A_{x:\overline{n|}}}{\ddot{a}_{x:\overline{n|}}}\times\frac{N_x-N_{x+t}}{D_{x+t}}-\frac{M_x-M_{x+t}}{D_{x+t}}$$

(2)对于一个年龄为 x 岁的被保险人，一份趸缴保费、每年末支付的年金保险保单在 t 时刻$(0\leqslant t\leqslant n)$的追溯保单价值为：

$$\frac{N_{x+1}}{D_{x+t}}-\frac{N_{x+1}-N_{x+t+1}}{D_{x+t}}=a_{x+t} \tag{8.16}$$

注意：我们并没有为追溯保单价值专门定义任何符号，它们没有标准的符号。我们仅仅用"V"表示预期保单价值。

二、预期保单价值与追溯保单价值的等价性

我们以年金保险、终身寿险、定期寿险和两全保险为例，探讨预期保险价值与追溯保单价值的等价性。

(一) 年金保险

公式(8.16)隐含着一个重要结论。回忆一下例8-5，每年末支付1元的终身生命年金在 t 时刻的保单价值为 a_{x+t}，因此，在本节的假设条件下，预期保单价值和追溯保单价值是相等的。除了年金保险保单之外，这结论对于普通寿险保单同样适用。

注意："在本节的假设条件下"是重要的。追溯保单价值并不总是与预期保单价值相等，仅在符合下列条件时才相等：(1)追溯保单价值的计算基础和预期保单价值的计算基础是一样的；(2)保单估价与保费定价的计算基础也一样。

(二) 终身寿险

假设一份终身寿险的保额为1元，保费从 x 岁开始于每年初缴纳。如果保费定价和计算保单价值采用一样的计算基础，则在 t 时刻的预期保单价值为：

$$\begin{aligned}{}_tV_x&=A_{x+t}-P_x\ddot{a}_{x+t}\\&=\frac{M_{x+t}}{D_{x+t}}-P_x\times\frac{N_{x+t}}{D_{x+t}}\\&=P_x\times\left(\frac{N_x-N_{x+t}}{D_{x+t}}-\frac{N_x}{D_{x+t}}\right)-\left(\frac{M_x-M_{x+t}}{D_{x+t}}-\frac{M_x}{D_{x+t}}\right)\end{aligned}$$

因为，

$$P_x=\frac{M_x}{N_x}$$

所以，

$$\text{上式} = P_x \times \frac{N_x - N_{x+t}}{D_{x+t}} - \frac{M_x - M_{x+t}}{D_{x+t}} \tag{8.17}$$

即在 t 时刻的追溯保单价值；也就是说，如果保费定价和计算保单价值采用一样的计算基础，则在 t 时刻的追溯保单价值等于在 t 时刻的预期保单价值。

（三）定期寿险

假设一份定期的寿险保单，期限为 n 年，保额为 1 元，保费从 x 岁开始于每年初缴纳。如果保费定价和计算保单价值采用一样的计算基础，则在 t 时刻（$0 \leqslant t \leqslant n$）的预期保单价值为：

$$\begin{aligned}
{}_tV^1_{x:\overline{n|}} &= A^1_{x+t:\overline{n-t|}} - P^1_{x:\overline{n|}}\,\ddot{a}_{x+t:\overline{n-t|}} \\
&= \frac{M_{x+t} - M_{x+n}}{D_{x+t}} - P^1_{x:\overline{n|}}\left(\frac{N_{x+t} - N_{x+n}}{D_{x+t}}\right) \\
&= \left(\frac{M_{x+t} - M_{x+n}}{D_{x+t}} + \frac{M_x - M_x}{D_{x+t}}\right) - P^1_{x:\overline{n|}}\left(\frac{N_{x+t} - N_{x+n}}{D_{x+t}} - \frac{N_x - N_x}{D_{x+t}}\right) \\
&= P^1_{x:\overline{n|}} \times \frac{N_x - N_{x+t}}{D_{x+t}} - \frac{M_x - M_{x+t}}{D_{x+t}} + \left(\frac{M_x - M_{x+n}}{D_{x+t}} - P^1_{x:\overline{n|}} \times \frac{N_x - N_{x+n}}{D_{x+t}}\right)
\end{aligned}$$

而

$$P^1_{x:\overline{n|}} = \frac{M_x - M_{x+n}}{N_x - N_{x+n}}$$

所以，

$$\text{上式} = P^1_{x:\overline{n|}} \times \left(\frac{N_x - N_{x+t}}{D_{x+t}}\right) - \left(\frac{M_x - M_{x+t}}{D_{x+t}}\right) \tag{8.18}$$

即在 t 时刻的追溯保单价值。

（四）两全保险

假设一份定期 n 年的两全保险保单，保额为 1 元，保费从 x 岁开始于每年初缴纳。如果保费定价和计算保单价值采用一样的计算基础，则在 t 时刻的预期保单价值为：

$$\begin{aligned}
{}_tV_{x:\overline{n|}} &= A_{x+t:\overline{n-t|}} - P_{x:\overline{n|}} \times \ddot{a}_{x+t:\overline{n-t|}} \\
&= \frac{M_{x+t} - M_{x+n} + D_{x+n}}{D_{x+t}} - P_{x:\overline{n|}}\left(\frac{N_{x+t} - N_{x+n}}{D_{x+t}}\right) \\
&= \left(\frac{M_{x+t} - M_{x+n} + D_{x+n}}{D_{x+t}} + \frac{M_x - M_x}{D_{x+t}}\right) - P_{x:\overline{n|}}\left(\frac{N_{x+t} - N_{x+n}}{D_{x+t}} - \frac{N_x - N_x}{D_{x+t}}\right) \\
&= P_{x:\overline{n|}} \times \left(\frac{N_x - N_{x+t}}{D_{x+t}}\right) - \left(\frac{M_x - M_{x+t}}{D_{x+t}}\right) + \left(\frac{M_x - M_{x+n} + D_{x+n}}{D_{x+t}} - P_{x:\overline{n|}} \times \frac{N_x - N_{x+n}}{D_{x+t}}\right)
\end{aligned}$$

而

$$P_{x:\overline{n|}} = \frac{M_x - M_{x+n} + D_{x+n}}{N_x - N_{x+n}}$$

所以，

$$上式 = P_{x:\overline{n|}} \times \left(\frac{N_x - N_{x+t}}{D_{x+t}}\right) - \left(\frac{M_x - M_{x+t}}{D_{x+t}}\right) \tag{8.19}$$

即在 t 时刻的追溯保单价值。

第三节　考虑了费用的保单价值

一、保费保单价值的有关因素

前面探讨保单价值的过程中我们作了以下两个重要的假设：(1)计算预期保单价值和追溯保单价值，采用与保费定价相同的计算基础；(2)计算中我们忽略了费用。我们现在抛开这些假设，来探讨在采用不同于保费定价的计算基础并考虑到费用情况下，保单价值的大小。我们把符合下列两个假设条件的预期保单价值称为毛保费保单价值：(1)保费定价的计算基础和保单价值的计算基础不要求是相同的；(2)考虑未来将发生的费用。

毛保费保单价值的有关因素有：毛保费保单价值以预期保单价值的定义为基础，定义为：

未来支出的预期现值 - 未来收入的预期现值

或表示为：未来净支出的预期现值。

在此，我们必须注意以下两点：(1)未来的支出不仅包括给付，而且包括发生的费用。(2)保费定价的计算基础与保单估价的计算基础并不一致。在实务中，我们知道保费的支付是根据保单记录来的，而这将用于计算未来收入的预期现值。我们经常按保费定价的计算基础来计算毛保费，然后按保单估价的计算基础来计算毛保费保单价值。

毛保费保单价值的本质涵义，是指在计算保单价值时要采用恰当的计算基础，最初保单定价时的计算基础可能已经不适用了，而此时按新的计算基础来考虑未来的预期支出和预期收入之差，即未来的预期净支出。

二、计算毛保费保单价值举例

我们以定期寿险为例，处理一个保费定价的计算基础和有效保单估价的计算基础不相同的问题。

【例 8-7】　某寿险公司计算毛保费保单价值的计算基础如下：死亡率按“中国人寿保险业经验生命表(2000—2003)”CL1；年利率为5%；初始费用为第一次保费的20%加100元；续保费用为第二次缴费起，为每次保费5%加20元。

一个30岁的人买了一份保险期限为30年、保额为10万元的定期寿险保单，保费每年初支付，在死亡之年年末得到保险金。假定经过计算，寿险公司为他设计的是每年初缴纳300元的保费。试计算在第11次保费支付之前该保单的价值。

解：考虑第11次保费支付以前的保单价值。因为保费是年初支付，所以，实际上是在10年末的保单价值。第10年末，这个被保险人已经40岁了，于是保险给付的预期现值为：

$$100\ 000 \times A_{40:\overline{20|}}^{1} = 100\ 000 \times \frac{M_{40} - M_{60}}{D_{40}} = 4\ 126.74$$

保费收入的预期现值为：

$$300 \times \ddot{a}_{40:\overline{20|}} = 3\ 843.49$$

续保费用的预期现值为：

$$(20 + 0.05 \times 300) \times \ddot{a}_{40:\overline{20|}} = 448.41$$

因此，保单价值为：

$$4\ 126.74 + 448.41 - 3\ 843.49 = 731.66(\text{元})$$

注意：在计算保单价值时，我们不需要考虑初始费用。这是因为我们仅仅考虑未来的收入和支出因素，而在10年末的时刻来说，初始费用存在于过去(这里的初始费用的影响，在保费定价时已体现了)。

类似地，我们当然也能够计算出其他险种的毛保费保单价值，如生存保险、年金保险等。我们还可以计算更复杂一点的情况，例如受通货膨胀影响而费用增长的情况等。

第四节　分红保单的保单价值

一、分红保单的估价

分红保单的估价与不带红利的保单的估价所遵循的原则是一样的，但还涉及一些与红利有关的问题。例如，(1)这些红利已加到了过去的保险给付(即可领取的保险金)中；(2)可能在将来加到可领取的保险金(即保险给付)中。

保单价值的计算必须把以上这两种情况均考虑在内。在估价日，我们必须知道有多少红利已经加到保险给付中了。这不是一种假设，而是一个已知的事实。考虑情况(1)下的保单价值没有问题，估价时只要把保险金额加上已经加入的红利即可；但另一方面，考虑情况(2)，我们不能确定将来会有多少红利可加入到保险给付中去，这就得靠假定了，正如我们一开始计算保单的价格一样。因此，估值的基础中必须加上一个新的因素——将在可能实现的加到保险给付中的红利的(各种)比率(利率)。在这一节里，我们将举例说明分红保单的保单价值的估算。

我们先作以下两点说明：

第一，虽然分红保险在很多地方很普遍，出于篇幅的考虑，我们只讨论两全保险和终身寿险，并且我们只讨论毛保费保单价值。

第二，我们假设分红的影响仅涉及保险给付，不影响保费和其他费用的计算，我们仍按趸缴保费和原有的费用假设进行。但是，我们假设只要一付保费，即开始产生红利，例如，如果年初支付的每年的保费，则该年的红利于年初就加到保险给付中去。

二、按单利计算的将来可得到红利的保单价值

在按单利计算的未来红利的情况下，保险金(保险给付)随时间的推移，按最初保险

金的某个百分比而增长的。例如，假设保险金额为 1 000 元，每年可得 5% 的按单利计算的未来红利，那么，

$$t\text{年后可得的保险给付} = 1\ 000(1 + 0.05 \times t)$$

也就是说，按保险金额的 5% 计算的红利将在每年加入到保险给付中。按单利计算的利率不变的红利加入到保险给付中是一种递增的保险给付，这与我们在第六章里所研究的相似。

【例 8-8】 20 年前，一家寿险公司向一个年龄为 50 岁的人出售了一份分红终身寿险保单。保险金额是 1 万元，于死亡之年年末支付；保费 325 元于每年年初支付。红利于每年年初开始自然增长，并按单利计算。在第 20 年保费已付的那天，应附加的红利为 8 000元。该寿险按以下依据计算保单价值：生命表为“中国人寿保险业经验生命表(2000—2003)”CL1；年利息率为 5%；红利(附加)为每年 2.5%(单利)；费用为无。

计算在第 21 次保费支付之前的毛保费保单价值。

解： 在第 21 次保费支付之前，我们考虑未来的死亡给付。显然，其值为 10 000 + 8 000与按 10 000 的 2.5% 的单利逐年递增的红利之和。

因此，死亡给付的预期现值为：

$$18\ 000 \times A_{70} + 250 \times (IA)_{70} = 11\ 492.36(\text{元})$$

未来保费收入的预期现值为：

$$325 \times \ddot{a}_{70} = 3\ 045.07(\text{元})$$

于是，保单价值为：

$$11\ 492.36 - 3\ 045.07 = 8\ 447.29(\text{元})$$

三、按复利计算的将来可享有红利的保单价值

随着发展，按单利计算的分红保险逐渐减少，更多的是按复利计算的红利。在按复利计算未来红利的情况下，红利是随时间的推移，按保险金额，以一定比率按复利增长的。例如，假设保险金额为 1 000 元，每年应计未来红利为 3%。那么 20 年后按复利计算的应付保险给付为：

$$1\ 000 \times 1.03^{20} = 1\ 806.11$$

按复利计算未来红利的保险给付计算方法相当于按一个较低的利率计算保险给付。举例来说，有一个保险金额为 S 的终身寿险保单，在估价日，已加入的红利为 B，被保险人的年龄为 y，假设寿险公司计算保单价值所假设的利率为 i，未来每年红利的百分比为 b(按复利计算)。如果(死亡)保险给付于被保险人死亡的当年末支付，那么这笔保险给付在估价日的预期现值为：

$$(S+B)\{(1+b)vq_x + (1+b)^2v^2\ {}_{1|}q_x + (1+b)^3v^3\ {}_{2|}q_x + \cdots\} = (S+B)A_y^j$$

其中，

$$1 + j = \frac{1+i}{1+b}$$

如果死亡保险金的给付改为在被保险人死亡时立即支付，那么，死亡保险给付的预期现值约为：

$$(S+B)(1+i)^{1/2}A_y^j$$

同样，

$$1+j=\frac{1+i}{1+b}$$

注意：这里死亡保险金的预期现值并不是$(S+B)\bar{A}_y^j$。请注意下面的例子，死亡保险金的预期现值在近似计算中(当 b 较小时)是等于$(S+B)\bar{A}_y^j$的。

【例 8－9】 按月支付保费的分红保单通常在收到每月的保费时，按比例将红利增加到保单中去，也就是说，当收到第一笔保费时，一年红利的 1/12 被加到保单中；收到第二笔保费时，又一个数额为一年红利 1/12 红利被加到保单中，这样到每年末，一整年的红利都被加到保单中去了。证明在这种情况下，终身寿险的死亡保险金的预期现值约为$(S+B)\bar{A}_y^j$，假设死亡保险金在被保险人死亡时立即支付。

解：我们按平均情况假设死亡发生在死亡之年的中点，即已支付了 6 个月的保费。则死亡给付的预期现值为：

$$(S+B)\left\{\left(1+\frac{b}{2}\right)v^{0.5}q_x+(1+b)\left(1+\frac{b}{2}\right)v^{1.5}{}_{1|}q_x+(1+b)^2\left(1+\frac{b}{2}\right)v^{2.5}{}_{2|}q_x+\cdots\right\}$$

因为 b 通常很小，所以，

$$\left(1+\frac{b}{2}\right)\approx(1+b)^{1/2}$$

所以有：

$$(S+B)\frac{(1+i)^{1/2}}{(1+b)^{1/2}}A_y^j=(S+B)\bar{A}_y^j$$

【例 8－10】 15 年前，一家寿险公司向一位年龄为 40 岁的人出售了一份带红利的终身寿险保单。保险金额为 2 万元，于被保险人死亡之年年末支付；保费于每年初支付，为 350 元。按复利计算，未来红利在每年初开始计入。在前 15 年的保费付清后，累计的红利总额 1.3 万元。假设寿险公司按以下计算基础计算保单价值：

生命表为“中国人寿保险业经验生命表(2000—2003)”CL1；年利率为 5%；未来红利为每年 1.942%(复利)；费用为无。

计算第 16 笔保费支付前的按毛保费保单价值。

解：

$$1+j=\frac{1+i}{1+b}=\frac{1.05}{1.01942}=1.03$$

给付的预期现值为：

$$(S+B)A_{55}^j=33\ 000\times A_{55}^{3\%}=16\ 431.20(元)$$

未来保费收入的预期现值为：

$$350\times\ddot{a}_{55}^{5\%}=4\ 915.63(元)$$

所以，保单价值为：

$$16\ 431.20-4\ 915.63=11\ 515.57(元)$$

对于按复利计算未来红利的分红保单，在计算毛保费保单价值时，要注意一个问题，保险给付是按一个较低的利率计算的，即

$$j=\frac{1+i}{1+b}-1$$

但保费不是按该利率计算的，它们是按利率 i 计算的。最保险的办法就是先认真地重新建立一个计算预期现值的表达式，而不要一开始就用 A 和 $\ddot{a}$ 的函数。

【例 8－11】 10 年前，一家寿险公司向一个年龄为 40 岁的人出售了一份带红利的两全保单。保险期限为 20 年，保险金额为 5 000 元，于死亡时立即支付或生存到期满时支付。保费于每年初支付 350 元，按复利计算的未来红利在每年初开始计入，在第 10 笔保费已付后的红利总额为 2 400 元。假设该寿险公司按以下计算基础计算保单价值：生命表按"中国人寿保险业经验生命表(2000—2003)" CL1；年利率为 5%；未来红利为每年 1.942%(复利)；费用为无。

计算在第 11 笔保费支付前的毛保费保单价值。

解：由 $j=\frac{1+i}{1+b}-1$ 得 $j=1.03$，死亡给付的预期现值为：

$$(S+B)\times(1+i)^{1/2}A_{50:\overline{10|}}^{1}=7\ 400\times1.05^{1/2}\times A_{50:\overline{10|}}^{1@3\%}=331.53$$

生存给付的预期现值为：

$$7\ 400\times(1+b)^{10}v^{10}\times{}_{10}p_{50}=6\ 324.63$$

未来保费收入的预期现值为：

$$350\times\ddot{a}_{50:\overline{10|}}^{5\%}=2\ 787.08$$

所以，毛保费保单价值为：

$$331.53+6\ 324.63-2\ 787.08=3\ 869.08$$

【例 8－12】 10 年前，一家寿险公司向一个年龄为 40 岁的人出售了一份分红两全保险保单，保险期限为 25 年，保险金额是 8 000 元，于该人死亡时立即支付或生存到期满时支付。每月保费为 25 元，于月初支付。从每月初开始，按复利计算的未来一年红利的 1/12始计入。在前 10 年保费已付之后，已计入的红利总额为 3 000 元。该寿险公司按以下计算基础计算保单价值：生命表按"中国人寿保险业经验生命表(2000—2003)" CL1；年利率为 5%；未来红利为每年 1.942%(复利)；费用为无。

计算在第 121 笔月保费支付前的毛保费保单价值。

解：死亡给付的预期现值为：

$$(S+B)\times\bar{A}_{50:\overline{15|}}^{1}\approx11\ 000\times0.12271=902.46$$

生存给付的预期现值为：

$$11\ 000\times(1+b)^{15}v^{15}\times{}_{15}p_{50}=6\ 304.27$$

未来保费收入的预期现值为：

$$12\times25\times\ddot{a}_{50:\overline{15|}}^{(12)@5\%}=3\ 088.21$$

所以，毛保费保单价值为：

$$902.46+6\ 304.27-3\ 088.21=4\ 118.52$$

第五节　纯保费保单价值

一、纯保费保单价值的概念

我们先看看关于纯保费保单价值的主要思想。

当我们计算保险费率时，我们试图对将来的利息水平、红利、死亡率和费用作出合理的推测，然后算出合适的保费。现在假设我们已经计算出一个保险费率，出售了一张保单，若干年后，我们必须对这一份保单进行估价。在某些情况下，最明显的方法就是计算毛保费保单价值。我们知道将来每笔保费的数额。我们必须预测将来的利率、红利、死亡率和费用，即计算基础。通过这些计算基础来计算保单价值，然后建立合理的准备金。

毛保费保险价值考虑的是将来的每一笔保费的整体(即每笔保费的总额)，这是它的显著特征之一；也就是说，我们用寿险公司可能从投保人那里收到的所有保费的预期现值来计算。

纯保费保险价值的计算方法采取另一种稍微不同的方法，即我们只考虑将来每笔保费的一部分；也就是说，我们计算的预期保费比投保人实际缴纳的要少。

保费是按保单出售时我们对将来的预测来收取的。保单也许是在一段时间以前出售的。这些假定与我们现在进行的估价有什么样的相关关系？例如，我们可能认为 10 年前用 5% 的利率是合适的，我们也许认为 7% 会是一个更好的利率。当然，我们现在不会愿意用 7% 的利率来计算保费，如果我们在保单签发时用 7% 的利率来计算保费，我们会得到一个不同的保费。因为投保人支付的保费必须足以支付将给他的保险给付。如果我们认为按 7% 的利率计算保费是充分的，那么表明投保人至少必须支付按此计算出的保费。实际上，我们用 5% 的利率算出的保费要大一些。

纯保费保险价值的计算方法如下：我们选定一个计算保单价值的计算基础，这些计算基础包括对利率和死亡率的假定。用这些假定，不考虑费用，计算支付相应保险给付所应收的保费，我们称之为纯保费。用此纯保费进行计算并忽略费用的预期保单价值，称为纯保费保单价值。

【例 8－13】 不带红利的终身寿险保单保险金额为 1 元，被保险人年龄为 50 岁。死亡给付于(被保险人)死亡之年年末支付。假设死亡率按照“中国人寿保险业经验生命表(2000—2003)” CL1 计算，年利率为 5%。计算在以下各时刻的纯保费保单价值：

(1)10(年)；

(2)20(年)；

(3)30(年)。

解：第一步是计算纯保费。

$$P_{50}=\frac{A_{50}}{\ddot{a}_{50}}=0.0177806$$

所以，所求的保单价值为：

(1) $A_{60} - 0.0177806 \times \ddot{a}_{60} = 0.176278164$

(2) $A_{70} - 0.0177806 \times \ddot{a}_{70} = 0.387241246$

(3) $A_{80} - 0.0177806 \times \ddot{a}_{80} = 0.599655395$

二、纯保费保单价值的计算

【例 8-14】　一个寿险公司出售不带红利的两全保险保单。该公司以"中国人寿保险业经验生命表(2000—2003)"CL1 为依据。按照年利率为 3% 和 5% 两种情况，计算：

$${}_{5}V_{30:\overline{25|}};\ {}_{10}V_{30:\overline{25|}};\ {}_{15}V_{30:\overline{25|}};\ {}_{20}V_{30:\overline{25|}}。$$

解：根据

$${}_{t}V_{x:\overline{n|}} = 1 - \frac{\ddot{a}_{x+t:\overline{n-t|}}}{\ddot{a}_{x:\overline{n|}}}$$

计算得表 8-2。

表 8-2

保单价值	利率为 3%	利率为 5%
${}_{5}V_{30:\overline{25|}}$	0. 145712989	0. 11624543
${}_{10}V_{30:\overline{25|}}$	0. 313957869	0. 263678477
${}_{15}V_{30:\overline{25|}}$	0. 50853044	0. 45106691
${}_{20}V_{30:\overline{25|}}$	0. 734753772	0. 690717782

【例 8-15】　一个寿险公司出售不带红利的定期寿险保单。该公司以"中国人寿保险业经验生命表(2000—2003)"CL2 为依据。按照年利率为 3% 和 5% 两种情况，计算：

$${}_{5}V^{1}_{30:\overline{25|}};\ {}_{10}V^{1}_{30:\overline{25|}};\ {}_{15}V^{1}_{30:\overline{25|}};\ {}_{20}V^{1}_{30:\overline{25|}}。$$

解：根据

$${}_{t}V^{1}_{x:\overline{n|}} = A^{1}_{x+t:\overline{n-t|}} - P^{1}_{x:\overline{n|}} \times \ddot{a}_{x+t:\overline{n-t|}}$$

计算得表 8-3。

表 8-3

保单价值	利率为 3%	利率为 5%
$P^{1}_{x:\overline{n|}}$	0. 000997	0. 000903
${}_{5}V^{1}_{30:\overline{25|}}$	0. 002993835	0. 002692089
${}_{10}V^{1}_{30:\overline{25|}}$	0. 005481871	0. 005102871
${}_{15}V^{1}_{30:\overline{25|}}$	0. 0067356	0. 006486384
${}_{20}V^{1}_{30:\overline{25|}}$	0. 005850639	0. 005831538

【例 8-16】　某寿险公司为 60 岁的被保险人承保期限为 5 年的不带红利的两全保险(承保的第 1 年被保险人为 60 岁)，保险金额为 1 000 元，死亡保险给付于被保险人死亡之年年末支付，保费于每年初支付。该公司在 1 月 1 日出售 1 000 份这样的保单，在每年的 1 000 个新成员中，在随后的每一年内各有 10 个人死亡，有 950 个被保险人生存到

期满。

该公司计算这些保单是用纯保费保单价值，假定死亡率按“中国人寿保险业经验生命表(2000—2003)”CL2 计算，年利率为 5%。在每年的 12 月 31 日该公司对这些业务应提存的准备金是多少?

解：计算得表 8－4。

表 8－4

已生效年数	保单价值	有效保单数额	应提存的准备金
1	179. 11	990	177 318. 90
2	367. 81	980	360 453. 80
3	566. 91	970	549 902. 70
4	777. 30	960	746 208. 00
5	1 000. 00	950	950 000. 00

三、保单价值间的关系

（一）在相连年份的纯保费保单价值之间的递推关系

我们现在开始探讨在相连的年份里有效保单的纯保费保单价值之间的重要关系。我们的出发点是估价计算基础。我们假定这一部分中全用相同的利率和生命表，如果估价计算基础发生变化，这里的结果就不成立了。

某不带红利的终身寿险保单，保险金额为 1 元，在死亡之年年末支付，保费每年初缴纳，则

$$({}_tV_x+P_x)\times(1+i)=q_{x+t}+p_{x+t}\times{}_{t+1}V_x$$

其中，利率 i 和死亡概率 q_{x+t} 及 p_{x+t} 是在估价计算基础上计算的。显然，这个公式所说的是：对于某有效保单，年初的准备金 ${}_tV_x$ 加上在年初缴纳的纯保费 P_x；到年底的终值为 $({}_tV_x+P_x)\times(1+i)$，这一终值用于支付死亡给付和为生存者提存准备金。

对于死亡者，将于年末支付数额为 1 元的死亡给付，因死亡率为 q_{x+t}，所以预期给付为 q_{x+t}，对于生存者，我们需要在年底提存数额为 ${}_{t+1}V_x$ 的准备金，而生存概率为 p_{x+t}，所以，应提存准备金的预期金额为：

$$p_{x+t}\times{}_{t+1}V_x$$

现在我们证明这个结论，从等式的左边开始，式中各项均按估价计算基础进行计算。

左边 $({}_tV_x+P_x)\times(1+i)=(A_{x+t}-P_x\ddot{a}_{x+t}+P_x)\times(1+i)$

而

$$A_{x+t}=vq_{x+t}+vp_{x+t}A_{x+t+1}$$

且

$$P_x-P_x\ddot{a}_{x+t}=P_x(1-\ddot{a}_{x+t})=-P_xa_{x+t}=-P_x\times v\times p_{x+t}\times\ddot{a}_{x+t+1}$$

所以，

$$\begin{aligned}({}_tV_x+P_x)\times(1+i)&=q_{x+t}+p_{x+t}\times A_{x+t+1}-P_x\times p_{x+t}\times\ddot{a}_{x+t+1}\\&=q_{x+t}+p_{x+t}\times{}_{t+1}V_x\end{aligned}\tag{8.20}$$

这个证明很简单，但证明过程中所包含的思想是我们本书中最重要的思想之一。

类似地，我们还可以推导出其他保险的纯保费保单价值之间的递推关系。

例如，对于两全保险，如果 n 和 t 是整数，且 $t<n$，则

$$({}_tV_{x:\overline{n|}}+P_{x:\overline{n|}})\times(1+i)=q_{x+t}+p_{x+t}\times{}_{t+1}V_{x:\overline{n|}} \tag{8.21}$$

如果该两全保险的死亡给付为死亡时立即支付，则可根据更早支付死亡给付所产生的利息影响对上式进行调整，请读者考虑应做何调整。

（二）在相连年份里毛保费保单价值之间的递推关系

前面探讨了在相连年份里净保费保单价值之间的递推关系。同样的递推关系也适用于在相连年份里毛保费保单价值之间，我们略去这个证明过程。需要注意的是：

第一，如果保费定价计算基础与估价的计算基础不同，那么保单价值在 0 时通常并不为零。如果我们要从时间 0 开始建立保单价值递推公式，我们必须先计算在 0 也许为正也许为负的保单价值。

第二，毛保费保单价值考虑到费用。这种递推关系说明对于一份在 t 时刻有效的保单，年初的收入和这些收入所带来的利息的和与年底的预期支出相等。现在我们看一下毛保费保单价值。在假定所有的费用发生在保单年度①年初的情况下，年初的收入为：

在 t 时刻的准备金${}_tV$ + 在年初缴纳的保费 - 年初发生的费用

至年末，发生的支出为以下两项之和：

（1）如果被保险人在该年内死亡，则须支付的死亡保险金（包括理赔费用）；

（2）如果被保险人生存至年末，则应在年末提存的准备金（包括年末支付的生存给付金）。

我们把毛保费保单价值或毛保费保单准备金之间的递推关系描述如下：

对于任何签发给一个 x 岁的人的保单，令${}_tV$ 表示在 t 时刻的毛保费保单准备金；令 $P_{x,t}$ 表示在第（$t+1$）个保单年度年初时缴纳的保费，即 $P_{x,0}$ 是 0 时刻应缴纳的保费，$P_{x,1}$ 是 1 时刻缴纳的保费等（保费不必相等）；令 E_t 表示在第（$t+1$）个保单年度年初发生的费用；令 S_t 表示如果被保险人在第（$t+1$）个保单年度内死亡所支付的保险金额加上相应的费用——我们假定保险给付是死亡之年年末支付，按照毛保费估价基础，考虑理赔费用。于是，相连年份毛保费保单价值之间的递推关系为：

$$({}_tV+P_{x,t}-E_t)\times(1+i)=S_t\times q_{x+t}+p_{x+t}\times{}_{t+1}V \tag{8.22}$$

其中，保费、费用、利率和死亡率都像计算${}_tV$ 和${}_{t+1}V$ 时的假设一样，如果死亡给付是在年末支付的话，那么我们假定它包括在${}_{t+1}V$ 中。

【例 8-17】 一个寿险公司向一个 60 岁的人出售了一份期限为 5 年，保险金额为 1 万元，年缴保费 80 元的定期寿险。死亡给付在死亡之年年末支付，按中国人寿保险业经验生命表（2000—2003）CL2 的死亡率和 5% 的利率计算，初始费用为保费的 5% 加上 20 元，续期缴纳保费时发生的费用为保费的 5% 加上 5 元。试求在 0，1，2，3，4 和 5 年这六个时刻的毛保费保单价值是多少？

---

① 保单年度即指自保单生效日开始的年度。

解：在 0 时刻，保单价值为：

$$ {}_0V=10\ 000A^{1}_{60:\overline{5}|}+15-(0.95\times80-5)\times\ddot{a}_{60:\overline{5}|}=5.51 $$

所以，

$$ {}_1V=\frac{1}{p_{60}}[({}_0V+80-0.05\times80-20)\times1.05-10\ 000q_{60}] $$

$$ {}_2V=\frac{1}{p_{61}}[({}_1V+80-0.05\times80-5)\times1.05-10\ 000q_{61}] $$

类似地，可求出${}_3V$，${}_4V$和${}_5V$，见表 8－5。

表 8－5

时刻	毛保费保单价值
0	5.51
1	6.95
2	17.31
3	20.52
4	15.28
5	0

（三）年金保险保单价值间的递推关系

通常，一旦年金开始支付时，寿险公司就没有了未来的保费收入，年金保险保单的相连年份的保单价值之间的关系是简单的。如果没有对于死亡的额外支付，那么在不计费用的情况下，单位年金的保单价值递推关系为：

$$ (1+i)a_{x+t}=0\times q_{x+t}+p_{x+t}(1+a_{x+t+1}) \tag{8.23} $$

这相当于我们过去曾探讨过的

$$ a_{x+t}=v\times p_{x+t}\times\ddot{a}_{x+t+1} \tag{8.24} $$

第六节　死　差　益

一、利润与亏损

本节我们将探讨有关保单价值间关系的一种应用。这种应用可以计算出寿险保单的“利润”。寿险公司有关利润的观点是以相连年份的保单价值之间的关系而确定的。就年终身寿险保单的保单价值关系来说，有：

$$ ({}_tV_x+P_x)\times(1+i)=q_{x+t}+p_{x+t}\times{}_{t+1}V_x $$

这就是说，如果未来的实际情况与假定的计算基础相同，那在作为第 $t+1$ 年初的 t 时刻的准备金正好足以支付保险给付与当年末所必须提存的准备金数额。但是，如果未来的实际情况与假定的计算基础不同，会怎么样呢？在支付了保险给付并提存了当年末所必须的准备金后，将可能出现盈余或亏损两种情况，这种盈余或亏损就被称为当年的利润值（亏损时为负利润）。

利润可以来自以下几方面：

1. 如果在初始估算保单价值时，寿险公司假设其资产将每年获利 5%，即利率为 5%，而事实上后来获取了 10% 的利率，这超额部分的利率将带来一笔利润，我们不妨称之为利息收益。

2. 如果在初始估算费用时，估算每年费用为 20 元，结果实际花了 25 元，那么就产生了一笔额外的费用，不妨称之为费用亏损。

3. 如果在初始定价时估算保费为 100 元（纯保费），而后来投保人所缴纳的毛保费为 120 元，这也是产生利润的一个途径。

4. 如果在初始估算时以为该年会有 20 个投保人死亡，而事实上只有 15 个死亡，这又将由此产生因死亡率变动引起的利润或损失，是产生利润还是产生损失要看具体保单而定。

我们将探讨上述获取利润的四种方式中的后几种情况。我们先假定未来实际情况除了在死亡率方面有可能与保单价值估算时所用的死亡率不一样，其他各种情况都与初始假设的计算基础一致。

二、死亡溢出额与死差益

有关利润的计算取决于我们所预期的数值与实际发生的情况之间的比较，我们通常称之为“预期与事实”的比较。再次以终身寿险保单为例，来说明有关的概念和思路。

可以这样推导：

$$
\begin{aligned}
({}_tV_x + P_x) \times (1+i) &= q_{x+t} + p_{x+t} \times {}_{t+1}V_x \\
&= q_{x+t} + (1 - q_{x+t}) \times {}_{t+1}V_x \\
&= {}_{t+1}V_x + q_{x+t} \times (1 - {}_{t+1}V_x)
\end{aligned}
$$

就是说，这年初的准备金加上那时的保费收入，以 i 的利率存至年末，正好足够用以支付已死亡的被保险人死亡给付和作为年末对所有尚生存的被保险人的准备金。这些都告诉我们实际死亡率对利润所产生的影响，每一个额外的死亡（也就是未被预期的）将都会使寿险公司多支付 $(1 - {}_{t+1}V_x)$，而每一个额外的生存者将为寿险公司节约 $(1 - {}_{t+1}V_x)$。这些金额根据不同的实际情况或为利润，或为损失。**数值 $(1 - {}_{t+1}V_x)$ 本身被称为“死亡溢出额”**（death strain at risk）。

我们可以将其一般化，设想任何保单在 t 年到 $t+1$ 年之间的死亡给付总额为 S，而尚生存的被保险人所需的准备金为 ${}_{t+1}V$。我们假定当年没有由于额外的生存者而产生的利润，则死亡溢出额 $S - {}_{t+1}V$ 也就是当年末所要求支付给当年死亡的人的保险金的超额部分。

假设我们现在有 N 个相同的保单，$N \geqslant 1$，则死亡溢出额可以用来计算死亡的预期给付额。在投保的第 t 年到 $t+1$ 年，每个人都有一定的死亡并因之索赔的概率 q_{x+t}。所以，预期的死亡人数为 Nq_{x+t}；预期的死亡成本为 $Nq_{x+t}(S - {}_{t+1}V)$，这就称为**预期死亡溢出额**。

每份保单中的死亡溢出额与总的死亡成本之和实际上是随机变量。对于 N 个保单中的任一份，它都有两种可能：一种是当被保险人生存时，保单价值为 0；另一种是当被保险人死亡时，保单价值为 $S-{}_{t+1}V$。若我们把所有 N 个保单的预期死亡溢出额进行简单求和，得到预期死亡溢出总额。

假设实际观察到的死亡人数为 n_d，则死亡成本的观测值称为**实际死亡溢出额**（actual death strain）。其数额为：

$$n_d(S-{}_{t+1}V) \tag{8.25}$$

它同时也是所有由于死亡而要求索赔的保单的死亡溢出额的总和。

我们定义在 t 时刻到 $t+1$ 时刻之间的保单年度的死差益（mortality profit）。如果在这一时期内，被保险人的死亡人数与预期的死亡人数正好相等，即为 Nq_{x+t}，那么将没有盈利或亏损，被保险人死亡引起的赔付支出将为：

$$Nq_{x+t}(S-{}_{t+1}V) \tag{8.26}$$

正如原来所预期的一样。

如果在这一时期内，被保险人的死亡人数与预期的死亡人数不同，我们把寿险公司所预期的死亡赔付支出与实际的死亡赔付支出之差称为**死差益**（mortality profit），即

死差益 = 预期死亡溢出额 - 实际死亡溢出额

若我们用精算的符号来表达，即

$$Nq_{x+t}(S-{}_{t+1}V)-n_d(S-{}_{t+1}V)=(Nq_{x+t}-n_d)(S-{}_{t+1}V) \tag{8.27}$$

我们再来看一看这样一个例子：对于一份终身寿险保单，当 S 大于 ${}_{t+1}V$ 时，即 $S-{}_{t+1}V$ 为正值，如果预期的死亡人数大于实际的死亡人数，即 $Nq_{x+t}-n_d$ 为正值，则由死亡率的差异将会产生一笔利润，我们称之为死差益。若实际投保人死亡人数大于预期的死亡人数，即 $Nq_{x+t}-n_d$，小于 0，即有一个负的死差益，有时我们称之为死差损。

相比之下，我们也许会觉得单个的寿险保单比较清晰，在这种情况下，$N=1$，如果被保险人死亡，则 $n_d=1$，反之，$n_d=0$。

三、终身寿险保单的死差益计算

【例 8-18】 一家寿险公司于 21 年前出售了 1 000 份无分红终身寿险保单，对象是当时 50 岁的人，每份保单每年初缴纳保费 195 元。每份保单保险金额为 1 万元。假设采用纯保费保单价值进行估价，死亡率按“中国人寿保险业经验生命表（2000—2003）”CL1 计算，利率为 5%。在第 20 年初，有 500 份保单依然有效，在该年中又有 43 位被保险人死亡，因此，现在尚有 457 份有效保单。求该年的死差益是多少？

解：首先，计算 21 时刻的保单价值：

$${}_{21}V_{50}=1-\frac{\ddot{a}_{71}}{\ddot{a}_{50}}=0.40914$$

所以，年末的准备金为：

$$10\,000\times0.40914=4\,091.4$$

则每份保单的死亡溢出额为：

$$10\,000-4\,091.4=5\,908.6$$

预期死亡人数为：

$$500 \times q_{70} = 13.6545$$

所以，预期死亡溢出总额为：

$$13.6545 \times 5\,908.6 = 80\,678.98$$

而实际死亡溢出总额为：

$$43 \times 5\,908.6 = 254\,069.8$$

所以，死差益为：

$$80\,678.98 - 254\,069.8 = -173\,390.82\ (\text{元})$$

类似地，我们可以计算出其他的寿险保单的死差益。

四、在年金保险与生存保险保单项下的死差益

我们分别讨论在年金保险项下的死差益与生存保险项下的死差益。对于寿险保单来说，其计算死差益的原则是一样的，但具体的方式不同。在死亡保险中，保单以死亡为支付条件，在这种条件下，被保险人死亡的人数越多，赔付越多，由此可能产生亏损。在年金与纯生存保险中，以生存为给付条件，期内死亡人数越多，到期给付越少，由此将产生利润。

下面我们先探讨单位终身年金的死亡溢出额表达式。例如，设年金支付额为每年1元，每年末支付。对一个年龄为 $x+t+1$ 岁的被保险人，由于对死亡者支付额为0，为年末提供的准备金为年末时应付的1元和之后的准备金 a_{x+t+1}，所以，死亡溢出额为 $0-(1+a_{x+t+1})$，即

$$-(1+a_{x+t+1}) = -\ddot{a}_{x+t+1}$$

这里需要注意：该年末的准备金 ${}_{t+1}V$，考虑了在年末时的生存给付，且更重要的是死亡溢出额为负值，这也就意味着额外的死亡会带来死差益。这个结果很容易理解。对于这种负的死亡溢出额，我们经常用“预期准备金释放”(expected release of reserves)来表示当年金领取人死亡后导致原来为其留做未来年金支付的准备金被“释放”出来，而不用“预期死亡溢出额”或“实际死亡溢出额”来描述。

根据前面同样的方法，我们可求得($N \geq 1$ 时的)年金保险保单的预期死亡溢出额，每份保单每年支付 X 元的年金保险保单的预期死亡溢出额为：

$$-q_{x+t}N(X\ddot{a}_{x+t+1})$$

实际死亡溢出额为：

$$-n_d \times (X\ddot{a}_{x+t+1}) \tag{8.28}$$

死差益为：

$$(n_d - Nq_{x+t}) \times (X\ddot{a}_{x+t+1}) \tag{8.29}$$

因此，在年金保险或是生存保险中，每一个死亡都意味着为寿险公司“释放”出一笔相应的准备金，而不是增加支出，当死亡人数超过了预期人数时，便产生死差益；相反，当死亡人数少于预期死亡人数时，便产生死差损失。

【例8-19】 一个寿险公司于25年前卖出100张终身年金保单，对象是当时50岁的男性，每份年金于每年末支付2 000元。该公司给这些保单估算价值时，用的是“中国人

寿保险业经验生命表(2000—2003)”CL1，利率按5%计算。如果所有100份年金保险保单在年初(在25时刻)仍然有效，且假设8个被保险人将在下一年死亡，试计算该年末的死差益。

解：死亡溢出额为：

$$-2\ 000\cdot(1+a_{76})=-14\ 762.26$$

预期死亡人数为：

$$100q_{75}=4.59(\text{人})$$

实际死亡人数为8人，于是，死差益为：

$$(4.59-8)\times(-14\ 762.26)=50\ 339$$

【例8-20】 对于一份一个保额为1元的生存保险保单，假设按纯保费保单价值进行估价，试求以下各表达式：(1) 死亡溢出额；(2) 预期死亡溢出额；(3) 实际死亡溢出额；(4) 死差益。

解：相连年份的保单价值之间的关系为：

$$\begin{aligned}({}_tV_{x:\overset{1}{\overline{n}|}}+P_{x:\overset{1}{\overline{n}|}})\times(1+i)&=p_{x+t}\times{}_{t+1}V_{x:\overset{1}{\overline{n}|}}\\&=(1-q_{x+t})\times{}_{t+1}V^1_{x:\overline{n}|}\\&={}_{t+1}V^1_{x:\overline{n}|}-q_{x+t}\times{}_{t+1}V^1_{x:\overline{n}|}\end{aligned}$$

即每多一个生存者，寿险公司额外增加成本${}_{t+1}V^1_{x:\overline{n}|}$。

(1) 由本节前面的内容，$N=1$时，死亡溢出额为：

$$-{}_{t+1}V_{x:\overset{1}{\overline{n}|}}$$

(2) 预期死亡溢出额为：

$$-q_{x+t}\times{}_{t+1}V_{x:\overset{1}{\overline{n}|}}$$

(3) 实际死亡溢出额为：

$$-n_d\times{}_{t+1}V_{x:\overset{1}{\overline{n}|}}$$

其中，若被保险人生存至年末，则$n_d=0$，若被保险人在年内死亡，则$n_d=1$。

(4) 死差益为：

$$(n_d-q_{x+t})\times{}_{t+1}V_{x:\overset{1}{\overline{n}|}}$$

第七节 解约价值

一、解约价值的含义(Surrender Values)

许多寿险保单的期限相当长，所以经常有投保人在保单期满之前想收回保单的价值。现代的保单设计往往使寿险保单同时具有保险的因素与储蓄的因素，或者使保单涉及某种基金，使提前撤回保单的人无法享受基金的利益，因此，让那些中途撤回保单的人得到他们的保单已积累价值是必要的，也是合理的，如果对退保的投保人进行这样的支付被称为**退保**，这一笔支付称为“解约价值”。有关解约价值的一些基本原则如下：

1. 给退保人的保单解约价值不能超过继续有效的保单的价值或保单将提供的给付的预期现值，当然，不能超过寿险公司从过去的保费收入中获取的收益与已发生费用之差。也就是说，任何人不能因为投保或退保而获得额外收益。

2. 解约保单价值计算尽可能地要公平，应该尽量使退保者感到公平。

然而，以上第一条原则给寿险公司带来了一些问题：承保时沉重的期初费用（主要指期初手续费）使保单的解约价值可能低于投保人所缴的保费，甚至还没来得及给所缴保费加计利息；另一个问题是，寿险基金与其他中介投资方式相比，如存款、信托投资等，在其他投资方式的大多数情况下，投资人可在任何时候撤回资金而只需缴纳很少的罚金。

二、可以支付解约价值的保单

并不是所有的寿险保单都可以在撤回保单时支付一笔保单解约价值。一份普通的定期寿险保单并不享有保单解约价值的权利。这是因为通常这种保险每年的保费收入与支出大体相当，所以只有极少一部分保费可用于投资，这种保险所提存的准备金若是用于支付保单的解约价值就太少了。定期寿险对保单支付解约价值是不可行的。我们通过以下的例子来说明这个问题。

【例 8-21】 我们假设某寿险公司发行了一种期限为 20 年的定期寿险保单，被保险人当年是 30 岁，保额 2 万元，当被保险人期内死亡时，在其死亡那年末支付保险金。假设初始费用是首期保费的 60%，续期费用为续期保费的 5%，死亡率按“中国人寿保险业经验生命表（2000—2003）” CL1 计算，年利率为 5%。由此，我们可以按已探讨过的方式，计算出应缴纳的年保费为 33.58 元。

按保费定价的计算基础，我们可以计算出第一年的支出在年初的预期现值为 36.93 元，这里的支出包括预期给付和第一年费用。于是，第一年初保费收入与该保单第一年支出的预期现值之差为 -3.35 元。

在最后一年初，若被保险人仍生存，仍按保单定价计算基础计算，可知那年保费收入与预期支出之差为 124.84 元。

在一个两全保险单项下，支付给未退保人的保险金是不确定的，被保险人的生存时间长短决定了对保单支付保险金的时间，而不是像定期寿险保单那样，根据被保险人的生存时间决定是否进行支付。两全保险的基金也是为了对到期存活的被保险人支付而建立起来的，对保单到期时仍生存的被保险人，应支付的保险金额大致等于他的保单价值减去退保的有关费用。

终身寿险保单也是必然要支付保险金的，由于被保险人在保险期内随年龄的增加，其死亡率也在增加，所以每年的预期给付也是递增的，但是为了在每年收取均衡保费，必须使前些年的保费高于当时预期给付，以弥补后期支出的增加，所以这些保单也具有保单价值，且投保人有权在退保时领取解约价值。

相比之下，一个生存保险保单并不涉及必然支付保险给付的问题，但投保人缴纳的保费将累积到一定的数额，在这种保单项下的解约价值数额，要看被保险人的健康状况。在延期年金中也有类似的要求，若在延期年金的延期内死亡则不予给付，故一个得了重病的人生怕在领取年金前死亡而领不到年金，因此他想撤回保单以领取其解约价值，这种要求是不能满足的。

三、解约价值与准备金

在前面探讨保单的解约价值时，我们已经表明了保单解约价值的估算应以在解约时刻的保单价值为基础。保单价值是解约价值的上限，因为更多的支付将导致大量地撤回保单，而且投保人或被保险人可以在任意时刻退保，使寿险公司处于不利的地位。比如，投保人可以在死亡率方面作出不利于寿险公司的选择。例如，在终身寿险保单中，健康人倾向于退保，越来越少的人续保，于是，寿险公司应向退保者收回一笔解约费用。因此，实际支付的要低于他们不解约时将获得的要求给付(即保单价值)。

四、解约价值(或称退保金额)的计算

【例 8－22】 一个 60 岁的人投保终身寿险，每年初缴纳保费，保额为 1 万元，在死亡之年年末支付。保费的计算基础如下：生命表为“中国人寿保险业经验生命表(2000—2003)” CL1；年利率为 3%；费用忽略不计。

针对任何时刻都有可能退保，我们按以下两者中小者计算解约价值：

(1) 以保单定价的计算基础计算的保单价值；

(2) 首期保费减 50 元和续期各年保费的 90%，按利率 5% 计算的终值。

计算：第 1，2，3，4 年的解约价值。

解： 设 P 为每年的保费，则

$$P \times \ddot{a}_{60} = 10\,000 \times A_{60}$$

即 $P = 372.51$ 元。

对于整数 t，${}_tV$ 表示保单在 t 时刻保费缴纳之前的准备金。

$$\begin{aligned} {}_tV &= 10\,000A_{60+t} - P \times \ddot{a}_{60+t} \\ &= 10\,000\left(1 - \frac{\ddot{a}_{60+t}}{\ddot{a}_{60}}\right) \end{aligned}$$

于是得：$[P - 50 + 0.90P \times (\ddot{a}_{60:\overline{t}|} - 1) - 10\,000A^{1}_{60:\overline{t}|}] \times \dfrac{D_{60}}{D_{60+t}}$(见表 8－6)

表 8－6

t	${}_tV$	解约价值
1	293.29	247.81
2	587.03	512.70
3	881.21	782.08
4	1 175.82	1 056.12

因此，前 4 年的解约价值分别为 247.81，512.70，782.08 和 1 056.12 元。

在这个例子中，寿险公司采用人为的低利率计算保费来暗中弥补费用。这与保单是否退保无关。如果是的话，保证初始费用被收回是很重要的，于是我们采用更实际的假设基

础来计算退保费，把首期保费的50元和以后各年的保费的90%作为费用。由于采用了更实际的假设基础，我们采用了更实际的每年5%的利率假设。

【例8-23】 某寿险公司按“中国人寿保险业经验生命表(2000—2003)”CL1，年利率为5%，初始费为3%来计算退保价值。假设退保时的解约价值希望不低于已缴纳总保费的一半。考虑一个35岁的人投保的30年期的两全保险，若每1 000元保额的毛保费为24元，计算其最小的解约价值的时刻。

解： 解约价值是调整后的准备金，因而毛保费是忽略的。每1 000元保额的解约价值为：

$$1\,000\ {}_tV_{35:\overline{30|}} - 30(1 - {}_tV_{35:\overline{30|}})$$

时刻5的解约价值为：

$$1\,000(1-14.36528/15.71306)-30(14.36528/15.7130)=85.78-27.43=58.35$$

时刻5(年)之前所支付的保费总额为120元，其一半为60元。所以这一保证至少5年有效。

类似地，可以计算出在时刻6的解约价值是78.51元，而保费总额的一半为72元。

所以，在6年后退保，可获高于保费总额一半以上的退保金额。

第八节 缴清保单

一、缴清保单价值的含义

投保人决定停止支付保费时，不一定退保。只要保持原保险期限，仅仅减少保险金额，以补偿未缴的保费，保单将继续有效。**这种停止缴纳保费，但保单仍有效的保单称为缴清保单**。对保险公司来讲，缴清保单比退保更为有利。因为他们不必在预期的给付之前通过贴现或其他方式筹集提前出现的支付需求，也减少了死亡率方面的逆选择。为此，投保人采用缴清保单可获得比退保更多的收益。

二、可改为缴清保单的险种

对于定期寿险，如果采用均衡保费，则在保险期间的前期，保费收入高于预期死亡给付；也就是说，寿险公司将提存一定数额的准备金。于是，当投保人停止缴纳保费时，其保单价值(准备金)还能够提供一定的保障，只要年龄不太小、期限足够长，就会有较大数额的准备金，保单将持续到准备金用完。在这种情况下，显然可以将保单改为缴清保单。从理论上讲，只要缴纳了一定的保费之后形成了一定数额的准备金，任何普通保单都能改为缴清保单。延期年金保单也能改为缴清保单，只是年金给付将相应减少。

三、缴清保单的保额计算

保单改为缴清保单，修改后的保单其预期支出不能超过原保单的准备金，这里的支出包括所有的给付、含保单转换所发生费用在内的所有的费用。

计算缴清保单保额的方法是对在保单转换日的价值方程求解。该价值方程是原保单的保单价值与新的缴清保单的保单价值相等，即

$$\begin{pmatrix}\text{转换前保单}\\\text{的未来给付}\\\text{的预期现值}\end{pmatrix}+\begin{pmatrix}\text{转换前保单}\\\text{的未来费用}\\\text{的预期现值}\end{pmatrix}-\begin{pmatrix}\text{转换前保单的}\\\text{未来保费收入}\\\text{的 预 期 现 值}\end{pmatrix}=\begin{pmatrix}\text{转换后保单}\\\text{的未来给付}\\\text{的预期现值}\end{pmatrix}+\begin{pmatrix}\text{转换后保单}\\\text{的未来费用}\\\text{的预期现值}\end{pmatrix}$$

采用这种保单转换前后要求保单价值相等的方法，使寿险公司在保单转换前后处于相同的情况。

【例 8－24】 一个 30 岁的人投保了一份 30 年期的两全保险，保险金额为 1 万元，保费每年初缴纳，保险金在死亡之年年末支付，保费按如下计算基础进行计算：死亡率为英国 AM92 选择表；年利率为 4%；初始费用为首期保费的 60%；续期费用为续期保费的 5%。

在要支付第 21 期保费之前，投保人和被保险人决定把保单改为缴清保单，试按以下两种要求，计算保单转换后的保额是多少：

（1）按保费定价的计算基础计算准备金的方式来计算缴清保单的保额。

（2）采用英国 AM92 选择表，年利率为 6%，按纯保费计算基础计算预期准备金。

解：

（1）设保单转换前的保费为 P，则

$$0.95\times P\ddot{a}_{[30]:\overline{30}|}-0.55P=10\,000A_{[30]:\overline{30}|}$$

由此，得：

$$P=194.21$$

在要支付第 21 期保费之前，准备金为：

$$_{20}V=10\,000A_{50:\overline{10}|}-0.95P\ddot{a}_{50:\overline{10}|}=5\,268.47$$

设缴清保单的保额为 S'，则

$$5\,268.47=S'A_{50:\overline{10}|}$$

所以，$S'=7\,745.02$ 元。

（2）按 6% 的利率计算：

$$_{20}V=10\,000\left(1-\frac{\ddot{a}_{50:\overline{10}|}}{\ddot{a}_{[30]:\overline{30}|}}\right)=4\,670.64$$

求得

$$S'''=8\,274$$

四、计算缴清保单保额的回购法（buy－back mothed）

考虑一个 x 岁的人的保额为 1 元的终身保险，若不计费用，则保费为：

$$P_x=\frac{A_x}{\ddot{a}_x}$$

一个 $x+t$ 岁的人买了一份每年保费为 P_x 的终身保险，保额为：

$$S=P_x\frac{\ddot{a}_{x+t}}{A_{x+t}},$$

也就是

$$S=\frac{P_x}{P_{x+t}}$$

这样，对于一个在 x 岁投保、现已 $x+t$ 岁的人，未来的保费将在给付方面产生的作用为：

$$S_{x+t}=\frac{P_x}{P_{x+t}}$$

也就是说，如果不再缴纳保费，应在其保额中减少

$$S_{x+t}=\frac{P_x}{P_{x+t}}$$

即已缴纳的保费能够产生的保额为：

$$1-\frac{P_x}{P_{x+t}}$$

所以如果一个人决定在 t 时刻停止缴纳保费，则缴清保单的保额为：

$$1-\frac{P_x}{P_{x+t}} \tag{8.30}$$

我们把这种计算缴清保单保额的方法称为**回购法**(buy－back method)。这种方法能够根据不同初始保额的比例相应调整未来保额(即转换后的缴清保单保额)。采用回购法计算和用预期准备金的方法计算可得相同的结论。我们看以下的终身寿险的情况。

对于终身寿险，在 t 时刻的准备金为：

$${}_tV_x=A_{x+t}-P_x\,\ddot{a}_{x+t}$$

它等于保单转换后的缴清保单的保额 S，我们计算如下：

$$A_{x+t}-P_x\,\ddot{a}_{x+t}=SA_{x+t}$$

$$A_{x+t}-\frac{A_x}{\ddot{a}_x}\ddot{a}_{x+t}=SA_{x+t}$$

所以，

$$S=1-\frac{A_x}{\ddot{a}_x}\frac{\ddot{a}_{x+t}}{A_{x+t}}$$

$$=1-\frac{P_x}{P_{x+t}}$$

类似地，我们可以采用回购法计算任何其他的标准寿险保单的缴清保单保额。以两全保险为例，缴清保单保额 S 为：

$$S=1-\frac{P_{x:\overline{n}|}}{P_{x+t:\overline{n-t}|}} \tag{8.31}$$

即使在保费定价基础与保单估计基础不一致的情况下，回购法也是适用的。只要进行相应地调整。

【例 8－25】 承例 8－24，采用回购法计算缴清保单的保额，采用英国 AM92 选择表，利率为：(1) 每年 6%；(2) 每年 4%。

解：我们忽略实际保费，采用回购法。对于初始保额为 1 万元的保单，其缴清保单保

额为：

$$10\,000\left(1-\frac{P_{[30]:\overline{30}|}}{P_{50:\overline{10}|}}\right)=8\,274$$

其中，利率为6%。显然，该结果与例8－24中的(2)相同。

当利率为4%时，其缴清保单的保额为7 819元。

五、计算缴清保额的其他方法

(一) 比例法

比例法用于原保单规定了最长的保费支付期的情况下，例如两全保险或限制保费缴纳上限的终身寿险保单，如果原保单的最长保费支付期限是 n 年，实际支付期即保费停止缴纳的时间是 t，原保额为 S，则按比例法，缴清保单保额为 $S\frac{t}{n}$，保额按已缴纳保费年限的比例减少了。这种算法没有理论上的根据，但运用起来非常简单，在大多数情况下，用这种方法计算的缴清保单保额小于按预期准备金计算的缴清保单保额。

(二) 退保金额法

由于方法的选择取决于环境，采用退保金额代替准备金来购买缴清保单保额，这样退保金额与缴清保单就相符了。但是，无论在死亡率还是财务上的考虑，由于投保人对保险公司的逆向选择，缴清保单比退保更不利于寿险公司。

习　　题

1. 考虑一位50岁女性投保的一份生存保险保单，保险金额为1万元，期限为5年，每年初支付保费1 732.29元。按“中国人寿保险业经验生命表(2000—2003)”CL2、年利率为5%计算保单有效后每年年末的预期保单价值为多少？(不计费用)

答案：2 208.48；4 307.85；6 303.11；8 198.99；10 000

2. 对于一份定期保险，假设保险期限为10年，保额为2万元，被保险人年龄为40岁，每年定额支付保费。试写出第6年初保费支付前的追溯保单价值表达式。

答案：$\frac{D_{40}}{D_{45}}(P\ddot{a}_{40:\overline{5}|}-20\,000A^{1}_{40:\overline{5}|})$

3. 一家寿险公司向一个年龄为40岁的人出售了一份分红终身寿险保单。保险金额是2 000元，于死亡之年年末支付；均匀保费于每年初支付。红利于每年初开始自然增长并按单利计算。该寿险按以下依据计算保单价值：生命表为英国AM92终极生命表；年利息率为4%；红利(附加)为每年3%(单利)；费用为无。

试计算每年的均匀保费为多少。

答案：46.92元

4. 一家寿险公司向一个年龄为40岁的人出售了一份20年期的分红两全保单，保险金额是1万元，于死亡之年年末支付；均匀保费于每年年初支付。均匀保费的计算使用英国 AM92 选择表，年利率为 4%，初始费用为 150 元，给付时发生的费用为保额的 3%。试计算每年的均匀保费为多少。

(1) 如果红利为每年 2%(单利)且于每年末开始增长。

(2) 如果红利为每年 4%(复利)且于每年末开始增长。

答案：483；737

5. 一份保额为 S 的终身寿险保单，投保人年龄为 x，均匀保费于每年年初支付，按以下依据计算：初始费用为 I；续期费用为续期保费的 $100k\%$；给付费用保额的 $100c\%$。

试写出相连年份的毛保费保单价值之间的递推关系。

答案：$({}_tV^{gross}+P-kP)(1+i)=(1+c)Sq_{x+t}+{}_{t+1}V^{gross}p_{x+t}$

第九章

现金流量与利润测算

第一节　现金流量模型

这一节我们将讨论生命保险保单中的现金流量模型，我们将发现，与前面讨论的有关定价和估值的方法相比，本节的方法将给精算人员更灵活的空间。

前面，我们主要考虑预期现值的问题，为了计算费率，我们计算出各项保险给付、保费及费用支出的预期现值并确定保费，使得保费收入的预期现值足够满足各项责任支付和费用支出。为了计算保单价值，我们算出了未来支出的预期现值，以满足未来支付所必须的准备金。

为了得到保费、保险给付、费用的预期现值，我们引入了精算函数的换算函数。我们没有把精力放在现金流量本身上。例如，如果我们得知两全保险金额是 10 000 元，我们很少会通过计算将来每年预期支出额来估算明显的保险给付的预期现值。在第四章中我们已经一次性做完了这项工作，并且得到了 $A_{x:\overline{n}|}$，于是，在实际应用中，所要做的就是用 10 000乘以 $A_{x:\overline{n}|}$。

我们不去估算确切的保险给付额的预期现值，而用我们定义过的精算函数，主要是因为它节省了大量的工作，而且我们可以不需要计算机来完成相应的工作。事实上它也是（18—19 世纪）发明所有精算函数的原因。如果我们没有电脑，那必须使用精算函数。

但是现代精算确实需要计算机，尽管我们曾经提到过，精算人员必须了解所有的精算函数。而且实际上，由于计算机，尤其是微机的使用，越来越多的精算人员转而使用以确切的未来现金流量为基础的方法。

一、估计预期的未来现金流量

【例 9－1】 一个寿险公司向一个年龄为 55 岁的人出售五年期的死亡保险保单。保险金额为 10 万元，在死亡当年的年末支付，保费每年年初支付 607. 03 元，初始费用为 15 元，加上第一年保费的 25%，以后每年的费用为 10 元（须考虑通货膨胀导致费用增值的因素）加上该年年保费的 8%，假定通货膨胀率为 3%，死亡率按英国 AM92 选择表计算，计算该保单的预期未来现金流量。

解：首先我们应列出所有未来现金流量。包括：（1）保费（收入）；（2）初始费用（支出）；（3）续期费用（支出）；（4）死亡时支付的保险给付（支出）。

在此之前，我们先说明一个在编制现金流量表时将遵守的原则：即我们仅仅对仍然有效的保单估计现金流量。

在这个例子中，对于所有卖出的保单，只有比例为$p_{[50]}$的保单在第二年开始时仍有效，${}_2p_{[50]}$的保单在第三年仍然有效等（不用担心有效保单数会出现小数，我们只是讨论预期值,所以会出现这种情况）。这就意味着在这个时刻我们可以忽略它，并且按在未来每一年开始时只有一张保单有效来计算它的现金流量。我们会发现在以后一个阶段中我们将死亡率引回到计算中，因此在每一年开始时每张有效保单在第一年的现金流量是：

（1）保费收入 $=607.03$（元）

（2）初始费用 $=15+0.25\times607.03=166.76$（元）

（3）续期费用 $=0$

（4）预期死亡赔款 $=100\,000\times q_{[55]}=335.8$（元）

在第二年及以后各年预期现金流量的计算中，我们必须考虑每张保单续期费用的通货膨胀因素。因此，从第二年开始时，每张有效保单预期现金流量是：

（1）保费收入 $=607.03$（元）

（2）初始费用 $=0$

（3）续期费用 $=10\times1.03+0.08\times607.03=58.86$（元）

（4）预期死亡赔款 $=100\,000\times q_{[55]+1}=490.3$（元）

继续计算，各年的数据如表 9 - 1 所示。

表 9 - 1　　　　单位：元

年　份	保费收入	费用支出	预期死亡索赔额
1	607.03	166.76	335.8
2	607.03	58.86	490.3
3	607.03	59.17	565.0
4	607.03	59.49	635.2
5	607.03	59.82	714.0

二、年末净现金流量

观察表 9 - 1 我们发现，每一年预期现金流量各不相同。一方面，保费和费用现金流量有很大区别，另一方面预期死亡索赔额也不同。前者是在每年年初发生的现金流量，后者是在年末发生的现金流量。很明显，当我们想计算这些现金流量的现值时，这种区别将产生影响。这也是为什么我们在表 9 - 1 中没有考虑每一年净现金流量总额的原因。将不同时刻的现金流量相加是错误的。

然而，计算每一年单一净现金流量也是很有用的。例如，在贴现净现金流量的时候，计算每一年的现金流量的现值将比计算每一栏现金流量的现值容易得多。我们可以定义考虑一整年中各项款项的时间价值之后的一个单一的现金流量总额。我们定义年末的净现金流量为当年各现金流量在年末的终值总和。

相反，我们年初的净现金流量定义为当年各现金流量在年初的现值总和。但是在实际应用中，精算人员更习惯使用前一种方式。

使用这个概念，我们需要假设一个可以将年初发生的现金流量换算成年末的利率。换句话说，我们需要知道寿险公司资产投资所得的回报率。这个概念的含义就是我们认为寿险公司在每年年初支出或收入现金流量，并且在年初净现金流量是正值时投资于适当的资产，或者当年初净现金流量是负值时找到一笔贷款来弥补亏损。

【例 9－2】 针对例 9－1 的同一保单，假设寿险以 4% 的实际利率进行投资，计算在每一年年初仍有效的保单在年末的现金流量。

解： 同样，最简便的方法是建立现金流量表（见表 9－2）。

表 9－2 单位：元

年份	保费收入	费用支出	利息	预期死亡索赔额	预期年末净现金流量总额
1	607.03	166.76	17.61	335.8	122.08
2	607.03	58.86	21.93	490.3	79.80
3	607.03	59.17	21.91	565.0	4.77
4	607.03	59.49	21.90	635.2	－65.76
5	607.03	59.82	21.89	714.0	－144.90

【例 9－3】 一家寿险公司出售四年期无红利定期两全保险保单给一个 56 岁的人，保险金额为5 000元，在死亡之年年末支付，或者生存到满 60 岁时支付。保费每年初付1 250元，初始费用 100 元加上第一年保费的 20%，以后续期费用 15 元（考虑到通货膨胀因素），加上第二年以后各年保费的 4%。假设该公司资产投资回报率为 6%，每年通货膨胀率 5%。生命表使用英国 AM92 的选择表，计算在每年年初仍有效的保单在年末的净现金流量。

解：

第一年：

保费收入 $=1\ 250$（元）

初始费用 $=100+0.2\times 1\ 250=350$（元）

续期费用 $=0$

预期索赔额 $=5\ 000\times q_{[56]}=18.71$（元）

第二年：

保费收入 $=1\ 250$（元）

初始费用 $=0$

续期费用 $=15\times 1.05+0.04\times 1\ 250=65.75$（元）

预期索赔额 $=5\ 000\times q_{[56]+1}=27.535$（元）

依此类推。于是，得（见表 9－3）：

表 9－3

单位：元

年份	保费收入	费用支出	利息	预期索赔额	预期年末净现金流量
1	1 250	350.000	54.000	18.71	935.29
2	1 250	65.750	71.055	27.535	1 227.77
3	1 250	66.538	71.088	31.76	1 222.79
4	1 250	67.364	70.958	5 000	－3 746.406

【例 9－4】 一家寿险公司出售四年期定期年金保单给 66 岁的人。年金收益每年 2 000元，在每年年末支付。保费 7 000 元在购买保险时一次性支付，初始费用为 50 元，加上保费的 1%。年金支付时每年支付费用 12 元（考虑通货膨胀），假设该寿险公司资产投资回报率为 8%，通货膨胀率为 6%，生命表采用英国 AM92 选择表。计算在每年年初仍有效的保单在每年年末的净现金流量(提示：考虑费用发生的时间)。

解：

第一年：

保费收入＝7 000(元)

初始费用＝50＋0.01×7 000＝120(元)

预期费用＝12×1.06×$p_{[66]}$＝12.581(元)

预期年金支付＝2 000×$p_{[66]}$＝1 978.08(元)

第二年：

保费收入＝0

初始费用＝0

预期费用＝12×1.06^2×$p_{[66]+1}$＝13.261(元)

预期年金支付＝2 000×$p_{[66]+1}$＝1 967.03(元)

依此类推。于是，得(见表 9－4)：

表 9－4

单位：元

年份	保费收入	初始费用	利息	预期费用	预期年金支付	预期年末净现金流量总额
1	7 000	120	550.4	12.581	1 978.08	5 439.739
2	0	0	0	13.261	1 967.03	－1 980.291
3	0	0	0	14.008	1 960.17	－1 974.178
4	0	0	0	14.813	1 955.55	－1 970.363

三、终身保险保单的预期现金流量

在这里我们只是简单提出问题，不具体举例详细计算。计算终身保险的预期现金流量，可以仿照前面的例 9－1 和例 9－2 中定期寿险预期现金流量的计算方法。其中不会遇到什么新的理论，只是计算量更大了，在实际工作中采用计算机计算是不成问题的。

四、不同类型保单的现金流量模型

例 9－2 和例 9－3、例 9－4，尽管针对具体的保单，但给出了一个关于定期寿险、两全保险、年金保险的净现金流量的十分合理的典型模型。

图 9－1 给出了例 9－2 中五年期定期寿险每年的净预期现金流量。

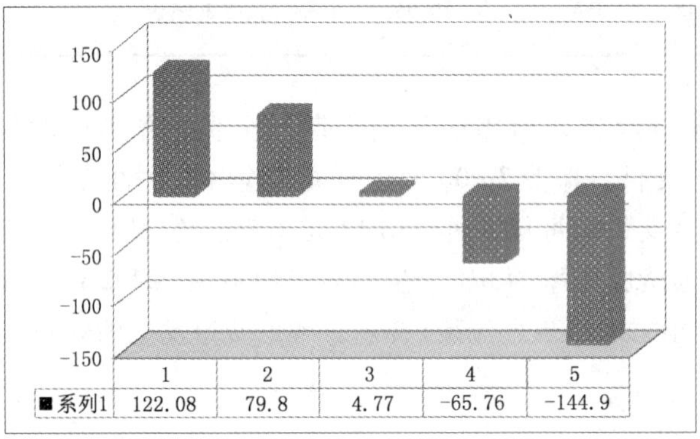

图 9－1　五年期定期寿险每年的净预期现金流量图

应该注意到：

1. 净现金流量开始是正值，后来转为负值，原因是保险公司只收取等额的保费，但风险却不断增加，因此在初期保费超过预期死亡保险给付的支出，以后保费就少于预期死亡保险给付的支出。

2. 尽管第一年预期死亡保险给付支出少得多，但第一年的净现金流量没有比第二年的多很多，这是因为初始费用的缘故。

3. 不要忘记将每年年初有效保单的净现金流量计算成年末的终值。

图 9－2 给出了例 9－3 中四年期无利润两全保险的每年年末的净现值流量。

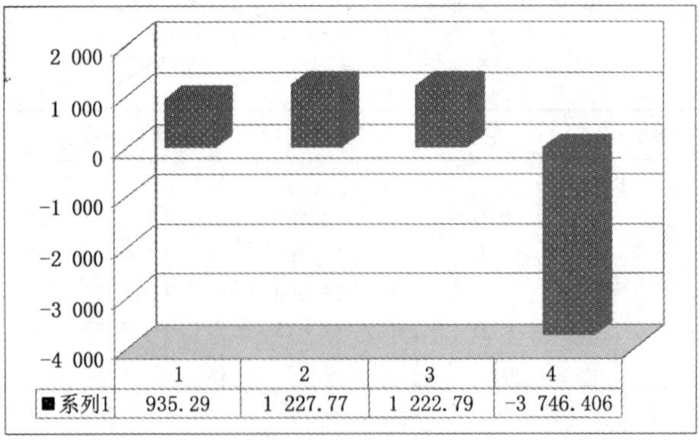

图 9－2　四年期无利润两全保险的每年年末的净现值流量图

应该注意到：

1. 净现金流量是正值，而且到最后一年都大体相等，这是因为保费收入比费用和预期死亡赔款支付多得多。

2. 然而，初始费用对第一年的净现金流量有重大的影响，与第二年相比它们减少了净现金流量值。

3. 由于最后一年生存保险给付的支付，最后一年的净现金流量是负值，而且十分大。

4. 不要忘记将每年年初有效保单的净现金流量计算成年末的终值。

图 9－3 表明了例 9－4 中四年期定期年金中每年年末的预期年末净现金流量。

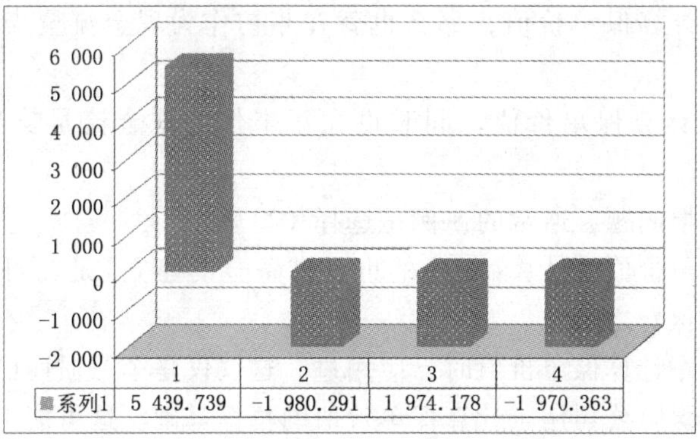

图 9－3　四年期定期年金中每年年末的预期年末净现金流量图

应该注意到：

1. 第一年的净现金流量值是正值而且很大，这明显是由于最初一次性大量的保费。

2. 接下来每年的净现金流量是负值而且基本相等，这些净现金流量表明了年金和费用的支付，因此这些值只是逐渐变化也不奇怪。

3. 每张在每年年初有效的保单计算在每年年末的净现金流量。

第二节　利润测算

一、利润

我们将探讨在普通寿险或年金保险下如何测算利润。前面，我们计算了针对单一保单，公司预期年末净现金流量总额，也就是每年收入与支出之间的差额，并为方便起见，只算每年年末的终值。但是，我们忽略了一个很重要的因素——有关准备金的扣除。

从图 9－3 我们看出，为什么预期现金流量净值不能作为利润来定义。在年金保险保单下，尤以一次性缴纳保费为例。在第一年，预期现金流量净值相当大，但以后的几年净现金流量成了负值。原因是以后的几年公司不再有收入。假如我们把第二年的现金流量净值作为利润用光了的话，就无法应付以后几年该保单的支出。在前面，我们知道精算师们是通过建立准备金来应付这种危机的。所以，建立准备金是精算师所要做的第一步——作为资金减项首先从现金流量中扣除，只有这样，我们才能决定利润或亏损是多少。

所以，考虑到保单的长期性，其每年的利润测算应该是在做了必要的准备金扣除之后的预期净现金流量，在本章以后我们将更准确地讨论它。

二、估值的时机

既然我们必须建立责任准备金，那么我们就必须考虑在什么时间点估算准备金，我们可以选择：

（1）在每年年初计算保单价值，那么也就在年初作为现金流量支出的一部分建立准备金。

（2）在每年年末计算保单价值，同时也在年末作为现金流量支出的一部分建立准备金。

怎样选择是个习惯问题，通常的惯例是选择（2）。

我们通常假设保单价值的计算（相应的也是准备金的建立）是在每年年末进行的，同时也是在缴纳新一期保费之前。

这种方式在第八章计算保单价值时已应用过，这仅仅是个习惯而已。

我们还需知道，保险公司用于计算保单价值的精算基础。这可能由精算师们来选择，也可能按法规确定。在以后的实例中我们将假设合适的计算基础。

三、定期寿险或终身寿险下的利润测算

考虑了建立准备金问题之后，我们就该考虑前一节未考虑到的其他现金流量因素：

1. 每年年初我们将建立的准备金作为资产，将在该年获得利息，这利息将作为利润收入计入现金流量。

2. 在来年年底通过考虑当时的有效保单的保单价值，在该年年底建立新的准备金。这就意味着每年年底的准备金将有所变化，这种变化将产生新的现金流量。如果来年所需的准备金数额增加了，那么该项现金流量显然为负值，否则就为正值。

用代数方法计算利润很简单，以下我们对一个定期寿险保单（缴纳均衡保费），按以下步骤计算利润。

我们规定有关符号的意义如下：

n 为保单期限；x 为被保险人在投保时的年龄；S 为该保单的保险金额；P 为该保单每年年初缴纳的保费；E_t 为在第 t 年年初每个保单所发生的所有费用；i 为寿险公司资产投资所能获得的收益率。

我们假设按英国 AM92 生命表的终极表来计算现金流量，并且，如同前面的例题中，假定费用都发生在年初。但我们并不假定采用与计算现金流量相同的假设来计算保单价值。考虑第 t 年年初的有效保单在第 t 年年末产生的利润（$1 \leqslant t \leqslant n$）。

（1）第 t 年年初的准备金为：　$S_{t-1}V^1_{x:\overline{n}|}$

在本年末的终值为：　$S_{t-1}V^1_{x:\overline{n}|}(1+i)$

（2）年初净现金流量为：　$P-E_t$

至年末其终值为：　$(P-E_t)(1+i)$

（3）年末预期死亡索赔额为：　$Sq_{[x]+t-1}$

（4）年末被保险人生存时所需提存的准备金期望值为：　$Sp_{[x]+t-1\,t}V^1_{x:\overline{n}|}$

汇总以上各项，年初有效保单在年末的利润期望值为：

$$\begin{aligned}&S_{t-1}V^1_{x:\overline{n}|}(1+i)+(P-E_t)(1+i)-Sq_{[x]+t-1}-Sp_{[x]+t-1\,t}V^1_{x:\overline{n}|}\\&=S_{t-1}V^1_{x:\overline{n}|}\,i &(1)\\&\quad+(P-E_t)(1+i)-Sq_{[x]+t-1} &(2)\\&\quad-S(p_{[x]+t-1\,t}V^1_{x:\overline{n}|}-{}_{t-1}V^1_{x:\overline{n}|}) &(3)\end{aligned}$$

这是一个很重要的公式，用（1）、（2）、（3）标识起来的每一部分都有自己独特的解释:（1）是年初所拥有的准备金一年中所获的利息；（2）是第一节中的预期年末净现金流量；（3）是准备金的改变量——也就是说，年末所需建立的期望准备金少于年初准备金的差额。

注意必须满足 ${}_0V^1_{x:\overline{n}|}=0$，上式才成立。

我们称年初有效保单在年末的利润期望值为年末利润。请注意利润取决于精算计算基础。假设我们应用不同的计算基础，所得的利润将不一样。计算基础的选择是很重要的，我们将在第十一章中进行探讨。

【例 9－5】 应用同例 9－1 和例 9－2 同样的保单和假设，并按以下精算计算基础计算：

方式：　纯保费

死亡率：英国 AM92 终极表

利率：　4%

计算：年初有效的每张保单至年末时利润的期望值。

解：既然我们已从例 9－2 中知道预期年末现金流量忽略了准备金因素，那么我们还要考虑的信息就是每年年末的期望准备金，也就是：

$$100\,000\times P_{[55]+t-1\,t}V^1_{55:\overline{5}|}$$

这里保单价值以利率 6% 计算。生存概率 $P_{[55]+t-1}$ 给出了年末保单仍有效的概率，上式即年末的有效保单的保单价值期望值，因为我们只为那些仍然有效的保单提存准备金。

这里我们要注意所采用的生命表。注意保单价值是用终极表死亡率计算的，因为前面已告诉我们精算计算基础采用终极表数据。但生存概率采用选择表，因为我们计算现金流量时作了这种假设。不要误以为在我们用以计算现金流量的计算基础与用于计算准备金的精算计算基础之间必须具有某种联系。

下面就是这些在所有持续时间里的保单价值，根据我们的需要选择使用(先找出 $P^1_{55:\overline{5}|}$然后应用保单价值在续期时间里的关系)。

$${}_1V^1_{55:\overline{5}|}=0.001170913$$

$${}_2V^1_{55:\overline{5}|}=0.001873007$$

$${}_3V^1_{55:\overline{5}|}=0.001998351$$

$${}_4V^1_{55:\overline{5}|}=0.00141558$$

$${}_5V^1_{55:\overline{5}|}=0$$

如此我们可以在表 9－5 中列出（1）、（2）、（3）三种现金流量。尽管我们在计算现金流量时保留三位小数，但最后还是只保留一位小数，因为对于准备金的计算来说已经足够了（见表 9－5）。

表 9－5

年份	年初有效保单准备金	年初准备金的利息(1)	年末期望准备金	预期准备金改变量(3)	预期年末净现金流量(2)	年末利润
1	0	0	116.70	116.70	122.08	5.38
2	117.09	4.68	186.38	69.29	79.80	15.20
3	187.30	7.49	198.71	11.41	4.77	0.852
4	199.84	7.99	140.66	－59.18	－65.76	1.41
5	141.56	5.66	0	－141.56	－144.90	2.32

由此可见，不考虑准备金时的预期年末净现金流量在第一年年末是相当大的正值，但大部分需要用来建立准备金，所以，事实上该年末的利润很小。这更加说明在决定什么是利润之前必须建立准备金。

【例 9－6】 按前面对符号 i、x、S、P、E_t、p_t 的定义，针对终身寿险，写下第 t 年初的有效保单第 t 年末（$1 \leqslant t \leqslant n$）的利润表达式。假设死亡给付发生在死亡之年年末。保费每年初缴纳。

解： 表达式为：

$$S_{t-1}V_x(1+i)+(P-E_t)(1+i)-Sq_{[x]+t-1}-Sp_{[x]+t-1}\ {}_tV_x$$

$$=S_{t-1}V_x i \tag{1}$$

$$+(P-E_t)(1+i)-Sq_{[x]+t-1} \tag{2}$$

$$-S(p_{[x]+t-1}\ {}_tV_x-{}_{t-1}V_x) \tag{3}$$

四、生死两全保险单下的利润

我们已经熟悉，生死两全保险保单与定期寿险的不同之处是被保险人只要活到最后一年，那么不管他在该年末生死与否都肯定能获得保险给付。从第八章我们已知道，期满时的保单价值是保险给付额，而不像定期寿险那样最后的保单价值为零。

考虑到上面所介绍的计算年末利润的方式，我们用两全保险保单价值代替定期寿险保单价值得到如下公式：

$$S_{t-1}V_{x:\overline{n|}}\,i \tag{1}$$

$$+(P-E_t)(1+i)-Sq_{[x]+t-1} \tag{2}$$

$$-S(p_{[x]+t-1}\ {}_tV_{x:\overline{n|}}-{}_{t-1}V_{x:\overline{n|}}) \tag{3}$$

我们应当清楚，按前面定期寿险计算利润的同样思路，以上描述对于（$1 \leqslant t \leqslant n-1$）是正确的，也就是说，除了最后一年有差别，其他各年有关年末利润的计算都与定期寿险的计算公式一致。

最后一年出现了什么情况呢？假如保单在第 n 年年初有效，那么年末保险公司肯定要支付一笔保险金。年末准备金是完全用于支付保险给付的（因为 ${}_nV_{x:\overline{n|}}=1$），并且将来所须的准备金为零，因为以后保单效力终止了。因此，描述第 n 年年末利润的表达式为：

$$S\ {}_{n-1}V_{x:\overline{n|}}\,i \tag{1}$$

$$+(P-E_t)(1+i)-S \qquad (2)$$

$$-S\ {}_{n-1}V_{x:\overline{n}|} \qquad (3)$$

式中每一项所代表的含义如下：

1. 第一项（1）以年初所持有准备金在一年中所获的利息收入；

2. 第二项（2）是本年末在不考虑准备金因素时得出的预期现金流量净值，可参考例9－3中关于现金流量的例子；

3. 第三项（3）是年初所持有的准备金。此时寿险公司可将之用于支付约定保险金额。

【例9－7】 利用例9－3中的保单和假设，并且假设精算计算基础如下：

方式：　纯保费(不考虑费用)

死亡率：英国AM92终极表

利率：　4%

对于每份年初的有效保单，计算每年年末在提取了准备金后的年末利润。

解：在这里，我们略去解题详细过程，仅仅给出主要数据和最终结果(见表9－6)，请读者验证：${}_1V_{56:\overline{4}|}=0.234$，${}_2V_{56:\overline{4}|}=0.478$，${}_3V_{56:\overline{4}|}=0.733$，${}_4V_{56:\overline{4}|}=1.000$。

表9－6

年份	年初有效保单准备金	年初准备金的利息(1)	年末期望准备金	预期准备金改变量(3)	预期年末净现金流量(2)	年末利润
1	0	0	1 166	1 166	935.29	－230.71
2	1 170	70.2	2 377	1 207	1 227.77	90.97
3	2 390	143.4	3 642	1 252	1 222.79	114.19
4	3 665	219.9	0	－3 665	－3 746.406	138.494

五、年金保险的利润测算

年金保险保单下的利润测算可以采用普通寿险保单下的同样思路。在每份保单年初有效前提下，年末利润的一般描述如下：

年初所持有准备金在年底所获的利息收入

＋预期现金流量年末终值

－年末预期准备金变动额

为了更好地理解利润的测算，我们考虑下面的例题。

【例9－8】 对于各年年初有效的终身年金保险保单，写出各年年末利润的表达式，并解释表达式每一项的意义。假设年金于每年年末支付，按生命表的选择表计算。

解：我们规定有关符号的意义如下：

n为保单期限；x为被保险人在投保时的年龄；A为年金的每年支付额；P为该保单每年年初缴纳的保费；I为初始费用；E_t为在第t年年末每个保单所发生的所有费用；i为寿险公司资产投资所能获得的收益率。

我们假设按生命表的终极表或总合表来计算现金流量，我们并不假定采用与计算现金流量相同的假设来计算保单价值。

考虑第一年年初的有效保单在第一年年末产生的利润：

（1）第一年年初的准备金为0；

（2）年初净现金流量为：

$$P - I$$

至年末其终值为：

$$(P - I)(1 + i)$$

（3）年末预期年金支付额为：

$$Ap_{[x]}$$

（4）年末支付年金将发生的预期费用为：

$$E_1 p_{[x]}$$

（5）年末被保险人生存时所需建立的预期准备金为：

$$Ap_{[x]} a_{x+1}$$

汇总以上各项，年末的利润为：

$$(P - I)(1 + i) - (A + E_1)p_{[x]} - Ap_{[x]} a_{x+1}$$

现在考虑第 t 年年初的有效保单在第 t 年年末产生的利润($2 \leqslant t \leqslant n$)：

（1）第 t 年年初的准备金为：

$$Aa_{x+t-1}$$

在该年末的终值为：

$$Aa_{x+t-1}(1 + i)$$

（2）年初净现金流量为0；

（3）年末预期年金支付额为：

$$Ap_{[x]+t-1}$$

（4）年末支付年金将发生的预期费用为：

$$E_t p_{[x]+t-1}$$

（5）年末被保险人生存时所需建立的预期准备金为：

$$Ap_{[x]+t-1} a_{x+t}$$

汇总以上各项，年末的利润为：

$$Aa_{x+t-1}(1 + i) - (A + E_t)p_{[x]+t-1} - Ap_{[x]+t-1} a_{x+t}$$

我们可以表达为：

$Aa_{x+t-1} i$	准备金的利息
$-(A + E_t)p_{[x]+t-1}$	+现金流量
$-A(p_{[x]+t-1} a_{x+t} - a_{x+t-1})$	-准备金的增量

【例9-9】 按例9-4中同样的保单和假设条件，并根据下面的精算计算基础：

死亡率：英国AM92终极表

利率：6%

费用：无

对于各年年初有效的保单，计算每年年末利润。

解： 我们略去解题详细过程，仅仅给出主要数据和最终结果（见表9-7），请读者验

证：$a_{67:\overline{3|}}=2.671$，$a_{68:\overline{2|}}=1.828$，$a_{69:\overline{1|}}=0.940$，$a_{70:\overline{0|}}=0.000$。

表 9 – 7

年份	年初有效保单准备金	年初准备金的利息(1)	年末期望准备金	预期准备金改变量(3)	预期年末净现金流量(2)	年末利润
1	0	0	5 322	5 322	5 439.739	117.739
2	5 342	427.36	3 654	–1 688	–1 980.291	135.069
3	3 656	292.48	1 868	–1 788	–1 974.178	106.302
4	1 880	150.40	0	–1 880	–1 970.363	60.037

第三节　利 润 预 期

一、利润预期的概念

在前面的所有例子中，我们的做法是：计算每一份年初的有效保单在年末的利润，在这一节，我们将利用这种方法计算最初售出的每一份保单在未来各年的利润情况。

我们举例说明有关的概念。假设，对于一份被保险人年龄为 x 岁、保险期限为 n 年的保单，我们已经计算了每年年初的有效保单在年末的利润，即年末利润，我们把第 t 年的年末利润记为 PR_t。假设我们已知各年的死亡率数据为$\{q_{[x]+t}\}_{t=0}^{t=n}$。

这 n 年的年末利润 PR_t 可简写成一个向量(PR_1，PR_2，…，PR_{n-1}，PR_n）。实际上，年末利润的这种向量形式有时也被称为年末利润向量或利润状况（profit profile）。与年末利润向量相对应，我们定义利润预期的概念如下：

利润预期是在保单刚刚售出的时候，预计在未来的保险期间内每年年末利润的期望值所形成的向量。

利润预期是用一系列生存概率和年末利润向量计算而来的。每一年末利润 PR_t 代表一份在 t 年年初时的有效保单至年末将产生的利润的期望值，由此可得每一份刚刚售出的保单的未来利润预期，只需给 PR_t 乘以活到 t 年年初的概率，我们可以以表的形式描述这些计算，见表 9 – 8。

表 9 – 8

年份	利润状况	生存概率	利润预期
1	PR_1	${}_0p_{[x]}$	$PR_1\times{}_0p_{[x]}$
2	PR_2	${}_1p_{[x]}$	$PR_2\times{}_1p_{[x]}$
…	…	…	…
n	PR_n	${}_{n-1}p_{[x]}$	$PR_n\times{}_{n-1}p_{[x]}$

【例 9 – 10】　利用例 9 – 5、例 9 – 7 和例 9 – 9 的假设和结果，求出三份保单的利润预

期。

解：三份保单的利润预期如下：

（1）例 9－5：

年份	年末利润	生存概率	利润预期
1	5.38	1	5.38
2	34.12	0.996642005	34.00543
3	19.79	0.991755462	19.62684
4	20.35	0.986152043	20.06819
5	21.26	0.979888011	20.83242

（2）例 9－7：

年份	年末利润	生存概率	利润预期
1	－230.71	1	－230.71
2	90.97	0.996257995	90.62958981
3	114.19	0.990771599	113.1362089
4	138.494	0.984478225	136.3443273

（3）例 9－9：

年份	年末利润	生存概率	利润预期
1	117.739	1	117.739
2	135.069	0.989040003	133.5886478
3	106.302	0.971078055	103.2275394
4	60.037	0.95134181	57.11570825

二、简单保单利润预期的举例

我们将说明例 9－10 中三个简单保单的利润预期。尽管这些保单要比实际情况中的要简单得多，它们的利润预期仍然显示出一些典型的特征。图 9－4 显示了例 9－7 中两全保险保单的利润预期。

特别注意下列特性：

1. 此例中非常关键的是：第一年是亏损的。这是由于：（1）第一年需要支付高额的初始费用；（2）需在第一年年末建立准备金。同时，费用加准备金的总和超过了收取的保费。相对的，预期死亡给付的影响非常小，第一、第二年由于初始费用和准备金而引起的损失称为“新业务负担”。

2. 在第二年和以后的各年份，利润是正值。因此，初始损失是可以弥补的。

这种初始损失以及随之而来的较低的利润在均衡保费保单中是非常普遍的。我们可看到，一个利润预期的考查告诉了我们大量关于售出一份这样的保单可能会给寿险公司的金

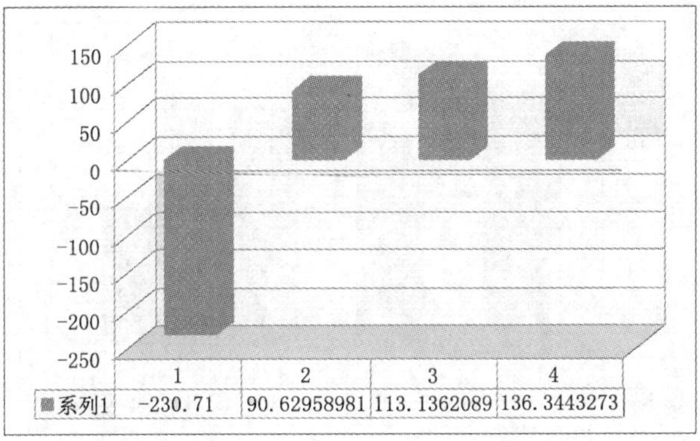

图 9－4　两全保险保单的利润预期图

融状况造成的影响。在第一年，寿险公司必须有足够的资金来弥补初始损失或新业务负担。换句话说，寿险公司需要有卖出这些保单的资本。寿险公司最重要的任务是在其现有资本基础上获得一个合理的回报率，这种情况只有在第二年以后的各年份的利润足够多的条件下才能实现。图 9－5 显示了几个例子中定期寿险的利润预期。

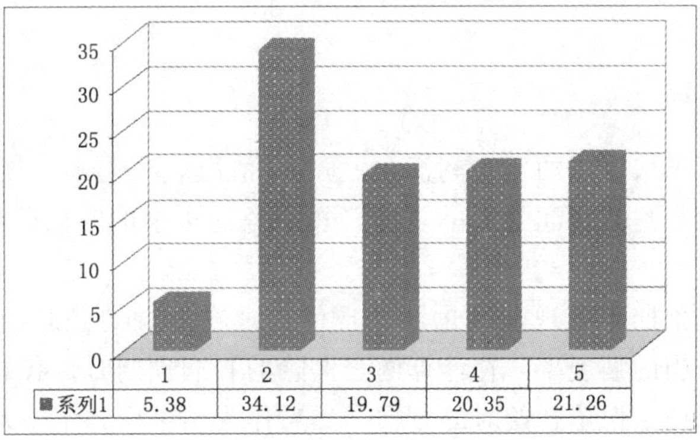

图 9－5　定期寿险的利润预期图

为什么图 9－5 不同于图 9－4(除了比例不同)？其主要原因在于，两全保险有高额准备金，这些准备金将获得高额利息，同时，死亡人数的影响相对小些。定期寿险则相反，相对于保险给付而言准备金少,并在期末减小至 0。

这些准备金获得较小利息。和两全保险相比较，死亡人数的影响大些。简单地说，两种保单的利润来源不同的利差益和死差益,这就赋予了它们不同的利润预期。图 9－6 显示了几个例子定期年金保险的利润预期。

图 9－6 的主要特点是每年的利润都是正值，在期初一次性支付保费的保单中，这是一个非常普遍的特性。简言之，公司在第一年就得到其所有(或几乎所有)的收入，所以，毫不奇怪地，利润立刻就会产生。但是，利润预期依赖于精算计算基础的选择，所以，不同的精算计算基础会使这张图彻底改变。我们将在第十一章讨论精算计算基础。

我们同时将会注意到：利润在第一年非常高，在以后的年度中则非常低。这仍然得归因于期初的一次性趸缴保费。这种保单的大部分利润来源于另一个方面——即保费本身。

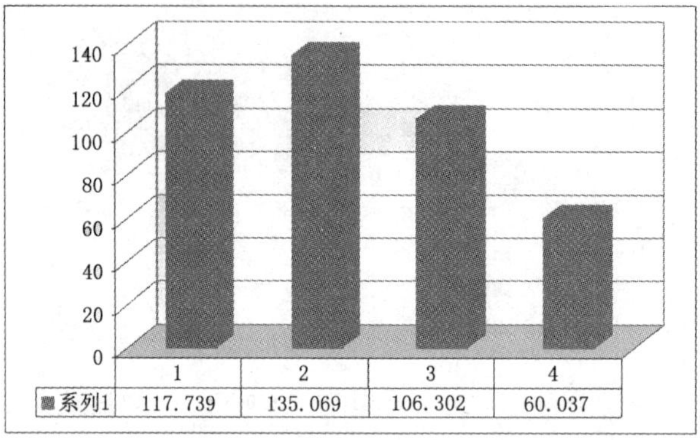

图 9－6　定期年金保险的利润预期图

第四节　利 润 现 值

一、风险贴现利率

利润预期显示了未来每年的年末利润（或损失）情况。我们不能简单地通过直接比较不同年份的年末利润来判断利润的大小。我们必须考虑资金的时间价值,因此，自然要对利润预期进行贴现。

我们曾经探讨过预期年末现金流量及其现值，现在要做的是对利润预期做类似的工作。首要的是选择恰当的贴现率。在计算两全保险的利润预期时，我们已观察到，一个寿险公司作为投资，承担了保单初始时的亏损，然后作为回报得到了一系列利润。这就告诉我们应使用的贴现率——它应是寿险公司投资所要求的回报率。

如果寿险公司用不同的方式使用其资本，我们就可以更明白地陈述这个问题。假设我们已经计算了寿险公司考虑售出的一份保单的利润预期，并假设此利润预期向量表明有一次初始亏损。如果此寿险公司决定继续出售这种类型的保单，它将不得不利用它的部分资本来弥补初始亏损。但它并不一定出售这些保单。它可以出售其他保单，并把出售这种保单所须投入的资金存入银行。简单地说，此公司可以有两种选择：第一种选择，继续出售这种保单，动用资本金。第二种选择，不出售这种保单，将资本投入银行生息。

现在，关键的问题是：寿险公司投资于新保单可能会比投资于银行冒更大的风险。这个寿险公司在出售这种新保单时将会面临如下的风险：

1. 从保单准备金中获取的利息也许要少于公司所希望的，一旦发生保险给付和费用支出，保单准备金的利息会更少。

2. 公司也许会对经营此保单的费用作过低的预计。

3. 如果在保单期限内有几年较高的通货膨胀，费用也许会大大增加（如 20 世纪 90 年代中期超过 20% 的通货膨胀率）。

4. 死亡率高于或低于公司按生命表或调整后的预期值，这将会减少或增加利润，但关键是增加了不确定性。

5. 投保人有反常的行为，例如，很早就解除保险合同(投保)。虽然不是总会减少利润，但它确实导致了更多的不确定性。

事实上，寿险公司将面临的风险远远超出了上述的风险，但这些已足以使我们意识到：一个寿险公司利用它的资本去出售更多的保单也许会比将资金存入银行里冒更大的风险。

那么当一个寿险公司(或其他企业)面对两种方案的选择——一个比另一个风险更大时，会如何反应呢？一般地，它的反应将是对风险更大的选择要求一个更高的预期回报率。公司将乐于选择风险较大的投资，只要此投资提供了一个更高的收益。

将此应用于贴现率，我们可以说，如果一个寿险公司要运用资本去发售新的保单，它将要求的回报率由两部分组成：

(1) 要求的无风险回报率，即投资于无风险项目的收益率；

(2) 为补偿投资风险而要求额外预期回报——风险附加保费。

寿险公司要求的回报率总和 = 无风险回报率 + 风险附加保费，被称作风险贴现利率。

所以寿险公司面对相当一笔初始亏损的利润预期时，会要求保单的利润能够带来一个更高的回报率，这个更高的回报率需超过风险较小的项目所带来的回报率。换言之，在对利润预期继续贴现时，将会使用一个相对较高的风险贴现利率。

当然，寿险公司也许会得出一个结论，即出售这种保单并不比其他利用资金的方式有更大的风险。事先估计一个特定投资的风险大小是非常困难的。因为这样或那样的原因，它将会要求一个与其他投资项目预期一致的回报率。但是，上述内容应给我们一个关键的概念，即用来贴现利润预期的贴现率应该与(已知的)保单的风险相关联，与公司利用其资本的其他方式相比较而言。

二、未来利润现值

利润预期中的未来利润，用风险贴现利率进行贴现之后，经常被称为未来利润现值(present value of future profit)，缩写为 PVFP。

采用前面已用过的符号，按风险贴现利率 r 计算的未来利润现值为：

$$\sum_{t=1}^{\infty}(1+r)^{-t}PR_t \times {}_{t-1}p_{[x]}$$

【例 9－11】 使用的风险年利率为 15%，求出例 9－10 中三种利润预期的未来利润现值。

解：根据例 9－10 可得：

(1) 例 9－5 中定期寿险的未来利润现值为 64.57 元；

(2) 例 9－7 中两全保险的未来利润现值为 20 元；

(3) 例 9－9 中年金保险的未来利润现值为 303.924 元。

我们也许对采用 15% 作为(此题的)风险贴现利率感到迷惑。它看起来要比作为其他目的而使用的比率要高得多。但是，在实际中，这是寿险公司使用的非常典型的风险贴现利率。

显然，在这样高的风险贴现利率下，一份长期保单在以后年份中出现的利润现值的影响较小。

第五节 利润水平

一、利润标准

考虑例 9 – 11 中的三个保单的未来利润现值，我们已经知道：

定期寿险的未来利润现值为 64.57 元；

两全保险的未来利润现值为 18.10 元；

年金保险的未来利润现值为 534.75 元。

根据这一结论，从直观上看，显然会考虑到尽可能按照年金保险、定期寿险、两全保险的次序将它们售出。

这样做，一般来说是正确的，但并非总是这样。在寿险公司选择售出哪一个保单时，未来利润的现值仅是考虑的若干因素之一。

寿险公司的管理者通常有若干方法衡量公司的经营成果，尤其是卖出新保单的经营成果。例如：

1. 通过付给出售保单的业务员的佣金来衡量经营成果。假定寿险公司的佣金标准制定合理，并且为经营公司愿意售出的各种保单提供更高的报酬，则支付佣金越多，公司的经营越成功，通常考虑的是初始的经营，因为它是与售出保单直接相关的。但是，这里有一个前提，就是寿险公司的佣金标准制定合理，并且公司愿意售出的保单是利润较高的保单。

2. 通过总保费收入衡量经营成果。寿险公司在售出新保单时相互竞争，并且那些成功地提高了其保费收入的公司往往会宣传这个事实。

3. 通过资金循环衡量经营成果。这意味着寿险公司愿意售出能够迅速收回资金的保单以便再次利用资金，缺少资金来源的新公司更会密切注意资金回收的速度。

4. 通过寿险公司投资的总回报率衡量经营成果。

上述的几项内容即利润标准，是将利润标准与寿险公司选择衡量其经营成果相联系的几种方法。

二、作为初始佣金的百分比的利润

我们要讨论的第一个利润标准涉及到利润预期与保单初始佣金的关系，我们能得到预期利润的现值，并将其表述为保单项下需付手续费的一定比例。

【例 9 – 12】 例 9 – 3 中的两全保险保单的初始费用是 100 元加上第一年保费的 20%，假定初始佣金是第一年保费的 10%（另外 10% 为市场营销费用），风险贴现利率为

15%，将未来利润现值表述为初始费用的一定比例。

解： 因为年保费为 1 250 元，所以初始费用为 125 元，从例 9－11 可知，在风险贴现利率为 15% 情况下的未来利润现值为 18. 10 元，即为初始手续费的 14. 48%。

在实践中，寿险公司会选择一个或更多的利润标准以达到它的总体目标，然后调整保单结构直到满足其利润标准。

这种利润标准的一个例子是“在风险贴现利率为 15% 的情况下未来利润现值应为初始佣金的 50%”。于是我们前面做过的两全保单不满足该利润标准，并且在实践中我们会使用更高的保费直到得到一个更满意的答案。

这个过程，即调整保单内容。在这个例中，即调整保费一直到利润水平满足了某个利润标准，我们称此调整保单内容的工作为利润测试。

这是非常重要的，在实践中，大多数国家的寿险公司都用利润测试来决定它们的应收保费，我们将在后面的章节中研究利润测试本身。

三、利润比例（profit margin）

另一个利润的衡量标准，有时被称做**利润比例，即是未来利润现值与应收保费现值的比例**。“利润比例”的名字来自于在未来应缴保费中都有一定比例的金额，为寿险公司的利润。

【例 9－13】 在风险贴现利率为 15% 的情况下，求出例 9－4 中定期年金保险保单的利润比例。

解： 年金的支付基于一次性保费 7 000 元，并且从例 9－11 可知未来利润现值为 534. 75 元，因此利润比例为保费的 7. 6%。

在实践中，寿险公司会考虑它接受什么样的利润比例。在这个例子中，希望得到 10% 的利润比例的寿险公司会得到满足，希望得到 5% 的利润比例的寿险公司则会考虑降低保费以使保单更有竞争力，毕竟对那些卖不掉的保单漫天叫价是没有意义的。

如果我们对有经常性保费收入的保单适用这个利润标准，别忽略需要对将来保费采取风险贴现利率，并且用死亡率计算现金流量。

【例 9－14】 在例 9－3 中，假定风险贴现利率为 15%，该两全保险保单的利润比例是多少？

解： 是 0. 3%，这是很低的。一个以利润比例为利润标准的寿险公司会因此而收取更高的保费。

四、贴现回收期

贴现回收期是一个寿险公司借以判断多快能收回资金的利润标准，这是一个与未来利润现值有关的概念。 我们定义未来第 k 年以前的未来利润现值为如下表达式的值（$1 \leqslant k \leqslant n$）：

$$\sum_{t=1}^{k} (1+r)^{-t} PR_t \times {}_{t-1}p_{[x]} \tag{9.1}$$

这样我们能够定义贴现回收期：贴现回收期是指使等式（9. 1）为非负值的第一个时间

k。我们通过以下例子说明贴现回收期的概念。

【例 9 - 15】 求例 9 - 3 中两全保险保单的贴现回收期。

解： 让我们在表 9 - 9 中列出利润预期，然后计算到时间 1、2、3、4 为止的未来利润现值：

表 9 - 9

年份	利润预期	年末期望利润的现值	年份	利润预期	年末期望利润的现值
1	-230.71	-200.62	3	113.14	73.70
2	90.63	68.27	4	136.34	76.75

因此，贴现回收期为 4 年。这说明这个两全保单在资金运用上不是特别有效率，公司不得不等待期末直到资金全部收回，以便再次利用。比较而言，例 9 - 9 中的定期年金保单能迅速产生利润，于是没有资金需求且贴现回收期为 1 年（微小的）尽可能地短。

第六节　利润测试和准备金

一、利润测试的意义

前述的利润测试，即是通过检验利润预期来决定一个寿险保单的合理保费的过程，包括使用利润标准，在此我们就利润测试做几点说明：

1. 利润测试是对一个寿险保单定价的经常途径。像在第七章及其前面探讨过的那些精算公式尽管仍旧有用，但在计算保费时已不像以前那么经常使用。事实上，利润测试可以用来对那些用精算公式计算起来过于繁杂的保单进行定价。

2. 对实际中的保单进行利润测试，不像我们所举的例子那么简单，因此需要计算机。

3. 为了简便，我们的书中常使用一年作为时间期间，在实践中则常用一个月作为一个时间段，分期缴纳的保费通常按月支付，而不是按年支付，于是直接按月计算现金流量无需近似。更重要的是：未来利润现值对开始几年的现金流量的变动非常敏感，特别是当使用了较高的风险贴现利率，按月计算现金流量便于寿险公司对现金流量有一正确、足够的注意。

4. 到现在，我们忽略了一个事实，我们用来计算预期未来现金流量的定价基础中所有的假设都是估计的，不仅有可能证明这些假设是错误的，而且几乎总能证明它们是错的。所以我们应当注意，未来的情况与我们的计算基础不同时所产生的影响。原则上讲，如果我们使用利润测试的话，这件事是很简单的，当我们有一个很满意的保单，如我们找到了一个与利润标准相适应的费率，我们可以用不同的计算基础重复进行利润测试。我们要格外注意利润预期对不同计算基础的敏感程度，为此，我们把这个过程称为敏感性分析。例如，我们会注意一个两全保险的利润对不同利率的敏感程度。我们知道利率对两全保险是很重要的，因为提存的大量准备金所生成的利息额取决于利率。我们也会注意定期寿险下利润对不同的死亡率的敏感程度，因为死亡率对定期寿险的利润关系重大，利润测试的工作须经过合理的敏感性分析才算完成。

5. 通过使用风险贴现利率及利润标准，公司能够设计符合公司目标的保险产品——即其利润及运用资金方面的指标，服从寿险公司的战略计划和管理。第七章的那些传统的精算公式无法揭示寿险公司的资金是否取得了合理的收益率。

二、准备金的现金流量法

在下面的例子中，在一定的定价基础上，计算出了保单价值，进而告诉我们每年应留多少准备金，并且我们将其计入现金流量中。采用现金流量法计算准备金，而不是用过去探讨的定价公式，是可行的。

【例 9－16】 在例 9－2 中的定期寿险保单预期的净现金流量如表 9－10 所示。

表 9－10

年　份	预期现金流量（元）	年　份	预期现金流量（元）
1	122.08	4	－65.76
2	79.8	5	－144.9
3	4.77		

这是在英国 AM92 选择表死亡率及 4% 利率的计算基础上计算出来的，在上一章，我们假定用净保费计算保单准备金，而不用给定的计算基础来计算保单价值。如此将产生的问题是，“在我们用来计算现金流量相同的计算基础的情况下需要多少准备金?”我们可以从上述的现金流量中直接找出答案。

先从最后一年算起，最后一年年末的预期现金流量为－144.9 元，考虑到保费于年初缴纳，因此，对于每一份年初的有效保单，在年初需提存的准备金为：

$$144.9 \times 1.04^{-1} = 139.33(\text{元})$$

这里假定年利率为 4%。将结果与例 9－5 中得到的净保费准备金 141.56 元相对比。

现在考虑第四年，每一张有效保单在第四年年末的预期净现金流量为－65.76 元。因此，我们需要在第四年年初提存一笔准备金，考虑到利率为 4%，预计该年末的预期现金流量为 65.76 元，且生存概率为 p_{58}，建立准备金 139.33 元，所以，需要的准备金为：

$$(65.76 + p_{58} \times 139.33) \times 1.04^{-1} = 212.37(\text{元})$$

同样在第三年年初每一张有效保单提存的准备金是：

$$(-4.77 + p_{57} \times 212.37) \times 1.04^{-1} = 224.58(\text{元})$$

以及第二年年初的每一张有效保单的准备金是：

$$(p_{[55]+1} \times 224.58 - 79.8) \times 1.04^{-1} = 149.43(\text{元})$$

所以，现金流量模型能用来像确定保费那样确定准备金，尽管如此，它在实践中的应用不如利润测试在定价上应用得那么广泛，部分原因是因为大多国家和地方的立法都在传统的定价公式条件下制定了定价基础(最低定价标准)，虽然也有特殊类型的保单例外。

【例 9－17】 在例 9－3 的两全保险保单中，利润现金流量模型求出每一有效保单在第2、3、4年年初的保单准备金，使用的死亡率及利率与用来计算现金流量的相同。

解： 由例9－3知，年初的有效保单在年末的预期年末净现金流量总额如表9－11所示。

表9－11

年　份	预期年末净现金流量总额(元)	年　份	预期年末净现金流量总额(元)
1	935.29	3	1 222.79
2	1 227.77	4	－3 746.406

其中，采用的精算基础为：利率6%；死亡率按英国AM92选择表。第四年年初一份有效保单所需的准备金为：

$$3\ 746.406 \times 1.06^{-1} = 3\ 534.345(\text{元})$$

在第三年年初我们提存准备金是为了能在年底给生存者提供3 534.345元的准备金以及在第三年年初所需的净现金流量1 222.79元，即我们需要：

$$(p_{58} \times 3\ 534.345 - 1\ 196.042) \times 1.06^{-1} = 2\ 166.983(\text{元})$$

在第二年年初所需的准备金为：

$$(p_{[56]+1} \times 2\ 166.983 - 1\ 227.77) \times 1.06^{-1} = 878.366(\text{元})$$

【例9－18】 某寿险公司对年龄为61岁的人卖出四年期无利润两全保险合同，保险金额为死亡年年末支付6 000元，保费为每年年初支付1 500元，初始费用为80元，加上第一年保费收入的25%的初始手续费，续保费用为每年20元(通胀引起的)加上第二年及以后各年保费的2%，假定该公司的投资收益率为7%，通货膨胀率为4%，死亡率依照英国AM92表，公司依据如下定价基础为保单定价：

方式：　净保费

死亡率：　英国AM92终极生命表

利率：　6%

风险贴现利率：　15%

试求：

(1) 利润预期；(2) 以初始手续费的一定比例表示的预期利润的现值；(3) 利润差额；(4) 贴现回收期。

解： (1)我们求出每年年初的每份有效保单的预期年末净现金流量(见表9－12)。

表9－12

年份	保费收入	费用支出	利息	预期索赔额	预期年末净现金流量总额
1	1 500	455.0	73.2	54.054	1 064.146
2	1 500	50.8	101.4	60.672	1 489.928
3	1 500	51.6	101.4	68.064	1 481.736
4	1 500	52.5	101.3	6 000	－4 451.2

然后计算保单准备金：

$$ {}_1V_{61:\overline{4|}} = 0.225566 $$

$$ {}_2V_{61:\overline{4|}} = 0.466317 $$

$$ {}_3V_{61:\overline{4|}} = 0.723909 $$

$$ {}_4V_{61:\overline{4|}} = 1.000 $$

为计算年末利润，计算出表 9－13 数字。

表 9－13

年份	年初有效保单准备金	年初准备金的利息(1)	年末期望准备金	预期准备金改变量(3)	预期年末净现金流量(2)	年末利润
1	0	0	1 341.20	1 341.2	1 064.146	－277.054
2	1 353.40	94.74	2 769.61	1 416.21	1 489.928	168.458
3	2 797.90	195.85	4 294.18	1 496.28	1 481.736	181.306
4	4 343.46	304.04	0	－4 343.46	－4 451.2	196.3

根据年末利润计算利润预期（见表 9－14）。

表 9－14

年份	年末利润	生存因子	利润预期
1	－277.054	1	－277.05
2	168.458	0.990991	166.94
3	181.306	0.980970099	177.86
4	196.3	0.969841974	190.38

（2）未来利润在 15% 的风险贴现利率下的现值为 111.11 元。初始费用为第一年保费的 25%，也就是 375 元。所以未来利润现值为初始费用的 29.6%。

（3）按 15% 的风险贴现利率计算出保费收入的现值为：

$$ 1\,500 \times \ddot{a}^{15\%}_{[61]:\overline{4|}} = 1\,500 \times 2.818 = 4\,227.62(\text{元}) $$

于是，利润比例为：

$$ \frac{\text{未来利润现值}}{\text{未来保费现值}} \times 100\% = 2.6\% $$

（4）让我们在表 9－15 中列出利润预期，然后计算到时间 1、2、3、4 为止的未来利润现值：

表 9－15

年份	利润预期	年末期望利润的现值	年份	利润预期	年末期望利润的现值
1	－277.05	－240.92	3	177.86	116.94
2	166.94	126.23	4	190.38	108.85

所以，贴现回收期为 3 年。

习　　题

1. 一个寿险公司向一个年龄为 30 岁的人出售 3 年期的死亡保险保单。保险金额为 100 000元，在死亡当年的年末支付，保费每年年初支付 54.17 元，初始费用为第一年保费的 35%，以后每年的费用为该年年保费的 15%（不考虑通货膨胀导致费用增值的因素），死亡率按中国人寿保险业经验生命表(2000—2003)CL1 计算，计算该保单的预期未来现金流量。

答案： 见表 9 – 16。

表 9 – 16

年　份	保费收入	费用支出	预期死亡索赔额
1	54.17	18.96	40.64634753
2	54.17	8.13	43.18538639
3	54.17	8.13	46.53519716

2. 针对习题 1 的同一保单，假设寿险以 4% 的实际利率进行投资，计算在每一年年初仍有效的保单在年末的现金流量。

答案： 见表 9 – 17。

表 9 – 17

年份	保费收入	费用支出	利息	预期死亡索赔额	预期年末净现金流量总额
1	54.17	18.96	36.6184	40.64635	–4.02795
2	54.17	8.13	47.8816	43.18539	4.69621
3	54.17	8.13	47.8816	46.5352	1.3464

3. 应用同习题 1 和例 9 – 2 同样的保单和假设，并按以下精算计算基础计算：

方式：　纯保费

死亡率：中国人寿保险业经验生命表(2000—2003)CL1

利率：　5%

计算年初有效的每张保单至年末时利润的期望值。

答案： 见表 9 – 18。

表 9 – 18

年份	年初有效保单准备金	年初准备金的利息(1)	年末期望准备金	预期准备金改变量(3)	预期年末净现金流量(2)	年末利润
1	0	0	592 466.9359	592 466.9359	–4.02795	–592 470.6939
2	31.18205247	1.247282	628 587.3748	628 556.1928	4.69621	–628 551.4966
3	50.73621361	2.029449	0	–50.7362136	1.3436	52.0826

4. 利用习题3的假设和结果，求出三份保单的利润预期。

答案：见表9－19。

表9－19

年份	年末利润	生存因子	利润预期
1	－592 470. 6939	1	－592 470. 9639
2	－628 551. 4966	0. 999593537	－628 296. 0137
3	52. 0826	0. 999161858	52. 03896097

5. 使用的风险年利率为15%，求出习题4中利润预期的未来利润现值。

答案：－990 239. 9779元。

6. 试分析出现以上结果的原因。

答案：略。

第十章

精　算　基　础

第一节　精算基础的内容

一、精算基础的含义

精算基础是指作为精算计算前提的一组设定。这些设定将因使用它们目的的不同而变化，但任何基础都将包括一些特殊的设定，这些设定与精算计算中相关因素的将来变化水平有关。

利润测试采用的精算基础有三个关键要素：利息率、死亡率和营业费用。这三个要素在未来的数值是未知的，我们必须对它们作出适当的估计。在对每个要素作估计时，我们并不一定打算把这作为我们所期望的数值，而只是想用这个值来进行精算计算。

我们已经接触过两种最重要的精算基础的例子——定价基础与估价基础。我们将探讨隐藏在作出定价基础或估价基础选择后面的原因，我们会看到精算基础的选择可能对保单的利润预期产生的影响。

我们将依次探讨精算基础的这三项主要要素。

二、利率

某些保单，像两全保险保单，在其有效期间内，长时间地备有大笔的准备金。显然，利率是精算基础中最重要的设定。

利率的设定（就某种意义来说），是对我们将来能得到的利率的估计。我们知道，利率甚至能够在极短的一段时间内剧烈变动，所以要预测未来的利率是困难的。投资于很安全的债券（像国债）可以近乎确定地得到某一未来利率，但这种办法是很少的，并且难以一直奏效。所以，面对未来可实现利率的不确定性，最根本的考虑是：如果我们的设定是错的，将会出现什么问题和多大的问题。

如果我们的设定太高，以致我们将来得到的利息少于我们所假定的，那么很明显我们的利润将低于我们所预计的。如果我们的设定太低，那么我们将获得额外的利息，从而增加我们的利润。因此，假定一个较低的利率是安全的。

通常，我们把一个较高的利率设定称为乐观设定。我们把一个较低的利率设定称为悲观设定或保守设定，居于其间的被称为现实设定。显然，这里绝不是说乐观设定就是好设定。这个术语表明一个过于乐观的精算人员可能会面对难以应付的意料之外的困难。

在为精算基础选择利率时，一般要考虑以下因素：

1. 利率的设定与我们将要把准备金投资于何种资产有关。不同资产得到不同的回报率。

2. 针对我们选择的资产类型，估计一个现实的回报率。

现实设定是我们通常采用的方法。如果我们想使用更安全的悲观设定，那么还应采取的一步是：

3. 确定我们达不到那个回报率的可能性的大小，然后把我们的悲观设定降低一点，使达不到目标的可能性小一些。

4. 保险期限是重要的，因为在近期我们可以得到的利率相对久远的将来来说，更具有确定性。

5. 保费的交付方式是重要的。在趸缴保单下，我们立即收到所有的收入，因此我们完全可以知道将它进行某种投资我们可以得到的利率。在每年缴纳保费或每月缴纳保费的情况下，大部分收入在将来得到，我们不能确定我们能得到什么利率。

6. 一般说来，将来的收入，无论是来自保费或来自于投资，将不得不以未知的利率去投资，即再投资，因为它与将来可收取的再投资利率有关，所以又增加了总回报率的不确定性。

7. 我们对目前利率水平的看法很重要。如果我们觉得它们将下降，我们要用一个比目前水平稍低的设定；如果我们觉得它们将上升，我们会用一个比目前水平高一点的设定，但后者有明显的危险，只有在十分肯定地认为目前利率异常低的情况下方可有此举。

当我们说到**“目前利率水平”**时，**通常指从定息证券得到的收益**。虽然我们也许打算投资于其他资产，但这些提供了选择精算基础的基准与出发点。

在实际中，投资所得的利率是变动的。在有些情况下，这将表现为一定时期后简单的增加或减少。例如，如果目前利率水平高但预计将来年份会下降，精算基础应将投资收益描述清楚，如：“前 6 年 11%，此后 7.5%”，这比说“整个期间的利率为 9%”更现实，也更有用。通过传统的精算公式来适应这种变动的设定是很困难的，但如果我们进行利润测试，这样做造成的麻烦不多。

请注意风险贴现利率，虽然看起来像利率，它并不是精算基础的一部分，它是寿险公司的一份报告。

估计的投资所得利率，往往低于用于计算保单有效期所形成的利润的利率——我们已注意到，在前面的例子中，风险贴现率可以非常高。而这样一个设定的最终结果，将取决于保单利润预测的情况。大多数情况下，初始阶段里亏损，随后的年份里盈利，这样的精算基础将会减少利润的期望现值。

三、死亡率

死亡率的设定，与保单种类有关，也与精算基础用于计算的不同目的有关，并随之变动。这里的核心问题仍然是：错误设定的财务后果是怎样。我们应当能够理解，对于死亡保险与年金保险来说，答案是不一样的。如果死的人数少于我们所预计的，那么在死亡保险合同下会形成死差益，这有着很直观的意义——死者少于预计数额，则索赔降低，利润也就提高了；反之，则形成死差损，即利润降低。另一方面，死的人数少于所预计的，这会导致年金保险保单下的死差损，因为那样年金给付高于所预计的。

因此安全的设定(即尽可能避免损失)是高估死亡保险保单的死亡率以及低估年金保险保单的死亡率。很多国家已为保险业编制了适用于不同险种的多种经验生命表。例如，英国用于两全保险与终身寿险的 A1967—1970 生命表及 AM92 生命表和用于年金保险的 a(55)生命表，少数未编制各类保单专用生命表而仅仅编制了一份生命表的国家或地区，应考虑针对不同的险种，将生命表作出调整。例如，针对年金保险，可以将开始领取年金之后的死亡率调整得更低一些，方法是将被保险人的年龄降低若干年或将死亡率乘以某个小于 1 的系数。类似地，需要死亡率更高时，可采取增加年龄的方法。

我们强调将标准生命表与各寿险公司所承保的被保险人的死亡率相匹配的问题，因为各公司所承保的对象往往不同，也就有不同的死亡率。我们要确定这些表是否可能在今后低估或高估本公司承保的被保险人的死亡率。

另一个重要因素是今后死亡率的可能变化趋向。21 世纪以来，全世界的死亡率已大大降低。对死亡保险来说，这是有利的，但对年金保险则不利。因为随着时间的推移，人们的寿命在延长，也就是说，被保险人领取年金的时间将更长，比当年的生命表所预计的要长。因为这个原因，用于年金保险的生命表，应考虑到死亡率的将来发展趋势而进行修正。

四、营业费用

我们在第七章已经讲到，营业费用有几种不同的方式。它们可能是：（1）保单保费；（2）保费比例费用，习惯上按保费百分比计算；（3）保险金比例费用。

营业费用的设定也将随保单类型的不同而不同。在设定之前，寿险公司必须进行营业费用调查。这要求寿险公司根据保单类型和所采取的业务方式，对某段时期(如上年度)的费用进行分析。比如，对于定期保险、两全保险、终身保险等，也许会有进行体检的费用。不同的保单有不同的平均费用。分析之后，寿险公司明确了各种不同的保单将发生的费用，会确定哪个费用是每张保单都有的或是与保费、给付有关的，最终将产生一组可以用于精算基础里的营业费用设定。

五、精算基础的意义

我们已知道，两个主要的精算基础是定价基础和估价基础。我们有时也会看到提及的经验基础。这是一组关于实际结果的设定。例如，我们考查一个保单时，也许想用某一给定的定价基础为其定价，并于此后用某一给定估价基础为其估价，并看看如果实际结果不符合任意一个基础，将产生什么影响。之后，我们会需要一组关于实际结果的设定——经验基础。

我们现在考虑，精算基础的目的会怎样影响精算人员对设定的选择。

定价基础是用于拟定新保单费率的精算基础，有两个主要的且相互对立的因素要考虑。(1) 既然目标是创造利润，我们想依此为保单定价，这将导致较悲观的设定，以增加保费收入。(2) 另一主要因素是寿险公司面对的市场。定价很低以致不盈利是没有意义的，但将费率定得远远高于同业竞争者同样没有意义，那会导致保单卖不出去。

于是为定价而使用的基础常常是盈利性与市场竞争能力的折中，这可以产生相对现实的基础。太乐观的基础(高利率，低死亡率(死亡保险)和低营业费用)将导致公司的损失，而过分悲观的精算基础会使费率太高以致对潜在投保人没有吸引力。

下面我们将考虑估价基础。我们估价的目的不止一个。

(1) 最重要的目的也许是测算公司的偿付能力。也就是说，资产应至少足够用于建立估价所要求的准备金。精算专业人员与保险监督机构很重视保险公司的偿付能力，要求公司必须有充足的偿付能力。这将导致选择保守的精算基础，即低利率，高营业费用和高死亡率(死亡保险)或低死亡率(年金保险)。使用这种精算基础意味着，如果估价说明公司财务状况良好，当未来到来时，公司具有充分偿债能力的可能性将更大。

(2) 另一个进行估价的原因是计算利润。我们已经知道估价在利润测试中的重要性。本卷的后面，我们将探讨不同的估价基础对一典型的利润预期所产生的影响。悲观精算基础的效果是延迟利润的生成，乐观精算基础的效果是加快利润的生成。

所以在这里，相互冲突的因素构成了选择精算基础的依据。基础太乐观，在证明有偿付能力方面，被认为不合人意;而基础太悲观，它会减少营业所得的盈利。

六、精算基础作为对将来的估计

从以上部分来看，精算基础不一定只是用来对将来情况进行直接的预测，也可以用于调整保单内容以适合保单目标和精算人员的目的。

不过，我们经常在给定其目的的情况下，把精算基础看作是对未来的一种估计，根据目的，精算基础可能是乐观的、现实的或悲观的展望。

第二节 定 价 基 础

定价基础最终决定寿险公司销售保单的效益。如果公司保费收取不足，就会造成亏损。因此，探讨实际情况与定价基础不符的影响是非常重要的。如果将来实际情况比定价基础中的设定情况好(假定按定价基础设定情况所计算的保费是适应市场销售的)，毫无疑问会增加公司的利润。然而，如果实际情况较差，公司会陷入严峻的财务危机。

一、异常幅度

我们将实际情况与定价基础不符的情况称为异常。为避免异常现象带来严重的不利影响，精算师会在设定定价基础时考虑异常幅度（contingency margins），即有意将异常幅度作为消极影响的因素考虑在内。设定定价的精算基础时，异常幅度可以是明确列出的，也可以暗含在其他内容中。

明示的异常幅度是明确加在设定中的，例如，一个精算师实际估计某类定期寿险被保险人的死亡率时，采用中国人寿保险业经验生命表中死亡率的92%，而他在确定费率时就用该经验生命表中死亡率的97%，这样就提高了5%的死亡率作为异常幅度。类似地，假设估计某类终身寿险保单的被保险人的死亡率为该经验生命表中死亡率的99%，可以采用该表中死亡率的96%为定价基础。如此，异常幅度为4%。

暗含的异常损失幅度是指在使用明显保守的假定时，暗含了异常损失因素，故意没有做实际估定。例如，另一个精算师在考虑定期寿险时认为，由于近年来死亡率下降，并有持续下降趋势，采用另一张生命表中死亡率的100%会高估将来的死亡率，这就在做死亡率设定时暗含了异常幅度。这里提到另一张生命表，我们也可以将中国人寿保险业经验生命表中的年龄做几年的调整，例如，将65岁时的死亡率按生命表中60岁时的数据计算，以考虑死亡率的降低。

类似地，假设实际利率比预期利率低时，采用实际利率减1%的利率就明确考虑了异常幅度。也可以按另一个精算师的做法，采用比他预期利率低的利率，这实际上就暗含了异常幅度。同样，变动经营费用水平也可以暗含异常幅度，但如果公司对将来实际情况能够控制，或可以变动某些可能发生的费用，这个幅度也可以少计算一些。

二、异常幅度对费率的影响

在定价基础设定时加入异常幅度会增加保费，比如，假设我们对某无分红终身寿险保单定价采用的利率为6%，我们计算出在设定中分别加入1%、2%或3%的异常幅度后（换句话说，就是分别用5%、4%、3%的利率）的影响，其中死亡率选自英国A1967—1970选择表（见表10-1）。

表10-1

定价利率	不同年龄的被保险人应缴费率		
	20岁	40岁	60岁
6%	0.00343	0.01058	0.03526
5%	0.00447	0.01232	0.03760
4%	0.00591	0.01443	0.04021
3%	0.00785	0.01697	0.04311

以在死亡率设定中加入异常幅度为例，假定我们对男性终身寿险保单被保险人的预期死亡率是采用英国AM80选择表中的死亡率，然而，为了暗含异常幅度，我们会采用A1967—1970选择表（用更早年的生命表中的死亡率会偏高）中利率为4%的数据，我们通过表10-2说明采用两个不同生命表的影响。

表 10－2

定价生命表	不同年龄的被保险人应缴费率		
	20 岁	40 岁	60 岁
英国 AM80	0.00545	0.01321	0.03674
英国 1967—1970	0.00591	0.01443	0.04021

三、利润测试敏感性分析

用计算机进行利润测试的最大好处是，精算基础可以变动，利润预期可以重新计算，这就使我们能够又快、又简便地对定价基础中的各因素进行敏感性分析。

分析过程中假定其余因素保持不变，改变定价基础中的某一特定因素，变动此因素对保费的定价的影响就可以观测出来，如果定价基础中某一因素变动很小，会引起利润预期的较大变动，这就说明此保单对定价基础中的这个因素变动很敏感，在选择该假定时要非常注意，如果需要应加入异常幅度。反之，如果定价基础中某一特定因素的变动对利润预期影响很小，就说明保单对此因素不敏感，进一步改进定价基础作用不大。

在进行敏感性分析时，我们对设定因素做各种变动的测试，通常在利润测试时，先选择一个很接近实际情况的假定。这种敏感性测试有助于我们决定哪里需加入异常幅度，应加多大合适，因此我们在假定时先不加入异常幅度。

换句话说，通过敏感性分析，测定哪些因素会引起利润预期较大变动，就知道当设定定价基础时，应重点考虑哪些因素了。

假如，我们一旦选定了一个利率，可以采用比它低 1% 的利率进行利润测试。如果保单在降低了的利率条件下，仍有可观的利润，我们的设定就可成立，但是，如果敏感性测试反映出保单利润大大下降时，就应当考虑，我们原先估计的利率风险太大，应对定价基础做相应的调整。

四、定价基础对利润预期的影响

定价基础的改变对利润预期的影响是必然的。如果我们将定价基础中的设定改为较悲观的，而不改变原保单保费，那么利润预期会减少； 如果我们将定价基础中的设定改为乐观的，而仍不改变原保单保费，那么利润预期必然会增加。

特别需要注意的是，这里改变的是利润预期，它们仅仅是测算出的，将来的实际利润不管我们事先如何假定，都不会受影响。

五、定价基础对保费的影响

我们可以从两个方面分析定价基础的影响：(1) 给定费率的条件下，定价基础的变动会改变预期利润，即利润预期。(2) 给定利润预期的条件下，定价基础的改变会导致保费的改变，提高保费是为了保证寿险公司的盈利，降低保费是为了在市场上更有竞争力。

精算师在给保单计价时，一般都预定几个利润标准，由此可避免频繁测试保单定价基础的变动所导致的保费变动。

第三节 估价基础

一、定价基础和估价基础的区别

我们必须明确的是，估价基础并不影响公司实际利润等经营情况——死亡率、费用、利率等都不受其影响。

我们不能错误地认为估价基础会以某种方式影响公司的财务状况。精算师对寿险公司的估价是以精算师之见估计公司应提存多少准备金及公司是否有足够资产建立这笔准备金。这些准备金是否充足，只能在将来实际经营中验证，准备金是否充足的问题并不是直接由估价决定的。

估价基础不同于定价基础，这是因为：

第一，估价的目的是为了明确偿付能力，精算师和保险监督部门都希望采用一个保守或悲观的精算基础，这会导致在几个原有估价基础上引入异常幅度。有时也可能不完全这么做，而是通过仔细考虑后采取非保守假定，只在那些敏感性测试发现有必要的因素中加入异常幅度。如此看来，估价基础常常会不同于保费定价基础，尤其在定价基础过于保守时。

第二，估价基础有时由法律规定，或者可能只规定一个最低限额的估价基础（如费用），于是，精算师选择估价基础的余地是受限制的。如果精算师选择定价基础时受到严格的限制，则几乎必然导致实际计价基础和估价基础不一致。

第三，以定价为目的的利润测试，只在保单出售前进行，而估价基础很可能因条件的不断变动而不断修订，于是在保单售出几年后，估价基础可能会不同于利润测试所用的定价基础，而且也不同于在初期利润测试时的估价基础，这种情况是很可能发生的。几年后，因其间经济、社会、人口统计变动，这种区别会很大。

二、估价基础对利润预期的影响

定价基础对利润预期的影响是直观的、明显的，而估价基础对利润预期的影响却较不明显。

假如我们将估价基础中的设定改为较悲观的假定，很显然，新的估价基础要求提存更多的准备金。比如说，预计我们所得利息下降，或需开支更多费用，或死亡索赔增多，而保费收入不变，很明显我们将需要一个更大的准备金来弥补现金流量的差额。

增加准备金有三个方面的影响：（1）第一年所得利润会减少，因为在第一年末增加准备金导致支出增加，即会发生一笔较大的亏损；（2）准备金利息增加；（3）每一年年末的准备金变动都是不同的——是增或减并不那么直观、明显。

类似地，如果我们将估价基础改为较乐观的假定时，我们只需准备较少的准备金。

当精算师估价基础设定更悲观时，说明我们加强了精算基础，因为这样公司增强了偿付能力——即公司必须提存更多的准备金；当我们采用较乐观的精算基础时，我们通常也说我们削弱了精算基础。

下面这个例子以例 9－18 养老保单为例，反映了增强和削弱某估价基础中的设定利率时的影响。

【例 10－1】 在例 9－18 的估价基础中假设死亡率按 A1967—1970 生命表计算，估价利率如下，计算相应保单的利润预期：（1）利率增强到 4%；（2）利率为 6%。

解： 在这些变动中，保费、费用及索赔所引起的现金流量并不受影响。

在利率 4% 的情况下，保单准备金为：

$$_{1}V_{61:\overline{4}|}=0.230$$

$$_{2}V_{61:\overline{4}|}=0.472$$

$$_{3}V_{61:\overline{4}|}=0.728$$

$$_{4}V_{61:\overline{4}|}=1$$

由此，我们计算各年的利润状况，见表 10－3、表 10－4。

表 10－3

年份	年初有效保单准备金	年初准备金的利息	年末期望准备金	预期准备金改变量	预期年末净现金流量	年末利润
1	0	0	1 370	1 370	1 074.8	－295.2
2	1 380	96.6	2 802	1 422	1 487.4	162.0
3	2 832	198.2	4 828	1 450	1 431.9	180.1
4	4 368	305.8	0	－4 368	－4 451.2	222.6

表 10－4

年份	利润状况	生存因子	利润预期
1	－295.2	1.00000	－295.2
2	162.0	0.99277	160.8
3	180.1	0.98229	176.9
4	222.6	0.96299	214.4

即各年的利润预期为（－295.2，160.8，176.9，214.4），按 15% 的风险贴现率计算得，未来利润现值为 103.8 元。

在利率 6% 的情况下，保单准备金为：

$$_{1}V_{61:\overline{4}|}=0.223$$

$$_{2}V_{61:\overline{4}|}=0.463$$

$$_{3}V_{61:\overline{4}|}=0.721$$

$$_{4}V_{61:\overline{4}|}=1$$

由此，我们计算各年的利润状况，见表 10－5、表 10－6。

表 10－5

年份	年初有效保单准备金	年初准备金的利息	年末期望准备金	预期准备金改变量	预期年末净现金流量	年末利润
1	0	0	1 328	1 328	1 074.8	－253.2
2	1 380	93.7	2 749	1 411	1 487.4	170.1
3	2 778	194.5	4 241	1 463	1 431.9	163.4
4	4 326	302.8	0	－4 326	－4 451.2	177.6

表 10－6

年份	利润状况	生存因子	利润预期
1	－253.2	1.00000	－253.2
2	170.1	0.99277	168.9
3	163.4	0.98229	160.5
4	177.6	0.96299	171.0

即各年的利润预期为（－253.2，168.9，160.5，171.0），按15%的风险贴现率计算得，未来利润现值为110.8元。

为了便于比较，下面将以15%风险贴现利率，估价利率分别为4%和6%时的利润预期和未来利润现值列表如表10－7所示。

仔细观察这些利润预期，估价利率增强到4%时，前两年利润较少，后两年利润较多；估价利率削弱到6%时，前两年有较高的利润，而后两年利润较少。

通过这个简单的例子，我们可以把这个观测结果推广，即增强估价基础的结果是减小了利润危机，而削弱了估价基础将会增大利润危机。

表 10－7

估价利率	不同年份的利润预期				未来利润现值
	1	2	3	4	
4%	－295.1	160.7	176.9	214.4	103.8
6%	－253.1	168.8	160.5	171.0	110.9

对此观察结果有一个较直观的解释：如果要增强估价基础，需要增加准备金，这样在第一年或前几年中利润会下降，然而随着时间推移，准备金增大，准备金利息将产生重要影响，以后利润又开始增加。

习　题

1. 精算基础的含义和意义是什么？并谈谈对其主要因素的理解。
2. 什么是异常幅度？它对费率有什么影响？
3. 谈谈定价基础对利润预期和保费的影响。
4. 估价基础和定价基础有什么不同？估价基础对利润预期的影响是什么？

答案：（略）。

第十一章

复合状态模型和多原因减员模型

第一节 复合状态模型

一、简单状态模型和复合状态模型

（一）简单状态模型

本书的第三章我们曾探讨过简单生存模型，那时，我们从数学的角度，把生存状况简化为一个简单的过程。在这种简单生存模型中，**生命个体在状态之间的转换形式只有一种，即从生存状态向死亡状态转换，我们通常把这种简单生存模型称作简单状态模型或单原因减员模型**，它可以用图 11－1 来描述：

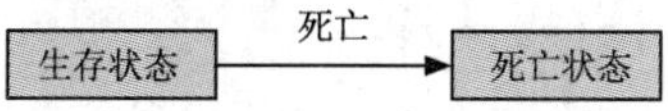

图 11－1

（二）复合状态模型

我们可以把上述模型扩展为复合状态模型，使可能的状态转换不止一个。图 11－2 的图形描述了一个包含疾病状态的模型。这里的可能状态共有三个，分别为“健康”、“疾病”、“死亡”。无论何时，每个人都可能处在“健康”、“疾病”、“死亡”三种状态中的一种，每个人都可能沿箭头所示方向由一种状态转换到另一种状态。也就是说，生命个体可以由健康状态转换到疾病状态或死亡状态，可以由疾病状态转换到健康状态或死亡状态，但无法由死亡状态转换到任何其他状态。

复合状态模型是针对生命个体在任何时间点可能处于的状态和状态间可能的转换而定义的，如果在一个模型中可能的状态转换不止一个，则称此模型为复合状态模型。上述的

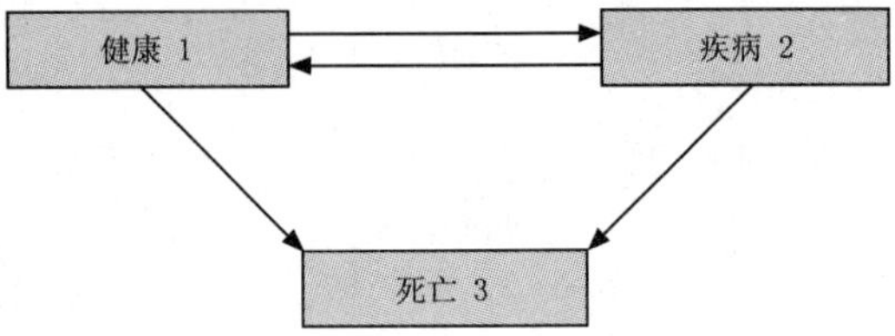

图 11－2

疾病模型即为复合状态模型的一种，也是最重要的一种复合状态模型。

在疾病模型中，我们已经注意到，生命个体可以由健康状态转换到其他状态，也可以由疾病状态转换到其他状态，但无法由死亡状态转换到任何其他状态。于是，我们把生命状态划分为“可转换”状态和“吸收性”状态。

“可转换”状态是指生命个体随时都有可能转换到其他状态的一种生命状态。例如：在疾病模型中的健康状态和疾病状态，它们都可能转换到其他状态。**“吸收性”状态是指一旦进入就不能离开的生命状态**。例如：在疾病模型中的死亡状态，任何生命个体无法从死亡状态转换到其他任何状态。

（三）复合状态模型的一般形式

现在考虑一般的模型，它有 n 个可能的状态，和一个重要的时间变量 x。

我们在一个连续的时间区间上和有限的生命状态中探讨生命状态 $\{S(x); 0 \leqslant x \leqslant \infty\}$，这是一个随机过程。既然我们希望时间或年龄在它的范围内是连续地变化，那么我们考虑的模型即为连续时间的随机过程。既然只有 n 个可能的状态，这个过程就是一个有限状态的空间，从数学的意义上我们称之为状态空间。因此，对任何 x，$S(x)$的可能值一定是 1，2，3，…，n。在此，我们用“$S(x)=1$”表示“在时刻 x 过程处于状态 1”，用“$S(x)=2$”表示“在时刻 x 过程处于状态 2”，…，用“$S(x)=n$”表示“在时刻 x 过程处于状态 n”，我们现在考虑以下的条件概率：

$$P\{S(x+t)=b \mid S(x)=a\}$$

其中 $a,b=1,2,\cdots,n$。

上述概率即在生命个体 x 岁时处于状态 a 的条件下，在 $x+t$ 岁时处于状态 b 的概率，我们用${}_tp_x{}^{ab}$来表示这个概率。这里${}_tp_x{}^{ab}$不仅依赖于我们关心的时间区间的长度 t，而且依赖于时间区间的出发点 x。

我们假设该随机过程为马尔可夫链。也就是说，对于一个年龄为 x 岁的生命个体，它在 $x+t$ 岁时所处的状态仅仅依赖于其在 x 岁时的状态，而与在 x 岁之前所处的状态无关。

在一般的模型中，假定状态 n 是“吸收”的，则可以用数学方式描述为：

$$ {}_tp_x{}^{nb}=0 \qquad (11.1)$$

其中，x，$t \geqslant 0$，$b=1,2,\cdots,n-1$。

在复合状态模型中，生命个体在时间 x 处于一个特定的状态，不失一般性，我们假定它处于状态 1。在时间 $x+t$，生命个体一定处于状态空间中的任何一种状态。运用全概率定律，对所有的 x，$t \geqslant 0$ 有：

$$\sum_{b=1}^{n} {}_tp_x^{\ 1b} = 1$$

它能被一般化为：

$$\sum_{b=1}^{n} {}_tp_x^{\ ab} = 1（对所有的 x,t \geqslant 0） \tag{11.2}$$

第二节　转换力与转换概率

一、转换力

我们来定义转换力。假设出现在定义中的极限都存在，对 $x \geqslant 0$，我们定义由状态 a 向状态 $b(a \neq b)$ 的转换力为：

$$\mu_x^{\ ab} = \lim_{t \to 0}\left[\frac{{}_tp_x^{\ ab}}{t}\right] \tag{11.3}$$

其中，$a \neq b$。

函数 $\mu_x^{\ ab}$ 是 x 的连续函数，它们对应于一般生命表中的死亡力。这些定义能被转化为以下的等价形式：

$${}_tp_x^{\ ab} = t \cdot \mu_x^{\ ab} + o(t) \quad（对固定的 x \geqslant 0） \tag{11.4}$$

其中，$o(t)$ 为 t 的高阶穷小量，即：

$$\lim_{t \to 0} \frac{o(t)}{t} = 0$$

对任何固定的 $x \geqslant 0$，在短（t 较小）时间区间（$x, x+t$）内从状态 a 到状态 b 间进行多次转换的概率是 $o(t)$。因此我们粗略地把 $\mu_x^{\ ab}$ 解释成“在时间 x”，从状态 a 转换到状态 b 的单位时间的即时概率。注意：与死亡力 μ_x 相同，$\mu_x^{\ ab}$ 也可能超过 1。

二、状态持续概率

状态持续概率又称未转换概率，就是生命个体继续保留在原状态而未发生任何转换的概率。用概率表达式描述，即对任何 x，$t \geqslant 0$，和 $a = 1, 2, \cdots, n$，有：

$$P[S(x+u) = a，对所有的 u \in [0,t] \mid S(x) = a] \tag{11.5}$$

我们用符号 ${}_tp_x^{\overline{aa}}$ 表示这种概率。因此 ${}_tp_x^{\overline{11}}$ 表示：在 x 时处于状态 1 的生命个体，在时间区间 $[x, x+t]$ 内一直处于状态 1 的概率。注意，式子中“对任何 x，$t \geqslant 0$”的意思是说不包括由状态 1 转换到其他状态后又转换回状态 1 的情况。

我们令 x，$t \geqslant 0$ 为定值，对于很小的 $h > 0$（趋于 0^+），我们可以根据马尔可夫过程的性质推出如下表达式：

$${}_{t+h}p_x^{\overline{11}} = {}_tp_x^{\overline{11}} \ {}_hp_{x+t}^{\overline{11}} \tag{11.6}$$

当 h 很小时，在时间区间 $[x+t, x+t+h]$ 内进行两次或多次转换的概率是 $o(h)$，因此，根据全概率公式，在$[x+t,x+t+h]$上有：

$$1={}_hp_{x+t}{}^{\overline{11}}+{}_hp_{x+t}{}^{12}+{}_hp_{x+t}{}^{13}+\cdots+{}_hp_{x+t}{}^{1n}+o(h) \quad (11.7)$$

注意${}_hp_{x+t}{}^{11}$被${}_hp_{x+t}{}^{\overline{11}}$替代，因为在很小的时间区间内这两个概率相等，它们的区别是：${}_hp_{x+t}{}^{11}$包括在$[x+t,x+t+h]$间从状态1转换出去又回到状态1的概率。由公式(11.4)得出：

$${}_hp_{x+t}{}^{1b}=h\cdot\mu_{x+t}{}^{1b}+o(h)$$

其中，$b=2,3,\cdots,n$

得：

$${}_hp_{x+t}{}^{\overline{11}}=1-h\cdot\sum_{b=2}^{n}\mu_{x+t}{}^{1b}+o(h)$$

则

$${}_{t+h}p_x{}^{\overline{11}}={}_tp_x{}^{\overline{11}}\left[1-h\cdot\sum_{b=2}^{n}\mu_{x+t}{}^{1b}+o(h)\right]$$

即

$$\frac{{}_{t+h}p_x{}^{\overline{11}}-{}_tp_x{}^{\overline{11}}}{h}=-\left(\sum_{b=2}^{n}\mu_{x+t}{}^{1b}\right){}_tp_x{}^{\overline{11}}+\frac{o(h)}{h}$$

令$h\to0^+$，我们得到偏微分方程：

$$\frac{\partial\ {}_tp_x{}^{\overline{11}}}{\partial t}=-\left(\sum_{b=2}^{n}\mu_{x+t}{}^{1b}\right){}_tp_x{}^{\overline{11}}$$

且满足边界条件：当$t=0$时，${}_tp_x{}^{\overline{11}}=1$，该微分方程的解为：

$${}_tp_x{}^{\overline{11}}=\exp\left\{-\int_0^t\sum_{b=2}^{n}\mu_{x+u}^{1b}du\right\} \quad (11.8)$$

三、估计转换力

我们假设$\{S(x);0\leq x<\infty\}$为连续时间上的有限状态空间。"$S(x)=1$"表示"生命个体在x岁时处于状态1"，这些状态可以是指婚姻状态或养老金体系中不同类别的成员。假设我们有一个观察区间。我们观察在这个区间内状态间的转换次数和转换内容（例如由状态1转换到状态2）。

假设每个个体代表一个独立的现实过程$\{S(x);0<x<\infty\}$，x是个体的年龄。

假设我们可以观察到个体的每个转换。选定一个足够小的区间，比如(x_1,x_2)，我们可以假设转换力u_x^{ij}分别等于常数μ^{ij}（对$i,j=1,2\cdots,n;i\neq j$）。

我们假设被观察的生命个体的确定年龄在x_1和x_2之间。考虑在复合状态模型中某特定的生命个体的状态，假设它在时间t_1时开始被观察，并处于某一状态。

我们假设该特定的生命个体：

在时间t_1处于状态1；

在时间t_1+t_2转换到状态2；

在时间$t_1+t_2+t_3$转换到状态3；

在时间$t_1+t_2+t_3+t_4$转换到状态1；

然后因为某种原因在时间 $t_1+t_2+t_3+t_4+t_5$ 离开我们的观察。

假设该生命个体在观察期的状态不受观察期以前状态的影响，也不影响观察期以后的状态。

有了这个进一步的假设，我们可以写出：

$$
{}_{t_2}p_{x_1}^{\overline{11}} \cdot \mu_{x_1+t_2}^{12} \cdot {}_{t_3}p_{x_1+t_2}^{\overline{22}} \cdot \mu_{x_1+t_2+t_3}^{23} \cdot {}_{t_4}p_{x_1+t_2+t_3}^{\overline{33}} \cdot \mu_{x_1+t_2+t_3+t_4}^{31} \cdot {}_{t_5}p_{x_1+t_2+t_3+t_4}^{\overline{11}}
$$

$$
= \exp\{-t_2 \cdot (\sum_{b=2}^{n}\mu^{1b})\}\mu^{12} \cdot \exp\{-t_3 \cdot (\sum_{\substack{b=1\\b\neq 2}}^{n}\mu^{2b})\}\mu^{23} \cdot \exp\{-t_4 \cdot (\sum_{\substack{b=1\\b\neq 3}}^{n}\mu^{3b})\}\mu^{31}
$$

$$
\cdot \exp\{-t_5 \cdot (\sum_{b=2}^{n}\mu^{1b})\} \tag{11.9}
$$

假设在观察期里，有 N 个生命个体的年龄处于 (x_1, x_2)。定义 W_i 为所有的观察期内，在定义的年龄范围内的个体停留在状态 i 的时间。在前面的例子中个体在状态 1 的停留时间为 t_2+t_5，因此，其 W_1 值为 t_2+t_5。类似地 W_2、W_3 分别为 t_3、t_4。

定义 N_{ij} 为从状态 i 到状态 $j(i\neq j)$ 的所有转换次数，在前面的例子中 N_{12} 为 1，N_{23} 为 1，N_{31} 为 1。

因此似然函数可以写成：

$$
L = \exp\{-W_1\sum_{b=2}^{n}\mu^{1b}\} \cdot \exp\{-W_2\sum_{\substack{b=1\\b\neq 2}}^{n}\mu^{2b}\} \cdots \cdot \exp\{-W_n(\sum_{b=1}^{n-1}\mu^{nb})\}(\mu^{12})^{N_{12}}
$$

$$
\cdot (\mu^{13})^{N_{13}} \cdots \cdot (\mu^{n1})^{N_{n1}} \cdots (\mu^{nn-1})^{N_{nn-1}} \tag{11.10}
$$

表达式(11.10)可以看做是死亡力似然函数表达式的推广。

考虑 $\log_e L$ 和它对各个转换力的偏导数，很直接地得出，μ^{ij} 的极大似然估计为：

$$
\hat{\mu}^{ij} = N_{ij}/W_i \tag{11.11}
$$

其中，$i,j=1,2,\cdots,n$，$i\neq j$。

我们注意到，每一个估计是两个随机值的比值：转换的次数和在特定状态的停留时间。

如果一个特定随机试验的 N_{ij} 和 W_i 的值为 n_{ij} 和 w_i，我们可以认为极大似然估计值为：

$$
\mu^{ij} = n_{ij}/w_i \quad 其中\ i,\ j=1,2,\cdots,n,\ 并且\ i\neq j \tag{11.12}
$$

我们可以用 μ^{ij} 作为 $\mu_x{}^{ij}$ 的估计值，这里 $x=\frac{1}{2}(x_1+x_2)$。

在式(11.11)中的 W_i 是状态 i 的“等待时间”，对应于讨论一般生命表中的 μ_x 和 m_x 用到的 E_x^C。

对小样本，极大似然估计 $\hat{\mu}^{ij}$ 不太容易确定，但是当处于各状态的等待时间很长时，即中心风险暴露单位很大的时候，在合理的假设下，可以证明：(1) 此估计为无偏估计，即，当 $N\to\infty$ 时，$E(\hat{\mu}^{ij})=\mu^{ij}$。(2) 此估计为方差最小的估计。(3) 此估计服从正态分布。(4) 此估计的方差能被估计为 n/w^2。例如，对大样本来说，$\hat{\mu}^{ij}$ 的方差为 $n_{ij}/w_i{}^2$，$\hat{\mu}^{ij}$ 服从均值为 μ^{ij}、方差为 $\mu^{ij}/W_i{}^2$ 的正态分布。(5) $\hat{\mu}^{ij}$ 是相互独立的。

四、多原因减员模型

（一）模型的描述

我们将用一般多状态模型的框架描述多原因减员模型。

假设有 $m+1$ 个状态，用 $0,1,2,\cdots,m$ 表示。

我们把“$S(x)=0$”解释为“生命个体在时间 x 时处于状态 0”，状态 0 可以认为是代表所讨论的一组人的状态。

转换到状态 $1,2,\cdots,m$ 代表不同的减员原因，即以不同的方式退出状态 0，因此，我们有一个 m 种减员原因的减员模型。

如图 11－3 所示，箭头代表状态间可允许的转换。很明显，可能的转换只是从状态 0 到其他状态。在状态 $1,2,\cdots,m$ 间不可能发生转换，也不可能重新进入状态 0。方便地：状态 0 代表生存状态。

一旦个体进入状态 $1,2,\cdots,m$，他就不能离开，因此状态 $1,2,\cdots,m$ 是“吸收”的。从状态 0 到状态 b 通常被描述成 b 类型的减少或通过 b 的方式离开。

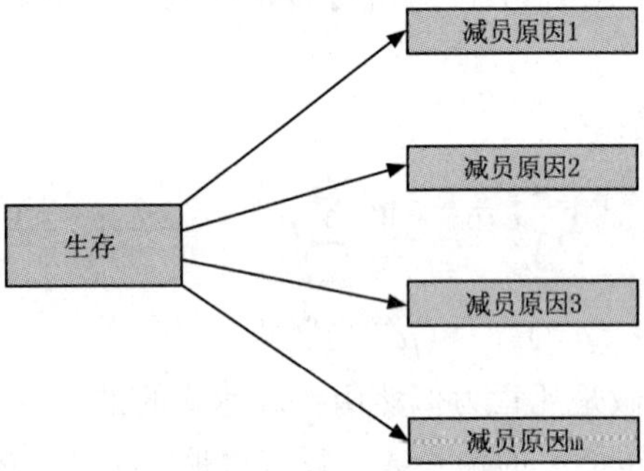

图 11－3　m 种减员原因的多原因减员模型

这暗含的意思是：在状态 0 的生命个体组成一个闭合的群体，没有新进入的成员，并且一旦离开状态 0 就不再进入。

现在考虑转换的条件概率为：

$$ {}_tp_x^{ab}=P\{S(x+t)=b\mid S(x)=a\} $$

显然，$a=0$。

在两状态间的转换力定义为：

$$ \mu_x^{ab}=\lim_{t\to 0^+}({}_tp_x^{ab}/t)\qquad a=0,b=1,2,\cdots,m $$

假设转换力 μ_x^{0b} 的值已经通过实验估计出来了。μ_x^{0b} 也称为产生于减员原因 b 的减员力 $(b=1,2,\cdots,m)$。

我们将推导用转换力表示的转换概率 ${}_tp_x^{ab}$ 的表达式。因为多原因减员模型的模式，我们注意 ${}_tp_x^{00}$ 等于复合状态模型中的 ${}_tp_x^{\overline{00}}$。因此：

$$ {}_tp_x^{00}=\exp\left\{-\int_0^t\sum_{b=1}^{m}\mu_{x+u}{}^{0b}du\right\} \tag{11.13} $$

（二）转换概率或减员概率

我们现在开始研究从状态 0 转换到状态 1，2，…，m 中任何一个的转换概率的表达式。不失一般性，我们选择研究向状态 1 转换的概率。考虑在时间 t 内从状态 0 到状态 1 的转换概率。

$$ {}_tp_x^{01}=P\{S(x+t)=1\mid S(x)=0\} $$

对于给定的 x，$t\geqslant 0$，令 $h>0$，且足够小，考虑：

$$ {}_{t+h}p_x^{01}=P\{S(x+t+h)=1\mid S(x)=0\} $$

把年龄区间$[x,x+t+h]$分为两个不重叠的部分：$[x,x+t]$和$[x+t,x+t+h]$，那么：

$$ \begin{aligned} &P\{S(x+t+h)=1\mid S(x)=0\}\\ &=\sum_k P\{S(x+t+h)=1,S(x+t)=k\mid S(x)=0\}\\ &=\sum_k P\{S(x+t+h)=1\mid S(x+t)=k,S(x)=0\}\cdot P\{S(x+t)=k\mid S(x)=0\} \end{aligned} $$

在此我们利用了 $P(A\cap B\mid C)=P(A\mid B\cap C)\cdot P(B\mid C)$，所以：

上式 $=\sum\limits_k P\{S(x+t+h)=1\mid S(x+t)=k\}\cdot P\{S(x+t)=k\mid S(x)=0\}$

（根据马尔可夫过程的性质）

给出多原因减员模型的可能转换，可选取的 k 值只有为 0 和 1。我们注意到：

$$ P\{S(x+t+h)=1\mid S(x+t)=1\}=1 $$

因此得到：

$$ \begin{aligned} &P\{S(x+t+h)=1\mid S(x)=0\}\\ &=P\{S(x+t+h)=1\mid S(x+t)=0\}\cdot P\{S(x+t)=0\mid S(x)=0\}\\ &\quad+1\cdot P\{S(x+t)=1\mid S(x)=0\} \end{aligned} \tag{11.14} $$

即

$$ {}_{t+h}p_x^{01}={}_tp_x^{00}\,{}_hp_{x+t}^{01}+{}_tp_x^{01} \tag{11.15} $$

μ_{x+t}^{01}的定义能被解释为：

$$ {}_hp_{x+t}^{01}=h\cdot\mu_{x+t}^{01}+o(h) $$

所以，

$$ {}_{t+h}p_x^{01}={}_tp_x^{00}\cdot h\cdot\mu_{x+t}^{01}+{}_tp_x^{01}+o(h) $$

因此，

$$ \frac{{}_{t+h}p_x^{01}-{}_tp_x^{01}}{h}={}_tp_x^{00}\cdot\mu_{x+t}^{01}+\frac{o(h)}{h} $$

让 $h\to 0^+$，我们得到微分方程：

$$ \frac{\partial}{\partial t}{}_tp_x^{01}={}_tp_x^{00}\cdot\mu_{x+t}^{01} \tag{11.16} $$

考虑到边际条件：当 $t=0$ 时，${}_tp_x^{01}=0$，此方程的解为：

$$ {}_tp_x^{01}=\int_0^t {}_uP_x^{00}\mu_{x+u}^{01}du \tag{11.17} $$

因此，更一般地，对 $b=1,2,\cdots,m$，有

$$ {}_tp_x^{0b} = \int_0^t {}_uP_x^{00}\mu_{x+u}^{0b}du \tag{11.18} $$

（三）多原因减员模型的符号

为了描述上的方便，我们定义几个标准符号，这不同于我们在前面使用的符号。标准的符号表示为：

$$ {}_t(ap)_x = {}_tp_x^{00} \tag{11.19} $$

$$ (a\mu)_{x+t}^j = \mu_{x+t}^{0j} \qquad j=1,2,\cdots,m \tag{11.20} $$

$$ {}_t(aq)_x^j = {}_tp_x^{0j} \qquad j=1,2,\cdots,m \tag{11.21} $$

$$ (a\mu)_{x+t} = \sum_{j=1}^m \mu_{x+t}^{0j} \tag{11.22} $$

等式左边的符号来自于标准符号，右边的来自前面所引入的符号。

我们把 $(a\mu)_{x+t}$ 看做是总减员力。

按上述符号，由式(11.13)，${}_tp_x^{00}$ 可表示为：

$$ {}_t(ap)_x = \exp\left\{-\int_0^t (a\mu)_{x+u}du\right\} \tag{11.23} $$

${}_tp_x^{01}$ 的表达式变为：

$$ \frac{\partial}{\partial t}{}_t(aq)_x^1 = {}_t(ap)_x(a\mu)_{x+t}^1 $$

并且，

$$ {}_t(aq)_x^1 = \int_0^t {}_u(ap)_x(a\mu)_{x+u}^1du \tag{11.24} $$

对其他减员原因 $j=2,3,\cdots,m$，也有类似的表达式。

把所有的 m 种减员原因合起来，可得：

$$ \frac{\partial}{\partial t}\sum_{j=1}^m {}_t(aq)_x^j = {}_t(ap)_x\sum_{j=1}^m (a\mu)_{x+t}^j $$

而且，

$$ \sum_{j=1}^m {}_t(aq)_x^j = \int_0^t {}_u(ap)_x\sum_{j=1}^m (a\mu)_{x+u}^j du $$

记：

$$ {}_t(aq)_x = \sum_{j=1}^m {}_t(aq)_x^j \tag{11.25} $$

则可以简单地表示为：

$$ \frac{\partial}{\partial t}{}_t(aq)_x = {}_t(ap)_x(a\mu)_{x+t} \tag{11.26} $$

$$ {}_t(aq)_x = \int_0^t {}_u(ap)_x(a\mu)_{x+u}du \tag{11.27} $$

其中，${}_t(ap)_x + {}_t(aq)_x = 1$

由 ${}_t(aq)_x$ 定义知：

$$ {}_t(aq)_x = P\{S(x+t)\neq 0 \mid S(x)=0\} \tag{11.28} $$

也就是某人在 x 岁时在状态 0 的生命个体（x），在 $x+t$ 岁时不在状态 0 的概率。因

此,生命个体（x）一定在年龄区间（$x,x+t$）内因某一种减员原因离开状态 0。

第三节　死亡、疾病模型

一、模型的描述

在死亡、疾病模型中，只有三种状态。状态的种类和可能的状态转换参见图 11 - 2 所示。

我们把“$S(x)=i$”解释为“保单持有者在 x 岁时处于状态 i”（$i=1,2,3$）

为了方便，我们用更具体的符号表示多状态模型中的转换力：

$\sigma_x=\mu_x^{12}$（“sigma x”）表示一个年龄为 x 岁的人从健康状态到疾病状态的转换力。

$\mu_x=\mu_x^{13}$（“mu x”）表示一个年龄为 x 岁的人从健康状态到死亡状态的转换力。

$\rho_x=\mu_x^{21}$（“rho x”）表示一个年龄为 x 岁的人从疾病状态到健康状态的康复力。

$v_x=\mu_x^{23}$（“nu x”）表示一个年龄为 x 岁的人从疾病状态到死亡状态的死亡力。

考虑到离开状态 2 的转换力与在状态 2 里持续的时间会更现实一些。因此，转换力被表示为 $\rho_{x,z}$ 和 $v_{x,z}$，即：

$\rho_{x,z}$（“rho x，z”）表示一个在疾病状态已持续 z 年的年龄为 x 岁的人转换到健康状态的康复力。

$v_{x,z}$（“nu x，z”）表示一个在疾病状态已持续 z 年的年龄为 x 岁的人转换到死亡状态的死亡力。

这里 z 是到现在已持续处于疾病状态的时间。然而在我们的模型中，我们假设转换力不依赖于 z。这是为了简化问题。

对于一般的 n 种状态的复合状态模型，我们用 μ_x^{ik} 表示一个 x 岁的人从状态 i 到状态 k 的转换力。

因此，用新的符号我们有了以下的定义：

$$\sigma_x=\lim_{t\to0^+}\left[\frac{{}_tp_x^{12}}{t}\right] \tag{11.29}$$

$$\rho_x=\lim_{t\to0^+}=\left[\frac{{}_tp_x^{21}}{t}\right] \tag{11.30}$$

$$\mu_x=\lim_{t\to0^+}=\left[\frac{{}_tp_x^{13}}{t}\right] \tag{11.31}$$

$$v_x=\lim_{t\to0^+}=\frac{{}_tp_x^{23}}{t} \tag{11.32}$$

这些定义有如下的等价形式，我们以 σ_x 为例：

对定值 $x\geqslant0$，我们有：

$$ {}_tp_x^{12}=t\cdot\sigma_x+o(t) \tag{11.33}$$

我们假设通过观测已经估计出了 σ_x，ρ_x，μ_x，v_x 的值。

进一步地，我们定义以下两个表明状态和持续时间的函数和 $Z(x)$。

$Y(x)$表示一个 x 岁的人所处状态（在疾病模型中，他可能被认为是状态 1、2、3 中的一种）。

$Z(x)$表示一个 x 岁的人在现有状态下已经持续的时间，他可以取小于 x 的任意一个正值。

二、转换概率

我们将推导在死亡、疾病模型中的转换概率${}_tp_x^{11}$，${}_tp_x^{12}$，${}_tp_x^{13}$，${}_tp_x^{22}$，${}_tp_x^{21}$，${}_tp_x^{23}$。

既然状态 3 是吸收的，则对所有 x，$t\geqslant 0$ 和 $b=1,2$。

$$ {}_tp_x^{3b} = 0，并且{}_tp_x^{33} = 1 \tag{11.34}$$

我们得到的表达式是以微分方程表示的。

先考虑${}_tp_x^{11}$，令 $x,t\geqslant 0$ 为定值，$h>0$ 为“很小值”。

对于：$${}_{t+h}p_x^{11} = P\{S(x+t+h)=1 \mid S(x)=1\}$$

把年龄区间$[x,x+t+h]$分为两个不重叠的部分：$[x,x+t]$和$[x+t,x+t+h]$，那么，

$$\begin{aligned} &P\{S(x+t+h)=1 \mid S(x)=1\} \\ &= \sum_k P\{S(x+t+h)=1, S(x+t)=k \mid S(x)=1\} \qquad (11.35) \\ &= \sum_k P\{S(x+t+h)=1 \mid S(x+t)=k, S(x)=1\}\cdot P\{S(x+t)=k \mid S(x)=1\} \\ &= \sum_k P\{S(x+t+h)=1 \mid S(x+t)=k\}\cdot P\{S(x+t)=k \mid S(x)=1\} \end{aligned}$$

（这里我们利用了等式 $P(A\cap B \mid C)=P(A \mid B\cap C)\cdot P(B \mid C)$和马尔可夫过程的性质。）

由死亡、疾病模型中可能的转换得知，k 的值只能为 1 或 2。

因此：$$\begin{aligned} &P\{S(x+t+h)=1 \mid S(x)=1\} \\ &= P\{S(x+t+h)=1 \mid S(x+t)=1\}\cdot P\{S(x+t)=1 \mid S(x)=1\} \\ &\quad + P\{S(x+t+h)=1 \mid S(x+t)=2\}\cdot P\{S(x+t)=2 \mid S(x)=1\} \end{aligned}$$

也就是：$${}_{t+h}p_x^{11} = {}_hp_{x+t}^{11}\cdot {}_tp_x^{11} + {}_tp_x^{12}\cdot {}_hp_{x+t}^{21}$$

在区间$[x+t,x+t+h]$上，由式（11.2），得：

$$1 = {}_hp_{x+t}^{11} + {}_hp_{x+t}^{12} + {}_hp_{x+t}^{13}$$

σ_x，ρ_x 和 μ_x 的定义能解释为：

$${}_hp_{x+t}^{12} = h\cdot\sigma_{x+t} + o(h) \tag{11.36}$$

$${}_hp_{x+t}^{13} = h\cdot\mu_{x+t} + o(h) \tag{11.37}$$

$${}_hp_{x+t}^{21} = h\cdot\rho_{x+t} + o(h) \tag{11.38}$$

因此，${}_hp_{x+t}^{11} = 1 - h\cdot(\sigma_{x+t}+\mu_{x+t}) + o(h)$

把${}_hp_{x+t}^{11}$和${}_hp_{x+t}^{21}$代入上式，可得：

$${}_{t+h}p_x^{11} = {}_tp_x^{11}[1-h\cdot(\sigma_{x+t}+\mu_{x+t})] + h\cdot\rho_{x+t}\cdot {}_tp_x^{12} + o(h)$$

因此，$\dfrac{{}_{t+h}p_x^{11} - {}_tp_x^{11}}{h} = -{}_tp_x^{11}(\sigma_{x+t} + \mu_{x+t}) + \rho_{x+t} \cdot {}_tp_x^{12} + \dfrac{o(h)}{h}$

让 $h \to 0^+$，得微分方程：

$$\frac{\partial}{\partial t}{}_tp_x^{11} = -{}_tp_x^{11}(\sigma_{x+t} + \mu_{x+t}) + {}_tp_x^{12} \cdot \rho_{x+t} \tag{11.39}$$

对${}_tp_x^{12}$，${}_tp_x^{21}$，${}_tp_x^{22}$有相似的等式：

$$\frac{\partial}{\partial t}{}_tp_x^{12} = -{}_tp_x^{12}(\rho_{x+t} + v_{x+t}) + {}_tp_x^{11} \cdot \sigma_{x+t} \tag{11.40}$$

$$\frac{\partial}{\partial t}{}_tp_x^{21} = -{}_tp_x^{21}(\sigma_{x+t} + \mu_{x+t}) + {}_tp_x^{22} \cdot \rho_{x+t} \tag{11.41}$$

$$\frac{\partial}{\partial t}{}_tp_x^{22} = -{}_tp_x^{22}(\rho_{x+t} + v_{x+t}) + {}_tp_x^{21} \cdot \sigma_{x+t} \tag{11.42}$$

现在考虑${}_tp_x^{13}$，令 $x, t \geqslant 0$ 为定值，$h > 0$ 很小。对于

$${}_{t+h}p_x^{13} = P\{S(x+t+h) = 3 \mid S(x) = 1\}$$

我们把年龄区间$[x, x+t+h]$分为两个不重叠的部分：$[x, x+t]$和$[x+t, x+t+h]$，那么，由以上推导所用的方法可得：

$$\begin{aligned} &P\{S(x+t+h) = 3 \mid S(x) = 1\} \\ &= \sum_k P\{S(x+t+h) = 3, S(x+t) = k \mid S(x) = 1\} \\ &= \sum_k P\{S(x+t+h) = 3 \mid S(x+t) = k\} \cdot P\{S(x+t) = k \mid S(x) = 1\} \end{aligned}$$

这里 k 的值为 1,2,3。

注意：当 $k = 3$ 时，$P\{S(x+t+h) = 3 \mid S(x+t) = 3\} = 1$

所以，代入转换概率的符号并把上式展开得：

$${}_{t+h}p_x^{13} = {}_hp_{x+t}^{13} \cdot {}_tp_x^{11} + {}_hp_{x+t}^{23} \cdot {}_tp_x^{12} + {}_tp_x^{13}$$

μ_{x+t}和 v_{x+t}的定义可以被解释为：

$${}_hp_{x+t}^{13} = h \cdot \mu_{x+t} + o(h)$$

$${}_hp_{x+t}^{23} = h \cdot v_{x+t} + o(h)$$

因此，可得：${}_{t+h}p_x^{13} = h \cdot \mu_{x+t}\,{}_tp_x^{11} + h \cdot v_{x+t}\,{}_tp_x^{12} + {}_tp_x^{13} + o(h)$

或者：$\dfrac{{}_{t+h}p_x^{13} - {}_tp_x^{13}}{h} = \mu_{x+t} \cdot {}_tp_x^{11} + v_{x+t} \cdot {}_tp_x^{12} + \dfrac{o(h)}{h}$

让 $h \to 0^+$，我们得到微分方程：

$$\frac{\partial}{\partial t}{}_tp_x^{13} = {}_tp_x^{11} \cdot \mu_{x+t} + {}_tp_x^{12} \cdot v_{x+t} \tag{11.43}$$

对${}_tp_x^{23}$有相似的方程：

$$\frac{\partial}{\partial t}{}_tp_x^{23} = {}_tp_x^{21} \cdot \mu_{x+t} + {}_tp_x^{22} \cdot v_{x+t} \tag{11.44}$$

三、死亡、疾病模型的特殊符号

（一）状态标识

前面我们把健康、疾病、死亡三种状态如上标记为 1、2、3。为了方便，我们可以用字母 H、S、D 来表示这三种状态。具体地，我们以 H 表示健康状态，以 S 表示疾病状态，以 D 表示死亡状态。

例如，我们可以采用如下的符号表示相应的概念：

（1）用 ${}_tp_x^{HH}$：一个 x 岁时健康的人在 $x+t$ 岁时处于健康状态的概率（注意：这个人在 x 到 $x+t$ 岁之间，可能曾经患病）。

（2）用 ${}_5p_{30}^{HD}$：一个 30 岁时健康的人在 5 年内死亡的概率。

（3）用 $p_{30,2}^{SD}$：一个 30 岁的人已经患病 2 年，在 1 年内死亡的概率。

（4）用 ${}_5p_{30}^{DS}$：一个 30 岁已经死亡的人在 5 年内患病的概率，当然，其值为零。

（5）用 ${}_tp_x^{DD}$：一个 x 岁的已经死亡的人在 t 年内处于死亡状态的概率。该概率值显然为 1。

（二）转换力

采用新的状态标识符号，我们把相应的关系式可表示为如下的形式：

$$\sigma_x = \lim_{t\to0^+}\frac{{}_tp_x^{HS}}{t} \qquad {}_tp_x^{HS} = t\cdot\sigma_x + o(t)$$

$$\mu_x = \lim_{t\to0^+}\frac{{}_tp_x^{HD}}{t} \qquad {}_tp_x^{HD} = t\cdot\mu_x + o(t)$$

$$\rho_{x,z} = \lim_{t\to0^+}\frac{{}_tp_{x,z}^{SH}}{t} \qquad {}_tp_{x,z}^{SH} = t\cdot\rho_{x,z} + o(t)$$

$$v_{x,z} = \lim_{t\to0^+}\frac{{}_tp_{x,z}^{SD}}{t} \qquad {}_tp_{x,z}^{SD} = t\cdot v_{x,z} + o(t)$$

【例 11－1】 如果 ${}_tp_{50}^{HS}=0.01t+0.0001t^2(0\leqslant t\leqslant50)$，求 σ_{50}。

解：利用公式得：

$$\sigma_{50} = \lim_{t\to0^+}\frac{{}_tp_{50}^{HS}}{t} = \lim_{t\to0^+}(0.01+0.0001t) = 0.01$$

【例 11－2】 如果 $\sigma_x=0.001x-0.001$，并且 $\mu_x=0.0005x-0.001$，$30\leqslant x\leqslant35$，求 ${}_5p_{30}^{\overline{HH}}$。

解：根据公式得：

$$\begin{aligned}{}_5p_{30}^{\overline{HH}} &= \exp\left[-\int_0^5(\sigma_{30+t}+\mu_{30+t})dt\right]\\ &= \exp\left[-\int_{30}^{35}(\sigma_x+\mu_x)dx\right]\\ &= \exp\left[-\int_{30}^{35}(0.001x-0.01+0.0005x-0.001)dx\right]\end{aligned}$$

$$= \exp\left[-\int_{30}^{35}(0.00105x-0.011)dx\right]$$
$$= \exp[(-0.000525x^2+0.11x|_{30}^{35}]$$
$$= e^{-0.1155} = 0.891$$

习　题

1. 对于一个复合状态模型，假设恢复率和死亡率与生病时间长短无关，h 代表一个短暂的瞬间，下面哪个式子是正确的？

(1) ${}_hP_x^{HH} = 1 - h(\sigma_x + \mu_x) + o(h)$

(2) ${}_hP_x^{\overline{HH}} = 1 - h(\sigma_x + \mu_x) + o(h)$

(3) $\frac{\partial}{\partial t}P_x^{\overline{SS}} = -(\rho_{x+t} + v_{x+t})\,{}_tP_x^{\overline{SS}}$

答案：(3)

2. 如果${}_tP_{40}^{HD} = 0.002t + 0.00008t^2 (0 \leqslant t \leqslant 40)$，求 μ_{40}。

答案：$\mu_{40} = \lim\limits_{t\to 0^+}\frac{{}_tP_{40}^{HD}}{t} = \lim\limits_{t\to 0^+}(0.002 + 0.00008t) = 0.002$

3. 如果 $\rho_x = 0.001x - 0.002, v_x = 0.006x - 0.001, 35 \leqslant x \leqslant 4$，求${}_5P_{35}^{\overline{SS}}$。

答案：
$$ {}_5P_{35}^{\overline{SS}} = \exp\left[-\int_0^5(\rho_{35+t} + v_{35+t})dt\right]$$
$$= \exp\left[-\int_{35}^{40}(\rho_x + v_x)dx\right]$$
$$= \exp\left[-\int_{35}^{40}(0.001x - 0.002 + 0.006x - 0.001)dx\right]$$
$$= \exp\left[-\int_{35}^{40}(0.007x - 0.003)dx\right]$$
$$= \exp[(-0.0035x^2 + 0.003x|_{35}^{40}] = e^{-1.2975} = 0.273$$

4. 推导式 (11.40) $\frac{\partial}{\partial t}\,{}_tp_x^{12} = -\,{}_tp_x^{12}(\rho_{x+t} + v_{x+t}) + {}_tp_x^{11}\cdot\sigma_{x+t}$。

答案：参照式 (11.39) 的推导方法。

5. 推导式 (11.44) $\frac{\partial}{\partial t}\,{}_tp_x^{23} = {}_tP_x^{21}\cdot\mu_{x+t} + {}_tP_x^{22}\cdot v_{x+t}$。

答案：参照 (11.43) 的推导方法。

第十二章
联 合 生 命

到目前为止，所探讨的生命模型只包括了一个生命，常常称为一元生命模型。现在我们开始探讨多于一个生命的情形。本章的探讨，将以两个生命的情形为主。

第一节 联合生命状态及其概率

一、联合生存状态与联合生存概率

对于一个生命个体的终身寿险 A_x，我们考虑的是被保险人是否处于生存状态，当投保人生存，不支付保险金，而被保险人死亡，则支付保险金。我们将其单位给付的预期现值用 A_x 表示。而对于 $a_{x:\overline{n}|}$表示的生命年金，我们考察的状态是“被保险人（x）生存且 $t\leqslant n$（即被保险人在保险期内的某时刻处于生存状态）”或“被保险人（x）死亡且 $t\leqslant n$（即被保险人在保险期内的某时刻处于死亡状态）”。

这里，“x”表示一种状态，即年龄为 x 岁的被保险人(x)处于生存状态，“$\overline{n}|$”表示保单有效年少于 n 年的状态。

现在我们探讨联合生存状态。

联合生命状态是我们将探讨的多个生命的生命状态。我们把所考虑的一组生命都处于生存状态的情况看作联合生存状态。具体地，我们用“$x_1,x_2,\cdots,x_m$”表示 m 个被保险人的年龄分别为 $x_1,x_2,\cdots,x_m$，并且他们在这些相应的年龄上处于生存状态。也就是说，x_i 表示这一组人的第 i 个成员的年龄，我们说这一组人处于生存状态是指其中所有成员都处于生存状态。m 个被保险人中出现第一个死亡的人，即标志着这组人生存状态的结束。我们把联合生存状态 $x_1,x_2,\cdots,x_m$ 未来处于生存状态的时间，即这组人结束生存状态前的持续生存的时间称为联合生存状态的未来生存时间，用 T 表示。那么：

$$T_{x_1x_2\cdots x_m} = \min\{T_{x_1}, T_{x_2}, \cdots, T_{x_m}\} \tag{12.1}$$

T_x 表示被保险人(x)的未来生存时间，就像简单生存模型中的 T_x 一样，T 是一个随机变量，与 T 相关的函数和与 T_x 相关的函数没有什么内在的区别，因此，一元生命的生存概率与保险金之间的所有相关关系可在联合生存状态中应用，例如：我们定义：

${}_tp_{x_1x_2\cdots x_m}$ = 联合生存状态 $x_1x_2\cdots x_m$ 继续处于生存状态 t 年以上的概率 = m 个被保险人 $x_1x_2\cdots x_m$ 全部生存 t 年以上的概率，这里，我们假设被保险人的生存与否是相互独立的，即：

$${}_tp_{x_1x_2\cdots x_m} = {}_tp_{x_1}\ {}_tp_{x_2}\cdots\ {}_tp_{x_m} \tag{12.2}$$

类似地，$p_{x_1x_2\cdots x_m}$表示联合生存状态 $x_1x_2\cdots x_m$ 结束之年年末支付 1 元保险金的预期现值（联合生存状态结束之年是指第一次发生被保险人死亡的那一年）。

本书主要将联合生存理论用于两个被保险人的情况，所有的结果都适用于包括两个被保险人以上的情况。于是，我们定义两个生命个体组成的联合生存状态的未来生存时间为：

$$T_{xy} = \min\{T_x, T_y\} \tag{12.3}$$

那么，T 的累积分布函数如下：

$$\begin{aligned} F_{T_{xy}}(t) &= P(T_{xy} \leqslant t) = P(\min\{T_x, T_y\} \leqslant t) \\ &= 1 - P(T_x > t \text{ 且 } T_y > t) \end{aligned} \tag{12.4}$$

因为我们假设 T_x、T_y 是相互独立的，所以：

$$\begin{aligned} F_{T_{xy}}(t) &= 1 - P(T_x > t) \cdot P(T_y > t) \\ &= 1 - {}_tp_x\ {}_tp_y \end{aligned} \tag{12.5}$$

于是，密度函数为：

$$\begin{aligned} f_{T_{xy}} &= \frac{d}{dt}(1 - {}_tp_x\ {}_tp_y) \\ &= -\ {}_tp_x(-\ {}_tp_y\ \mu_{y+t}) - {}_tp_y(-\ {}_tp_x\ \mu_{x+t}) = {}_tp_x\ {}_tp_y(\mu_{x+t} + \mu_{x+y}) \end{aligned} \tag{12.6}$$

现在，我们定义：

$$l_{xy} = l_x l_y \tag{12.7}$$

$$d_{xy} = l_{xy} - l_{x+1:y+1} \tag{12.8}$$

那么，联合生存状态 xy 生存 1 年以上的概率 p_{xy} 为：

$$p_{xy} = l_{x+1:y+1}/l_{xy} = \frac{l_{x+1}}{l_x} \cdot \frac{l_{y+1}}{l_y} = p_x p_y \tag{12.9}$$

联合生命状态 xy 在 1 年内结束的概率 q_{xy} 为：

$$q_{xy} = \frac{d_{xy}}{l_{xy}} = \frac{l_{xy} - l_{x+1:y+1}}{l_{xy}} = 1 - p_x p_y \tag{12.10}$$

这是在一年里被保险人(x)、(y)至少有一人死亡的概率。

我们定义联合生命状态 xy 的结束力 μ_{xy} 为：

$$\begin{aligned} \mu_{x+t:y+t} &= -\frac{1}{l_{x+t:y+t}} \cdot \frac{d}{dt} \cdot l_{x+t:y+t} \\ &= -\frac{d}{dt} \log_e l_{x+t:y+t} \end{aligned}$$

$$= -\frac{d}{dt}\log_e l_{x+t}l_{y+t}$$

$$= -\frac{d}{dt}(\log_e l_{x+t} + \log_e l_{y+t})$$

$$= -\mu_{x+t} + \mu_{y+t} \quad (12.11)$$

由此可得：$f_{T_{xy}}(t) = {}_tp_{xy}\mu_{x+t:y+t}$ (12.12)

显然，这与我们在一元生存模型中探讨过的下式是相对应的：

$$f(t) = {}_tp_x\mu_{x+t}$$

一般地，我们有：

$$\mu_{x_1+t:x_2+t:\cdots x_m+t} = \mu_{x_1+t} + \cdots + \mu_{x_m+t} \quad (12.13)$$

即联合生存状态的结束力是每一被保险人死亡力之和(假设他们的未来生存时间相互独立)。为了在离散情况下计算保险预期现值，我们需要联合生存状态在区间$[t,t+1]$结束生存状态的概率。对于两个被保险人，我们有：

$$P(t < T_{xy} \leqslant t+1) = P(T_{xy} \leqslant t+1) - P(T_{xy} \leqslant t)$$

$$= {}_tp_{xy} - {}_{t+1}p_{xy} \quad (12.14)$$

$$= {}_tp_{xy} \cdot q_{x+t:y+t} \quad (12.15)$$

同样，在 t 年之后的一年中(即 t 至 $t+1$ 年里)，联合生存状态 xy 结束的概率为：

$${}_{t|}q_{xy} = {}_tp_{xy} \cdot q_{x+t:y+t} \quad (12.16)$$

二、最后生存者状态

另一种常用的状态称为最后**生存者状态，是指初始人口组中至少有一人仍处于生存状态，最后一人死亡则状态结束**。用$\overline{x_1x_2\cdots x_m}$表示最后生存者状态，其中 x_i 表示第 i 个被保险人的年龄，m 为初始人口组的人数。

随机变量 T 表示最后生存者状态在未来所持续的时间，即该状态结束前的时间。即

$$T_{\overline{X_1X_2\cdots X_m}} = \max\{T_{x_1}, T_{x_2}, \cdots T_{x_m}\} \quad (12.17)$$

若考虑只有两个被保险人的情况，$T_{\overline{xy}}$的概率分布为：

$$F_{T_{\overline{xy}}}(t) = P(T_{\overline{xy}} \leqslant t) = P(\max\{T_x, T_y\} \leqslant t)$$

$$= P(T_x \leqslant t \text{ 且 } T_y \leqslant t) \quad (12.18)$$

由于假设被保险人相互独立，则

$$F_{T_{\overline{xy}}}(t) = P(T_x \leqslant t) \cdot P(T_y < t)$$

$$= (1 - {}_tp_x)(1 - {}_tp_y)$$

$$= 1 - {}_tp_x - {}_tp_y + {}_tp_{xy} \quad (12.19)$$

其密度函数推导为：

$$f_{T_{\overline{xy}}}(t) = \frac{d}{dt}[1 - {}_tp_x - {}_tp_y + {}_tp_{xy}]$$

$$= {}_tp_x u_{x+t} + {}_tp_y u_{y+t} - {}_tp_{xy}(u_{x+t} + u_{y+t})$$

$$= f_{T_x}(t) + f_{T_y}(t) - f_{T_{xy}}(t) \quad (12.20)$$

注意，在此我们定义${}_tp_{\overline{xy}}$为在时间 t 里被保险人(x)或(y)至少有一个处于生存状态的

概率。也就是说，两者都生存，或者只有(x)生存，或是只有(y)生存。
所以：

$$
\begin{aligned}
{}_tp_{\overline{xy}} &= {}_tp_{xy} + {}_tp_x(1 - {}_tp_y) + {}_tp_y(1 - {}_tp_x) \\
&= {}_tp_x + {}_tp_y - {}_tp_{xy} \qquad (12.21)
\end{aligned}
$$

t年内最后生存者状态结束的概率定义为：

$$
\begin{aligned}
{}_tq_{\overline{xy}} &= 1 - {}_tp_{\overline{xy}} \\
&= 1 - ({}_tp_x + {}_tp_y - {}_tp_{xy}) \\
&= (1 - {}_tp_x) + (1 - {}_tp_y) - (1 - {}_tp_{xy}) \\
&= {}_tq_x + {}_tq_y - {}_tq_{xy} \qquad (12.22)
\end{aligned}
$$

注意：

$$
{}_tq_{\overline{xy}} = (1 - {}_tp_x)(1 - {}_tp_y) \qquad (12.23)
$$

即t时间被保险人(x)和(y)都已离开生存状态的概率。

类似地，t年后的一年之间最后生存者状态结束的概率为：

$$
{}_{t|}q_{\overline{xy}} = {}_tp_{\overline{xy}} - {}_{t+1}p_{\overline{xy}} \qquad (12.24)
$$

$$
\begin{aligned}
&= ({}_tp_x - {}_{t+1}p_x) + ({}_tp_y - {}_{t+1}p_y) - ({}_tp_{xy} - {}_{t+1}p_{xy}) \\
&= {}_{t|}q_x + {}_{t|}q_y - {}_{t|}q_{xy} \qquad (12.25)
\end{aligned}
$$

于是，就像密度函数，最后生存状态可用一元生存状态和联合生存状态表示出。因为：

$$
\begin{aligned}
T_{xy} + T_{\overline{xy}} &= \min\{T_x, T_y\} + \max\{T_x, T_y\} \\
&= T_x + T_y
\end{aligned}
$$

所以，

$$
T_{\overline{xy}} = T_x + T_y - T_{xy} \qquad (12.26)
$$

注意：这个结果适合任意状态的被保险人x和y，但不适用于只有一个被保险人的情况。

【例12-1】 为一个65岁的男子和他60岁的妻子，计算在第20年末各死亡结果的概率。已知：男性：${}_{20}p_{65}=0.2453$，女性：${}_{20}p_{60}=0.5874$。

解：男性情况为：

$$
\begin{aligned}
{}_{20}p_{65} &= 0.2453 \\
{}_{20}q_{65} &= 1 - 0.2453 = 0.7547
\end{aligned}
$$

女性情况为：

$$
\begin{aligned}
{}_{20}p_{60} &= 0.5874 \\
{}_{20}q_{60} &= 1 - 0.5874 = 0.4126
\end{aligned}
$$

所以，

双方都生存的概率 = 0.2453 × 0.5874 = 0.1441 = 14.41%

只有丈夫生存的概率 = 0.2453 × 0.4126 = 0.1012 = 10.12%

只有妻子生存的概率 = 0.7547 × 0.5874 = 0.4433 = 44.33%

双方都死亡的概率 = 0.7547 × 0.4126 = 0.3114 = 31.14%

【例12-2】 如果

$$
K_{xy} = \min(K_x, K_y),\quad K_{\overline{xy}} = \max(K_x, K_y) \qquad (12.27)
$$

求：$P(K_{xy}=k)$ 和 $P(K_{\overline{xy}}=k)$。

解：因为 K_{xy} 为整数，所以，

$$P(K_{xy}=k)=P(T_{xy}<k+1)-P(T_{xy}\leqslant k)$$
$$=1-{}_{k+1}p_{xy}-(1-{}_{k}p_{xy})$$

（注意，这个结果还可以写为 $P(K_{xy}=k)={}_{k}p_{xy}\cdot q_{x+k:y+k}$）

类似地，可以推导出：

$$P(K_{\overline{xy}}=k)={}_{k}p_{\overline{xy}}-{}_{k+1}p_{\overline{xy}} \tag{12.28}$$

三、死亡顺序

在寿险的精算分析中，有时会涉及被保险人(x)和(y)的死亡顺序问题。为此，我们引入如下的符号和概念：

1. ${}_{n}q_{xy}^{1}$表示 n 年里被保险人(x)死于(y)之前的概率，这里不强调被保险人(y)的死亡时间，只要他是死亡于(x)之后，并且

$${}_{n}q_{xy}^{1}=\int_{0}^{n}{}_{t}p_{xy}\mu_{x+t}dt \tag{12.29}$$

2. ${}_{n}q_{xy}^{2}$表示 n 年里被保险人(x)死于(y)之后的概率，当然(y)在 n 年里死亡，并且

$${}_{n}q_{xy}^{2}=\int_{0}^{n}(1-{}_{t}p_{y})\,{}_{t}p_{x}\,\mu_{x+t}dt \tag{12.30}$$

注意：

$${}_{n}q_{xy}^{2}={}_{n}q_{x}-{}_{n}q_{xy}^{1} \tag{12.31}$$

即在 n 年时间里被保险人（x）死于（y）之后的概率与被保险人（x）在 n 年时间不死于（y）之前是相同的，当 $n=\infty$ 时，被保险人（x）和（y）若有相同年龄，则有相同的死亡率：

$${}_{\infty}q_{xx}^{1}={}_{\infty}q_{xx}^{2}=1/2 \tag{12.32}$$

第二节　联合生命保险与年金函数

一、基本联合生命保险与年金函数

与本书的一元生命保险与生命年金函数完全类似，我们可以定义相应的联合生命保险及联合生命年金的符号、概念及意义，探讨其计算方法。我们先定义基本的联合生命保险和联合生命年金。

由于多数符号和概念与一元生命保险以及年金类似，在此，我们只定义部分符号和概念，其余的符号和概念可以比照已定义的来确定。

（一）联合生存状态生命保险单位预期现值

对于年龄分别为 x 岁和 y 岁的两个人，在其联合生存状态结束之年年末支付 1 元保险

金的情况，我们定义：

$$A_{xy} = E[v^{\min\{K_x,K_y\}+1}] \tag{12.33}$$

即

$$A_{xy} = E[v^{\min\{K_x,K_y\}+1}]$$

$$= \sum_{t=0}^{\infty} v^{t+1}{}_{t|}q_{xy} \tag{12.34}$$

$$= \sum_{t=0}^{\infty} v^{t+1}\frac{d_{x+t;\,y+t}}{l_{xy}} \tag{12.35}$$

或

$$A_{xy} = \sum_{t=0}^{\infty} v^{t+1}{}_tp_{xy}\,q_{x+t:\,y+t} \tag{12.36}$$

显然，A_{xy}表示年龄分别为 x 岁和 y 岁的两个人，在其联合生存状态结束之年年末支付 1 元保险金的预期现值。

类似地，我们可以定义 $A_{xy:\,\overline{n|}}$：

$A_{xy:\,\overline{n|}}$表示如果联合生存状态 xy 在 n 年之内结束，则在结束之年年末支付 1 元保险金的预期现值。于是：

$$A_{xy:\,\overline{n|}} = \sum_{t=0}^{n-1} v^{t+1}{}_{t|}q_{xy} + v^n{}_np_{xy} \tag{12.37}$$

$$= \sum_{t=0}^{n-1} v^{t+1}\cdot\frac{d_{x+t;\,y+t}}{l_{xy}} + v^n\cdot\frac{l_{x+n;\,y+n}}{l_{xy}} \tag{12.38}$$

或

$$A_{xy:\,\overline{n|}} = \sum_{t=0}^{n-1} v^{t+1}{}_tp_{xy}\,q_{x+t;\,y+t} + v^n{}_np_{xy} \tag{12.39}$$

$$= \sum_{t=0}^{n-1} v^{t+1}\frac{d_{x+t;\,y+t}}{l_{xy}} + v^n\frac{l_{x+n;\,y+n}}{l_{xy}} \tag{12.40}$$

（二）联合生存状态生命年金单位预期现值

对于年龄分别为 x 岁和 y 岁的两个人，在其处于联合生存状态中的每年年末支付 1 元年金的情况，我们定义：

$$a_{xy} = E[a_{\overline{\min(K_x,K_y)|}}]$$

即

$$a_{xy} = E[a_{\overline{\min(K_x,K_y)|}}] = \sum_{t=1}^{\infty} v^t{}_tp_{xy} \tag{12.41}$$

类似地，我们也可以定义 $\ddot{a}_{xy}$（略）。

容易理解： $\ddot{a}_{xy} = a_{xy} + 1$ (12.42)

（三）最后生存者状态生命保险

类似地，对于年龄分别为 x 岁和 y 岁的两个人，在其最后生存状态结束之年年末支付 1 元保险金的情况，令随机变量 K 代表状态$\overline{xy}$未来生存时间，即

$$K = \max(K_x, K_y)$$

定义： $A_{\overline{xy}} = E[v^{\max(K_x,K_y)+1}] = E[v^{K+1}]$ (12.43)

即

$$A_{\overline{xy}} = E[v^{\max(K_x,K_y)+1}] = E(v^{K+1})$$

$$= \sum_{K=0}^{\infty} v^{K+1} {}_{K|}q_{\overline{xy}} \tag{12.44}$$

$$= \sum_{K=0}^{\infty} v^{K+1} ({}_{k}p_{\overline{xy}} - {}_{k+1}p_{\overline{xy}}) \tag{12.45}$$

显然 $A_{\overline{xy}}$ 表示年龄分别为 x 岁和 y 岁的两个人，在其最后生存状态结束之年年末支付 1 元保险金的预期现值。

根据定义，容易推导出：

$$\begin{aligned} A_{\overline{xy}} &= E[v^{\max(K_x,K_y)+1}] = E[v^{K+1}] \\ &= \sum_{k=0}^{\infty} v^{k+1} {}_{k}q_{\overline{xy}} \\ &= \sum_{k=0}^{\infty} v^{k+1} ({}_{k|}q_x + {}_{k|}q_y - {}_{k|}q_{xy}) \\ &= A_x + A_y - A_{xy} \end{aligned} \tag{12.46}$$

（四）最后生存者状态年金单位预期现值

对于年龄分别为 x 岁和 y 岁的两个人，在其处于最后生存者状态中的每年年末支付 1 元年金的情况，我们定义：

$$a_{\overline{xy}} = E[a_{\overline{\min(K_x,K_y)}|}] \tag{12.47}$$

即

$$\begin{aligned} a_{\overline{xy}} &= E[a_{\overline{\min(K_x,K_y)}|}] \\ &= \sum_{t=1}^{\infty} v^t {}_{t}p_{\overline{xy}} \end{aligned} \tag{12.48}$$

类似地，我们也可以定义 $\ddot{a}_{\overline{xy}}$（略）。

容易理解： $\ddot{a}_{\overline{xy}} = a_{\overline{xy}} + 1$ （12.49）

根据定义，推导出：

$$\begin{aligned} a_{\overline{xy}} &= \sum_{t=1}^{\infty} v^t {}_{t}p_{\overline{xy}} \\ &= \sum_{t=1}^{\infty} ({}_{t}p_x + {}_{t}p_y - {}_{t}p_x\, {}_{t}p_y) \\ &= a_x + a_y - a_{xy} \end{aligned} \tag{12.50}$$

类似地，我们还可以很容易地证明下面的结论：

$$P(K_{\overline{xy}} = k) = P(K_x = k) + P(K_y = k) - P(K_{xy} = k) \tag{12.51}$$

证明过程略。

【例 12-3】 计算 $a_{\overline{60:60}}$，其中，利率为 4%，$\ddot{a}_{60} = 12.551$，$\ddot{a}_{60:60} = 9.943$。

解：

$$a_{60} = \ddot{a}_{60} - 1 = 12.551 - 1 = 11.551$$

$$a_{60:60} = \ddot{a}_{60:60} - 1 = 9.943 - 1 = 8.943$$

所以，

$$\begin{aligned} a_{\overline{60:60}} &= a_{60} + a_{60} - a_{60:60} \\ &= 11.551 + 11.551 - 8.943 = 14.159 \end{aligned}$$

二、一般联合生命保险与年金函数

除了基本联合生命保险函数和年金函数之外，还有一些更一般的情况，并且这些更一般的联合生命保险和年金函数与基本联合生命保险函数和年金函数的关系，也与一元生命保险和年金的情况类似。

（一）每年支付 m 次的联合生存年金函数和最后生存者年金函数

与一个被保险人的情况一样，年金的支付常常会比一年支付一次更频繁。于是我们定义每年支付 m 次的年金函数符号。

联合生命与一元生命有着类似的规律，我们可以采用类似的符号来表示有关每年支付 m 次的联合生存年金单位预期现值。例如，我们用 $\ddot{a}_{xy}^{(m)}$ 表示年龄分别为 x 岁和 y 岁的人，在其联合生存状态中的每年支付 m 次，每次支付$\frac{1}{m}$元，并于期初支付的联合生命年金，其单位预期现值。

具体地，即 $\ddot{a}_{xy}^{(12)}$ 表示在其联合生存状态期间每月初支付$\frac{1}{12}$元的联合生命年金的单位预期现值。

类似于一元生命年金，我们有：

$$\ddot{a}_{xy}^{(m)} \approx \ddot{a}_{xy} - \frac{m-1}{2m} \tag{12.52}$$

$$a_{xy}^{(m)} \approx a_{xy} + \frac{m-1}{2m} \tag{12.53}$$

当 $m=12$ 时，即
$$\ddot{a}_{xy}^{(12)} \approx \ddot{a}_{xy} - \frac{11}{24} \tag{12.54}$$

同样，我们可以引入最后生存者状态年金的单位预期现值：

$$\begin{aligned} a_{\overline{xy}}^{(m)} &= a_x^{(m)} + a_y^{(m)} - a_{xy}^{(m)} \\ &\approx \left[a_x + \frac{m-1}{2m}\right] + \left[a_y + \frac{m-1}{2m}\right] + \left[a_{xy} + \frac{m-1}{2m}\right] \\ &= a_x + a_y - a_{xy} + \frac{m-1}{2m} \\ &= a_{\overline{xy}} + \frac{m-1}{2m} \end{aligned} \tag{12.55}$$

（二）连续型的保险与年金函数

1. 联合生存状态结束时立即支付保险金的生命保险。前面探讨的生命保险都是在生存状态结束之年年末支付保险金的情况。对于在联合生存状态结束时立即支付保险金的情况，我们用$\overline{A}_{xy}$表示其单位预期现值，我们定义：

$$\overline{A}_{xy} = E[v^{\min(T_x,T_y)}] = E[v^{T_{xy}}] \tag{12.56}$$

即
$$\overline{A}_{xy} = E[v^{\min(T_x,T_y)}] = E[v^{T_{xy}}]$$

$$= \int_0^\infty v^t \, {}_tp_{xy}(\mu_{x+t} + \mu_{y+t})dt \tag{12.57}$$

2. 最后生存状态结束时立即支付保险金的生命保险。对于在最后生存状态结束时立即支付保险金的情况，我们用$\overline{A}_{\overline{xy}}$表示其单位预期现值，我们定义：

$$\overline{A}_{\overline{xy}} = E[v^{\max(T_x,T_y)}] = E[v^{T_{\overline{xy}}}] \tag{12.58}$$

即
$$\overline{A}_{\overline{xy}} = E[v^{\max(T_x,T_y)}] = E[v^{T_{\overline{xy}}}]$$
$$= \int_0^\infty v^t({}_tq_x \, {}_tp_y \, \mu_{x+t} - {}_tq_y \, {}_tp_x \, \mu_{y+t})dt$$

或
$$\overline{A}_{\overline{xy}} = E[v^{T_{\overline{xy}}}] = \int_0^\infty v^t f(t)dt$$
$$= \int_0^\infty v^t[f_x(t) + f_y(t) - f_{xy}(t)]dt \tag{12.59}$$
$$= \overline{A}_x + \overline{A}_y - \overline{A}_{xy} \tag{12.60}$$

3. 连续支付的联合生存状态年金。我们用$\overline{a}_{xy}$表示在联合生存状态期间连续支付的年金的单位预期现值，我们定义：

$$\overline{a}_{xy} = E(\overline{a}_{\overline{\min(K_x,K_y)}|}) \tag{12.61}$$

容易理解：
$$\overline{a}_{xy} = E(\overline{a}_{\overline{\min(K_x,K_y)}|}) = \int_0^\infty v^t \, {}_tp_{xy} \, dt \tag{12.62}$$

4. 连续支付的最后生存状态年金。我们用$\overline{a}_{\overline{xy}}$表示在最后生存状态期间连续支付的年金的单位预期现值，我们定义：

$$\overline{a}_{\overline{xy}} = E[\overline{\max(K_x,K_y)}|] \tag{12.63}$$

即
$$\overline{a}_{\overline{xy}} = E[\overline{\max(K_x,K_y)}|]$$
$$= \int_0^\infty v^t \, {}_tp_{\overline{xy}} \, dt \tag{12.64}$$

可以证明：
$$\overline{a}_{\overline{xy}} = \overline{a}_x + \overline{a}_y - \overline{a}_{xy} \tag{12.65}$$

5. 连续型的保险和年金与非连续型保险和年金之间的关系容易理解：

$$\overline{a}_{xy} \approx a_{xy} + \frac{1}{2} \tag{12.66}$$

$$\overline{A}_{xy} \approx \left(1 + \frac{i}{2}\right)A_{xy} \tag{12.67}$$

$$\overline{a}_{\overline{xy}} \approx a_{\overline{xy}} + \frac{1}{2} \tag{12.68}$$

$$\overline{A}_{\overline{xy}} \approx \left(1 + \frac{i}{2}\right)A_{\overline{xy}} \tag{12.69}$$

事实上，年金函数间的关系可以在每年支付 m 次的年金表达式中令 m 趋于∞而获得，保险函数间的关系是通过假设死亡在一年中的发生时间服从均匀分布，即平均地认为死亡发生在每年的年中而得到的，所以他们一般来说，比相应的年末支付要早半年，通过乘以因子$(1+i)^{1/2}$来体现利息方面的影响，它比$\left(1+\frac{i}{2}\right)$更接近实际，但后者也是在实际工作中有时使用的因子。

（三）顺序结束生存状态的生命保险

1. 死亡之年年末给付。对于被保险人(x)死于(y)之前的情况，在(x)死亡之年年末时支付保险金的保险，我们定义：

$$A_{xy}^{1} = E[u(T_x, T_y)] \tag{12.70}$$

其中：

$$u(T_x, T_y) = \begin{cases} v^{T_x} & 假如\ T_x \leqslant T_y \\ 0 & 假如\ T_x > T_y \end{cases} \tag{12.71}$$

这里，$K_x = [T_x]$，即T_x的整数部分。

于是，A_{xy}^{1}表示下述生命保险的单位给付的预期现值：

若被保险人(x)死于(y)之前，则在(x)死亡之年年末支付1元保险金；若被保险人(x)死于(y)之后，则没有任何给付。于是，

$$A_{xy}^{1} = E[u(T_x, T_y)]$$

$$= \sum_{t=0}^{\infty} v^{t+1}\, {}_tp_{xy}\, q_{x+t:y+t}^{1} \tag{12.72}$$

$$= \sum_{t=0}^{\infty} v^{t+1}\, {}_tp_{xy} \int_0^1 {}_sp_{x+t:y+t}\, u_{x+s+t}\, ds \tag{12.73}$$

2. 死亡时立即给付。对于被保险人(x)死于(y)之前的情况，在(x)死亡时立即支付保险金的保险，我们定义：

$$\bar{A}_{xy}^{1} = E[v(T_x, T_y)] \tag{12.74}$$

其中：

$$v(T_x, T_y) = \begin{cases} v^{T_x} & 假如\ T_x \leqslant T_y \\ 0 & 假如\ T_x > T_y \end{cases} \tag{12.75}$$

于是，$\bar{A}_{xy}^{1}$表示下述生命保险的单位给付的预期现值：若被保险人(x)死于(y)之前，则在(x)死亡时立即支付1元保险金；若被保险人(x)死于(y)之后，则没有任何给付。于是，

$$\bar{A}_{xy}^{1} = E[v(T_x, T_y)]$$

$$= \int_0^{\infty} v^t\, {}_tp_{xy}\, \mu_{x+t} dt \tag{12.76}$$

类似地，我们用$\bar{A}_{xy:\overline{n|}}^{2}$所表示的联合生命保险的单位预期现值是指这样的保险：如果被保险人(x)死于(y)之后，则在(x)死亡之时立即给付保险金。于是：

$$\bar{A}_{xy:\overline{n|}}^{2} = \int_0^{\infty} v^t (1 - {}_tp_y)\, {}_tp_x\, \mu_{x+t}\, dt$$

$$= \bar{A}_{x:\overline{n|}}^{1} - \bar{A}_{xy:\overline{n|}}^{1} \tag{12.77}$$

容易理解：　$$\bar{A}_{xy}^{1} \approx \left(1 + \frac{i}{2}\right) A_{xy}^{1} \tag{12.78}$$

（四）遗生年金的单位预期现值

1. 每年支付一次的遗生年金。考虑有关很普通的简单例子：在一项被保险人分别为

（x）和（y）的联合生命年金中，按约定，如果（x）死于（y）之前，则在（x）死后的每年年末向（y）支付 1 元的年金，直至（y）死亡为止。我们将这一年金的单位预期现值记为 $a_{x|y}$。于是：

$$\begin{aligned} a_{x|y} &= E[\max(a_{\overline{K_y}|} - a_{\overline{K_x}|},0)] \\ &= \sum_{t=0}^{\infty} v^t {}_tq_x\ {}_tp_y \\ &= \sum_{t=0}^{\infty} v^t(1-{}_tp_x)\ {}_tp_y = a_y - a_{xy} \end{aligned} \tag{12.79}$$

也就是说，支付期为被保险人（x）死亡，（y）仍生存的这段时间。

2. 连续支付的遗生年金。在一项被保险人分别为（x）和（y）的联合生命年金中，按约定，如果（x）死于（y）之前，则在（x）死后的每年向（y）支付 1 元的年金，并且该年金是连续支付的，直至（y）死亡为止。我们将这一年金的单位预期现值记为 $\bar{a}_{x|y}$。于是：

$$\bar{a}_{x|y} = E[\max(\bar{a}_{\overline{K_y}|} - \bar{a}_{\overline{K_x}|},0)] = \int_0^{\infty} v^t {}_tq_x\ {}_tp_y \tag{12.80}$$

也就是说，支付期为被保险人（x）死亡，（y）仍生存的这段时间。遗生年金的单位预期现值也可直接通过年金支付时间计算出来。

我们考虑在被保险人（x）死亡之后连续支付给（y）的年金，则其现值为：

$$\begin{aligned} Z = T_x | \bar{a}_{\overline{K_y - K_x}|} \qquad & T_x \leqslant T_y \\ 0 \qquad & T_x \geqslant T_y \end{aligned} \tag{12.81}$$

T_x、T_y 是随机变量，表示投保人（x）、（y）的未来生存时间。

假设它们相互独立：

$$\begin{aligned} \bar{a}_{x|y} &= E(Z) \\ &= \int_0^{\infty}\int_t^{\infty} {}_{t|}\bar{a}_{\overline{s-t}|} \cdot {}_sp_y\ \mu_{y+s}\ {}_tp_x\ \mu_{x+t} ds dt \\ &= \int_0^{\infty} v^t {}_tp_y \left[\int_t^{\infty} \bar{a}_{\overline{s-t}|}\ {}_{s-t}p_{y+t}\ \mu_{y+s}\ ds\right] {}_tp_x\ \mu_{x+t}\ dt \\ &= \int_0^{\infty} v^t \bar{a}_{y+t}\ \mu_{x+t}\ {}_tp_{xy}\ dt \end{aligned} \tag{12.82}$$

另一方面，既然 $T_x - T_{xy}$ 是一个随意变量，当（y）在（x）之后死亡时该随机变量为 0，当 $T_y > T_x$ 时该随机变量为 $T_y - T_x$，则有：

$$\bar{a}_{x|y} = E(\bar{a}_{\overline{T_y}|} - \bar{a}_{\overline{T_{xy}}|}) \tag{12.83}$$

$$\begin{aligned} &= E(\bar{a}_{\overline{T_y}|}) - E(\bar{a}_{\overline{T_{xy}}|}) \\ &= \bar{a}_y - \bar{a}_{xy} \end{aligned} \tag{12.84}$$

遗生年金有一个重要特点，这就是我们认为终身遗生年金支付频率的变化不影响其单位预期现值，也就是说，每年支付次数超过 1 次的情况与每年支付 1 次的计算相同。如：

$$a_{x|y}^{(12)} = a_y^{(12)} - a_{xy}^{(12)} \tag{12.85}$$

$$\begin{aligned} &\approx \left(a_y + \frac{11}{24}\right) - \left(a_{xy} + \frac{11}{24}\right) \\ &= a_y - a_{xy} = a_{x|y} \end{aligned} \tag{12.86}$$

但对于定期的遗生年金，则支付频率就很重要了，例如：

$$a_{x|y:\overline{n}|}^{(12)} = a_{y:\overline{n}|}^{(12)} - a_{xy:\overline{n}|}^{(12)} \tag{12.87}$$

$$\approx a_{y:\overline{n}|} + \frac{11}{24}\left[1 - \frac{D_{y+n}}{D_y}\right] - \left[a_{xy:\overline{n}|} + \frac{11}{24}\left(1 - \frac{D_{x+n:y+n}}{D_{xy}}\right)\right] \tag{12.88}$$

$$\neq a_{x|y:\overline{n}|}$$

【例 12－4】 计算 $a_{65|60}$，①假如(65)是男的，(60)是女的；②假如(65)是女的，(60)是男的；已知利率为 6%，$a_{60}^{f} = 10.996$，$a_{65:60}^{m\ \ f} = 7.544$；$a_{60}^{m} = 9.813$，$a_{65:60}^{f\ \ m} = 7.862$，其中上标 m 表示男性数据，上标 f 表示女性数据。

解：

① $a_{65|60}^{m\ \ f} = a_{60}^{f} - a_{65:60}^{m\ \ f} = 10.996 - 7.544 = 3.452$

② $a_{65|60}^{f\ \ m} = a_{60}^{m} - a_{65:60}^{f\ \ m} = 9.813 - 7.862 = 1.951$

可以证明：

$$a_{x|y} = a_{\overline{xy}} - a_y \tag{12.89}$$

三、保险函数与年金函数之间的关系

与一元生命保险和年金的关系式类似，我们有：

$$A_{xy} = 1 - d\,\ddot{a}_{xy} \tag{12.90}$$

$$\bar{A}_{xy} = 1 - \delta\,\bar{a}_{xy} \tag{12.91}$$

证明：$\ddot{a}_{\overline{n}|} = \dfrac{1 - v^n}{d}$

所以，$v^n = 1 - d\ddot{a}_{\overline{n}|}$

用 $K_{xy}+1$ 替换 n，其中 $K_{xy} = \min(A_x, A_y)$，则有：

$$v^{K_{xy}+1} = 1 - d\ddot{a}_{\overline{K_{xy}+1}|}$$

等式两边求数学期望，得：

$$A_{xy} = 1 - d \cdot \ddot{a}_{xy}$$

同理，$\bar{A}_{xy} = 1 - \delta\bar{a}_{xy}$

同样，其他保险与年金关系式也可以推导出来。

例如：

$$A_{\overline{xy}} = 1 - d \cdot \ddot{a}_{\overline{xy}} \tag{12.92}$$

但是，对于 A_{xx}^{1}，若用 $\ddot{a}_{xx}$ 表示，则其结果为：

$$A_{xx}^{1} = \frac{1}{2}A_{xx} = \frac{1}{2}(1 - d\ddot{a}_{xy}) \tag{12.93}$$

四、联合生命年金和保险的计算与换算函数

（一）换算函数

为计算定期联合生命保险和年金的预期现值，我们须将换算函数 D_x 的定义扩展到联合生命状态。这是非常有用的，我们将其定义如下：

$$D_{x_1x_2\cdots x_n} = v^{\frac{1}{n}(x_1+x_2+\cdots+x_n)}\, l_{x_1x_2\cdots x_n} \tag{12.94}$$

（二）联合生存年金与换算函数

联合生存状态定期年金的单位预期现值可以用以下公式计算：

$$a_{xy:\overline{n|}} = a_{xy} - \frac{D_{x+n:y+n}}{D_{xy}} a_{x+n:y+n} \tag{12.95}$$

且
$$\ddot{a}_{xy:\overline{n|}} = \ddot{a}_{xy} - \ddot{a}_{x+n:y+n} \frac{D_{x+n:y+n}}{D_{xy}} \tag{12.96}$$

及
$$\bar{a}_{xy:\overline{n|}} = \bar{a}_{xy} - \frac{D_{x+n:y+n}}{D_{xy}} \bar{a}_{x+n:y+n} \tag{12.97}$$

事实上，以公式(12.97)为例，

$$\begin{aligned}
\bar{a}_{xy:\overline{n|}} &= \int_0^n v^t \cdot {}_tp_{xy} dt \\
&= \int_0^\infty v^t \cdot {}_tp_{xy} dt - \int_n^\infty v^t \cdot {}_tp_{xy} dt = \bar{a}_{xy} - \int_0^\infty v^{s+n}\ {}_{s+n}p_{xy}\ ds \\
&= \bar{a}_{xy} - v^n \cdot {}_np_{xy} \int_0^\infty v^s \cdot {}_sp_{x+n:y+n}\ ds \\
&= \bar{a}_{xy} - \frac{D_{x+n:y+n}}{D_{xy}} \bar{a}_{x+n:y+n}
\end{aligned}$$

另两个公式也可以用同样的方法推导出来。

（三）联合生命保险与换算函数

与联合生存年金类似，联合生命保险的单位预期现值也可以用换算函数表示，以两全保险为例，有：

$$A_{xy:\overline{n|}} = A_{xy} - \frac{D_{x+n:y+n}}{D_{xy}} A_{x+n:y+n} + \frac{D_{x+n:y+n}}{D_{xy}} \tag{12.98}$$

第三节　保险费计算

定义了上述关于联合生命状态的保险和年金概念与符号之后，我们就可以采用与一元生命保险与年金类似的方法，研究涉及联合生命状态的险种保费及利润分析。首先研究保费的计算。

一、基本保费计算

通过价值方程，可以为涉及联合生命状态的保单计算费率。

【例 12－5】　一对现年 40 岁的夫妻投保了一份人寿保险单，按保单约定，在夫妻二人出现第一个死亡的这年年末将获得 15 万元保险金。试计算该保单每年年初的应缴保费，假设保费在两人都生存的时候一直支付，精算基础如下：

死亡率：采用 A1967/70 选择表(已知当利率为 4% 时，$\ddot{a}_{[40]:[40]}=17.074$)；

利率：4%；

初始费用：年保费的 75%；

续期费用：每年保费的 5%。

解：设年保费为 P，则价值方程为：

保费预期现值 = 保险给付预期现值 + 所发生费用的预期现值

所以，

$$P\ddot{a}_{[40]:[40]}=150\ 000A_{[40]:[40]}+0.75P+0.05P(\ddot{a}_{[40]:[40]-1})$$

已知 $\ddot{a}_{[40]:[40]}=17.074$，根据保险与年金的关系式，即：

$$A_{[40]:[40]}=1-d\ddot{a}_{[40]:[40]}$$

$$=1-\frac{0.04}{1.04}\times 17.074=0.34331$$

所以保费价值方程为：

$$17.0747P=150\ 000\times 0.34331+0.75P+0.05\times 16.074P$$

$$=51\ 496.5+1.554P$$

$$P=51\ 496.5/15.52=3\ 318.073$$

所以，应缴保费为 3 318.08 元。

【例 12－6】 按一份养老年金保单的约定，从一个 65 岁的男人在一个 62 岁女人之前死亡的次年开始，每年提供 35 000 元养老金。在两人都生存的时候每年年初缴纳保费，试计算应缴保费。假设精算基础如下：

死亡率：采用 a(55) 终极表并且年龄降低 2 年的数据；

利率：6%，

费用：忽略。

已知：依 a(55) 终极表，$a_{60}=10.996$，$a_{63:60}=7.949$。

解：设年保费为 P，则价值方程为：

$$P\ddot{a}_{63:60}=35\ 000\ddot{a}_{63|60}$$

由已知：$a_{63:60}=7.949$，$a_{60}=10.996$，得：

$$\ddot{a}_{63|60}=a_{63:60}+1=8.949$$

$$a_{63|60}=a_{60}-a_{63:60}=10.996-7.949=3.047$$

所以，$8.949P=35\ 000\times 3.047$，故

$$P=106\ 645/8.949=11\ 916.974$$

所以，年保费为 11 916.98 元。

【例 12－7】 某生死两全保险的被保险人为两个 30 岁的人，保险期限为 25 年。按保单约定，在保单期满时支付保险金，或当两人在保险期内死亡时，在第二人死亡之年年末支付保险金，保险金为 60 000 元；保费一直缴纳直至支付保险金。试计算每年应缴保费。假设精算基础为：

死亡率：A1967－70 终极表，

利率：4%，

初始费用：300 元加保费的 6%，

续期费用：保费的 6%。

已知：依 A1967－70 终极表，当利率为 4% 时，$\ddot{a}_{30:\overline{25|}}=16.029$，$\ddot{a}_{30:30:\overline{25|}}=15.817$。

解：设每年保费为 P，则价值方程为：

保费预期现值＝保险给付预期现值＋所发生费用的预期现值

即
$$P\ddot{a}_{\overline{30:30}:\overline{25|}}=60\ 000\ A_{\overline{30:30}:\overline{25|}}+300+0.06\ P\ddot{a}_{\overline{30:30}:\overline{25|}}$$

而
$$\ddot{a}_{\overline{30:30}:\overline{25|}}=\ddot{a}_{30:\overline{25|}}+\ddot{a}_{30:\overline{25|}}-\ddot{a}_{30:30:\overline{25|}}$$
$$\ddot{a}_{30:30:\overline{25|}}=15.817 \quad 且 \quad \ddot{a}_{30:\overline{25|}}=16.029$$

所以，
$$\ddot{a}_{\overline{30:30}:\overline{25|}}=16.241$$
$$A_{\overline{30:30}:\overline{25|}}=1-d\ddot{a}_{\overline{30:30}:\overline{25|}}$$
$$=1-\frac{0.04}{1.04}\times 16.241=0.37535$$

所以保费等式变成：

$$16.241P=60\ 000\times 0.37535+300+0.06\times 16.241P$$
$$P=22\ 821/15.26654=1\ 494.838$$

即保费为 1 494.84 元。

二、准备金计算

类似地，我们可以采用与一元生命保险与年金类似的方法，计算涉及联合生命状态的寿险准备金。

【例 12－8】 考虑例 12－5 的保单，如果两者都存活到 50 岁，按原例中的假设，试计算保单准备金。

解：预期准备金：

$$_{10}V=150\ 000A_{50:50}+0.05P\ddot{a}_{50:50}-P\ddot{a}_{50:50}$$

查表得：$\ddot{a}_{50:50}=13.667$

$$A_{50:50}=1-d\ddot{a}_{50:50}$$
$$=1-\frac{0.04}{1.04}\times 13.667=0.47435$$

所以准备金为：

$$_{10}V=150\ 000\times 0.47435-0.95\times 13.667\times 3\ 318.073$$
$$=28\ 071.80149$$

习　　题

1. 如果 $_nq_x=0.3$，$_nq_y=0.5$，试计算 $_nq_{xy}$ 和 $_nq_{\overline{xy}}$。

答案：$_nq_{xy}=1-0.7\times 0.5=0.65$

$_nq_{\overline{xy}}={}_nq_x\,{}_nq_y=0.15$

2. 给定相同生命表和利率的情况下，已知 $A_x=0.4$，$A_{xx}=0.6$，求 A_{xx}^2 的值。

答案：$A_{xx}^{2}+A_{xx}^{2}=A_{\overline{xx}}=A_{x}+A_{x}-A_{xx}=0.2$

$$A_{xx}^{2}=\frac{1}{2}A_{\overline{xx}}=0.1$$

3. 一项年金在 (x) 与 (y) 都生存时每年年初给付为 1，而当 (x) 与 (y) 仅有一人生存时每年年初给付 2/3。设 $K(x)$、$K(y)$ 相互独立，求以下表达式：(1) 年金的现值；(2) 年金的精算现值。

答案：

(1) 该项年金可以看作每年年初给付 2/3 的最后生存年金和每年年初给付 1/3 的联合生存年金之组合，因此有现值：

$$z=\frac{2}{3}\ddot{a}_{\overline{k(\overline{xy})+1}|}+\frac{1}{3}\ddot{a}_{\overline{k(xy)+1}|}$$

(2) 求期望，便得该年金的精算现值：

$$E[z]=\frac{2}{3}\ddot{a}_{\overline{xy}}+\frac{1}{3}\ddot{a}_{xy}$$

将 $\ddot{a}_{\overline{xy}}=\ddot{a}_{x}+\ddot{a}_{y}-\ddot{a}_{xy}$ 代入得：

$$E[z]=\frac{2}{3}\ddot{a}_{x}+\frac{2}{3}\ddot{a}_{y}-\frac{1}{3}\ddot{a}_{xy}$$

4. 设 (28) 与 (32) 购买一个保额为 5 万元的联合生死两全保险，保险金在第一人死亡的保单年末给付或在人到 35 年后仍生存时给付。由以下所给条件计算其趸缴纯保费。

(1) 设生命表在 20 岁以后的寿命分布服从 Gompertz 假设，并且 $\mu_{x}=0.00015(1.08)^{x}$，$x\geqslant 20$；

(2) $A_{39:\overline{35}|}=0.21452$，$A_{40:\overline{35}|}=0.22314$。

答案：由 $(1.08)^{w}=(1.08)^{28}+(1.08)^{32}$ 解得：

$$w=39.15979$$

$A_{w:\overline{35}|}$ 可由线性插值计算：

$$\begin{aligned}A_{w:\overline{35}|}&=([w]+1-w)A_{w:\overline{35}|}+(w-[w])A_{[w]+1:\overline{35}|}\\&=0.84021A_{39:\overline{35}|}+0.15979A_{40:\overline{35}|}\\&=(0.84021)(0.21452)+(0.15979)(0.22314)\\&=0.21590\end{aligned}$$

所求趸缴保费记为 $50\ 000A_{(28:32):\overline{35}|}$，那么：

$$\begin{aligned}50\ 000A_{(28:32):\overline{35}|}&=50\ 000A_{w:\overline{35}|}\\&=10\ 795(\text{元})\end{aligned}$$

第十三章
疾病保险

健康保险主要包括医疗保险和疾病保险。**医疗保险又称医疗费用保险，即当发生医疗费用时，保险公司依据保险合同的约定予以补偿。而疾病保险是指当被保险人患有某种疾病时，即可得到保险公司的给付，以渡过因疾病原因失去经济收入的时期。**本章主要是探讨疾病保险的费率和准备金计算的基本原理。

疾病保险常常被视为长期业务，但通常它不同于基本的人寿保险而表现出意外险或非寿险的一些特征。例如，疾病在某种程度上不像死亡那样是一个必然的问题，被保险人需向保险人证明（提交医生的检验报告）他们确实患有某种疾病，并且这种疾病属于承保范围，如此方可获得保险金。同时，疾病不像死亡那样是一种最终结果，多数情况下被保险人都会康复，并将会因疾病提出索赔问题。

影响健康的因素很多，例如，职业和地理位置。但是，如同死亡率，我们认为影响一个人健康的重要风险因素有两个：即年龄和性别；并且，一般地，年老的人比年轻人患有疾病的风险会高一些；与死亡率不同的是，女性比男性患病的概率要高一些。

第一节　疾病给付

一、疾病保险的特征

疾病保险合同是以被保险人患有疾病为给付条件的保险合同，当被保险人患病时，保险人按保险合同的约定，向被保险人提供一定的保险金。这种疾病保险一般要涉及到疾病与被保险人工作能力的关系，例如，我们常常会设计被保险人因病而暂时失去或永久失去工作能力为给付条件的保单。

疾病保险通常以“长期丧失能力”或“永久健康保险”的方式出现。疾病保险通常以团体保险为主，但有时也会有个人险。

在世界各国，疾病保险的给付常常是每周一次，但近年来按月给付也开始变得越来越普遍。为了避免道德风险和逆选择，疾病保险通常设有等待期、延长期和康复期。

（一）等待期（waiting period）

出于制约逆选择和防止道德风险的考虑，保险合同通常会有条款约定刚刚投保的被保险人不可以向保险人提出索赔。一般约定被保险人在疾病保险保单生效后的一定时期之后患有疾病，方可向保险人提出索赔要求。通常，我们称此不可提出索赔的时期为等待期。也就是说，被保险人若在等待期内患病并提出索赔，保险人则不予支付保险金。设立等待期的做法使被保险人在缴纳了一定时期保费之后方可在患病情况下提出索赔。等待期一般是26周。

（二）延长期（deferred period）

绝大多数保单在被保险人患病的最初几个星期里不会提供疾病保险金给付。这样做，一部分原因是被保险人并不是在刚刚患病的时期就需要大量的疾病保险金给付，另一部分原因是此时尚不能判断所患疾病是否会在很短的时间内康复。设立延长期即指在被保险人患有疾病的最初的一定时期，保险人不支付保险金，而被保险人患病超过延长期后疾病保险金才会支付。根据疾病种类的不同，典型的延长期一般为4周、13周或26周。

（三）康复期（off period）

许多保单提供疾病保险给付会持续一个时期，也可能会是无限期的，在这些情况下，被保险人应缴保费在特定的持续期内通常是上升的，或者说在此持续期内的给付水平是下降的。索赔人可能试图报告他们已康复，以便恢复到他们在健康状态下应缴保费的水平。为了防止这种情况下被保险人的逆选择（道德风险），通常会设立一个较高缴费标准或较低给付水平的期限（通常为13周）。这个低给付水平持续期从被保险人的角度有许多优点，例如，将两份很近的疾病索赔变成一份连续的索赔，这便意味着被保险人无需一个延长期即可得到保险给付。

二、基本疾病函数

（一）疾病力

疾病力 $\bar{z}_x$ 是一个年龄恰好为 x 岁的人患病（按保险责任约定的疾病）的概率，这个概率可分成若干期间，例如，$\bar{z}_x$ 为以下几项内容的总和：(1) $\bar{z}_x^{13}$，即 x 岁的人已患病且未超过13周的概率。(2) $\bar{z}_x^{13|13}$，即 x 岁的人已患病13～26周的概率。(3) $\bar{z}_x^{13|all}$，即 x 岁的人已患病且病期超过26周的概率。

这些期间有时用月份来描述而非用周（星期）描述。

“疾病力”也许是一个容易令人迷惑的用语，我们不能把它与“利息力”和“死亡力”进行简单的类比，因为与“利息力”或“死亡力”中的意思不同。实际上，只是一种状态的概率，而非一种转换的危险率。我们通常用：

$$ {}_tp_x\bar{z}_{x+t} \tag{13.1} $$

来衡量一个年龄为 x 岁的人在其 $x+t$ 岁时生存并且患病的概率。

（二）疾病率

与死亡率的概念一样，我们采用两种函数描述疾病率：一种是**初始疾病率**（initial rate of sickness），可称为“q”型比率，即患病人数与 x 岁时总人数的比率；另一种是**中心疾病率**（central rate of sickness），可称为“m”型比率，即患病人数与上一个生日为 x 岁的人数的比率。对于疾病函数，因为疾病是一种持续状态，这些比率通常表示为每年患病平均周数的形式。这里的患病平均周数，我们一般通过计算患病周数的数学期望值来得出，并将此数学期望值称为预期患病周数。

1. 初始疾病率。**初始疾病率 s_x 是指现在恰为 x 岁的人在未来一年中的预期患病周数，也就是总患病周数与年初生存人数的比率**，即：

$$s_x = \frac{52.18}{l_x}\int_0^1 l_{x+t}\bar{z}_{x+t}\,dt \tag{13.2}$$

$$= 52.18\int_0^1 {}_tp_x\bar{z}_{x+t}\,dt \tag{13.3}$$

与过去的意义相同，这里的 l_x 即来自生命表的数据，表示年龄 x 岁时的生存人数，52.18 为一年中的平均周数，即 365.25 ÷7 得出的结果。

2. 中心疾病率。**中心疾病率 z_x 是现在年龄为 x 到 $x+1$ 岁之间的人在未来一年中的预期患病周数，也就是在患病周数与一年中平均人数的比率**，即：

$$z_x = 52.18\cdot\frac{\int_0^1 l_{x+t}\bar{z}_{x+t}\,dt}{\int_0^1 l_{x+t}\,dt} \tag{13.4}$$

与 $\bar{z}_x$ 类似，s_x 和 z_x 都可以分别用 s_x^{13}、$s_x^{13|13}$、$s_x^{13|all}$ 和 z_x^{13}、$z_x^{13|13}$、$z_x^{13|all}$ 等分为各个不同的持续期。

（三）疾病函数之间的关系

一般地，我们采用疾病函数间的如下近似关系：

$$s_x \approx 52.18\cdot {}_{1/2}p_x\bar{z}_{x+1/2} \tag{13.5}$$

$$z_x \approx 52.18\cdot \bar{z}_{x+1/2} \tag{13.6}$$

事实上，既然函数 l_x 和 $\bar{z}_x$ 均随年龄而变化，我们可以用它的中值得出近似值，所以：

$$s_x \approx 52.18\cdot\frac{l_{x+1/2}\cdot\bar{z}_{x+1/2}}{l_x} = 52.18\cdot {}_{1/2}p_x\bar{z}_{x+1/2}$$

$$z_x \approx 52.18\cdot\frac{l_{x+1/2}\cdot\bar{z}_{x+1/2}}{l_{x+1/2}} = 52.18\cdot\bar{z}_{x+1/2}$$

在本书后附有一张 MU1893—1897 经验疾病率表，表中的已生效期为 3 个月、6 个月、12 个月和 24 个月。

表中的疾病率为中心疾病率（central rate of sickness），即 z 函数。前五列的函数即：z_x^{13} 为前 3 个月；$z_x^{13|13}$ 为第二个 3 个月；$z_x^{26|26}$ 为第二个 6 个月；$z_x^{52|52}$ 为第二个 12 个月；$z_x^{104|all}$ 为二

年之后。

最后一列为 z_x，是其他列之和。

这张表源于 Lodges of the Manchester Unity of Oddfellows 提供的1893—1897年数据，大约依据50万张保单（尽管里面可能包括某些人物加倍的保单数据）。其数据为男女混合的结果，其中绝大多数的被保险人都是男人。表中数据依据疾病率最低的职业组：A（农民），H（乡下的其他职业），J（都市居民）。表中假设康复期为1年。该表的精算分析是由发明疾病给付计算曼联法的AW瓦特逊完成的。

虽然这张表源于一百多年前的数据，但它有一些至今看来仍很有意义的优点。它建立在大量的被保险人数据的基础上，并按已患病时间和给定的职业组来分类排列。

今天看来它已过时，主要原因是表中的病例包括伤寒。但一些保险人仍在使用该表修改后的形式，例如，使用最健康职业团体（A，H和J）的疾病率乘以30%。

本书中计算所用的疾病率数据，主要来自于书后所附的这张MU1893－1897表。

三、疾病期间单位给付的预期现值和疾病换算函数

初始疾病率 s_x 和中心疾病率 z_x 描述了年龄为 x 岁的人在未来一年中的预期患病周数。进而，可以据此探讨疾病给付的预期现值，包括未来一年中患病期间每周单位给付的预期现值和未来各年中患病期间每周单位给付的预期现值。

本书第四章、第五章在探讨生命保险与年金的时候，为了简化计算，采用了一些换算函数。现在，我们同样面临相同的问题，也将采用类似的方法定义换算函数。下面我们给出复利条件下的换算函数的表达式及其意义。

定义：

$$H_x = 52.18\int_0^1 v^{x+t}\, l_{x+t}\bar{z}_{x+t}\, dt \tag{13.7}$$

换算函数（13.7）用于计算从 x 岁至 $x+1$ 岁的疾病保险给付的预期现值。

$$H_x^{m|n} = 52.18\int_0^1 v^{x+t}\, l_{x+t}\bar{z}_{x+t}^{m|n}\, dt \tag{13.8}$$

换算函数（13.8）用于计算从 x 岁至 $x+1$ 岁的疾病保险给付的预期现值，但限于 m 与 $m+n$ 之间的持续期。

$$\begin{aligned} K_x &= 52.18\int_0^\infty v^{x+t}\, l_{x+t}\bar{z}_{x+t}\, dt \\ &= H_x + H_{x+1} + H_{x+2} + \cdots \end{aligned} \tag{13.9}$$

换算函数（13.9）用于计算 x 岁以后的疾病保险给付的预期现值。

$$\begin{aligned} k_x^{m|n} &= 52.18\int_0^\infty v^{x+t}\, l_{x+t}\bar{z}_{x+t}^{m|n}\, dt \\ &= H_x^{m|n} + H_{x+1}^{m|n} + H_{x+2}^{m|n} + \cdots \end{aligned} \tag{13.10}$$

换算函数（13.10）用于计算 x 岁以后的疾病保险给付的预期现值，但限于 m 至 $m+n$ 之间的持续期。

【例13－1】 假设疾病率采用MU1893—1897表数据，根据表中数据求出 K_{30} 与 H_{30} 的值。

解： 表中没有直接给出 K_x 的 K_{30}值，值可通过累加表中已列出的数据得到：

$$\begin{aligned}K_{30} &= K_{30}^{13} + K_{30}^{13|13} + K_{30}^{26|26} + K_{30}^{52|52} + K_{30}^{104|ALL} \\ &= 550\ 684 + 156\ 458 + 103\ 548 + 186\ 765 + 727\ 273 \\ &= 1\ 784\ 728\end{aligned}$$

同样方法，我们可求得：

$$K_{31} = 1\ 758\ 296$$

于是，

$$H_{30} = K_{30} - K_{31} = 1\ 784\ 728 - 1\ 758\ 296 = 26\ 432$$

同生命年金一样，如果疾病保险的支付是每周一次，我们就近似地按连续支付来计算。

定义了上述换算函数并且明确了它们之间的关系，可以进而得出疾病期间每周给付保险金的预期现值。以下几个例题可以说明具体计算方法。

【例 13－2】 一个恰好 40 岁的人已投保多年，现在身体健康。假设在任何疾病期都有每周数额为 500 元的疾病给付，试计算此疾病给付的预期现值。假设疾病率采用 MU1893—1897 表数据，死亡率按 ELT12 计算，利率取 4%。

解： 这是一份终身的疾病保险，在未来任何疾病持续期均有疾病给付，所以其预期现值为：

$$\begin{aligned}EPV &= 500 \times 52.18 \int_0^\infty v^t \frac{l_{40+t}}{l_{40}} \bar{z}_{40+t}\, dt \\ &= 500 \times \frac{52.18 \int_0^\infty v^{x+t}\, l_{x+t} \bar{z}_{x+t}\, dt}{v^{40} l_{40}} \\ &= 500 \frac{K_{40}}{D_{40}}\end{aligned}$$

根据附表求出 K_{40}，即

$$\begin{aligned}K_{40} &= K_{40}^{13} + K_{40}^{13|13} + K_{40}^{26|26} + K_{40}^{52|52} + K_{40}^{104|ALL} \\ &= 385\ 490 + 130\ 449 + \cdots + 700\ 172 = 1\ 532\ 767\end{aligned}$$

所以预期现值为：

$$EPV = 500 \times \frac{1\ 532\ 767}{19\ 535} = 39\ 231.0（元）$$

【例 13－3】 在例 13－2 中，如果约定被保险人生存至 65 岁之后就不再有疾病保险金给付，则该疾病给付的预期现值是多少？

解： 这是一份 25 年期的定期保险单。65 岁以后的疾病给付为：

$$EPV_{65岁以后} = 500 \times 52.18 \int_{25}^\infty v^t \frac{l_{40+t}}{l_{40}} \bar{z}_{40+t}\, dt$$

作积分变换 $t = s + 25$，得：

$$EPV_{65岁以后} = 500 \times 52.18 \int_0^\infty v^{25+s} \frac{l_{65+t}}{l_{40}}\, \bar{z}_{65+t}\, ds$$

$$= 500 \times \frac{52.18 \int_0^{\infty} v^{65+s} l_{65+s} \bar{z}_{65+s} ds}{v^{40} l_{40}}$$

$$= 500 \times \frac{K_{65}}{D_{40}}$$

根据附表求出 K_{65}，即：

$$\begin{aligned} K_{65} &= K_{65}^{13} + K_{65}^{13|13} + K_{65}^{26|26} + K_{65}^{52|52} + K_{65}^{104|ALL} \\ &= 87\ 520 + 49\ 143.5 + 68\ 526.0 + 99\ 768.8 + 476\ 949 \\ &= 781\ 907.7 \end{aligned}$$

所以 65 岁以后的疾病给付预期现值为：

$$EPV_{65\text{岁以后}} = 500 \times \frac{781\ 907.7}{19\ 535} = 20\ 012.5$$

于是，65 岁以前的疾病给付预期现值为：

$$\begin{aligned} EPV_{65\text{岁以前}} &= EPV_{\text{全部年龄}} - EPV_{65\text{岁以后}} \\ &= 39\ 231.0 - 20\ 012.5 = 19\ 218.5 \end{aligned}$$

从上述两个例题可以总结出，终身疾病保险（不考虑等待期和延长期）在疾病期间每周单位给付预期现值为：

$$\frac{K_x}{D_x}$$

n 年期定期疾病保险（不考虑等待期和延长期）在疾病期间每周单位给付预期现值为：

$$\frac{K_x - K_{x+n}}{D_x}$$

第二节　保费和准备金

同过去探讨过的一元生命保险一样，疾病保险费的计算也是根据价值方程进行的。

一、等待期和延长期

如果为一个刚刚投保的人计算其疾病给付的预期现值，从理论上讲，我们应注意到，在等待期和延长期结束之前是没有任何疾病给付的。于是，应当对前一节所述的表达式做一些调整。

对一个刚刚投保的年龄为 x 岁的人来说，在等待期 w 年和延长期 d 年结束之后，并且在第 n 年以前，如果每周的疾病给付为 1 元，则其预期现值近似为：

$$\frac{K_{x+w+d}^{d|all} - K_{x+n}^{d|all}}{D_x} \tag{13.11}$$

事实上，疾病给付直到等待期和延长期结束后才会发生，所以，所求的预期现值近似为：

$$52.18\int_{w+d}^{n} v^{t}\frac{l_{x+t}}{l_x}z_{40+t}^{-d|all}\,dt$$

作积分变换：$t=s+w+d$，则

$$52.18\int_{0}^{n-w-d} v^{w+d+s}\frac{l_{x+w+d+s}}{l_x}z_{x+w+d+s}^{-d|all}\,ds$$

$$=52.18\int_{0}^{n-w-d} v^{w+d+s}\frac{l_{x+w+d+s}}{l_x}z_{x+w+d+s}^{-d|all}\,ds/v^{x}l_{x}$$

$$=\frac{K_{x+w+d}^{d|all}-K_{x+n}^{d|all}}{D_x}$$

对于非整数年龄的 x，可以采用线性插值法求出 K 的值。

以上只是对真实值提供了一个近似的解，因为疾病函数是建立在某一段时间区域上平均疾病率的基础上，它们并不是在时间区域上的一个精确的连续变动的函数。在下面的例子之后，我们会说明这种方法的不精确之处。

【例 13－4】 一个刚刚投保的年龄恰好为 40 岁的人，假定他目前身体健康，如果等待期为一年，试计算其 65 岁前的疾病给付的预期现值，其中：（1）延长期为 1 年；（2）在52 周之内的疾病给付每周 450 元，超过此期限后如果仍然生病，则疾病给付降为每周 180 元。

解： 疾病给付是在等待期和延长期结束以后才开始，所以，每周 450 元的疾病给付是在 42 岁之后才可能开始，每周 180 元的疾病给付是在疾病持续到 43 岁后才可能开始的，所以，其预期现值近似为：

$$450\,\frac{K_{42}^{52|52}-K_{65}^{52|52}}{D_{40}}+180\,\frac{K_{43}^{104|all}-K_{65}^{104|all}}{D_{40}}$$

$$=450\times\frac{168\ 987-99\ 768.8}{19\ 535}+180\times\frac{687\ 280-476\ 949}{19\ 535}$$

$$=3\ 532.52(\text{元})$$

为了说明修正后的公式的不精确，我们可以考察例 13－4 中被保险人的情况。假如此人在 40.5 岁时生病且一直病了 3 年，则疾病给付在 42 岁开始每周 450 元。但是，对于被保险人，这实际指生病后的 1.5～2.5 年间的生病期，而非公式中的 1～2 年，由于超过 2 年的疾病只可得到每周 180 元的给付，所以上述公式低估了给付责任。

实际上，这种计算每周 180 元的方法，也是不精确的，因为其中包含了超过 2 年的整个疾病期。如果当初保单只售给 40 岁时健康的人，这个 43 岁的被保险人一般不会经历 4 年的疾病。

由于不精确之处为数值上的较小差额，在实际中也就忽略了这种修正的影响。当然，这大大简化了我们的计算。

【例 13－5】 某被保险人现年 30 岁，欲考虑一份 60 岁之前的疾病保险，希望在患病 3 个月后就以每周 600 元的给付水平领取保险金。试在如下情况下计算其预期给付现值：

（1）假设这是一个目前健康的被保险人，并已渡过了等待期。

（2）假设这是一个新投保的被保险人，等待期为 6 个月（不超过延长期）。

（3）按 30 岁的换算函数 K 值进行计算，即忽略等待期和延长期。

解：（1）因为这是一个目前健康的被保险人，并且已经过了等待期，所以，最早的可能给付是开始于延长期刚刚结束的时候，即 $30\frac{1}{4}$ 岁时。于是，预期给付现值为：

$$600\times\frac{K_{30.25}^{13|all}-K_{60}^{13|all}}{D_{30}}$$

将附表中的 K 函数后 4 列求和，得：

$$\begin{aligned}K_{30}^{13|all} &= K_{30}^{13|13}+K_{30}^{26|26}+K_{30}^{52|52}+K_{30}^{104|all}\\&=156\ 458+163\ 548+186\ 765+727\ 273\\&=1\ 234\ 044\\K_{31}^{13|all} &= K_{31}^{13|13}+K_{31}^{26|26}+K_{31}^{52|52}+K_{31}^{104|all}\\&=153\ 867+161\ 647+185\ 383+725\ 401\\&=1\ 226\ 298\\K_{60}^{13|all} &= K_{60}^{13|13}+K_{60}^{26|26}+K_{60}^{52|52}+K_{60}^{104|all}\\&=68\ 315.0+89\ 992.7+124\ 022+552\ 353\\&=834\ 682.7\end{aligned}$$

从而，可用线性插值法求得 30.25 岁的 K 函数值：

$$K_{30.25}^{13|all}\approx\frac{3}{4}\cdot K_{30}^{13|all}+\frac{1}{4}K_{31}^{13|all}=1\ 128\ 394$$

于是，

$$\begin{aligned}600\times\frac{K_{30.25}^{13|all}-K_{60}^{13|all}}{D_{30}}&=600\times\frac{1\ 128\ 394-834\ 682.7}{29\ 372}\\&=5\ 999.826(\text{元})\end{aligned}$$

（2）这是一个刚刚投保的人，也就是一个健康的被保险人，所以，最早的可能给付开始于延长期的结束时，当然，是在等待期已过的延长期之后，即 $30\frac{3}{4}$。于是，由

$$\begin{aligned}K_{30.75}^{13|all}&\approx\frac{1}{4}\cdot K_{30}^{13|all}+\frac{3}{4}\cdot K_{31}^{13|all}\\&=1\ 228\ 234.5\end{aligned}$$

可得预期给付现值为：

$$\begin{aligned}600\times\frac{K_{30.75}^{13|all}-K_{60}^{13|all}}{D_{30}}&=600\times\frac{1\ 228\ 234.5-834\ 682.7}{29\ 372}\\&=8\ 040(\text{元})\end{aligned}$$

（3）忽略等待期和延长期，其预期给付现值为：

$$\begin{aligned}600\times\frac{K_{30}^{13|all}-K_{60}^{13|all}}{D_{30}}&=600\times\frac{1\ 234\ 044-834\ 682.7}{29\ 372}\\&=8\ 157.6(\text{元})\end{aligned}$$

一般地，对早期年龄的额外调整使计算复杂化，但是相对于最终结果来说，其误差是很小的。

二、保费

疾病保险的保费通常在保险期间内每周或每月支付一次。疾病保险的计算通常假定一年有 52.18 周，保险金给付按周支付的情况一般近似地按照连续支付的情况来计算。多数保单规定在患病期间不再缴纳保费，这意味着我们在列出价值方程的时候，要考虑到一份数额与保费相同的额外的保险给付。

【例 13－6】 一份疾病保险单规定经过 6 个月的等待期后，在患病 6 个星期后每星期给付 200 元直到 65 岁时停止。保费是在整个期间内按月支付，但当开始支付疾病给付时便不再缴纳保费。试为一个年龄恰好为 40 岁的健康状况良好的人计算保费。其中：（1）疾病率采用附表 MU1893—1897 数据；（2）死亡率按 ELT12 计算；（3）利率为 4%；（4）费用：500 元的初始费用，全部保费和给付的 5%，全部保费包括患病期间未缴纳的保费。

解： 显然，价值方程为：

保费预期现值＝保险给付预期现值＋所发生费用的预期现值

假设每周缴纳保费额为 P，则保费的预期现值（忽略患病期间未缴纳部分）为：

$$
\begin{aligned}
52.18P\bar{a}_{40:\overline{25|}} &= 52.18\frac{\bar{N}_{40}-\bar{N}_{65}}{D_{40}}P \\
&= 52.18\times\frac{338\ 786-47\ 723.0}{19\ 535}P \\
&= 777.46P
\end{aligned}
$$

疾病基本给付的预期现值为：

$$
\begin{aligned}
&200\times\frac{K_{41}^{26|all}-K_{65}^{26|all}}{D_{40}} \\
&=200\times\frac{1\ 009\ 058-645\ 243.8}{19\ 535} \\
&=3\ 724
\end{aligned}
$$

疾病期未缴纳的保费的预期现值是：

$$
P\frac{K_{41}^{26|all}-K_{65}^{26|all}}{D_{40}}=18.62P
$$

所发生费用的预期现值为：

$$
\begin{aligned}
&500+0.05\times52.18P\bar{a}_{40:\overline{25|}}+0.05\times200\frac{K_{41}^{26|all}-K_{65}^{26|all}}{D_{40}} \\
&=500+0.05\times777.46P+0.05\times200\times18.62 \\
&=500+38.87P+186.20
\end{aligned}
$$

于是，价值方程变成：

$$
777.46P=3\ 724+18.62P+500+38.87P+186.20
$$

得出：$P=6.12$ 元，即保费为每周 6.12 元。

三、准备金

从理论上讲，在寿险公司计算疾病保险合同准备金的时候，应该考虑此时是否正在支付疾病给付。而且由于正在支付的疾病给付数额取决于疾病的已持续期，对一个已患病的被保险人，其保单准备金的计算应考虑到疾病给付的实际数额。但是，在实践中，这样做并没有得出有很大区别的结果，寿险公司一般就不因为被保险人的疾病状况不同而采用不同的计算准备金的方式。

容易理解，预期的准备金的计算是将未来疾病给付(计算假定被保险人目前是健康的)的预期现值减去未来保费收入的预期现值。

【例 13－7】 计算前例中保单 10 年后的准备金（假定该合同当时未发生疾病给付的要求）。计算准备金采用与计算保费相同的精算基础。

解： 预期准备金＝未来给付和费用的预期现值＋未来保费的预期现值

未来保费的预期现值（忽略疾病期间未缴纳的部分）为：

$$52.18P\bar{a}_{50:\overline{15|}} = 52.18\frac{\bar{N}_{50}-\bar{N}_{65}}{D_{50}}P$$

$$= 52.18\times 6.12\times\frac{179\ 605-47\ 723.0}{19\ 535}$$

$$=3\ 322$$

未来疾病保险基本给付的预期现值(忽略任何年龄调整)为：

$$200\frac{K_{50}^{26|all}-K_{65}^{26|all}}{D_{50}} = 200\times\frac{924\ 563-645\ 243.8}{12\ 676}$$

$$=4\ 408$$

未来因疾病而未缴纳保费的预期现值为：

$$P\frac{K_{50}^{26|all}-K_{65}^{26|all}}{D_{50}} = 22.04\times 6.12 = 134$$

未来费用的预期现值为：

$$0.05\times 52.18P\bar{a}_{50:\overline{15|}}+0.05\times 200\frac{K_{50}^{26|all}-K_{65}^{26|all}}{D_{50}}$$

$$=0.05\times 52.18\times 6.12\times 10.404+0.05\times 4\ 408$$

$$=386$$

于是，预期准备金为：

$${}_{10}V = 4\ 408+134+386-3\ 322 = 1\ 606(\text{元})$$

第三节　计算保费和准备金的三种方法评述

一、曼联法(Manchester Unity)

曼联法即我们在计算中使用过的以生命个体在给定年龄和持续期内患病的概率为前提的计算方法。

这种方法容易建立，并且在一些国家（例如英国）容易被理解，也容易应用。与后面探讨的方法相比，它的计算较简单，无需计算机；适用于具备标准表数据的情况，不必对表进行调整。但是，也存在着如下一些缺点：

1. 现有的疾病率表的数据不够详细，也就不可能精确地计算某些期限的疾病率（例如，按附表就无法精确地计算在第9周的疾病率）。特别是超过一定年限后的期间里无法精确计算其疾病率。

2. 为了在后期获得准确的疾病率，有必要分析一组对充分地索赔来说其生效时间足够长的保单。但曼联法的观测不能分析其历险数。例如，计算年龄为 x 岁、已承保时间为“两年以上”的疾病历险数，应包括所有 x 岁的成员，而不是排除了那些已持单时间不足两年的人。如果某寿险公司的已持单时间的组合不同于估价基础，则可能会因此低估疾病给付水平。这种情况特别影响一个寿险公司去承保这种业务。对未来索赔额的估计也会因保单组合的变换而与实际不符。

3. 在等待期和延长期的关系方面也存在着问题。使用曼联法无法区分疾病给付的时间长度与实际疾病期间长度（例13－4后的评论解释这种观点）。

4. 我们用于计算疾病给付的函数假定的给付水平是不变的，而许多保单提供的给付是随时间的推移而增加的（例如，按零售物价指数递增的疾病给付），所有不可能直接用于定价。

5. 计算疾病给付的函数不能直接用于计算对目前已患病的被保险人应提存的准备金（即被保险人将收到的给付）。

二、疾病发生率——年金方法

疾病发生率——年金方法，一般适用于风险保费的计算，这里的风险保费是索赔频率乘以平均的索赔额。

【例13－8】　如果一群汽车驾驶员平均5年索赔一次（即索赔频率为1/5），每次的平均索赔额为7 500元，则一个保险人可以计算这个群体的风险保费为：

$$1/5\times7\ 500=1\ 500(\text{元})$$

使用这种方法计算疾病给付，我们需要以下数据：

（1）索赔频率或疾病发生率，定义为上一个生日为 x 岁的人的发病初始比率。

(2) 平均索赔成本，也就是年金因子 $\bar{a}^{i}_{x+t+1/2}$，代表按给定的利率计算，一个典型的疾病给付的预期现值，这里要考虑到死亡和康复。表 13－1 显示一些典型疾病发生率和年金因子，其中，延长期为 13 周。

表 13－1

年龄	疾病发生率	年金价值
35	0.03	3.0
45	0.05	3.5
55	0.010	4.5
65	0.025	4.0

【例 13－9】 求出使用疾病发生率——年金方法计算一个 40 岁的人在 25 年期限内疾病保险金支出的现值公式。给付水平为每年 5 000 元，每年利率为复利 5%。

解： 所求的预期现值为：

$$\sum_{t=0}^{24} 5\ 000(1.05)^{t+1/2} v^{t+1/2} \frac{l_{40+t+1/2}}{l_{40}} i_{40+t}\ \bar{a}^{i}_{x+t+1/2:\overline{25-t-1/2}|}$$

在这里，年金因子 $\bar{a}^{i}_{x+i+1/2:\overline{25-t-1/2}|}$(考虑到利息增加将使用调整率计算)代表当一个人在 $40+t+\frac{1}{2}$ 岁时患病并继续处于疾病状态(且生存)时每年(初始的)1 元的单位年金单位的现值，但限定最多赔偿到 $25-t-\frac{1}{2}$ 年。

疾病发生率——年金方法可以估计递增的疾病给付，也可以计算已患病的被保险人的准备金。但这种方法用起来比较复杂，也不如曼联法容易被人理解。并且像英国等国家还没有准备建立以此为基础的标准疾病率表，虽然近些年已在这些领域开展了一些工作。

三、复合状态模型

回忆一下本书第十一章第一节探讨的作为复合状态模型的疾病——死亡模型。图 11－2清楚地表现了“健康”、“疾病”和“死亡”之间可能的转换。

在这种复合状态模型中，计算保费和准备金时，可以通过计算被保险人在给定的未来期间内患病的概率，并按适当的利率计算相应的现值。其结果即为在未来任意一年的保险给付的现值总和。

复合状态模型是最常见的模型，也是最复杂的。但是，它引出了曼联法和疾病发生率——年金方法下的疾病函数。

复合状态模型在理论上是最“精确”的方式，能评价任何形式的疾病给付。在此模型下，可以建立既适用于曼联法，又适用于疾病发生率——年金方法的疾病给付函数。但是，它是三种方法中最复杂的，也最难理解。并且，其疾病率表需要在每种特别情形下作出调整。

习　　题

1. 假设疾病率采用 MU1893—1897 表数据，根据附表的数据求出 K_{25} 与 H_{25} 的值，利率 q 取 4%。

解：表中没有直接给出 K_x 的 K_{30} 值，它可通过累加表中已列出的数据得到：

$$\begin{aligned} K_{25} &= K_{25}^{13} + K_{25}^{13|13} + K_{25}^{26|26} + K_{25}^{52|52} + K_{25}^{104|ALL} \\ &= 654\ 200 + 170\ 270 + 173\ 284 + 193\ 048 + 735\ 214 \\ &= 1\ 926\ 016 \end{aligned}$$

同理：

$$K_{26} = 1\ 896\ 264$$

于是：

$$H_{25} = K_{25} - K_{26} = 1\ 926\ 016 - 1\ 896\ 264 = 29\ 752$$

2. 一个恰好 45 岁的人已投保多年，现在身体健康。假设在任何疾病期都有每周数额为 600 元的疾病给付，试计算此疾病给付的预期现值。

解：这是一份终身的疾病保险，在未来任何疾病持续期均有疾病给付，所以其预期现值为：

$$\begin{aligned} EPV &= 600 \times 52.18 \int_0^{\infty} v^t \frac{l_{45+t}}{l_{45}} \bar{z}_{45+t}\, dt \\ &= 600 \times \frac{52.18 \int_0^{\infty} v^{x+t}\, l_{x+t} \bar{z}_{x+t}\, dt}{v^{45} l_{45}} \\ &= 600 \frac{K_{45}}{D_{45}} \end{aligned}$$

根据附表求出 K_{45}，即

$$\begin{aligned} K_{45} &= K_{45}^{13} + K_{45}^{13|13} + K_{45}^{26|26} + K_{45}^{52|52} + K_{45}^{104|ALL} \\ &= 314\ 921 + 116\ 527 + 133\ 392 + 163\ 679 + 677\ 524 \\ &= 1\ 406\ 043 \end{aligned}$$

所以预期现值为：

$$EPV = 500 \times \frac{1\ 406\ 043}{15\ 824} = 44\ 427.55(\text{元})$$

3. 在习题 2 中，如果约定被保险人生存至 65 岁之后就不再有疾病保险金给付，则该疾病给付的预期现值是多少？

解：这是一份 25 年期的定期保险单。65 岁以后的疾病给付为：

$$EPV_{65\text{岁以后}} = 500 \times 52.18 \int_{20}^{\infty} v^t \frac{l_{45+t}}{l_{45}} \bar{z}_{45+t}\, dt$$

做积分变换 $t = s + 20$，得：

$$EPV_{65\text{岁以后}} = 500 \times 52.18 \int_0^{\infty} v^{20+s} \frac{l_{65+t}}{l_{45}} \bar{z}_{65+t}\, ds$$

$$= 500 \times \frac{52.18\int_0^{\infty} v^{65+s} l_{65+s}\bar{z}_{65+s}\,ds}{v^{45}l_{45}}$$

$$= 500 \times \frac{K_{65}}{D_{45}}$$

根据附表求出 K_{65}，即

$$K_{65} = K_{65}^{13} + K_{65}^{13|13} + K_{65}^{26|26} + K_{65}^{52|52} + K_{65}^{104|ALL}$$

$$= 87\ 520 + 49\ 143.5 + 68\ 526.0 + 99\ 768.8 + 476\ 949$$

$$= 781\ 907.7$$

所以 65 岁以后的疾病给付预期现值为：

$$EPV_{65岁以后} = 500 \times \frac{781\ 907.7}{15\ 824} = 24\ 706.39(元)$$

于是，65 岁以前的疾病给付预期现值为：

$$EPV_{65岁以前} = EPV_{全部年龄} - EPV_{65岁以后}$$

$$= 44\ 427.55 - 24\ 706.39 = 19\ 721.16$$

4. 一个刚刚投保的年龄恰好为 45 岁的人，假定他目前身体健康，如果等待期为一年，试计算其 65 岁前的疾病给付的预期现值，其中：

(1) 延长期为 1 年；

(2) 在 52 周之内的疾病给付每周 350 元，超过此期限后，如果仍然生病，则疾病给付降为每周 150 元。

解：疾病给付是在等待期和延长期结束以后才开始，所以，每周 450 元的疾病给付是在 42 岁之后才可能开始，每周 180 元的疾病给付是在疾病持续到 43 岁后才可能开始的，所以，其预期现值近似为：

$$35\ 0\frac{K_{47}^{52|52} - K_{65}^{52|52}}{D_{45}} + 150\frac{K_{48}^{104|all} - K_{65}^{104|all}}{D_{45}}$$

$$= 350 \times \frac{159\ 907 - 99\ 768.8}{15\ 824} + 150 \times \frac{661\ 331 - 476\ 949}{15\ 824}$$

$$= 3\ 077.962(元)$$

5. 某被保险人现年 40 岁，欲考虑投保一份 60 岁之前的疾病保险，希望在患病 3 月后就以每周 500 元的给付水平领取保险金。试在如下情况下计算其预期给付现值：

(1) 假设这是一个目前健康的被保险人，并已渡过了等待期。

(2) 假设这是一个新投保的被保险人，等待期为 6 个月(不超过延长期)。

(3) 按 40 岁的换算函数 K 值进行计算，即忽略等待期和延长期。

解：(1) 因为这是一个目前健康的被保险人，并且已经过了等待期，所以，最早的可能给付是开始于延长期刚刚结束的时候，即 $40\frac{1}{4}$岁时。于是，预期给付现值为：

$$500 \times \frac{K_{40.25}^{13|all} - K_{60}^{13|all}}{D_{40}}$$

将附表中的 K 函数后 4 列求和，得：

$$
\begin{aligned}
K_{40}^{13|all} &= K_{40}^{13|13} + K_{40}^{26|26} + K_{40}^{52|52} + K_{40}^{104|ALL} \\
&= 130\ 449 + 144\ 315 + 172\ 341 + 700\ 172 \\
&= 1\ 147\ 277 \\
K_{41}^{13|all} &= K_{41}^{13|13} + K_{41}^{26|26} + K_{41}^{52|52} + K_{41}^{140|ALL} \\
&= 127\ 712 + 142\ 229 + 170\ 676 + 696\ 153 \\
&= 1\ 136\ 770 \\
K_{60}^{13|all} &= K_{60}^{13|13} + K_{60}^{26|26} + K_{60}^{52|52} + K_{60}^{104|ALL} \\
&= 68\ 315.0 + 89\ 992.7 + 124\ 022 + 552\ 353 \\
&= 834\ 682.7
\end{aligned}
$$

从而，可用线性插值法求得40.25岁的 K 函数值：

$$
\begin{aligned}
K_{40.25}^{13|all} &\approx \frac{3}{4} \cdot K_{40}^{13|all} + \frac{1}{4} K_{41}^{13|all} \\
&= 1\ 144\ 650
\end{aligned}
$$

于是：

$$
\begin{aligned}
&500 \times \frac{K_{40.25}^{13|all} - K_{60}^{13|all}}{D_{40}} \\
&= 500 \times \frac{1\ 144\ 650 - 834\ 682.7}{19\ 535} \\
&= 7\ 933.646(\text{元})
\end{aligned}
$$

（2）这是一个刚刚投保的人，也就是一个健康的被保险人，所以，最早的可能给付开始于延长期的结束时，当然，是在等待期已过的延长期之后，即 $40\frac{3}{4}$。于是，由

$$
\begin{aligned}
K_{40.75}^{13|all} &\approx \frac{1}{4} \cdot K_{40}^{13|all} + \frac{3}{4} K_{41}^{13|all} \\
&= 1\ 139\ 397
\end{aligned}
$$

可得预期给付现值为：

$$
\begin{aligned}
&500 \times \frac{K_{40.75}^{13|all} - K_{60}^{13|all}}{D_{40}} \\
&= 500 \times \frac{1\ 139\ 397 - 834\ 682.7}{19\ 535} = 7\ 799.182(\text{元})
\end{aligned}
$$

（3）忽略等待期和延长期，其预期给付现值为：

$$
\begin{aligned}
&500 \times \frac{K_{40}^{13|all} - K_{60}^{13|all}}{D_{40}} \\
&= 600 \times \frac{11\ 472\ 774 - 834\ 682.7}{19\ 535} \\
&= 9\ 601.053(\text{元})
\end{aligned}
$$

6. 一份疾病保险单规定经过6个月的等待期后，在患病6个星期后每星期给付300元直到65岁时停止。保费是在整个期间内按月支付，但当开始支付疾病给付时便不再缴纳保费。试为一个年龄恰好为30岁的健康状况良好的人计算保费。其中：（1）疾病率采

用附表 MU1893_1897 数据；（2）死亡率按 ELT12 计算；（3）利率为 4%；（4）费用：400 元的初始费用，及全部保费和给付的 4%，全部保费包括患病期间未缴纳的保费。

解：显然，价值方程为：

保费预期现值 = 保险给付预期现值 + 所发生费用的预期现值

假设每周缴纳保费额为 P，则保费的预期现值(忽略患病期间未缴纳部分)为：

$$
\begin{aligned}
52.18P\bar{a}_{30:\overline{35|}} &= 52.18\frac{\bar{N}_{30}-\bar{N}_{65}}{D_{30}}P \\
&= 52.18\times(580\ 204-47\ 723.0)P/29\ 372 \\
&= 945.9641P
\end{aligned}
$$

疾病基本给付的预期现值为：

$$
\begin{aligned}
&300\times\frac{K_{31}^{26|\,all}-K_{65}^{26|\,all}}{D_{30}} \\
&=300\times(1\ 072\ 431-6\ 452\ 438)/29\ 372 \\
&=4\ 363.208
\end{aligned}
$$

疾病期未缴纳的保费的预期现值是：

$$
P\frac{K_{31}^{26|\,all}-K_{65}^{26|\,all}}{D_{30}}=14.544P
$$

所发生费用的预期现值为：

$$
\begin{aligned}
&400+0.04\times52.18P\bar{a}_{30:\overline{35|}}+0.05\times300\frac{K_{31}^{26|\,all}-K_{65}^{26|\,all}}{D_{30}} \\
&=400+0.05\times945.9641P+0.05\times300\times14.544 \\
&=400+47.2982P+218.16
\end{aligned}
$$

于是，价值方程变成：

$$
945.9641P=4\ 363.208+14.544P+400+47.2982P+218.16
$$

得出：

$$
P=5.64(\text{元})
$$

即保费为每周 5.64(元)。

7. 计算前例中保单 15 年后的准备金（假定该合同当时未发生疾病给付的要求）。计算准备金采用与计算保费相同的精算基础。

解：预期准备金 = 未来给付和费用的预期现值 + 未来保费的预期现值

未来保费的预期现值（忽略疾病期间未缴纳的部分）为：

$$
\begin{aligned}
52.18P\bar{a}_{45:\overline{20|}} &= 52.18\frac{\bar{N}_{45}-\bar{N}_{65}}{D_{45}}P \\
&= 52.18\times5.64\times\frac{250\ 656-47\ 723.0}{15\ 824} \\
&= 3\ 774.154
\end{aligned}
$$

未来疾病保险基本给付的预期现值（忽略任何年龄调整）为：

$$
3\ 00\frac{K_{45}^{26|\,all}-K_{65}^{26|\,all}}{D_{45}}
$$

$$= 300 \times \frac{974\ 595 - 645\ 243.8}{15\ 824}$$

$$= 6\ 244.019$$

未来因疾病而未缴纳保费的预期现值为：

$$P\frac{K_{45}^{26|all} - K_{65}^{26|all}}{D_{45}} = 20.8134 \times 5.64 = 117.3876$$

未来费用的预期现值为：

$$0.03 \times 52.18P\bar{a}_{45:\overline{20}|} + 0.03 \times 300\frac{K_{45}^{26|all} - K_{65}^{26|all}}{D_{45}}$$

$$= 0.03 \times 3\ 774.154 + 0.03 \times 6\ 244.019$$

$$= 300.54519$$

于是，预期准备金为：

$${}_{10}V = 6\ 244.019 + 117.3876 + 300.54519 - 3\ 774.154 = 2\ 887.80(\text{元})$$

附录

复利年金表

复利年金表1

$i=3\%$

n	$(1+i)^n$	v^n	$a_{\overline{n}\rceil}$	$\ddot{a}_{\overline{n}\rceil}$	$a^{(12)}_{\overline{n}\rceil}$	$\ddot{a}^{(12)}_{\overline{n}\rceil}$	$s_{\overline{n}\rceil}$	$1/a_{\overline{n}\rceil}$	$1/s_{\overline{n}\rceil}$	n
1	1.03	0.970873786	0.970873786	1	0.984152056	0.98657924	1	1.03	1	1
2	1.0609	0.942595909	1.913469696	1.97087378	1.939639488	1.944423162	2.03	0.522610837	0.49261083	2
3	1.092727	0.915141659	2.828611355	2.91346969	2.86729719	2.874368718	3.0909	0.353530363	0.32353036	3
4	1.12550881	0.888487048	3.717098403	3.82861135	3.767935735	3.777228481	4.183627	0.269027045	0.23902704	4
5	1.15927407	0.862608784	4.579707187	4.71709840	4.642342089	4.653791357	5.30913581	0.218354571	0.18835457	5
6	1.19405229	0.837484257	5.417191444	5.57970718	5.491280298	5.504823276	6.46840988	0.1845975	0.1545975	6
7	1.22987386	0.813091511	6.230282955	6.41719144	6.315492151	6.331067858	7.66246218	0.160506354	0.13050635	7
8	1.26677008	0.789409234	7.01969219	7.23028295	7.115697833	7.133247063	8.89233604	0.142456389	0.11245638	8
9	1.30477318	0.766416732	7.786108922	8.01969219	7.892596553	7.912061826	10.1591061	0.128433857	0.09843385	9
10	1.34391637	0.744093915	8.530202837	8.78610892	8.646867156	8.668192663	11.4638793	0.117230507	0.08723050	10
11	1.38423387	0.722421277	9.252624113	9.53020283	9.379168712	9.402300272	12.8077956	0.108077448	0.07807744	11
12	1.42576088	0.70137988	9.954003994	10.2526241	10.0901411	10.11502611	14.1920295	0.100462085	0.07046208	12
13	1.46853371	0.68095134	10.63495533	10.9540039	10.78040555	10.80699294	15.6177904	0.094029544	0.06402954	13
14	1.51258972	0.661117806	11.29607314	11.6349553	11.45056521	11.47880539	17.0863241	0.088526339	0.05852633	14
15	1.55796741	0.641861947	11.93793509	12.2960731	12.10120566	12.13105049	18.5989138	0.08376658	0.05376658	15
16	1.60470643	0.623166939	12.56110203	12.9379350	12.73289541	12.76429817	20.1568813	0.079610849	0.04961084	16
17	1.65284763	0.605016446	13.16611847	13.5611020	13.34618643	13.37910173	21.7615877	0.075952529	0.04595252	17
18	1.70243306	0.587394608	13.75351308	14.1661184	13.94161461	13.9759984	23.4144353	0.072708696	0.04270869	18
19	1.75350605	0.570286027	14.32379911	14.7535130	14.51970022	14.55550972	25.1168684	0.069813881	0.03981388	19
20	1.80611123	0.553675754	14.87747486	15.3237991	15.08094839	15.11814208	26.8703744	0.067215708	0.03721570	20
21	1.86029457	0.537549276	15.41502414	15.8774748	15.62584952	15.66438708	28.6764857	0.064871776	0.03487177	21
22	1.91610340	0.521892501	15.93691664	16.4150241	16.15487975	16.19472204	30.5367803	0.062747395	0.03274739	22
23	1.97358651	0.506691748	16.44360839	16.9369166	16.66850132	16.70961034	32.4528837	0.060813903	0.03081390	23
24	2.03279410	0.491933736	16.93554212	17.4436083	17.16716305	17.2095019	34.4264702	0.059047416	0.02904741	24
25	2.09377793	0.477605569	17.41314769	17.9355421	17.65130065	17.69483352	36.4592643	0.057427871	0.02742787	25
26	2.15659126	0.463694727	17.87684242	18.4131476	18.12133715	18.16602926	38.5530422	0.05593829	0.02593829	26
27	2.22128900	0.450189056	18.32703147	18.8768424	18.57768327	18.62350085	40.7096335	0.05456421	0.02456421	27
28	2.28792767	0.437076753	18.76410823	19.3270314	19.02073775	19.06764802	42.9309225	0.053293233	0.02329323	28
29	2.35656550	0.424346362	19.18845459	19.7641082	19.45088774	19.49885888	45.2188502	0.052114671	0.02211467	29
30	2.42726247	0.41198676	19.60044135	20.1884545	19.86850908	19.91751019	47.5754157	0.051019259	0.02101925	30

续表

n	$(1+i)^n$	v^n	$a_{\overline{n}\rceil}$	$\ddot{a}_{\overline{n}\rceil}$	$a^{(12)}_{\overline{n}\rceil}$	$\ddot{a}^{(12)}_{\overline{n}\rceil}$	$s_{\overline{n}\rceil}$	$1/a_{\overline{n}\rceil}$	$1/s_{\overline{n}\rceil}$	n
31	2.50008034	0.399987145	20.00042849	20.6004413	20.2739667	20.32396777	50.0026781	0.049998929	0.01999892	31
32	2.57508275	0.388337034	20.38876553	21.0004284	20.66761487	20.71858678	52.5027585	0.049046618	0.01904661	32
33	2.65233523	0.377026247	20.76579178	21.3887655	21.04979756	21.10171204	55.0778412	0.048156122	0.01815612	33
34	2.73190529	0.3660449	21.13183668	21.7657917	21.42084872	21.47367831	57.7301765	0.047321963	0.01732196	34
35	2.81386245	0.355383398	21.48722007	22.1318366	21.78109256	21.83481061	60.4620818	0.046539292	0.01653929	35
36	2.89827832	0.345032425	21.8322525	22.4872200	22.13084386	22.18542449	63.2759442	0.045803794	0.01580379	36
37	2.98522667	0.334982937	22.16723544	22.8322525	22.47040823	22.52582632	66.1742225	0.045111624	0.01511162	37
38	3.07478347	0.325226152	22.49246159	23.1672354	22.80008238	22.85631353	69.1594492	0.04445934	0.01445934	38
39	3.16702698	0.315753546	22.80821513	23.4924615	23.12015436	23.1771749	72.2342327	0.043843852	0.01384385	39
40	3.26203779	0.306556841	23.11477197	23.8082151	23.43090386	23.48869079	75.4012597	0.043262378	0.01326237	40
41	3.35989892	0.297628001	23.41239997	24.1147719	23.73260241	23.79113341	78.6632975	0.042712409	0.01271240	41
42	3.46069589	0.288959224	23.7013592	24.4123999	24.02551362	24.08476701	82.0231964	0.042191673	0.01219167	42
43	3.56451677	0.280542936	23.98190213	24.7013592	24.30989343	24.36984819	85.4838923	0.04169811	0.01169811	43
44	3.67145227	0.272371782	24.25427392	24.9819021	24.58599034	24.64662602	89.0484091	0.041229847	0.01122984	44
45	3.78159584	0.264438624	24.51871254	25.2542739	24.85404559	24.91534237	92.7198613	0.040785176	0.01078517	45
46	3.89504371	0.256736528	24.77544907	25.5187125	25.1142934	25.17623203	96.5014572	0.040362538	0.01036253	46
47	4.01189502	0.249258765	25.02470783	25.7754490	25.36696118	25.42952295	100.396500	0.039960506	0.00996050	47
48	4.13225187	0.241998801	25.26670664	26.0247078	25.61226971	25.67543648	104.408396	0.039577774	0.00957777	48
49	4.25621943	0.234950292	25.50165693	26.2667066	25.85043333	25.91418747	108.540647	0.039213138	0.00921313	49
50	4.38390601	0.22810708	25.72976401	26.5016569	26.08166014	26.14598455	112.796867	0.038865494	0.00886549	50
51	4.51542319	0.221463184	25.95122719	26.7297640	26.30615219	26.37103026	117.180773	0.038533823	0.00853382	51
52	4.65088589	0.2150128	26.16623999	26.9512271	26.52410564	26.58952124	121.696196	0.038217184	0.00821718	52
53	4.79041247	0.208750292	26.37499028	27.1662399	26.73571093	26.80164841	126.347082	0.037914706	0.00791470	53
54	4.93412484	0.202670186	26.57766047	27.3749902	26.94115296	27.00759711	131.137494	0.037625584	0.00762558	54
55	5.08214859	0.196767171	26.77442764	27.5776604	27.14061124	27.20754731	136.071619	0.037349071	0.00734907	55
56	5.23461304	0.191036088	26.96546373	27.7744276	27.33426005	27.40167371	141.153768	0.037084473	0.00708447	56
57	5.39165144	0.18547193	27.15093566	27.9654637	27.52226861	27.59014595	146.388381	0.036831143	0.00683114	57
58	5.55340098	0.180069835	27.33100549	28.1509356	27.70480119	27.77312871	151.780032	0.036588482	0.00658848	58
59	5.72000301	0.174825083	27.50583058	28.3310054	27.88201729	27.95078187	157.333433	0.036355928	0.00635592	59
60	5.89160310	0.16973309	27.67556367	28.5058305	28.05407176	28.12326067	163.053436	0.036132959	0.00613295	60
61	6.06835119	0.164789408	27.84035307	28.6755636	28.22111493	28.29071581	168.945039	0.035919085	0.00591908	61
62	6.25040173	0.159989716	28.00034279	28.8403530	28.38329276	28.45329362	175.013391	0.035713848	0.00571384	62
63	6.43791378	0.155329822	28.15567261	29.0003427	28.54074697	28.61113615	181.263792	0.035516822	0.00551682	63
64	6.63105119	0.150805652	28.30647826	29.1556726	28.69361513	28.76438133	187.701706	0.035327602	0.00532760	64
65	6.82998273	0.146413254	28.45289152	29.3064782	28.84203083	28.91316305	194.332757	0.035145813	0.00514581	65
66	7.03488221	0.142148791	28.59504031	29.4528915	28.98612373	29.05761133	201.162740	0.0349711	0.0049711	66
67	7.24592868	0.138008535	28.73304884	29.5950403	29.12601976	29.19785238	208.197622	0.034803129	0.00480312	67
68	7.46330654	0.133988869	28.86703771	29.7330488	29.26184114	29.33400873	215.443551	0.034641587	0.00464158	68
69	7.68720574	0.13008628	28.99712399	29.8670377	29.39370656	29.46619937	222.906858	0.034486179	0.00448617	69

续表

n	$(1+i)^n$	v^n	$a_{\overline{n}\rvert}$	$\ddot{a}_{\overline{n}\rvert}$	$a^{(12)}_{\overline{n}\rvert}$	$\ddot{a}^{(12)}_{\overline{n}\rvert}$	$s_{\overline{n}\rvert}$	$1/a_{\overline{n}\rvert}$	$1/s_{\overline{n}\rvert}$	n
70	7. 91782191	0. 126297359	29. 12342135	29. 9971239	29. 52173124	29. 59453979	230. 594063	0. 034336625	0. 00433662	70
71	8. 15535656	0. 122618796	29. 24604015	30. 1234213	29. 64602704	29. 71914215	238. 511885	0. 034192663	0. 00419266	71
72	8. 40001726	0. 119047374	29. 36508752	30. 2460401	29. 76670258	29. 8401153	246. 667242	0. 034054045	0. 00405404	72
73	8. 65201778	0. 115579975	29. 4806675	30. 3650875	29. 8838633	29. 95756497	255. 067259	0. 033920535	0. 00392053	73
74	8. 91157831	0. 112213568	29. 59288107	30. 4806675	29. 99761157	30. 07159378	263. 719277	0. 033791911	0. 00379191	74
75	9. 17892566	0. 108945212	29. 70182628	30. 5928810	30. 10804679	30. 18230135	272. 630855	0. 033667963	0. 00366796	75
76	9. 45429343	0. 10577205	29. 80759833	30. 7018262	30. 21526544	30. 28978444	281. 809781	0. 033548493	0. 00354849	76
77	9. 73792224	0. 102691311	29. 91028964	30. 8075983	30. 31936122	30. 39413694	291. 264074	0. 03343331	0. 00343331	77
78	10. 0300599	0. 099700302	30. 00998994	30. 9102896	30. 42042509	30. 49545006	301. 001996	0. 033322237	0. 00332223	78
79	10. 3309617	0. 09679641	30. 10678635	31. 0099899	30. 51854534	30. 59381231	311. 032056	0. 033215103	0. 00321510	79
80	10. 6408905	0. 093977097	30. 20076345	31. 1067863	30. 61380773	30. 68930964	321. 363018	0. 033111746	0. 00311174	80
81	10. 9601172	0. 0912399	30. 29200335	31. 2007634	30. 70629548	30. 78202549	332. 003909	0. 033012013	0. 00301201	81
82	11. 2889207	0. 088582427	30. 38058577	31. 2920033	30. 79608942	30. 87204088	342. 964026	0. 032915758	0. 00291575	82
83	11. 6275884	0. 086002356	30. 46658813	31. 3805857	30. 88326799	30. 95943446	354. 252947	0. 032822842	0. 00282284	83
84	11. 9764160	0. 083497433	30. 55008556	31. 4665881	30. 96790739	31. 0442826	365. 880535	0. 032733133	0. 00273313	84
85	12. 3357085	0. 081065469	30. 63115103	31. 5500855	31. 05008156	31. 12665944	377. 856951	0. 032646504	0. 00264650	85
86	12. 7057798	0. 078704339	30. 70985537	31. 6311510	31. 12986231	31. 20663695	390. 192660	0. 032562837	0. 00256283	86
87	13. 0869532	0. 07641198	30. 78626735	31. 7098553	31. 20731934	31. 28428501	402. 89844	0. 032482015	0. 00248201	87
88	13. 4795618	0. 074186388	30. 86045374	31. 7862673	31. 28252035	31. 35967149	415. 985393	0. 032403931	0. 00240393	88
89	13. 8839486	0. 072025619	30. 93247936	31. 8604537	31. 35553104	31. 43286224	429. 464955	0. 032328479	0. 00232847	89
90	14. 3004671	0. 069927786	31. 00240714	31. 9324793	31. 4264152	31. 50392122	443. 348903	0. 03225556	0. 00225556	90
91	14. 7294811	0. 067891054	31. 0702982	32. 0024071	31. 49523477	31. 57291052	457. 649370	0. 032185079	0. 00218507	91
92	15. 1713655	0. 065913645	31. 13621184	32. 0702982	31. 56204989	31. 63989042	472. 378851	0. 032116945	0. 00211694	92
93	15. 6265065	0. 06399383	31. 20020567	32. 1362118	31. 62691894	31. 70491946	487. 550217	0. 032051071	0. 00205107	93
94	16. 0953017	0. 062129932	31. 2623356	32. 2002056	31. 6898986	31. 76805444	503. 176724	0. 031987373	0. 00198737	94
95	16. 5781607	0. 060320322	31. 32265592	32. 2623356	31. 7510439	31. 82935054	519. 272025	0. 031925773	0. 00192577	95
96	17. 0755055	0. 05856342	31. 38121934	32. 3226559	31. 81040827	31. 88886132	535. 850186	0. 031866193	0. 00186619	96
97	17. 5877707	0. 056857689	31. 43807703	32. 3812193	31. 86804358	31. 94663877	552. 925692	0. 031808561	0. 00180856	97
98	18. 1154038	0. 05520164	31. 49327867	32. 4380770	31. 92400019	32. 00273339	570. 513462	0. 031752807	0. 00175280	98
99	18. 658866	0. 053593825	31. 5468725	32. 4932786	31. 978327	32. 05719418	588. 628866	0. 031698863	0. 00169886	99
100	19. 2186319	0. 05203284	31. 59890534	32. 5468725	32. 03107147	32. 11006874	607. 287732	0. 031646666	0. 00164666	100

附：　相关常数值

$i^{(2)}$	$i^{(4)}$	$i^{(12)}$	δ
0. 02977831	0. 029668287	0. 029595237	0. 02955880

$(1+i)^{1/2}$	$(1+i)^{1/4}$	$(1+i)^{1/12}$
1. 01488915	1. 007417072	1. 00246627

$i/i^{(2)}$	$i/i^{(4)}$	$i/i^{(12)}$	i/δ
1. 00744457	1. 011180723	1. 013676617	1. 01492610

d	$d^{(2)}$	$d^{(4)}$	$d^{(12)}$
0. 029126214	0. 02934144	0. 029449855	0. 02952242

v	$v^{1/2}$	$v^{1/4}$	$v^{1/12}$
0. 970873786	0. 98532927	0. 992637536	0. 99753979

$i/d^{(2)}$	$i/d^{(4)}$	$i/d^{(12)}$
1. 02244457	1. 018680723	1. 01617661

复利年金表2

$i=4\%$

n	$(1+i)^n$	v^n	$a_{\overline{n}\rceil}$	$\ddot{a}_{\overline{n}\rceil}$	$a^{(12)}_{\overline{n}\rceil}$	$\ddot{a}^{(12)}_{\overline{n}\rceil}$	$s_{\overline{n}\rceil}$	$1/a_{\overline{n}\rceil}$	$1/s_{\overline{n}\rceil}$	n
1	1.04	0.961538462	0.961538462	1	0.979041835	0.982246964	1	1.04	1	1
2	1.0816	0.924556213	1.886094675	1.96153846	1.920428216	1.926715198	2.04	0.530196078	0.49019607	2
3	1.124864	0.888996359	2.775091033	2.88609467	2.825607427	2.834857731	3.1216	0.360348539	0.32034853	3
4	1.16985856	0.854804191	3.629895224	3.77509103	3.695972054	3.708071705	4.246464	0.275490045	0.23549004	4
5	1.21665290	0.821927107	4.451822331	4.62989522	4.532861118	4.547700526	5.41632256	0.224627113	0.18462711	5
6	1.26531901	0.790314526	5.242136857	5.45182233	5.337562141	5.355035931	6.63297546	0.190761903	0.15076190	6
7	1.31593177	0.759917813	6.00205467	6.24213685	6.111313125	6.131319974	7.89829448	0.166609612	0.12660961	7
8	1.36856905	0.730690205	6.732744875	7.00205467	6.855304456	6.877746939	9.21422626	0.148527832	0.10852783	8
9	1.42331181	0.702586736	7.435331611	7.73274487	7.570680735	7.595465174	10.5827953	0.134492993	0.09449299	9
10	1.48024428	0.675564169	8.110895779	8.43533161	8.258542543	8.285578862	12.0061071	0.123290944	0.08329094	10
11	1.53945405	0.649580932	8.760476711	9.11089577	8.919948126	8.949149715	13.4863514	0.114149039	0.07414903	11
12	1.60103221	0.62459705	9.38507376	9.76047671	9.555915034	9.587198613	15.0258054	0.106552173	0.06655217	12
13	1.66507350	0.600574086	9.985647847	10.3850737	10.16742168	10.20070717	16.6268376	0.100143728	0.06014372	13
14	1.73167644	0.577475083	10.56312293	10.9856478	10.75540883	10.79061924	18.2919111	0.094668973	0.05466897	14
15	1.80094350	0.555264503	11.11838743	11.5631229	11.3207811	11.35784239	20.0235876	0.0899411	0.0499411	15
16	1.87298124	0.533908176	11.65229561	12.1183874	11.86440827	11.90324926	21.8245311	0.085819999	0.04581999	16
17	1.94790049	0.513373246	12.16566885	12.6522956	12.38712671	12.42767894	23.6975123	0.082198522	0.04219852	17
18	2.02581651	0.493628121	12.65929697	13.1656688	12.8897406	12.93193826	25.6454128	0.078993328	0.03899332	18
19	2.10684917	0.474642424	13.1339394	13.6592969	13.37302318	13.41680298	27.6712294	0.076138618	0.03613861	19
20	2.19112314	0.456386946	13.59032634	14.1339394	13.83771797	13.88301906	29.7780785	0.07358175	0.03358175	20
21	2.27876806	0.438833602	14.02915995	14.5903263	14.28453988	14.33130375	31.9692017	0.071280105	0.03128010	21
22	2.36991879	0.421955387	14.45111533	15.0291599	14.71417634	14.76234672	34.2479697	0.069198811	0.02919881	22
23	2.46471554	0.405726333	14.85684167	15.4511153	15.12728832	15.17681112	36.6178885	0.067309057	0.02730905	23
24	2.56330416	0.390121474	15.24696314	15.8568416	15.52451137	15.57533458	39.0826041	0.065586831	0.02558683	24
25	2.66583633	0.375116802	15.62207994	16.2469631	15.90645661	15.95853021	41.6459082	0.064011963	0.02401196	25
26	2.77246978	0.360689233	15.98276918	16.6220799	16.27371166	16.32698755	44.3117446	0.06256738	0.02256738	26
27	2.88336857	0.34681657	16.32958575	16.9827691	16.62684151	16.68127346	47.0842144	0.061238541	0.02123854	27
28	2.99870331	0.333477471	16.66306322	17.3295857	16.96638944	17.02193298	49.9675829	0.060012975	0.02001297	28
29	3.11865145	0.320651415	16.98371463	17.6630632	17.29287783	17.34949021	52.9662863	0.058879934	0.01887993	29
30	3.24339751	0.308318668	17.2920333	17.9837146	17.60680898	17.66444909	56.0849377	0.057830099	0.01783009	30
31	3.37313341	0.296460258	17.58849356	18.2920333	17.90866586	17.96729417	59.3283352	0.056855352	0.01685535	31
32	3.50805874	0.28505794	17.8735515	18.5884935	18.19891285	18.25849136	62.7014686	0.05594859	0.01594859	32
33	3.64838109	0.274094173	18.14764567	18.8735515	18.4779965	18.53848865	66.2095274	0.055103566	0.01510356	33
34	3.79431634	0.26355209	18.41119776	19.1476456	18.74634616	18.80771682	69.8579085	0.054314772	0.01431477	34

续表

n	$(1+i)^n$	v^n	$a_{\overline{n}\rceil}$	$\ddot{a}_{\overline{n}\rceil}$	$a_{\overline{n}\rceil}^{(12)}$	$\ddot{a}_{\overline{n}\rceil}^{(12)}$	$s_{\overline{n}\rceil}$	$1/a_{\overline{n}\rceil}$	$1/s_{\overline{n}\rceil}$	n
35	3.94608899	0.253415471	18.66461323	19.4111977	19.00437468	19.06659006	73.6522248	0.053577322	0.01357732	35
36	4.10393255	0.243668722	18.90828195	19.6646132	19.25247903	19.31550664	77.5983138	0.052886878	0.01288687	36
37	4.26808985	0.234296848	19.1425788	19.9082819	19.4910409	19.5548495	81.7022464	0.052239566	0.01223956	37
38	4.43881345	0.225285431	19.36786423	20.1425788	19.72042732	19.78498687	85.9703362	0.051631919	0.01163191	38
39	4.61636598	0.216620606	19.58448484	20.3678642	19.94099118	20.0062728	90.4091497	0.051060827	0.01106082	39
40	4.80102062	0.208289045	19.79277388	20.5844848	20.15307182	20.21904773	95.0255157	0.050523489	0.01052348	40
41	4.99306145	0.200277928	19.99305181	20.7927738	20.35699551	20.42363901	99.8265363	0.050017377	0.01001737	41
42	5.19278391	0.19257493	20.18562674	20.9930518	20.55307598	20.6203614	104.819597	0.049540201	0.00954020	42
43	5.40049526	0.185168202	20.37079494	21.1856267	20.74161489	20.80951754	110.012381	0.049089886	0.00908988	43
44	5.61651507	0.178046348	20.54884129	21.3707949	20.92290231	20.99139844	115.412877	0.048664544	0.00866454	44
45	5.84117568	0.171198412	20.7200397	21.5488412	21.09721713	21.16628393	121.029392	0.048262456	0.00826245	45
46	6.07482270	0.164613858	20.88465356	21.7200397	21.26482754	21.33444305	126.870567	0.047882049	0.00788204	46
47	6.31781561	0.158282555	21.04293612	21.8846535	21.42599139	21.49613451	132.945390	0.047521885	0.00752188	47
48	6.57052824	0.152194765	21.19513088	22.0429361	21.58095663	21.65160707	139.263206	0.047180648	0.00718064	48
49	6.83334937	0.14634112	21.341472	22.1951308	21.72996168	21.80109992	145.833734	0.046857124	0.00685712	49
50	7.10668334	0.140712615	21.48218462	22.341472	21.87323575	21.94484304	152.667083	0.0465502	0.0065502	50
51	7.39095068	0.135300592	21.61748521	22.4821846	22.01099929	22.08305758	159.773767	0.04625885	0.00625885	51
52	7.68658870	0.130096723	21.74758193	22.6174852	22.14346423	22.21595617	167.164717	0.045982124	0.00598212	52
53	7.99405225	0.125093003	21.87267493	22.7475819	22.27083437	22.34374328	174.851306	0.045719145	0.00571914	53
54	8.31381434	0.120281733	21.99295667	22.8726749	22.39330565	22.4666155	182.845358	0.045469102	0.00546910	54
55	8.64636692	0.115655513	22.10861218	22.9929566	22.5110665	22.58476187	191.159173	0.045231243	0.00523124	55
56	8.99222159	0.111207224	22.2198194	23.1086121	22.62429808	22.69836415	199.805539	0.045004866	0.00500486	56
57	9.35191046	0.106930023	22.32674943	23.2198194	22.73317461	22.80759711	208.797761	0.044789323	0.00478932	57
58	9.72598687	0.10281733	22.42956676	23.3267494	22.83786357	22.9126288	218.149672	0.044584009	0.00458400	58
59	10.1150263	0.098862817	22.52842957	23.4295667	22.93852604	23.01362081	227.875658	0.044388358	0.00438835	59
60	10.5196274	0.095060401	22.62348997	23.5284295	23.03531687	23.11072851	237.990685	0.044201845	0.00420184	60
61	10.9404125	0.091404232	22.71489421	23.6234899	23.12838498	23.2041013	248.510312	0.044023978	0.00402397	61
62	11.378029	0.087888684	22.80278289	23.7148942	23.21787355	23.29388283	259.450725	0.043854296	0.00385429	62
63	11.8331501	0.08450835	22.88729124	23.8027828	23.30392025	23.38021122	270.828754	0.04369237	0.00369237	63
64	12.3064761	0.081258029	22.96854927	23.8872912	23.38665746	23.46321929	282.661904	0.043537795	0.00353779	64
65	12.7987352	0.07813272	23.04668199	23.9685492	23.46621247	23.54303474	294.968380	0.043390194	0.00339019	65
66	13.3106846	0.075127616	23.12180961	24.0466819	23.54270767	23.61978037	307.767115	0.04324921	0.00324921	66
67	13.8431120	0.072238092	23.1940477	24.1218096	23.61626075	23.69357424	321.077800	0.04311451	0.00311451	67
68	14.3968364	0.069459704	23.2635074	24.1940477	23.68698487	23.76452989	334.920912	0.04298578	0.00298578	68
69	14.9727099	0.066788177	23.33029558	24.2635074	23.75498882	23.83275647	349.317748	0.042862723	0.00286272	69
70	15.5716183	0.064219401	23.39451498	24.3302955	23.82037724	23.89835896	364.290458	0.042745062	0.00274506	70
71	16.1944830	0.061749424	23.4562644	24.3945149	23.88325072	23.96143827	379.862077	0.042632534	0.00263253	71

续表

n	$(1+i)^n$	v^n	$a_{\overline{n}\rvert}$	$\ddot{a}_{\overline{n}\rvert}$	$a_{\overline{n}\rvert}^{(12)}$	$\ddot{a}_{\overline{n}\rvert}^{(12)}$	$s_{\overline{n}\rvert}$	$1/a_{\overline{n}\rvert}$	$1/s_{\overline{n}\rvert}$	n
72	16. 8422624	0. 059374446	23. 51563885	24. 4562644	23. 94370599	24. 02209145	396. 056560	0. 042524892	0. 00252489	72
73	17. 5159529	0. 057090813	23. 57272966	24. 5156388	24. 00183606	24. 08041182	412. 898822	0. 042421901	0. 00242190	73
74	18. 2165910	0. 054895013	23. 62762468	24. 5727296	24. 05773035	24. 1364891	430. 414775	0. 04232334	0. 00232334	74
75	18. 9452546	0. 052783666	23. 68040834	24. 6276246	24. 11147487	24. 19040956	448. 631366	0. 042229002	0. 00222900	75
76	19. 7030648	0. 050753525	23. 73116187	24. 6804083	24. 16315228	24. 24225616	467. 576621	0. 042138687	0. 00213868	76
77	20. 4911874	0. 048801467	23. 77996333	24. 7311618	24. 21284211	24. 29210865	487. 279686	0. 042052209	0. 00205220	77
78	21. 3108349	0. 046924487	23. 82688782	24. 7799633	24. 26062079	24. 34004374	507. 770873	0. 041969392	0. 00196939	78
79	22. 1632683	0. 045119699	23. 87200752	24. 8268878	24. 30656182	24. 38613518	529. 081708	0. 041890067	0. 00189006	79
80	23. 0497990	0. 043384326	23. 91539185	24. 8720075	24. 35073589	24. 43045387	551. 244976	0. 041814075	0. 00181407	80
81	23. 9717910	0. 041715698	23. 95710755	24. 9153918	24. 39321096	24. 47306799	574. 294775	0. 041741266	0. 00174126	81
82	24. 9306626	0. 040111248	23. 99721879	24. 9571075	24. 43405238	24. 51404311	598. 266566	0. 041671496	0. 00167149	82
83	25. 9278891	0. 038568508	24. 0357873	24. 9972187	24. 47332297	24. 55344226	623. 197229	0. 041604628	0. 00160462	83
84	26. 9650047	0. 037085104	24. 07287241	25. 0357873	24. 51108315	24. 59132606	649. 125118	0. 041540535	0. 00154053	84
85	28. 0436049	0. 035658754	24. 10853116	25. 0728724	24. 54739102	24. 62775279	676. 090123	0. 041479093	0. 00147909	85
86	29. 1653491	0. 034287263	24. 14281842	25. 1085311	24. 58230243	24. 66277849	704. 133728	0. 041420185	0. 00142018	86
87	30. 3319631	0. 032968522	24. 17578694	25. 1428184	24. 6158711	24. 69645705	733. 299077	0. 0413637	0. 0013637	87
88	31. 5452416	0. 031700502	24. 20748745	25. 1757869	24. 64814866	24. 72884028	763. 631040	0. 041309533	0. 00130953	88
89	32. 8070512	0. 030481252	24. 2379687	25. 2074874	24. 67918478	24. 75997801	795. 176282	0. 041257583	0. 00125758	89
90	34. 1193333	0. 029308896	24. 26727759	25. 2379687	24. 7090272	24. 78991812	827. 983333	0. 041207754	0. 00120775	90
91	35. 4841066	0. 028181631	24. 29545923	25. 2672775	24. 73772183	24. 8187067	862. 102666	0. 041159955	0. 00115995	91
92	36. 9034709	0. 027097722	24. 32255695	25. 2954592	24. 76531283	24. 84638802	897. 586773	0. 041114098	0. 00111409	92
93	38. 3796097	0. 026055502	24. 34861245	25. 3225569	24. 79184263	24. 87300467	934. 490244	0. 041070102	0. 00107010	93
94	39. 9147941	0. 025053367	24. 37366582	25. 3486124	24. 81735206	24. 89859761	972. 869854	0. 041027887	0. 00102788	94
95	41. 5113859	0. 024089776	24. 39775559	25. 3736658	24. 84188035	24. 92320621	1012. 78464	0. 040987377	9. 87377E－04	95
96	43. 1718413	0. 023163246	24. 42091884	25. 3977555	24. 86546525	24. 94686831	1054. 29603	0. 0409485	9. 48500E－04	96
97	44. 8987150	0. 022272352	24. 44319119	25. 4209188	24. 88814304	24. 96962034	1097. 46787	0. 040911188	9. 11188E－04	97
98	46. 6946636	0. 021415723	24. 46460692	25. 4431911	24. 9099486	24. 99149729	1142. 36659	0. 040875376	8. 75376E－04	98
99	48. 5624501	0. 020592042	24. 48519896	25. 4646069	24. 93091549	25. 01253282	1189. 06125	0. 040841	8. 41000E－04	99
100	50. 5049481	0. 01980004	24. 504999	25. 4851989	24. 95107596	25. 03275929	1237. 62370	0. 040808	8. 08000E－04	100

附：相关常数值

$i^{(2)}$	$i^{(4)}$	$i^{(12)}$	δ
0. 03960780	0. 039413626	0. 039284877	0. 03922071

d	$d^{(2)}$	$d^{(4)}$	$d^{(12)}$
0. 038461538	0. 03883864	0. 039029057	0. 03915668

$(1+i)^{1/2}$	$(1+i)^{1/4}$	$(1+i)^{1/12}$
1. 01980390	1. 009853407	1. 00327374

v	$v^{1/2}$	$v^{1/4}$	$v^{1/12}$
0. 961538462	0. 98058067	0. 990242736	0. 99673694

$i/i^{(2)}$	$i/i^{(4)}$	$i/i^{(12)}$	i/δ
1. 00990195	1. 014877439	1. 018203509	1. 01986926

$i/d^{(2)}$	$i/d^{(4)}$	$i/d^{(12)}$
1. 02990195	1. 024877439	1. 02153684

复利年金表3

$i=5\%$

n	$(1+i)^n$	v^n	$a_{\overline{n}\rceil}$	$\ddot{a}_{\overline{n}\rceil}$	$a^{(12)}_{\overline{n}\rceil}$	$\ddot{a}^{(12)}_{\overline{n}\rceil}$	$s_{\overline{n}\rceil}$	$1/a_{\overline{n}\rceil}$	$1/s_{\overline{n}\rceil}$	n
1	1.05	0.952380952	0.952380952	1	0.97401409	0.977982344	1	1.05	1	1
2	1.1025	0.907029478	1.859410431	1.95238095	1.901646556	1.909394099	2.05	0.537804878	0.48780487	2
3	1.157625	0.863837599	2.723248029	2.85941043	2.785106048	2.796452915	3.1525	0.367208565	0.31720856	3
4	1.21550625	0.822702475	3.545950504	3.72324802	3.62649604	3.641270834	4.310125	0.282011833	0.23201183	4
5	1.27628156	0.783526166	4.329476671	4.54595050	4.427819842	4.445859328	5.52563125	0.230974798	0.18097479	5
6	1.34009564	0.746215397	5.075692067	5.32947667	5.190985368	5.212134085	6.80191281	0.197017468	0.14701746	6
7	1.40710042	0.71068133	5.786373397	6.07569206	5.917809678	5.941919567	8.14200845	0.172819818	0.12281981	7
8	1.47745544	0.676839362	6.463212759	6.78637339	6.610023307	6.63695336	9.54910887	0.154721814	0.10472181	8
9	1.55132821	0.644608916	7.107821676	7.46321275	7.269274382	7.298890305	11.0265643	0.14069008	0.09069008	9
10	1.62889462	0.613913254	7.721734929	8.10782167	7.897132548	7.929306444	12.5778925	0.129504575	0.07950457	10
11	1.71033935	0.584679289	8.306414218	8.72173492	8.495092707	8.529702766	14.2067871	0.120388891	0.07038889	11
12	1.79585632	0.556837418	8.863251636	9.30641421	9.064578573	9.101508788	15.9171265	0.11282541	0.06282541	12
13	1.88564914	0.530321351	9.393572987	9.86325163	9.606946064	9.646085951	17.7129828	0.106455765	0.05645576	13
14	1.97993159	0.505067953	9.89864094	10.3935729	10.12348653	10.16473087	19.5986319	0.101023969	0.05102396	14
15	2.07892817	0.481017098	10.37965804	10.8986409	10.61542983	10.65867841	21.5785635	0.096342288	0.04634228	15
16	2.18287458	0.458111522	10.83776956	11.3796580	11.08394726	11.12910464	23.6574917	0.092269908	0.04226990	16
17	2.29201831	0.436296688	11.27406625	11.8377695	11.53015434	11.57712962	25.8403663	0.088699142	0.03869914	17
18	2.40661923	0.415520655	11.6895869	12.2740662	11.95511346	12.00382007	28.1323846	0.085546222	0.03554622	18
19	2.52695019	0.395733957	12.08532086	12.6895869	12.35983644	12.41019194	30.5390039	0.08274501	0.03274501	19
20	2.65329770	0.376889483	12.46221034	13.0853208	12.74528688	12.79721276	33.0659541	0.080242587	0.03024258	20
21	2.78596259	0.358942365	12.82115271	13.4622103	13.11238255	13.16580402	35.7192518	0.077996107	0.02799610	21
22	2.92526072	0.341849871	13.16300258	13.8211527	13.46199747	13.51684332	38.5052144	0.075970509	0.02597050	22
23	3.07152375	0.325571306	13.48857388	14.1630025	13.79496406	13.85116645	41.4304751	0.074136822	0.02413682	23
24	3.22509994	0.31006791	13.79864179	14.4885738	14.1120751	14.16956944	44.5019988	0.072470901	0.02247090	24
25	3.38635494	0.295302772	14.09394457	14.7986417	14.41408562	14.47281038	47.7270988	0.070952457	0.02095245	25
26	3.55567268	0.281240735	14.3751853	15.0939445	14.70171468	14.76161128	51.1134537	0.069564321	0.01956432	26
27	3.73345632	0.267848319	14.64303362	15.3751853	14.97564711	15.03665975	54.6691264	0.06829186	0.01829186	27
28	3.92012913	0.255093637	14.89812726	15.6430336	15.23653515	15.29861068	58.4025827	0.06712253	0.01712253	28
29	4.11613559	0.242946321	15.14107358	15.8981272	15.48499995	15.54808775	62.3227119	0.066045515	0.01604551	29
30	4.32194237	0.231377449	15.37245103	16.1410735	15.72163309	15.78568497	66.4388475	0.065051435	0.01505143	30
31	4.53803949	0.220359475	15.5928105	16.3724510	15.94699798	16.01196803	70.7607898	0.06413212	0.01413212	31
32	4.76494146	0.209866167	15.80267667	16.5928105	16.16163122	16.2274757	75.2988293	0.063280419	0.01328041	32
33	5.00318854	0.19987254	16.00254921	16.8026766	16.36604382	16.43272111	80.0637708	0.062490044	0.01249004	33
34	5.25334796	0.1903548	16.19290401	17.0025492	16.56072249	16.62819292	85.0669593	0.061755445	0.01175544	34

续表

n	$(1+i)^n$	v^n	$a_{\overline{n}\rvert}$	$\ddot{a}_{\overline{n}\rvert}$	$a_{\overline{n}\rvert}^{(12)}$	$\ddot{a}_{\overline{n}\rvert}^{(12)}$	$s_{\overline{n}\rvert}$	$1/a_{\overline{n}\rvert}$	$1/s_{\overline{n}\rvert}$	n
35	5.51601536	0.181290285	16.37419429	17.1929040	16.74613075	16.81435655	90.3203073	0.061071707	0.01107170	35
36	5.79181613	0.172657415	16.54685171	17.3741942	16.92271004	16.99165525	95.8363227	0.060434457	0.01043445	36
37	6.08140694	0.164435633	16.71128734	17.5468517	17.09088079	17.16051116	101.628138	0.059839794	0.00983979	37
38	6.38547729	0.156605365	16.86789271	17.7112873	17.25104342	17.3213263	107.709545	0.059284228	0.00928422	38
39	6.70475115	0.149147966	17.01704067	17.8678927	17.40357925	17.47448358	114.095023	0.058764624	0.00876462	39
40	7.03998871	0.142045682	17.15908635	18.0170406	17.54885147	17.62034766	120.799774	0.058278161	0.00827816	40
41	7.39198814	0.135281602	17.29436796	18.1590863	17.68720596	17.75926583	127.839763	0.057822292	0.00782229	41
42	7.76158755	0.128839621	17.42320758	18.2943679	17.81897215	17.89156885	135.231751	0.057394713	0.00739471	42
43	8.14966693	0.122704401	17.54591198	18.4232075	17.94446376	18.01757172	142.993338	0.056993333	0.00699333	43
44	8.55715028	0.116861334	17.66277331	18.5459119	18.06397957	18.13757446	151.143005	0.056616251	0.00661625	44
45	8.98500779	0.111296509	17.77406982	18.6627733	18.17780416	18.25186278	159.700155	0.056261735	0.00626173	45
46	9.43425818	0.105996675	17.8800665	18.7740698	18.28620853	18.3607088	168.685163	0.055928204	0.00592820	46
47	9.90597109	0.100949214	17.98101571	18.8800665	18.38945078	18.46437168	178.119421	0.055614211	0.00561421	47
48	10.4012696	0.096142109	18.07715782	18.9810157	18.48777674	18.56309823	188.025392	0.055318431	0.00531843	48
49	10.9213331	0.091563913	18.16872173	19.0771578	18.58142051	18.65712351	198.426662	0.055039645	0.00503964	49
50	11.4673997	0.087203727	18.25592546	19.1687217	18.67060505	18.74667141	209.347995	0.054776735	0.00477673	50
51	12.0407697	0.083051169	18.33897663	19.2559254	18.75554271	18.83195511	220.815395	0.05452867	0.00452867	51
52	12.6428082	0.079096351	18.41807298	19.3389766	18.83643572	18.91317769	232.856165	0.054294497	0.00429449	52
53	13.2749486	0.075329858	18.49340284	19.4180729	18.91347668	18.99053252	245.498973	0.054073337	0.00407333	53
54	13.9386961	0.071742722	18.56514556	19.4934028	18.98684902	19.06420379	258.773922	0.053864377	0.00386437	54
55	14.6356309	0.068326402	18.63347196	19.5651455	19.05672744	19.13436691	272.712618	0.053666864	0.00366686	55
56	15.3674124	0.065072764	18.69854473	19.6334719	19.12327832	19.20118892	287.348249	0.053480098	0.00348009	56
57	16.1357830	0.061974061	18.76051879	19.6985447	19.18666011	19.26482894	302.715661	0.05330343	0.00330343	57
58	16.9425722	0.059022915	18.8195417	19.7605187	19.24702372	19.32543847	318.851444	0.053136257	0.00313625	58
59	17.7897008	0.0562123	18.875754	19.8195417	19.30451287	19.38316184	335.794017	0.052978016	0.00297801	59
60	18.6791858	0.053535524	18.92928953	19.875754	19.35926444	19.43813648	353.583717	0.052828185	0.00282818	60
61	19.6131451	0.050986213	18.98027574	19.9292895	19.41140879	19.49049328	372.262903	0.052686274	0.00268627	61
62	20.5938024	0.048558298	19.02883404	19.9802757	19.46107008	19.54035689	391.876049	0.052551827	0.00255182	62
63	21.6234925	0.046245998	19.07508003	20.0288340	19.50836655	19.58784605	412.469851	0.05242442	0.00242442	63
64	22.7046672	0.044043808	19.11912384	20.0750800	19.5534108	19.63307382	434.093344	0.052303652	0.00230365	64
65	23.8399005	0.041946484	19.16107033	20.1191238	19.59631009	19.67614789	456.798011	0.052189151	0.00218915	65
66	25.0318955	0.039949032	19.20101936	20.1610703	19.63716656	19.71717081	480.637911	0.052080568	0.00208056	66
67	26.2834903	0.038046697	19.23906606	20.2010193	19.67607748	19.75624026	505.669807	0.051977575	0.00197757	67
68	27.5976648	0.03623495	19.27530101	20.2390660	19.7131355	19.79344925	531.953297	0.051879864	0.00187986	68
69	28.9775481	0.034509476	19.30981048	20.2753010	19.74842885	19.82888639	559.550962	0.051787147	0.00178714	69
70	30.4264255	0.032866168	19.34267665	20.3098104	19.78204157	19.86263605	588.528510	0.051699153	0.00169915	70
71	31.9477468	0.031301112	19.37397776	20.3426766	19.81405368	19.89477858	618.954936	0.051615627	0.00161562	71

续表

n	$(1+i)^n$	v^n	$a_{\overline{n}\rceil}$	$\ddot{a}_{\overline{n}\rceil}$	$a_{\overline{n}\rceil}^{(12)}$	$\ddot{a}_{\overline{n}\rceil}^{(12)}$	$s_{\overline{n}\rceil}$	$1/a_{\overline{n}\rceil}$	$1/s_{\overline{n}\rceil}$	n
72	33.5451341	0.029810583	19.40378834	20.3739777	19.8445414	19.92539052	650.902683	0.051536328	0.00153632	72
73	35.2223908	0.028391031	19.43217937	20.4037883	19.87357733	19.95454474	684.447817	0.051461032	0.00146103	73
74	36.9835104	0.027039077	19.45921845	20.4321793	19.90123059	19.98231067	719.670208	0.051389525	0.00138952	74
75	38.8326859	0.025751502	19.48496995	20.4592184	19.92756704	20.00875441	756.653718	0.051321609	0.00132160	75
76	40.7743202	0.02452524	19.50949519	20.4849699	19.95264936	20.03393893	795.486404	0.051257093	0.00125709	76
77	42.8130362	0.023357372	19.53285257	20.5094951	19.97653729	20.05792418	836.260724	0.051195799	0.00119579	77
78	44.9536880	0.022245116	19.55509768	20.5328525	19.9992877	20.08076727	879.073760	0.051137561	0.00113756	78
79	47.2013724	0.021185825	19.57628351	20.5550976	20.02095476	20.1025226	924.027448	0.051082219	0.00108221	79
80	49.5614410	0.020176976	19.59646048	20.5762835	20.04159005	20.12324197	971.228821	0.051029623	0.00102962	80
81	52.0395131	0.019216167	19.61567665	20.5964604	20.06124271	20.14297469	1020.79026	0.050979633	9.79633E-04	81
82	54.6414887	0.018301112	19.63397776	20.6156766	20.07995953	20.16176777	1072.82977	0.050932114	9.32114E-04	82
83	57.3735632	0.01742963	19.65140739	20.6339777	20.09778507	20.17966593	1127.47126	0.050886941	8.86941E-04	83
84	60.2422413	0.016599648	19.66800704	20.6514073	20.11476177	20.1967118	1184.84482	0.050843992	8.43992E-04	84
85	63.2543534	0.015809189	19.68381623	20.6680070	20.13093006	20.21294596	1245.08706	0.050803157	8.03157E-04	85
86	66.4170711	0.01505637	19.6988726	20.6838162	20.14632843	20.22840707	1308.34142	0.050764326	7.64326E-04	86
87	69.7379246	0.0143394	19.713212	20.6988726	20.16099355	20.24313193	1374.75849	0.0507274	7.27400E-04	87
88	73.2248209	0.013656571	19.72686857	20.713212	20.17496033	20.25715561	1444.49641	0.050692283	6.92283E-04	88
89	76.8860619	0.013006259	19.73987483	20.7268685	20.18826202	20.2705115	1517.72123	0.050658883	6.58883E-04	89
90	80.7303650	0.012386913	19.75226174	20.7398748	20.2009303	20.28323139	1594.60730	0.050627114	6.27114E-04	90
91	84.7668833	0.01179706	19.7640588	20.7522617	20.21299533	20.29534557	1675.33766	0.050596895	5.96895E-04	91
92	89.0052274	0.011235295	19.7752941	20.7640588	20.22448583	20.30688289	1760.10454	0.050568148	5.68148E-04	92
93	93.4554888	0.010700281	19.78599438	20.7752941	20.23542917	20.31787081	1849.10977	0.050540801	5.40801E-04	93
94	98.1282632	0.010190744	19.79618512	20.7859943	20.24585139	20.3283355	1942.56526	0.050514783	5.14783E-04	94
95	103.034676	0.00970547	19.80589059	20.7961851	20.25577732	20.33830186	2040.69352	0.050490029	4.90029E-04	95
96	108.186410	0.009243305	19.8151339	20.8058905	20.26523058	20.34779364	2143.72820	0.050466477	4.66477E-04	96
97	113.595730	0.008803148	19.82393705	20.8151339	20.27423369	20.35683343	2251.91461	0.050444067	4.44067E-04	97
98	119.275517	0.00838395	19.832321	20.8239370	20.28280808	20.36544275	2365.51034	0.050422742	4.22742E-04	98
99	125.239293	0.007984714	19.84030571	20.832321	20.29097417	20.37364211	2484.78586	0.050402449	4.02449E-04	99
100	131.501257	0.00760449	19.8479102	20.8403057	20.29875139	20.38145102	2610.02515	0.050383138	3.83138E-04	100

附：相关常数值

$i^{(2)}$	$i^{(4)}$	$i^{(12)}$	δ
0.04939015	0.049088938	0.048889485	0.04879016

$(1+i)^{1/2}$	$(1+i)^{1/4}$	$(1+i)^{1/12}$
1.02469507	1.012272234	1.004074124

$i/i^{(2)}$	$i/i^{(4)}$	$i/i^{(12)}$	i/δ
1.01234753	1.018559421	1.022714794	1.02479671

d	$d^{(2)}$	$d^{(4)}$	$d^{(12)}$
0.047619048	0.04819985	0.04849381	0.04869111

v	$v^{1/2}$	$v^{1/4}$	$v^{1/12}$
0.952380952	0.97590007	0.987876547	0.99594240

$i/d^{(2)}$	$i/d^{(4)}$	$i/d^{(12)}$
1.03734753	1.031059421	1.02688146

复利年金表4

$i=15\%$

n	$(1+i)^n$	v^n	$a_{\overline{n}\rvert}$	$\ddot{a}_{\overline{n}\rvert}$	$a^{(12)}_{\overline{n}\rvert}$	$\ddot{a}^{(12)}_{\overline{n}\rvert}$	$s_{\overline{n}\rvert}$	$1/a_{\overline{n}\rvert}$	$1/s_{\overline{n}\rvert}$	n
1	1.15	0.869565217	0.869565217	1	0.927839719	0.938709284	1	1.15	1	1
2	1.3225	0.756143667	1.625708885	1.86956521	1.734656865	1.754978226	2.15	0.615116279	0.46511627	2
3	1.520875	0.657516232	2.283225117	2.62570888	2.436236992	2.464777306	3.4725	0.437976962	0.28797696	3
4	1.74900625	0.571753246	2.854978363	3.28322511	3.046306669	3.081993898	4.993375	0.350265352	0.20026535	4
5	2.01135718	0.497176735	3.352155098	3.85497836	3.576802039	3.618703978	6.74238125	0.298315552	0.14831555	5
6	2.31306076	0.432327596	3.784482694	4.35215509	4.038102361	4.085408395	8.75373843	0.264236907	0.11423690	6
7	2.66001988	0.37593704	4.160419734	4.78448269	4.439233076	4.491238323	11.0667992	0.240360364	0.09036036	7
8	3.05902286	0.326901774	4.487321508	5.16041973	4.788042393	4.844133912	13.7268190	0.22285009	0.07285009	8
9	3.51787629	0.284262412	4.77158392	5.48732150	5.091354843	5.150999642	16.7858419	0.209574015	0.05957401	9
10	4.04555773	0.247184706	5.018768626	5.77158392	5.355104799	5.417839407	20.3037182	0.199252063	0.04925206	10
11	4.65239139	0.214943223	5.233711849	6.01876862	5.584452588	5.649873986	24.3492759	0.191068983	0.04106898	11
12	5.35025010	0.18690715	5.420618999	6.23371184	5.783885447	5.851643184	29.0016673	0.184480776	0.03448077	12
13	6.15278762	0.162527957	5.583146955	6.42061899	5.957305325	6.027094661	34.3519174	0.179110457	0.02911045	13
14	7.07570576	0.141328658	5.724475613	6.58314695	6.108105218	6.179661163	40.5047051	0.17468849	0.02468849	14
15	8.13706162	0.122894485	5.847370099	6.72447561	6.23923556	6.312327687	47.5804108	0.171017053	0.02101705	15
16	9.35762087	0.10686477	5.954234868	6.84737009	6.353261945	6.427689881	55.7174724	0.167947691	0.01794769	16
17	10.761264	0.092925887	6.047160755	6.95423486	6.452415323	6.528004832	65.0750933	0.165366862	0.01536686	17
18	12.3754536	0.080805119	6.127965874	7.04716075	6.538635651	6.615235225	75.8363573	0.163186287	0.01318628	18
19	14.2317716	0.070265321	6.198231195	7.12796587	6.61360985	6.69108774	88.2118109	0.16133635	0.01133635	19
20	16.3665373	0.061100279	6.259331474	7.19823119	6.678804806	6.757046449	102.443582	0.15976147	0.00976147	20
21	18.821518	0.053130677	6.312462151	7.25933147	6.735496071	6.814401848	118.81012	0.158416791	0.00841679	21
22	21.6447457	0.046200589	6.35866274	7.31246215	6.784792824	6.864276108	137.631638	0.157265771	0.00726577	22
23	24.8914575	0.040174425	6.398837165	7.35866274	6.827659565	6.90764503	159.276383	0.156278395	0.00627839	23
24	28.6251761	0.034934283	6.433771448	7.39883716	6.864934993	6.945357136	184.167841	0.15542983	0.00542983	24
25	32.9189526	0.030377637	6.464149085	7.43377144	6.897348408	6.978150271	212.793017	0.154699402	0.00469940	25
26	37.8567955	0.026415337	6.490564422	7.46414908	6.925533986	7.006666042	245.711970	0.154069806	0.00406980	26
27	43.5353148	0.022969858	6.51353428	7.49056442	6.950043185	7.031462363	283.568765	0.153526481	0.00352648	27
28	50.0656120	0.01997379	6.53350807	7.51353428	6.971355531	7.053024382	327.104080	0.153057131	0.00305713	28
29	57.5754538	0.017368513	6.550876582	7.53350807	6.989888007	7.071773964	377.169692	0.152651326	0.00265132	29
30	66.2117719	0.015103054	6.565979637	7.55087658	7.006003203	7.088077948	434.745146	0.152300198	0.00230019	30
31	76.1435377	0.013133091	6.579112728	7.56597963	7.020016416	7.102255326	500.956918	0.15199618	0.00199618	31
32	87.5650684	0.011420079	6.590532807	7.57911272	7.03220182	7.11458348	577.100456	0.151732801	0.00173280	32
33	100.699828	0.009930503	6.60046331	7.59053280	7.042797823	7.125303614	664.665524	0.151504516	0.00150451	33
34	115.804803	0.00863522	6.60909853	7.60046331	7.052011738	7.13462547	765.365353	0.151306566	0.00130656	34

续表

n	$(1+i)^n$	v^n	$a_{\overline{n}\rceil}$	$\ddot{a}_{\overline{n}\rceil}$	$a_{\overline{n}\rceil}^{(12)}$	$\ddot{a}_{\overline{n}\rceil}^{(12)}$	$s_{\overline{n}\rceil}$	$1/a_{\overline{n}\rceil}$	$1/s_{\overline{n}\rceil}$	n
35	133. 175523	0. 007508887	6. 616607418	7. 60909853	7. 060023839	7. 142731431	881. 170156	0. 151134855	0. 00113485	35
36	153. 151851	0. 006529467	6. 623136885	7. 61660741	7. 066990883	7. 149780094	1014. 34568	0. 150985857	9. 85857E－04	36
37	176. 124629	0. 005677798	6. 628814683	7. 62313688	7. 073049182	7. 155909365	1167. 49753	0. 150856533	8. 56533E－04	37
38	202. 543324	0. 004937215	6. 633751898	7. 62881468	7. 078317268	7. 161239167	1343. 62216	0. 150744257	7. 44257E－04	38
39	232. 924822	0. 004293231	6. 638045129	7. 63375189	7. 082898212	7. 165873776	1546. 16548	0. 150646761	6. 46761E－04	39
40	267. 863546	0. 003733244	6. 641778373	7. 63804512	7. 086881642	7. 169903872	1779. 09030	0. 150562085	5. 62085E－04	40
41	308. 043078	0. 003246299	6. 645024672	7. 64177837	7. 090345494	7. 173408303	2046. 95385	0. 150488531	4. 88531E－04	41
42	354. 249539	0. 002822869	6. 647847541	7. 64502467	7. 09335754	7. 176455634	2354. 99693	0. 150424629	4. 24629E－04	42
43	407. 386970	0. 002454669	6. 650302209	7. 64784754	7. 09597671	7. 179105487	2709. 24647	0. 150369106	3. 69106E－04	43
44	468. 495016	0. 002134494	6. 652436704	7. 65030220	7. 098254249	7. 181409707	3116. 63344	0. 150320859	3. 20859E－04	44
45	538. 769269	0. 001856082	6. 654292786	7. 65243670	7. 100234717	7. 183413377	3585. 12846	0. 15027893	2. 78930E－04	45
46	619. 584659	0. 001613984	6. 65590677	7. 65429278	7. 101956864	7. 185155699	4123. 89772	0. 150242489	2. 42489E－04	46
47	712. 522358	0. 001403465	6. 657310235	7. 65590677	7. 103454383	7. 186670761	4743. 48238	0. 150210816	2. 10816E－04	47
48	819. 400712	0. 001220404	6. 658530639	7. 65731023	7. 104756573	7. 187988206	5456. 00474	0. 150183284	1. 83284E－04	48
49	942. 310818	0. 001061221	6. 65959186	7. 65853063	7. 105888913	7. 189133811	6275. 40545	0. 150159352	1. 59352E－04	49
50	1083. 65744	9. 228010－04	6. 660514661	7. 65959186	7. 106873556	7. 190129989	7217. 71627	0. 150138548	1. 38548E－04	50
51	1246. 20605	8. 024360－04	6. 661317097	7. 66051466	7. 107729767	7. 190996231	8301. 37371	0. 150120462	1. 20462E－04	51
52	1433. 13696	6. 977700－04	6. 662014867	7. 66131709	7. 108474298	7. 191749484	9547. 57977	0. 150104739	1. 04739E－04	52
53	1648. 10751	6. 067570－04	6. 662621623	7. 66201486	7. 109121717	7. 192404487	10980. 7167	0. 150091069	9. 10687E－05	53
54	1895. 32363	5. 276140－04	6. 663149237	7. 66262162	7. 10968469	7. 192974055	12628. 8242	0. 150079184	7. 91839E－05	54
55	2179. 62218	4. 587950－04	6. 663608033	7. 66314923	7. 110174231	7. 193469332	14524. 1478	0. 150068851	6. 88509E－05	55
56	2506. 56551	3. 989520－04	6. 664006985	7. 66360803	7. 11059992	7. 193900007	16703. 7700	0. 150059867	5. 98667E－05	56
57	2882. 55033	3. 469150－04	6. 6643539	7. 66400698	7. 110970084	7. 194274507	19210. 3355	0. 150052055	5. 20553E－05	57
58	3314. 93288	3. 016650－04	6. 664655565	7. 6643539	7. 111291965	7. 19460016	22092. 8859	0. 150045263	4. 52634E－05	58
59	3812. 17282	2. 623180－04	6. 664917883	7. 66465556	7. 111571862	7. 194883336	25407. 8188	0. 150039358	3. 93580E－05	59
60	4383. 99874	2. 281020－04	6. 665145985	7. 66491788	7. 111815251	7. 195129576	29219. 9916	0. 150034223	3. 42231E－05	60
61	5041. 59855	1. 983500－04	6. 665344335	7. 66514598	7. 112026893	7. 195343697	33603. 9903	0. 150029758	2. 97584E－05	61
62	5797. 83834	1. 724780－04	6. 665516813	7. 66534433	7. 11221093	7. 19552989	38645. 5889	0. 150025876	2. 58762E－05	62
63	6667. 51409	1. 499810－04	6. 665666794	7. 66551681	7. 112370962	7. 195691797	44443. 4272	0. 150022501	2. 25005E－05	63
64	7667. 64120	1. 304180－04	6. 665797212	7. 66566679	7. 11251012	7. 195832585	51110. 9413	0. 150019565	1. 95653E－05	64
65	8817. 78738	1. 134070－04	6. 665910619	7. 66579721	7. 112631127	7. 19595501	58778. 5825	0. 150017013	1. 70130E－05	65
66	10140. 4555	9. 861490－05	6. 666009234	7. 66591061	7. 112736351	7. 196061466	67596. 3699	0. 150014794	1. 47937E－05	66
67	11661. 5238	8. 575210－05	6. 666094986	7. 66600923	7. 11282785	7. 196154037	77736. 8254	0. 150012864	1. 28639E－05	67
68	13410. 7523	7. 456700－05	6. 666169553	7. 66609498	7. 112907414	7. 196234533	89398. 3492	0. 150011186	1. 11859E－05	68
69	15422. 3652	6. 484090－05	6. 666234394	7. 66616955	7. 1129766	7. 19630453	102809. 101	0. 150009727	9. 72677E－06	69
70	17735. 7200	5. 638340－05	6. 666290777	7. 66623439	7. 113036762	7. 196365397	118231. 466	0. 150008458	8. 45799E－06	70
71	20396. 0780	4. 902900－05	6. 666339806	7. 66629077	7. 113089077	7. 196418325	135967. 187	0. 150007355	7. 35472E－06	71

续表

n	$(1+i)^n$	v^n	$a_{\overline{n}\rceil}$	$\ddot{a}_{\overline{n}\rceil}$	$a_{\overline{n}\rceil}^{(12)}$	$\ddot{a}_{\overline{n}\rceil}^{(12)}$	$s_{\overline{n}\rceil}$	$1/a_{\overline{n}\rceil}$	$1/s_{\overline{n}\rceil}$	n
72	23455.4897	4.263390 −05	6.66638244	7.66633980	7.113134568	7.196464349	156363.265	0.150006395	6.39536E −06	72
73	26973.8132	3.707300 −05	6.666419513	7.66638244	7.113174126	7.196504369	179818.754	0.150005561	5.56116E −06	73
74	31019.8852	3.223740 −05	6.666451751	7.66641951	7.113208523	7.19653917	206792.568	0.150004836	4.83576E −06	74
75	35672.8679	2.803250 −05	6.666479783	7.66645175	7.113238434	7.196569432	237812.453	0.150004205	4.20499E −06	75
76	41023.7981	2.437610 −05	6.666504159	7.66647978	7.113264444	7.196595746	273485.321	0.150003657	3.65650E −06	76
77	47177.3679	2.119660 −05	6.666525356	7.66650415	7.113287061	7.196618628	314509.119	0.15000318	3.17956E −06	77
78	54253.9730	1.843180 −05	6.666543788	7.66652535	7.113306728	7.196638526	361686.487	0.150002765	2.76483E −06	78
79	62392.0690	1.602770 −05	6.666559815	7.66654378	7.11332383	7.196655828	415940.460	0.150002404	2.40419E −06	79
80	71750.8794	1.393710 −05	6.666573753	7.66655981	7.113338701	7.196670873	478332.529	0.150002091	2.09060E −06	80
81	82513.5113	1.211920 −05	6.666585872	7.66657375	7.113351633	7.196683956	550083.408	0.150001818	1.81791E −06	81
82	94890.5380	1.053850 −05	6.66659641	7.66658587	7.113362877	7.196695332	632596.920	0.150001581	1.58079E −06	82
83	109124.118	9.163880 −06	6.666605574	7.66659641	7.113372655	7.196705225	727487.458	0.150001375	1.37459E −06	83
84	125492.736	7.968590 −06	6.666613543	7.66660557	7.113381158	7.196713827	836611.576	0.150001195	1.19530E −06	84
85	144316.647	6.929210 −06	6.666620472	7.66661354	7.113388551	7.196721307	962104.313	0.150001039	1.03939E −06	85
86	165964.144	6.025400 −06	6.666626497	7.66662047	7.113394981	7.196727812	1106420.96	0.150000904	9.03815E −07	86
87	190858.765	5.239480 −06	6.666631737	7.66662649	7.113400571	7.196733468	1272385.10	0.150000786	7.85926E −07	87
88	219487.580	4.556070 −06	6.666636293	7.66663173	7.113405433	7.196738386	1463243.87	0.150000683	6.83413E −07	88
89	252410.717	3.961800 −06	6.666640255	7.66663629	7.11340966	7.196742663	1682731.45	0.150000594	5.94272E −07	89
90	290272.325	3.445040 −06	6.6666437	7.66664025	7.113413336	7.196746382	1935142.16	0.150000517	5.16758E −07	90
91	333813.174	2.995690 −06	6.666646695	7.6666437	7.113416532	7.196749616	2225414.49	0.150000449	4.49354E −07	91
92	383885.150	2.604950 −06	6.6666493	7.66664669	7.113419312	7.196752428	2559227.66	0.150000391	3.90743E −07	92
93	441467.922	2.265170 −06	6.666651566	7.6666493	7.113421729	7.196754873	2943112.81	0.15000034	3.39776E −07	93
94	507688.111	1.969710 −06	6.666653535	7.66665156	7.113423831	7.196757	3384580.74	0.150000295	2.95458E −07	94
95	583841.327	1.712790 −06	6.666655248	7.66665353	7.113425658	7.196758849	3892268.85	0.150000257	2.56920E −07	95
96	671417.526	1.489390 −06	6.666656737	7.66665524	7.113427247	7.196760457	4476110.17	0.150000223	2.23408E −07	96
97	772130.155	1.295120 −06	6.666658033	7.66665673	7.113428629	7.196761855	5147527.70	0.150000194	1.94268E −07	97
98	887949.679	1.126190 −06	6.666659159	7.66665803	7.113429831	7.19676307	5919657.86	0.150000169	1.68929E −07	98
99	1021142.13	9.792960 −07	6.666660138	7.66665915	7.113430876	7.196764128	6807607.54	0.150000147	1.46894E −07	99
100	1174313.45	8.515610 −07	6.66666099	7.66666013	7.113431784	7.196765047	7828749.67	0.150000128	1.27734E −07	100

附：相关常数值

$i^{(2)}$	$i^{(4)}$	$i^{(12)}$	δ
0.14476105	0.142232305	0.140579003	0.13976194

d	$d^{(2)}$	$d^{(4)}$	$d^{(12)}$
0.130434783	0.13499038	0.137348458	0.13895120

$(1+i)^{1/2}$	$(1+i)^{1/4}$	$(1+i)^{1/12}$
1.07238052	1.035558076	1.011714917

v	$v^{1/2}$	$v^{1/4}$	$v^{1/12}$
0.869565217	0.93250480	0.965662885	0.98842073

$i/i^{(2)}$	$i/i^{(4)}$	$i/i^{(12)}$	i/δ
1.03619026	1.054612731	1.067015676	1.07325354

$i/d^{(2)}$	$i/d^{(4)}$	$i/d^{(12)}$
1.11119026	1.092112731	1.07951567

CL1(1990—1993):中国人寿保险经验生命表(1990—1993)非养老金业务男表

利率:3%

年龄	l_x	C_x	D_x	M_x	N_x	R_x	S_x
0	1000000	2948.54	1000000	131006	29835464	8063320	747510277
1	996963	2026.58	967925	128057	28835464	7932314	717674813
2	994813	1466.97	937707	126031	27867538	7804256	688839349
3	993210	1103.5	908928	124564	26929832	7678226	660971811
4	991968	855.708	881351	123460	26020904	7553662	634041979
5	990976	680.875	854825	122605	25139553	7430201	608021076
6	990163	555.342	829246	121924	24284729	7307597	582881522
7	989480	463.383	804538	121368	23455483	7185673	558596794
8	988893	393.938	780641	120905	22650945	7064305	535141311
9	988379	344.515	757510	120511	21870304	6943400	512490367
10	987916	312.086	735102	120167	21112793	6822889	490620063
11	987484	298.788	713379	119854	20377691	6702722	469507270
12	987058	307.79	692303	119556	19664312	6582868	449129579
13	986606	336.509	671831	119248	18972009	6463312	429465267
14	986097	381.908	651926	118911	18300178	6344064	410493258
15	985502	433.724	632556	118529	17648252	6225153	392193080
16	984806	483.408	613699	118096	17015696	6106623	374544828
17	984007	524.543	595340	117612	16401997	5988527	357529132
18	983114	549.756	577476	117088	15806657	5870915	341127135
19	982150	559.213	560106	116538	15229181	5753827	325320478
20	981140	553.138	543233	115979	14669075	5637289	310091297
21	980111	535.984	526858	115426	14125841	5521310	295422222
22	979084	511.252	510977	114890	13598983	5405885	281296381
23	978075	482.587	495583	114378	13088007	5290995	267697398
24	977094	453.725	480666	113896	12592424	5176616	254609392
25	976144	427.527	466212	113442	12111759	5062721	242016968
26	975222	406.071	452205	113015	11645547	4949278	229905209
27	974320	389.872	438628	112609	11193341	4836264	218259662
28	973428	378.941	425463	112219	10754713	4723655	207066321
29	972535	374.084	412692	111840	10329250	4611437	196311608
30	971627	373.988	400297	111466	9916558.8	4499597	185982357
31	970692	379.794	388264	111092	9516261.3	4388131	176065799
32	969714	389.091	376576	110712	9127997	4277040	166549537
33	968682	402.649	365219	110323	8751421.1	4166328	157421540
34	967582	420.063	354178	109920	8386202.6	4056005	148670119

续表

年龄	l_x	C_x	D_x	M_x	N_x	R_x	S_x
35	966400	440. 606	343443	109500	8032024. 1	3946085	140283917
36	965123	464. 286	332999	109059	7688581. 6	3836585	132251892
37	963737	490. 441	322835	108595	7355582. 9	3727525	124563311
38	962229	519. 730	312942	108105	7032747. 4	3618930	117207728
39	960583	551. 189	303307	107585	6719805. 4	3510825	110174980
40	958785	585. 137	293922	107034	6416497. 9	3403240	103455175
41	956819	622. 129	284776	106449	6122575. 8	3296207	97038677
42	954666	661. 52	275860	105827	5837799. 7	3189758	90916101
43	952308	703. 809	267163	105165	5561940. 1	3083931	85078302
44	949724	748. 626	258678	104461	5294776. 9	2978766	79516362
45	946893	796. 397	250395	103713	5036098. 8	2874305	74221585
46	943791	846. 981	242306	102916	4785703. 8	2770593	69185486
47	940393	900. 962	234401	102069	4543398. 1	2667676	64399782
48	936670	957. 657	226673	101168	4308996. 9	2565607	59856384
49	932594	1017. 59	219113	100211	4082323. 9	2464439	55547387
50	928133	1081. 18	211714	99193	3863210. 7	2364228	51465063
51	923251	1148. 17	204466	98111. 8	3651497	2265035	47601852
52	917911	1218. 27	197363	96963. 7	3447030. 9	2166923	43950355
53	912075	1292. 23	190396	95745. 4	3249668. 3	2069960	40503325
54	905699	1369. 7	183558	94453. 2	3059272. 3	1974214	37253656
55	898738	1450. 73	176842	93083. 5	2875714. 1	1879761	34194384
56	891144	1535. 15	170241	91632. 7	2698872	1786678	31318670
57	882867	1623. 15	163747	90097. 6	2528631. 4	1695045	28619798
58	873853	1714. 33	157355	88474. 4	2364884. 3	1604947	26091166
59	864047	1808. 68	151057	86760. 1	2207529. 7	1516473	23726282
60	853391	1905. 95	144849	84951. 4	2056472. 7	1429713	21518752
61	841825	2005. 79	138724	83045. 5	1911624	1344761	19462280
62	829288	2107. 52	132678	81039. 7	1772900. 1	1261716	17550656
63	815720	2210. 81	126706	78932. 2	1640222. 6	1180676	15777756
64	801060	2315. 23	120804	76721. 4	1513516. 9	1101744	14137533
65	785247	2419. 66	114971	74406. 1	1392712. 5	1025023	12624016
66	768225	2523. 21	109202	71986. 5	1277742	950616. 6	11231304
67	749942	2625. 24	103498	69463. 3	1168539. 7	878630. 2	9953561. 7
68	730349	2723. 88	97858. 6	66838	1065041. 3	809166. 9	8785021. 9
69	709410	2818. 45	92284. 5	64114. 1	967182. 69	742328. 9	7719980. 6
70	687094	2907. 05	86778. 2	61295. 7	874898. 18	678214. 7	6752797. 9
71	663386	2987. 97	81343. 6	58388. 6	788120. 02	616919. 1	5877899. 7

续表

年龄	l_x	C_x	D_x	M_x	N_x	R_x	S_x
72	638287	3059.63	75986.4	55400.7	706776.43	558530.4	5089779.7
73	611815	3120.10	70713.6	52341	630790.04	503129.8	4383003.3
74	584010	3167.15	65533.8	49220.9	560076.48	450788.7	3752213.2
75	554939	3199.08	60457.9	46053.8	494542.63	401567.8	3192136.8
76	524694	3213.72	55498	42854.7	434084.69	355514	2697594.1
77	493399	3209.15	50667.8	39641	378586.72	312659.3	2263509.5
78	461211	3183.83	45982.9	36431.8	327918.93	273018.3	1884922.7
79	428319	3136.3	41459.7	33248	281936.06	236586.4	1557003.8
80	394946	3065.48	37115.9	30111.7	240476.32	203338.4	1275067.7
81	361348	2970.88	32969.4	27046.2	203360.44	173226.7	1034591.4
82	327810	2852.61	29038.2	24075.4	170391.08	146180.5	831230.98
83	294641	2711.58	25339.8	21222.7	141352.88	122105.1	660839.89
84	262166	2549.27	21890.2	18511.2	116013.06	100882.4	519487.01
85	230719	2368.21	18703.3	15961.9	94122.87	82371.2	403473.96
86	200629	2171.55	15790.4	13593.7	75419.526	66409.3	309351.09
87	172210	1963.34	13158.9	11422.1	59629.154	52815.61	233931.56
88	145745	1748.21	10812.3	9458.79	46470.247	41393.48	174302.41
89	121473	1530.93	8749.17	7710.59	35657.951	31934.68	127832.16
90	99580	1316.95	6963.41	6179.66	26908.783	24224.1	92174.207
91	80182	1111.11	5443.64	4862.71	19945.375	18044.44	65265.424
92	63325	918.055	4173.98	3751.6	14501.734	13181.73	45320.049
93	48979	741.707	3134.35	2833.55	10327.752	9430.132	30818.315
94	37041	584.926	2301.35	2091.84	7193.3987	6596.586	20490.563
95	27344	449.533	1649.4	1506.91	4892.0439	4504.748	13297.164
96	19668	335.915	1151.83	1057.38	3242.645	2997.836	8405.1202
97	13760	243.715	782.362	721.464	2090.8196	1940.456	5162.4752
98	9345	171.339	515.859	477.749	1308.4578	1218.992	3071.6556
99	6148	116.397	329.495	306.409	792.59852	741.2432	1763.1977
100	3911	76.3317	203.5	190.012	463.10368	434.8338	970.5992
101	2400	48.1631	121.242	113.68	259.60325	244.8218	507.49551
102	1418	29.1895	69.5471	65.5172	138.36168	131.1415	247.89227
103	805	16.9666	38.332	36.3277	68.814532	65.62432	109.53059
104	438	9.42564	20.249	19.3611	30.482509	29.2966	40.716058
105	228	9.93548	10.2335	9.93548	10.233549	9.935484	10.233549

CL1（1990—1993）：中国人寿保险经验生命表（1990—1993）非养老金业务男表

利率：5%

年龄	l_x	$\overline{C}_x$	D_x	$\overline{M}_x$	N_x	$\overline{R}_x$	S_x
0	1000000	2963. 81	1000000	47136. 6	20033987	2187412	375885125
1	996963	1998. 27	949489	44172. 8	19033987	2140276	355851137
2	994813	1418. 93	902325	42174. 5	18084499	2096103	336817150
3	993210	1047. 03	857972	40755. 6	17182174	2053928	318732651
4	991968	796. 452	816095	39708. 6	16324202	2013173	301550477
5	990976	621. 655	776456	38912. 1	15508107	1973464	285226275
6	990163	497. 382	738875	38290. 4	14731652	1934552	269718168
7	989480	407. 116	703205	37793. 1	13992777	1896262	254986516
8	988893	339. 511	669322	37385. 9	13289572	1858469	240993739
9	988379	291. 261	637118	37046. 4	12620250	1821083	227704167
10	987916	258. 819	606495	36755. 2	11983132	1784036	215083917
11	987484	243. 071	577361	36496. 4	11376638	1747281	203100785
12	987058	245. 625	549631	36253. 3	10799276	1710785	191724147
13	986606	263. 428	523218	36007. 7	10249645	1674531	180924871
14	986097	293. 273	498046	35744. 2	9726427. 1	1638524	170675226
15	985502	326. 72	474043	35451	9228381. 1	1602779	160948799
16	984806	357. 21	451151	35124. 2	8754337. 8	1567328	151720418
17	984007	380. 223	429319	34767	83031868	1532204	142966080
18	983114	390. 908	408504	34386. 8	7873867. 8	1497437	134662893
19	982150	390. 059	388670	33995. 9	7465363. 6	1463050	126789026
20	981140	378. 473	369781	33605. 8	7076693. 5	1429054	119323662
21	980111	359. 75	351803	33227. 4	6706912. 2	1395449	112246968
22	979084	336. 614	334700	32867. 6	6355108. 8	1362221	105540056
23	978075	311. 688	318433	32531	6020409. 1	1329354	99184947
24	977094	287. 466	302965	32219. 3	5701975. 9	1296823	93164538
25	976144	265. 707	288258	31931. 9	5399010. 4	1264603	87462563
26	975222	247. 565	274272	31666. 1	5110752. 4	1232671	82063552
27	974320	233. 163	260970	31418. 6	4836480. 2	1201005	76952800
28	973428	222. 309	248315	31185. 4	4575510. 3	1169587	72116319
29	972535	215. 279	236274	30963. 1	4327195	1138401	67540809
30	971627	211. 124	224813	30747. 8	4090921. 2	1107438	63213614
31	970692	210. 318	213901	30536. 7	3866108. 6	1076690	59122693
32	969714	211. 362	203510	30326. 4	3652207. 4	1046154	55256585
33	968682	214. 561	193613	30115	3448697. 2	1015827	51604377
34	967582	219. 577	184184	29900. 5	3255084. 3	985712. 3	48155680

续表

年龄	l_x	$\overline{C}_x$	D_x	$\overline{M}_x$	N_x	$\overline{R}_x$	S_x
35	966400	225.928	175199	29680.9	3070900.4	9558118	44900596
36	965123	233.536	166636	29455	28957015	926131	41829695
37	963737	241.993	158473	29221.4	2729065.9	896676	38933994
38	962229	251.56	150690	28979.4	2570593.2	867454.6	36204928
39	960583	261.705	143269	28727.9	2419902.9	838475.1	33634335
40	958785	272.532	136191	28466.2	2276633.9	809747.3	31214432
41	956819	284.242	129440	28193.6	2140442.7	781281.1	28937798
42	954666	296.482	122999	27909.4	2011002.7	753087.5	26797355
43	952308	309.427	116852	27612.9	1888003.9	725178.1	24786352
44	949724	322.861	110986	27303.5	1771151.5	697565.2	22898349
45	946893	336.921	105386	26980.6	1660165.5	670261.7	21127197
46	943791	351.496	100039	26643.7	1554779.6	643281.1	19467032
47	940393	366.776	94931.9	26292.2	1454740.9	616637.4	17912252
48	936670	382.431	90053.4	25925.4	1359808.9	590345.2	16457511
49	932594	398.623	85392	25543	1269755.5	564419.8	15097702
50	928133	415.469	80936.7	25144.4	1184363.5	538876.8	13827947
51	923251	432.805	76677.1	24728.9	1103426.9	513732.4	12643583
52	917911	450.482	72603.4	24296.1	1026749.8	489003.5	11540156
53	912075	468.728	68706.5	23845.6	954146.4	464707.4	10513406
54	905699	487.366	64977.3	23376.9	885439.92	440861.8	9559260.1
55	898738	506.366	61407.5	22889.5	820462.61	417484.9	8673820.1
56	891144	525.627	57989.2	22383.2	759055.08	394595.4	7853357.5
57	882867	545.171	54714.9	21857.5	701065.87	372212.2	7094302.5
58	873853	564.83	51577.4	21312.4	646351.02	350354.7	6393236.6
59	864047	584.562	48570.1	20747.5	594773.67	329042.3	5746885.6
60	853391	604.269	45686.7	20163	546203.6	308294.8	5152111.9
61	841825	623.809	42921.5	19558.7	500516.87	288131.9	4605908.3
62	829288	642.961	40268.8	18934.9	457595.4	268573.2	4105391.4
63	815720	661.627	37723.8	18291.9	417326.58	249638.3	3647796
64	801060	679.68	35281.7	17630.3	379602.8	231346.4	3230469.4
65	785247	696.805	32938.4	16950.6	344321.07	213716.1	2850866.6
66	768225	712.786	30689.8	16253.8	311382.71	196765.4	2506545.6
67	749942	727.484	28532.8	15541	280692.87	180511.6	2195162.9
68	730349	740.438	26464.2	14813.5	252160.05	164970.6	1914470
69	709410	751.554	24481.4	14073.1	225695.89	150157.1	1662309.9
70	687094	760.413	22582.1	13321.6	201214.53	136083.9	1436614
71	663386	766.693	20764.7	12561.1	178632.38	122762.4	1235399.5

续表

年龄	l_x	$\overline{C}_x$	D_x	$\overline{M}_x$	N_x	$\overline{R}_x$	S_x
72	638287	770.127	19027.7	11794.4	157867.66	110201.3	1056767.1
73	611815	770.388	17370.1	11024.3	138839.95	98406.81	898899.47
74	584010	767.109	15791.1	10253.9	121469.89	87382.5	760059.52
75	554939	760.084	14290.5	9486.82	105678.8	77128.57	638589.63
76	524694	749.02	12868.2	8726.74	91388.29	67641.75	532910.82
77	493399	733.708	11524.5	7977.72	78520.044	58915.01	441522.53
78	461211	714.053	10259.7	7244.01	66995.54	50937.29	363002.49
79	428319	689.995	9074.29	6529.96	56735.848	43693.28	296006.95
80	394946	661.569	7968.82	5839.96	47661.557	37163.33	239271.1
81	361348	628.94	6943.72	5178.39	39692.741	31323.37	191609.55
82	327810	592.4	5999.29	4549.45	32749.017	26144.98	151916.8
83	294641	552.386	5135.48	3957.05	26749.729	21595.52	119167.79
84	262166	509.429	4351.86	3404.67	21614.246	17638.47	92418.058
85	230719	464.234	3647.48	2895.24	17262.382	14233.81	70803.812
86	200629	417.575	3020.74	2431	13614.902	11338.57	53541.43
87	172210	370.346	2469.39	2013.43	10594.158	8907.566	39926.527
88	145745	323.484	1990.38	1643.08	8124.7697	6894.138	29332.37
89	121473	277.884	1579.91	1319.6	6134.3927	5251.057	21207.6
90	99580	234.491	1233.49	1041.71	4554.4835	3931.46	15073.207
91	80182	194.07	945.912	807.223	3320.9947	2889.746	10518.724
92	63325	157.297	711.475	613.153	2375.0828	2082.522	7197.729
93	48979	124.661	524.089	455.856	1663.6078	1469.37	4822.6461
94	37041	96.4381	377.475	331.194	1139.5187	1013.514	3159.0384
95	27344	72.7038	265.386	234.756	762.04337	682.3196	2019.5196
96	19668	53.2934	181.797	162.052	496.65699	447.5634	1257.4763
97	13760	37.9292	121.131	108.759	314.85966	285.511	760.81929
98	9345	26.1575	78.348	70.8298	193.72835	176.7519	445.95963
99	6148	17.4313	49.09	44.6723	115.38033	105.922	252.23128
100	3911	11.2135	29.7412	27.241	66.290309	61.24971	136.85094
101	2400	6.94061	17.3817	16.0275	36.549149	34.00873	70.560635
102	1418	4.12627	9.78065	9.08691	19.167457	17.98121	34.011486
103	805	2.35274	5.28808	4.96064	9.3868069	8.8943	14.844029
104	438	1.28215	2.74023	2.6079	4.0987262	3.933659	5.4572224
105	228	1.32576	1.3585	1.32576	1.3584963	1.325757	1.3584963

CL2(1990—1993):中国人寿保险经验生命表(1990—1993)非养老金业务女表

利率:3%

年龄	l_x	C_x	D_x	M_x	N_x	R_x	S_x
0	1000000	2684.47	1000000	114031	30418257	7610299	783073211
1	997235	1747.57	968189	111347	29418257	7496268	752654955
2	995381	1197.01	938242	109599	28450067	7384921	723236698
3	994073	852.948	909718	108402	27511825	7275322	694786630
4	993113	628.842	882368	107549	26602108	7166919	667274805
5	992384	476.529	856039	106921	25719740	7059370	640672697
6	991815	369.144	830629	106444	24863701	6952449	614952957
7	991361	293.66	806067	106075	24033071	6846005	590089257
8	990989	239.122	782296	105781	23227004	6739931	566056186
9	990677	201.649	759271	105542	22444708	6634149	542829182
10	990406	178.438	736955	105340	21685437	6528607	520384474
11	990159	166.928	715312	105162	20948482	6423267	498699037
12	989921	166.833	694311	104995	20233170	6318105	477750555
13	989676	175.857	673921	104828	19538859	6213110	457517386
14	989410	191.917	654117	104652	18864938	6108282	437978527
15	989111	210.007	634873	104460	18210821	6003629	419113589
16	988774	228.696	616171	104250	17575948	5899169	400902768
17	988396	244.356	597996	104022	16959777	5794918	383326819
18	987980	256.058	580334	103777	16361781	5690897	366367042
19	987531	262.996	563175	103521	15781447	5587119	350005261
20	987056	265.012	546509	103258	15218272	5483598	334223813
21	986563	263.034	530326	102993	14671763	5380340	319005541
22	986059	258.413	514617	102730	14141437	5277346	304333778
23	985549	251.87	499370	102472	13626820	5174616	290192341
24	985037	239.28	484573	102220	13127451	5072144	276565521
25	984536	241.585	470220	101981	12642878	4969924	263438070
26	984015	230.497	456283	101739	12172658	4867943	250795193
27	983503	225.532	442762	101509	11716375	4766204	238622535
28	982987	222.357	429641	101283	11273613	4664696	226906160
29	982463	220.825	416905	101061	10843972	4563413	215632547
30	981927	222.393	404541	100840	10427068	4462352	204788575
31	981371	225.624	392536	100618	10022527	4361512	194361507
32	980790	231.117	380877	100392	9629990.9	4260894	184338981
33	980177	239.027	369552	100161	9249113.8	4160502	174708990
34	979524	248.413	358550	99921.8	8879561.3	4060342	165459876

续表

年龄	l_x	C_x	D_x	M_x	N_x	R_x	S_x
35	978825	260. 845	347858	99673. 4	8521011. 6	3960420	156580315
36	978069	274. 351	337466	99412. 5	8173153. 4	3860747	148059303
37	977250	290. 752	327362	99138. 2	7835687. 9	3761334	139886150
38	976356	308. 491	317537	98847. 4	7508325. 8	3662196	132050462
39	975379	328. 322	307979	98538. 9	7190789. 3	3563348	124542136
40	974308	350. 308	298681	98210. 6	6882809. 9	3464810	117351347
41	973131	374. 202	289631	97860. 3	6584129. 1	3366599	110468537
42	971836	400. 335	280821	97486. 1	6294498. 1	3268739	103884408
43	970409	428. 168	272241	97085. 7	6013677. 1	3171253	97589909. 5
44	968837	458. 537	263884	96657. 6	5741435. 7	3074167	91576232. 4
45	967103	491. 394	255739	96199	5477551. 9	2977509	85834796. 7
46	965189	526. 435	247799	95707. 6	5221812. 5	2881310	80357244. 8
47	963077	563. 857	240055	95181. 2	4974013. 2	2785603	75135432. 3
48	960747	604. 292	232500	94617. 4	4733957. 8	2690421	70161419. 1
49	958175	647. 368	225123	94013. 1	4501458. 2	2595804	65427461. 3
50	955337	693. 401	217919	93365. 7	4276334. 7	2501791	60926003. 1
51	952206	742. 654	210879	92672. 3	4058415. 6	2408425	56649668. 3
52	948752	794. 921	203994	91929. 6	3847537	2315753	52591252. 8
53	944944	850. 809	197257	91134. 7	3643543. 2	2223823	48743715. 7
54	940746	909. 851	190661	90283. 9	3446285. 8	2132689	45100172. 6
55	936122	972. 947	184198	89374. 1	3255624. 7	2042405	41653886. 7
56	931029	1039. 57	177860	88401. 1	3071426. 6	1953031	38398262
57	925424	1109. 95	171640	87361. 5	2893566. 5	1864630	35326835. 4
58	919260	1184. 44	165531	86251. 6	2721926. 3	1777268	32433269
59	912485	1262. 81	159525	85067. 2	2556395. 3	1691016	29711342. 7
60	905045	1345. 51	153616	83804. 3	2396870	1605949	27154947. 4
61	896880	1432. 07	147796	82458. 8	2243253. 9	1522145	24758077. 3
62	887929	1522. 54	142060	81026. 8	2095457. 6	1439686	22514823. 4
63	878127	1616. 79	136399	79504. 2	1953398. 1	1358659	20419365. 8
64	867406	1714. 79	130810	77887. 4	1816998. 8	1279155	18465967. 7
65	855694	1815. 95	125285	76172. 6	1686189. 1	1201268	16648968. 9
66	842919	1910. 31	119820	74356. 7	1560904. 1	1125095	14962779. 8
67	829077	2035. 83	114420	72446. 4	1441084. 2	1050738	13401875. 7
68	813883	2134. 72	109051	70410. 5	1326664. 5	978291. 9	11960791. 4
69	797473	2243. 8	103740	68275. 8	1217613. 2	907881. 4	10634126. 9
70	779707	2352. 93	98474. 9	66032	1113873	839605. 6	9416513. 69
71	760518	2460. 71	93253. 8	63679. 1	1015398	773573. 5	8302640. 74

续表

年龄	l_x	C_x	D_x	M_x	N_x	R_x	S_x
72	739848	2566. 22	88077	61218. 4	922144. 22	709894. 4	7287242. 72
73	717645	2667. 32	82945. 4	58652. 2	834067. 26	648676	6365098. 5
74	693875	2762. 96	77862. 2	55984. 9	751121. 86	590023. 9	5531031. 24
75	668514	2850. 45	72831. 4	53221. 9	673259. 67	534039	4779909. 38
76	641565	2928. 35	67859. 6	50371. 4	600428. 28	480817. 1	4106649. 71
77	613049	2994	62954. 8	47443. 1	532568. 63	430445. 7	3506221. 43
78	583019	3045. 02	58127. 2	44449. 1	469613. 82	383002. 6	2973652. 8
79	551561	3079. 25	53389. 1	41404. 1	411486. 65	338553. 5	2504038. 98
80	518795	3093. 94	48754. 8	38324. 8	358097. 53	297149. 4	2092552. 32
81	484885	3087. 27	44240. 9	35230. 9	309342. 68	258824. 6	1734454. 79
82	450033	3056. 87	39865	32143. 6	265101. 82	223593. 7	1425112. 11
83	414489	3001. 32	35647	29086. 7	225236. 81	191450. 1	1160010. 29
84	378544	2919. 73	31607. 5	26085. 4	189589. 78	162363. 4	934773. 48
85	342527	2811. 48	27767. 1	23165. 7	157982. 32	136277. 9	745183. 703
86	306805	2677. 4	24146. 9	20354. 2	130215. 21	113112. 3	587201. 378
87	271766	2518. 85	20766. 2	17676. 8	106068. 33	92758. 05	456986. 165
88	237813	2338. 24	17642. 5	15158	85302. 15	75081. 24	350917. 837
89	205349	2139. 3	14790. 4	12819. 7	67659. 663	59923. 28	265615. 687
90	174756	1926. 48	12220. 3	10680. 4	52869. 274	47103. 56	197956. 024
91	146380	1705. 05	9937. 89	8753. 94	40648. 974	36423. 15	145086. 75
92	120512	1481. 07	7943. 39	7048. 89	30711. 081	27669. 2	104437. 777
93	97368	1260. 49	6230. 95	5567. 81	22767. 696	20620. 32	73726. 6955
94	77080	1049. 27	4788. 98	4307. 32	16536. 745	15052. 5	50958. 9994
95	59685	852. 859	3600. 22	3258. 05	11747. 77	10745. 18	34422. 2546
96	45122	675. 469	2642. 5	2405. 19	8147. 5513	7487. 129	22674. 4849
97	33242	520. 275	1890. 06	1729. 72	5505. 0526	5081. 938	14526. 9336
98	23817	388. 93	1314. 74	1209. 45	3614. 9893	3352. 216	9021. 88098
99	16560	281. 498	887. 514	820. 516	2300. 2519	2142. 77	5406. 89165
100	11150	196. 866	580. 166	539. 018	1412. 7381	1322. 253	3106. 63977
101	7253	132. 718	366. 402	342. 152	832. 57197	783. 235	1693. 90163
102	4547	85. 9971	223. 012	209. 434	466. 16985	441. 0826	861. 329658
103	2741	53. 4425	130. 519	123. 437	243. 15795	231. 6484	395. 159809
104	1585	31. 7779	73. 2753	69. 9946	112. 6386	108. 2114	152. 001858
105	877	38. 2168	39. 3633	38. 2168	39. 363255	38. 21675	39. 3632546

CL3(1990—1993):中国人寿保险经验生命表(1990—1993)非养老金业务男女混合表

利率：3%

年龄	l_x	C_x	D_x	M_x	N_x	R_x	S_x
0	1000000	2824.27	1000000	122760	30118585	7839739	764907058
1	997091	1894.62	968050	119935	29118585	7716979	734788473
2	995081	1338.85	937959	118041	28150536	7597044	705669888
3	993618	983.555	909301	116702	27212576	7479003	677519352
4	992511	746.157	881833	115718	26303275	7362301	650306776
5	991646	582.889	855403	114972	25421442	7246583	624003501
6	990950	466.715	829905	114389	24566039	7131610	598582059
7	990376	382.074	805266	113923	23736134	7017221	574016019
8	989892	319.596	781430	113541	22930868	6903299	550279885
9	989475	275.315	758350	113221	22149438	6789758	527349017
10	989105	247.068	735987	112946	21391088	6676537	505199579
11	988763	235.664	714303	112699	20655101	6563591	483808491
12	988427	239.695	693263	112463	19940798	6450893	463153390
13	988075	258.497	672831	112223	19247535	6338430	443212593
14	987684	289.48	652975	111965	18574704	6226207	423965058
15	987233	325.293	633667	111675	17921728	6114242	405390354
16	986711	359.38	614886	111350	17288061	6002567	387468626
17	986117	388.268	596617	110991	16673175	5891217	370180565
18	985456	407.184	578852	110602	16076558	5780227	353507390
19	984742	415.257	561585	110195	15497707	5669624	337430831
20	983992	411.763	544813	109780	14936122	5559429	321933125
21	983226	401.857	528532	109368	14391310	5449649	306997003
22	982456	388.633	512736	108966	13862777	5340281	292605693
23	981689	370.426	497414	108578	13350041	5231315	278742916
24	980936	351.995	482556	108207	12852627	5122737	265392875
25	980199	335.715	468149	107855	12370072	5014530	252540248
26	979475	320.985	454177	107519	11901923	4906675	240170177
27	978762	310.762	440628	107198	11447746	4799156	228268253
28	978051	302.983	427483	106888	11007118	4691957	216820508
29	977337	299.102	414729	106585	10579634	4585070	205813390
30	976611	301.99	402351	106286	10164905	4478485	195233756
31	975856	306.786	390330	105984	9762554.1	4372199	185068851
32	975066	314.44	378654	105677	9372224.3	4266216	175306297
33	974232	324.316	367311	105362	8993570	4160539	165934072
34	973346	337.614	356288	105038	8626259	4055176	156940502

续表

年龄	l_x	C_x	D_x	M_x	N_x	R_x	S_x
35	972396	354.693	345573	104700	8269970.7	3950138	148314243
36	971368	372.836	335153	104346	7924397.3	3845438	140044273
37	970255	394.174	325019	103973	7589243.8	3741092	132119875
38	969043	418.058	315158	103579	7264224.9	3637119	124530632
39	967719	443.894	305561	103161	6949066.8	3533540	117266407
40	966271	474.717	296217	102717	6643506.1	3430380	110317340
41	964676	505.101	287115	102242	6347289.1	3327663	103673834
42	962928	538.362	278247	101737	6060174.5	3225421	97326545
43	961009	573.887	269604	101199	5781927.6	3123684	91266370
44	958902	610.853	261178	100625	5512323.3	3022485	85484442
45	956592	652.881	252960	100014	5251145.5	2921860	79972119
46	954049	697.426	244939	99361	4998185.6	2821847	74720974
47	951251	743.904	237108	98663.6	4753246.4	2722486	69722788
48	948177	792.487	229458	97919.7	4516138.7	2623822	64969542
49	944804	846.049	221982	97127.2	4286681	2525902	60453403
50	941095	900.691	214670	96281.1	4064699.1	2428775	56166722
51	937028	961.107	207517	95380.4	3850028.6	2332494	52102023
52	932558	1024.55	200512	94419.3	3642511.4	2237114	48251994
53	927650	1088.54	193647	93394.8	3441999.5	2142694	44609483
54	922279	1155.42	186918	92306.3	3248352.3	2049299	41167483
55	916407	1226.26	180319	91150.8	3061433.9	1956993	37919131
56	909988	1305.54	173841	89924.6	2881115	1865842	34857697
57	902949	1386	167472	88619	2707274.5	1775918	31976582
58	895252	1469.06	161208	87233	2539802.8	1687299	29269308
59	886849	1557.81	155043	85764	2378594.9	1600066	26729505
60	877671	1645.59	148970	84206.2	2223551.5	1514302	24350910
61	867685	1736.37	142985	82560.6	2074581.7	1430095	22127358
62	856832	1833.82	137084	80824.2	1931596.4	1347535	20052777
63	845026	1932.88	131258	78990.4	1794512	1266711	18121180
64	832209	2031.34	125502	77057.5	1663254.3	1187720	16326668
65	818335	2125.84	119815	75026.2	1537752.5	1110663	14663414
66	803380	2229.39	114199	72900.3	1417937.4	1035637	13125662
67	787226	2332.21	108644	70671	1303737.9	962736.2	11707724
68	769820	2434.95	103147	68338.7	1195094	892065.3	10403986
69	751102	2533.02	97708.1	65903.8	1091946.7	823726.5	9208892.3
70	731046	2626	92329.2	63370.8	994238.62	757822.7	8116945.6
71	709630	2716.18	87014	60744.8	901909.44	694452	7122706.9

续表

年龄	l_x	C_x	D_x	M_x	N_x	R_x	S_x
72	686814	2802.58	81763.4	58028.6	814895.47	633707.2	6220797.5
73	662566	2880.75	76579.4	55226	733132.06	575678.6	5405902
74	636894	2946.53	71468.1	52345.3	656552.7	520452.6	4672770
75	609848	3004.77	66440	49398.7	585084.55	468107.4	4016217.3
76	581440	3049.73	61500.1	46393.9	518644.53	418708.6	3431132.7
77	551742	3076.45	56659.1	43344.2	457144.43	372314.7	2912488.2
78	520885	3087.52	51932.4	40267.8	400485.32	328970.5	2455343.8
79	488988	3077	47332.3	37180.3	348552.93	288702.7	2054858.4
80	456246	3042.67	42876.7	34103.3	301220.65	251522.4	1706305.5
81	422898	2990.28	38585.2	31060.6	258343.98	217419.2	1405084.8
82	389141	2918.06	34471.1	28070.3	219758.8	186358.6	1146740.9
83	355211	2820.63	30549	25152.3	185287.75	158288.3	926982.07
84	321430	2700.86	26838.6	22331.6	154738.77	133136	741694.32
85	288113	2561.83	23356	19630.8	127900.19	110804.4	586955.55
86	255563	2402.85	20113.9	17068.9	104544.17	91173.63	459055.36
87	224117	2226.78	17125.2	14666.1	84430.255	74104.69	354511.19
88	194101	2035.95	14399.7	12439.3	67305.031	59438.6	270080.94
89	165834	1833.16	11944.3	10403.4	52905.379	46999.28	202775.91
90	139619	1626.53	9763.25	8570.21	40961.082	36595.92	149870.53
91	115661	1415.76	7852.35	6943.67	31197.835	28025.71	108909.45
92	94182	1211.21	6207.88	5527.91	23345.488	21082.04	77711.612
93	75255	1015.76	4815.86	4316.7	17137.609	15554.13	54366.125
94	58906	833.084	3659.83	3300.94	12321.753	11237.43	37228.516
95	45095	668.736	2720.14	2467.86	8661.9272	7936.488	24906.763
96	33676	521.499	1972.18	1799.12	5941.7823	5468.632	16244.836
97	24504	395.851	1393.24	1277.62	3969.6006	3669.512	10303.053
98	17333	292.301	956.81	881.77	2576.3598	2391.89	6333.4529
99	11879	207.975	636.641	589.47	1619.5497	1510.12	3757.0931
100	7882	142.56	410.123	381.494	982.90869	920.6501	2137.5434
101	5060	94.6587	255.618	238.935	572.78585	539.1557	1154.6347
102	3130	60.4265	153.514	144.276	317.16821	300.2212	581.84884
103	1861	36.9844	88.616	83.8494	163.65441	155.9453	264.68063
104	1061	21.6341	49.0506	46.865	75.038392	72.09588	101.02622
105	579	25.2309	25.9878	25.2309	25.987827	25.2309	25.987827

CL3(1990—1993):中国人寿保险经验生命表(1990—1993)非养老金业务男女混合表

利率:5%

年龄	l_x	$\overline{C}_x$	D_x	$\overline{M}_x$	N_x	$\overline{R}_x$	S_x
0	1000000	2838.89	1000000	42373.7	20131597	2044487	380864027
1	997091	1868.15	949610	39534.8	19131597	2002113	360732430
2	995081	1295	902568	37666.7	18181987	1962578	341600832
3	993618	933.222	858325	36371.7	17279419	1924912	323418846
4	992511	694.487	816541	35438.4	16421094	1888540	306139427
5	991646	532.192	776981	34744	15604553	1853102	289718332
6	990950	418.005	739462	34211.8	14827573	1818358	274113779
7	990376	335.68	703842	33793.8	14088110	1784146	259286207
8	989892	275.44	669998	33458.1	13384269	1750352	245198096
9	989475	232.757	637824	33182.6	12714271	1716894	231813828
10	989105	204.898	607225	32949.9	12076446	1683711	219099557
11	988763	191.718	578109	32745	11469222	1650762	207023111
12	988427	191.283	550393	32553.3	10891112	1618017	195553889
13	988075	202.358	523997	32362	10340719	1585463	184662776
14	987684	222.296	498848	32159.6	9816722	1553101	174322057
15	987233	245.04	474876	31937.3	9317874.5	1520942	164505335
16	986711	265.56	452024	31692.3	8842998.5	1489004	155187461
17	986117	281.442	430240	31426.7	8390974.9	1457312	146344462
18	985456	289.532	409477	31145.3	7960735.3	1425885	137953487
19	984742	289.648	389696	30855.8	7551258	1394740	129992752
20	983992	281.74	370856	30566.1	7161562.1	1363884	122441494
21	983226	269.725	352921	30284.4	6790705.9	1333318	115279932
22	982456	255.88	335852	30014.6	6437784.4	1303034	108489226
23	981689	239.247	319610	29758.8	6101932	1273019	102051442
24	980936	223.013	304157	29519.5	5782322.2	1243260	95949509.6
25	980199	208.647	289455	29296.5	5478165.4	1213741	90167187.4
26	979475	195.692	275468	29087.9	5188709.9	1184444	84689022
27	978762	185.851	262160	28892.2	4913241.7	1155357	79500312.1
28	978051	177.747	249495	28706.3	4651081.9	1126464	74587070.4
29	977337	172.128	237440	28528.6	4401587.3	1097758	69935988.5
30	976611	170.48	225966	28356.4	4164146.9	1069229	65534401.2
31	975856	169.889	215039	28186	3938181.1	1040873	61370254.3
32	975066	170.81	204633	28016.1	3723142	1012687	57432073.2
33	974232	172.819	194722	27845.3	3518508.6	984671	53708931.1
34	973346	176.479	185281	27672.4	3323786.4	956825.7	50190422.5

续表

年龄	l_x	$\overline{C}_x$	D_x	$\overline{M}_x$	N_x	$\overline{R}_x$	S_x
35	972396	181.875	176286	27496	3138505.3	929153.3	46866636.1
36	971368	187.536	167714	27314.1	2962219.4	901657.3	43728130.7
37	970255	194.493	159544	27126.6	2794505.5	874343.2	40765911.3
38	969043	202.348	151757	26932.1	2634961	847216.7	37971405.8
39	967719	210.761	144333	26729.7	2483203.7	820284.6	35336444.8
40	966271	221.103	137255	26518.9	2338870.4	793554.9	32853241.1
41	964676	230.773	130503	26297.8	2201615.7	767036	30514370.8
42	962928	241.285	124063	26067.1	2071112.8	740738.1	28312755.1
43	961009	252.307	117920	25825.8	1947049.5	714671	26241642.2
44	958902	263.444	112059	25573.5	1829129.5	688845.3	24294592.7
45	956592	276.206	106465	25310	1717070.9	663271.8	22465463.2
46	954049	289.431	101126	25033.8	1610605.6	637961.7	20748392.3
47	951251	302.839	96028	24744.4	1509479.6	612927.9	19137786.7
48	948177	316.472	91159.7	24441.6	1413451.5	588183.5	17628307.1
49	944804	331.426	86510	24125.1	1322291.8	563741.9	16214855.6
50	941095	346.11	82067	23793.7	1235781.8	539616.9	14892563.8
51	937028	362.292	77821.3	23447.6	1153714.8	515823.2	13656781.9
52	932558	378.849	73761.9	23085.3	1075893.6	492375.6	12503067.1
53	927650	394.846	69879.7	22706.4	1002131.6	469290.4	11427173.5
54	922279	411.121	66166.8	22311.6	932251.9	446584	10425041.9
55	916407	428.017	62614.8	21900.4	866085.09	424272.4	9492789.98
56	909988	447.008	59215.4	21472.4	803470.3	402372	8626704.89
57	902949	465.518	55959.4	21025.4	744254.87	380899.5	7823234.59
58	895252	484.017	52840.4	20559.9	688295.45	359874.1	7078979.72
59	886849	503.483	49851.8	20075.9	635455.07	339314.2	6390684.27
60	877671	521.722	46986.6	19572.4	585603.24	319238.3	5755229.21
61	867685	540.018	44240	19050.7	538616.67	299665.9	5169625.96
62	856832	559.463	41606.3	18510.7	494376.7	280615.3	4631009.3
63	845026	578.45	39079.1	17951.2	452770.39	262104.6	4136632.6
64	832209	596.337	36653.7	17372.7	413691.32	244153.4	3683862.21
65	818335	612.192	34326.3	16776.4	377037.67	226780.6	3270170.89
66	803380	629.784	32094.3	16164.2	342711.39	210004.2	2893133.22
67	787226	646.281	29951.3	15534.4	310617.14	193840	2550421.83
68	769820	661.9	27894.4	14888.2	280665.79	178305.6	2239804.69
69	751102	675.442	25920.1	14226.3	252771.4	163417.4	1959138.9
70	731046	686.899	24026.7	13550.8	226851.26	149191.2	1706367.5
71	709630	696.955	22212.2	12863.9	202824.58	135640.4	1479516.24

续表

年龄	l_x	$\overline{C}_x$	D_x	$\overline{M}_x$	N_x	$\overline{R}_x$	S_x
72	686814	705. 426	20474. 3	12167	180612. 38	122776. 4	1276691. 65
73	662566	711. 289	18810. 9	11461. 5	160138. 05	110609. 5	1096079. 28
74	636894	713. 675	17221	10750. 2	141327. 12	99147. 95	935941. 227
75	609848	713. 918	15704. 5	10036. 6	124106. 09	88397. 7	794614. 11
76	581440	710. 797	14260	9322. 65	108401. 59	78361. 13	670508. 018
77	551742	703. 369	12887. 2	8611. 85	94141. 634	69038. 48	562106. 429
78	520885	692. 452	11587. 1	7908. 48	81254. 391	60426. 63	467964. 795
79	488988	676. 949	10359. 6	7216. 03	69667. 244	52518. 15	386710. 404
80	456246	656. 646	9205. 66	6539. 08	59307. 629	45302. 11	317043. 161
81	422898	633. 047	8126. 48	5882. 44	50101. 965	38763. 03	257735. 531
82	389141	605. 992	7121. 71	5249. 39	41975. 486	32880. 59	207633. 567
83	355211	574. 601	6191. 2	4643. 4	34853. 773	27631. 2	165658. 08
84	321430	539. 722	5335. 62	4068. 8	28662. 577	22987. 8	130804. 307
85	288113	502. 188	4554. 83	3529. 08	23326. 952	18919. 01	102141. 73
86	255563	462. 052	3847. 85	3026. 89	18772. 119	15389. 93	78814. 7785
87	224117	420. 039	3213. 7	2564. 84	14924. 268	12363. 04	60042. 6594
88	194101	376. 727	2650. 75	2144. 8	11710. 565	9798. 206	45118. 3913
89	165834	332. 742	2156. 88	1768. 07	9059. 8106	7653. 408	33407. 8266
90	139619	289. 614	1729. 45	1435. 33	6902. 9307	5885. 338	24348. 016
91	115661	247. 282	1364. 46	1145. 72	5173. 4823	4450. 009	17445. 0853
92	94182	207. 526	1058. 16	898. 433	3809. 0225	3304. 294	12271. 603
93	75255	170. 723	805. 25	690. 907	2750. 86	2405. 861	8462. 58046
94	58906	137. 352	600. 296	520. 184	1945. 6103	1714. 954	5711. 72048
95	45095	108. 156	437. 668	382. 832	1345. 3144	1194. 77	3766. 11015
96	33676	82. 7364	311. 278	274. 676	907. 64618	811. 9378	2420. 79578
97	24504	61. 606	215. 712	191. 94	596. 36864	537. 2619	1513. 1496
98	17333	44. 6241	145. 319	130. 334	380. 65631	345. 3223	916. 78096
99	11879	31. 1458	94. 8504	85. 7095	235. 3373	214. 9888	536. 124653
100	7882	20. 9427	59. 9386	54. 5637	140. 48687	129. 2793	300. 787356
101	5060	13. 6409	36. 6464	33. 621	80. 548284	74. 71557	160. 300482
102	3130	8. 54198	21. 5892	19. 9801	43. 901884	41. 09454	79. 7521983
103	1861	5. 12858	12. 225	11. 4381	22. 31272	21. 11442	35. 8503139
104	1061	2. 94283	6. 63786	6. 30955	10. 087728	9. 676279	13. 5375939
105	579	3. 36672	3. 44987	3. 36672	3. 4498655	3. 366724	3. 44986548

CL4(1990—1993):中国人寿保险经验生命表(1990—1993)养老金业务男表

利率：3%

年龄	l_x	C_x	D_x	M_x	N_x	R_x	S_x
0	1000000	2653.4	1000000	125889	30011147	7927930	758190477
1	997267	1824.87	968220	123236	29011147	7802041	728179330
2	995331	1320.55	938195	121411	28042927	7678805	699168183
3	993888	994.217	909548	120090	27104732	7557395	671125255
4	992769	770.31	882062	119096	26195184	7437305	644020523
5	991876	613.876	855601	118326	25313121	7318209	617825339
6	991143	500.051	830067	117712	24457520	7199883	592512218
7	990528	417.597	805390	117212	23627454	7082171	568054698
8	989999	354.851	781514	116794	22822064	6964960	544427244
9	989536	310.287	758397	116439	22040550	6848166	521605180
10	989119	281.022	735997	116129	21282153	6731726	499564630
11	988730	270.031	714280	115848	20546155	6615598	478282478
12	988345	277.147	693205	115578	19831876	6499750	457736322
13	987938	303.453	672738	115301	19138670	6384172	437904447
14	987479	344.038	652840	114997	18465933	6268871	418765777
15	986943	390.726	633481	114653	17813093	6153874	400299844
16	986316	436.217	614640	114262	17179611	6039221	382486751
17	985595	472.265	596301	113826	16564972	5924958	365307140
18	984791	496.149	578461	113354	15968671	5811132	348742168
19	983921	503.845	561116	112858	15390210	5697778	332773497
20	983011	498.846	544269	112354	14829093	5584920	317383287
21	982083	483.272	527918	111855	14284824	5472566	302554194
22	981157	461.089	512058	111372	13756906	5360711	288269370
23	980247	435.361	496683	110911	13244848	5249339	274512464
24	979362	408.83	481781	110475	12748165	5138428	261267616
25	978506	386.258	467340	110067	12266383	5027953	248519451
26	977673	366.454	453342	109680	11799043	4917886	236253068
27	976859	351.41	439771	109314	11345702	4808206	224454025
28	976055	342.023	426611	108962	10905930	4698892	213108323
29	975249	337.417	413843	108620	10479319	4589929	202202393
30	974430	337.989	401452	108283	10065476	4481309	191723073
31	973585	342.513	389421	107945	9664023.8	4373026	181657597
32	972703	351.388	377737	107603	9274602.3	4265081	171993573
33	971771	363.483	366383	107251	8896865.7	4157478	162718971
34	970778	379.549	355348	106888	8530482.6	4050227	153822105

续表

年龄	l_x	C_x	D_x	M_x	N_x	R_x	S_x
35	969710	397.822	344619	106508	8175134.2	3943339	145291623
36	968557	419.399	334184	106110	7830515.4	3836831	137116488
37	967305	442.958	324031	105691	7496331.8	3730721	129285973
38	965943	469.526	314150	105248	7172301.1	3625030	121789641
39	964456	498.155	304530	104778	6858151.2	3519782	114617340
40	962831	528.885	295162	104280	6553620.8	3415004	107759189
41	961054	562.315	286037	103751	6258458.4	3310723	101205568
42	959108	598.118	277143	103189	5972421.8	3206972	94947109.7
43	956976	636.533	268473	102591	5695278.7	3103783	88974687.9
44	954639	677.227	260017	101954	5426805.8	3001192	83279409.2
45	952078	720.659	251766	101277	5166789.1	2899238	77852603.3
46	949271	766.969	243713	100557	4915022.9	2797960	72685814.2
47	946194	815.536	235847	99789.6	4671310.4	2697404	67770791.3
48	942824	867.671	228162	98974	4435463.2	2597614	63099480.9
49	939131	922.237	220649	98106.4	4207301	2498640	58664017.7
50	935088	980.418	213300	97184.1	3986651.9	2400534	54456716.7
51	930661	1041.52	206107	96203.7	3773351.7	2303350	50470064.9
52	925817	1105.96	199063	95162.2	3567244.5	2207146	46696713.2
53	920519	1173.66	192159	94056.2	3368182	2111984	43129468.7
54	914728	1245.14	185388	92882.6	3176023.4	2017928	39761286.7
55	908400	1319.68	178743	91637.4	2990635.3	1925045	36585263.3
56	901492	1397.53	172218	90317.7	2811892	1833408	33594628
57	893957	1479.27	165804	88920.2	2639674.5	1743090	30782736
58	885742	1563.99	159495	87440.9	2473870.6	1654170	28143061.5
59	876796	1651.84	153286	85876.9	2314375.2	1566729	25669190.9
60	867064	1742.81	147169	84225.1	2161089.2	1480852	23354815.7
61	856488	1836.52	141140	82482.3	2013919.8	1396627	21193726.5
62	845009	1932.77	135193	80645.8	1872779.6	1314144	19179806.7
63	832566	2030.9	129322	78713	1737586.9	1233499	17307027.1
64	819099	2130.61	123525	76682.1	1608264.5	1154786	15569440.3
65	804547	2231.17	117796	74551.5	1484739.8	1078104	13961175.7
66	788851	2331.93	112134	72320.3	1366943.4	1003552	12476435.9
67	771954	2432.03	106536	69988.4	1254809.2	931231.8	11109492.5
68	753803	2530.31	101001	67556.4	1148273	861243.4	9854683.28
69	734352	2625.72	95529.1	65026.1	1047271.8	793687	8706410.3
70	713562	2717.11	90121	62400.3	951742.65	728660.9	7659138.53
71	691403	2802.73	84779	59683.2	861621.65	666260.6	6707395.87

续表

年龄	l_x	C_x	D_x	M_x	N_x	R_x	S_x
72	667860	2881. 29	79507	56880. 5	776842. 65	606577. 4	5845774. 22
73	642931	2950. 88	74309. 9	53999. 2	697335. 67	549696. 9	5068931. 57
74	616634	3009. 72	69194. 7	51048. 3	623025. 72	495697. 7	4371595. 9
75	589008	3055. 86	64169. 6	48038. 6	553831. 02	444649. 4	3748570. 18
76	560117	3087. 62	59244. 7	44982. 7	489661. 42	396610. 8	3194739. 16
77	530050	3102. 77	54431. 5	41895. 1	430416. 7	351628	2705077. 74
78	498929	3099. 81	49743. 4	38792. 3	375985. 17	309732. 9	2274661. 04
79	466905	3077	45194. 7	35692. 5	326241. 8	270940. 6	1898675. 87
80	434163	3032. 81	40801. 4	32615. 5	281047. 07	235248	1572434. 08
81	400923	2966. 63	36580. 2	29582. 7	240245. 69	202632. 5	1291387. 01
82	367433	2877. 64	32548. 1	26616. 1	203665. 52	173049. 7	1051141. 32
83	333973	2766. 19	28722. 5	23738. 5	171117. 41	146433. 6	847475. 804
84	300844	2632. 84	25119. 7	20972. 3	142394. 94	122695. 2	676358. 396
85	268366	2479. 19	21755. 2	18339. 4	117275. 24	101722. 9	533963. 452
86	236866	2307. 41	18642. 4	15860. 2	95520. 026	83383. 48	416688. 211
87	206669	2120. 62	15792	13552. 8	76877. 644	67523. 23	321168. 185
88	178084	1922. 44	13211. 4	11432. 2	61085. 657	53970. 4	244290. 541
89	151393	1717. 29	10904. 2	9509. 78	47874. 248	42538. 18	183204. 884
90	126835	1509. 63	8869. 29	7792. 49	36970. 073	33028. 4	135330. 636
91	104599	1304. 5	7101. 34	6282. 87	28100. 783	25235. 91	98360. 5629
92	84808	1106. 58	5590	4978. 37	20999. 446	18953. 04	70259. 7802
93	67516	920. 206	4320. 61	3871. 79	15409. 442	13974. 67	49260. 334
94	52705	749. 058	3274. 56	2951. 58	11088. 834	10102. 89	33850. 8921
95	40287	596. 058	2430. 12	2202. 52	7814. 2764	7151. 304	22762. 0576
96	30109	462. 822	1763. 29	1606. 47	5384. 1516	4948. 779	14947. 7812
97	21969	350. 199	1249. 11	1143. 64	3620. 8656	3342. 313	9563. 62961
98	15625	257. 786	862. 526	793. 445	2371. 759	2198. 669	5942. 76402
99	10815	184. 3	579. 617	535. 659	1509. 2334	1405. 224	3571. 00501
100	7273	127. 758	378. 435	351. 359	929. 61617	869. 5646	2061. 77162
101	4744	85. 6833	239. 654	223. 6	551. 18133	518. 2059	1132. 15545
102	2997	55. 5695	146. 991	137. 917	311. 52716	294. 6056	580. 974116
103	1830	34. 7191	87. 1399	82. 3476	164. 53647	156. 6885	269. 446954
104	1079	20. 9159	49. 8827	47. 6284	77. 396597	74. 34095	104. 910479
105	613	26. 7125	27. 5139	26. 7125	27. 513883	26. 71251	27. 5138826

CL5(1990—1993):中国人寿保险经验生命表(1990—1993)养老金业务女表

利率:3%

年龄	l_x	C_x	D_x	M_x	N_x	R_x	S_x
0	1000000	2415.53	1000000	109855	30561630	7482693	792376822
1	997512	1573.19	968458	107440	29561630	7372838	761815193
2	995843	1078.04	938678	105867	28593171	7265398	732253563
3	994665	768.541	910259	104789	27654494	7159531	703660391
4	993800	565.871	882978	104020	26744235	7054742	676005897
5	993144	429.629	856695	103454	25861256	6950722	649261663
6	992631	332.554	831313	103025	25004561	6847268	623400407
7	992222	264.452	806767	102692	24173249	6744243	598395845
8	991887	215.363	783005	102428	23366481	6641551	574222597
9	991606	181.559	759983	102212	22583477	6539124	550856115
10	991362	160.378	737666	102031	21823493	6436911	528272639
11	991140	150.797	716021	101870	21085827	6334881	506449146
12	990925	150.49	695015	101720	20369806	6233010	485363319
13	990704	158.668	674621	101569	19674791	6131291	464993513
14	990464	172.661	654813	101410	19000170	6029722	445318722
15	990195	189.443	635568	101238	18345357	5928311	426318552
16	989891	205.706	616867	101048	17709788	5827074	407973195
17	989551	220.273	598695	100843	17092921	5726025	390263407
18	989176	230.396	581037	100622	16494226	5625183	373170487
19	988772	236.973	563883	100392	15913189	5524561	356676260
20	988344	239.209	547222	100155	15349307	5424169	340763071
21	987899	236.939	531044	99915.7	14802085	5324014	325413764
22	987445	233.078	515340	99678.8	14271040	5224098	310611680
23	986985	226.781	500097	99445.7	13755700	5124419	296340640
24	986524	220.176	485304	99218.9	13255603	5024974	282584940
25	986063	213.3	470949	98998.7	12770298	4925755	269329337
26	985603	207.537	457019	98785.4	12299349	4826756	256559039
27	985142	203.678	443500	98577.9	11842330	4727970	244259689
28	984676	200.291	430379	98374.2	11398830	4629392	232417359
29	984204	199.402	417643	98173.9	10968451	4531018	221018529
30	983720	200.394	405280	97974.5	10550808	4432844	210050078
31	983219	203.489	393275	97774.1	10145528	4334870	199499270
32	982695	208.496	381617	97570.7	9752253.2	4237096	189353742
33	982142	215.234	370293	97362.2	9370636.3	4139525	179601489
34	981554	224.247	359293	97146.9	9000343	4042163	170230852

续表

年龄	l_x	C_x	D_x	M_x	N_x	R_x	S_x
35	980923	235.312	348604	96922.7	8641050.2	3945016	161230509
36	980241	247.552	338215	96687.4	8292446.4	3848093	152589459
37	979502	262.132	328116	96439.8	7954231.5	3751406	144297013
38	978696	278.179	318298	96177.7	7626115	3654966	136342781
39	977815	296.44	308749	95899.5	7307817.5	3558788	128716666
40	976848	316.081	299459	95603.1	6999069	3462889	121408849
41	975786	337.793	290421	95287	6699609.5	3367286	114409780
42	974617	361.059	281625	94949.2	6409188.3	3271999	107710170
43	973330	386.496	273061	94588.1	6127563.7	3177050	101300982
44	971911	414.111	264721	94201.6	5854502.9	3082462	95173418.2
45	970345	443.641	256597	93787.5	5589781.7	2988260	89318915.4
46	968617	475.586	248679	93343.9	5333185	2894472	83729133.7
47	966709	509.407	240961	92868.3	5084505.7	2801129	78395948.6
48	964604	546.024	233433	92358.9	4843545	2708260	73311443
49	962280	585.095	226088	91812.9	4610112	2615901	68467898
50	959715	626.962	218918	91227.8	4384024	2524088	63857786.1
51	956884	671.7	211915	90600.8	4165106.2	2432861	59473762.1
52	953760	719.145	205071	89929.1	3953191.6	2342260	55308655.9
53	950315	769.944	198379	89210	3748121	2252331	51355464.3
54	946516	824.061	191831	88440	3549742.5	2163121	47607343.2
55	942328	881.441	185419	87616	3357911.9	2074681	44057600.8
56	937714	942.197	179137	86734.5	3172492.7	1987065	40699688.8
57	932634	1006.77	172977	85792.3	2993355.5	1900330	37527196.1
58	927043	1075	166932	84785.5	2820378.1	1814538	34533840.7
59	920894	1147.06	160995	83710.5	2653445.6	1729752	31713462.6
60	914136	1223.23	155159	82563.5	2492450.2	1646042	29060017
61	906713	1302.96	149417	81340.3	2337291.1	1563478	26567566.8
62	898569	1386.63	143762	80037.3	2187874.4	1482138	24230275.8
63	889642	1474.28	138188	78650.7	2044112.6	1402101	22042401.4
64	879866	1565.45	132689	77176.4	1905924.6	1323450	19998288.8
65	869174	1660.01	127259	75610.9	1773235.9	1246274	18092364.2
66	857496	1757.95	121892	73950.9	1645977.3	1170663	16319128.3
67	844758	1858.43	116584	72193	1524085.3	1096712	14673151
68	830888	1961.44	111330	70334.6	1407501.5	1024519	13149065.7
69	815810	2065.85	106126	68373.1	1296171.7	954184.4	11741564.3
70	799453	2171.21	100969	66307.3	1190046	885811.3	10445392.6
71	781746	2276.54	95856.8	64136.1	1089077.2	819504	9255346.57

续表

年龄	l_x	C_x	D_x	M_x	N_x	R_x	S_x
72	762623	2380.6	90788.3	61859.5	993220.46	755368	8166269.35
73	742026	2482.16	85763.3	59478.9	902432.2	693508.4	7173048.89
74	719906	2579.93	80783.2	56996.7	816668.85	634029.5	6270616.69
75	696225	2671.8	75850.4	54416.8	735885.63	577032.8	5453947.84
76	670965	2756.23	70969.3	51745	660035.25	522616	4718062.21
77	644125	2831.19	66146	48988.8	589065.91	470870.9	4058026.96
78	615728	2894.31	61388.3	46157.6	522919.87	421882.2	3468961.05
79	585827	2943.46	56706	43263.3	461531.6	375724.6	2946041.19
80	554506	2976.25	52110.9	40319.8	404825.65	332461.3	2484509.59
81	521886	2990.54	47616.8	37343.6	352714.78	292141.5	2079683.94
82	488126	2984.11	43239.4	34353	305097.96	254797.9	1726969.16
83	453428	2954.97	38995.9	31368.9	261858.57	220444.8	1421871.2
84	418038	2901.82	34905.1	28414	222862.7	189075.9	1160012.63
85	382242	2823.75	30986.6	25512.1	187957.6	160662	937149.932
86	346364	2720.42	27260.3	22688.4	156970.97	135149.8	749192.337
87	310762	2592.22	23745.9	19968	129710.62	112461.5	592221.368
88	275820	2440.73	20462.1	17375.7	105964.68	92493.49	462510.749
89	241933	2268.39	17425.4	14935	85502.59	75117.75	356546.069
90	209494	2078.48	14649.5	12666.6	68077.216	60182.75	271043.479
91	178879	1875.24	12144.3	10588.1	53427.764	47516.13	202966.263
92	150429	1663.9	9915.32	8712.89	41283.481	36927.99	149538.499
93	124428	1449.68	7962.62	7048.99	31368.157	28215.1	108255.018
94	101095	1238.62	6281.03	5599.31	23405.533	21166.11	76886.8612
95	80561	1035.99	4859.47	4360.69	17124.507	15566.8	53481.3286
96	62871	847.066	3681.94	3324.71	12265.042	11206.11	36356.8215
97	47973	675.778	2727.63	2477.64	8583.1009	7881.399	24091.7799
98	35731	525.112	1972.41	1801.86	5855.467	5403.758	15508.679
99	25933	396.75	1389.85	1276.75	3883.0572	3601.896	9653.21202
100	18308	290.929	952.617	880	2493.2085	2325.146	5770.15484
101	12549	206.631	633.942	589.07	1540.5913	1445.146	3276.94632
102	8336	141.9	408.847	382.44	906.64943	856.076	1736.35504
103	5356	93.9866	255.039	240.54	497.80246	473.6363	829.705611
104	3323	60.0099	153.624	146.553	242.76356	233.0965	331.903153
105	1986	86.5433	89.1396	86.5433	89.139594	86.54329	89.1395937

CL6(1990—1993):中国人寿保险经验生命表(1990—1993)养老金业务男女混合表

利率：3%

年龄	l_x	C_x	D_x	M_x	N_x	R_x	S_x
0	1000000	2541.75	1000000	118048	30280335	7705796	775059177
1	997382	1706.1	968332	115507	29280335	7587748	744778842
2	995572	1205.24	938422	113801	28312003	7472241	715498507
3	994255	885.822	909884	112595	27373581	7358440	687186504
4	993258	671.972	882497	111710	26463697	7245845	659812923
5	992479	525.103	856121	111038	25581200	7134135	633349226
6	991852	420.368	830660	110513	24725079	7023098	607768026
7	991335	344.182	806046	110092	23894419	6912585	583042947
8	990899	288.173	782225	109748	23088372	6802493	559148528
9	990523	247.783	759153	109460	22306148	6692745	536060156
10	990190	223.228	736794	109212	21546994	6583285	513754008
11	989881	211.817	715111	108989	20810200	6474073	492207014
12	989579	215.862	694071	108777	20095089	6365084	471396814
13	989262	232.713	673639	108561	19401018	6256308	451301725
14	988910	261.238	653786	108328	18727379	6147746	431900707
15	988503	293.512	634482	108067	18073593	6039418	413173328
16	988032	323.684	615709	107774	17439110	5931351	395099736
17	987497	349.5	597452	107450	16823401	5823577	377660625
18	986902	366.694	579701	107100	16225949	5716127	360837224
19	986259	374.838	562450	106734	15646249	5609027	344611275
20	985582	370.909	545693	106359	15083799	5502293	328965026
21	984892	362.715	529428	105988	14538106	5395934	313881227
22	984197	350.124	513645	105625	14008678	5289946	299343121
23	983506	334.023	498334	105275	13495033	5184321	285334444
24	982827	317.608	483486	104941	12996699	5079046	271839411
25	982162	302.329	469086	104624	12513213	4974105	258842712
26	981510	289.472	455121	104321	12044127	4869481	246329499
27	980867	280.603	441576	104032	11589006	4765160	234285373
28	980225	273.279	428434	103751	11147430	4661128	222696367
29	979581	269.851	415682	103478	10718997	4557377	211548937
30	978926	272.391	403305	103208	10303315	4453899	200829940
31	978245	276.496	391285	102936	9900010.4	4350691	190526625
32	977533	283.901	379612	102659	9508725	4247756	180626615
33	976780	292.836	368272	102375	9129112.7	4145096	171117890
34	975980	304.564	357253	102082	8760841	4042721	161988777

续表

年龄	l_x	C_x	D_x	M_x	N_x	R_x	S_x
35	975123	320.19	346543	101778	8403588.5	3940639	153227936
36	974195	336.323	336129	101458	8057046	3838861	144824348
37	973191	355.797	326002	101121	7720917.1	3737403	136767302
38	972097	377.325	316151	100766	7394914.7	3636282	129046384
39	970902	401.283	306566	100388	7078763.4	3535517	121651470
40	969593	428.287	297235	99986.9	6772197.6	3435129	114572706
41	968154	456.267	288150	99558.6	6474962.3	3335142	107800509
42	966575	486.461	279301	99102.3	6186812.5	3235583	101325547
43	964841	518.596	270679	98615.9	5907511.8	3136481	95138734
44	962937	552.148	262277	98097.3	5636832.4	3037865	89231222.3
45	960849	590.237	254086	97545.1	5374555.6	2939768	83594389.8
46	958550	630.625	246095	96954.9	5120470	2842222	78219834.3
47	956020	672.757	238296	96324.3	4874375.2	2745267	73099364.3
48	953240	717.068	230683	95651.5	4636078.8	2648943	68224989.1
49	950188	765.755	223247	94934.4	4405395.9	2553292	63588910.3
50	946831	815.649	215979	94168.7	4182148.9	2458357	59183514.5
51	943148	870.587	208873	93353	3966170.1	2364189	55001365.5
52	939099	928.521	201918	92482.5	3757297.5	2270836	51035195.5
53	934651	987.206	195109	91553.9	3555379.2	2178353	47277898
54	929780	1048.18	188439	90566.7	3360270.5	2086799	43722518.8
55	924453	1113.55	181902	89518.5	3171831.8	1996232	40362248.2
56	918624	1186.09	175490	88405	2989929.8	1906714	37190416.4
57	912229	1260.13	169193	87218.9	2814439.5	1818309	34200486.5
58	905231	1336.89	163005	85958.8	2645246.6	1731090	31386047
59	897584	1418.97	156920	84621.9	2482241.8	1645131	28740800.4
60	889224	1500.57	150931	83202.9	2325321.6	1560509	26258558.5
61	880118	1585.02	145034	81702.4	2174390.9	1477306	23933236.9
62	870211	1676.32	139225	80117.3	2029356.8	1395604	21758846
63	859419	1769.1	133493	78441	1890132	1315487	19729489.2
64	847688	1862.38	127836	76671.9	1756638.6	1237046	17839357.2
65	834968	1952.13	122250	74809.5	1628802.4	1160374	16082718.7
66	821235	2050.94	116738	72857.4	1506552	1085564	14453916.2
67	806374	2150.12	111286	70806.5	1389814.5	1012707	12947364.2
68	790327	2249.84	105895	68656.3	1278528	941900.3	11557549.7
69	773032	2346.23	100561	66406.5	1172633	873244	10279021.7
70	754455	2439.13	95285.7	64060.3	1072072.1	806837.5	9106388.75
71	734563	2530.47	90071.2	61621.1	976786.44	742777.2	8034316.64

续表

年龄	l_x	C_x	D_x	M_x	N_x	R_x	S_x
72	713307	2619.62	84917.3	59090.7	886715.21	681156.1	7057530.2
73	690642	2702.55	79824.4	56471	801797.88	622065.4	6170814.99
74	666558	2775.27	74796.9	53768.5	721973.5	565594.4	5369017.11
75	641084	2842.84	69843	50993.2	647176.65	511825.9	4647043.61
76	614207	2899.49	64965.9	48150.4	577333.61	460832.6	3999866.96
77	585972	2940.56	60174.2	45250.9	512367.68	412682.2	3422533.35
78	556478	2968.65	55481	42310.3	452193.45	367431.3	2910165.67
79	525809	2977.76	50896.4	39341.7	396712.42	325121	2457972.22
80	494123	2965.75	46436.2	36363.9	345816	285779.3	2061259.8
81	461618	2937.66	42118	33398.2	299379.75	249415.4	1715443.8
82	428455	2891.57	37953.6	30460.5	257261.77	216017.2	1416064.04
83	394833	2821.8	33956.6	27569	219308.19	185556.7	1158802.27
84	361038	2730.28	30145.7	24747.2	185351.62	157987.7	939494.079
85	327358	2619.67	26537.4	22016.9	155205.88	133240.6	754142.456
86	294073	2488.51	23144.8	19397.2	128668.45	111223.7	598936.579
87	261506	2338.35	19982.2	16908.7	105523.63	91826.5	470268.132
88	229986	2171.14	17061.8	14570.3	85541.435	74917.81	364744.507
89	199842	1988.19	14393.7	12399.2	68479.604	60347.48	279203.072
90	171410	1797.21	11986.3	10411	54085.86	47948.28	210723.468
91	144938	1596.69	9839.99	8613.79	42099.538	37537.28	156637.608
92	120714	1397.18	7956.7	7017.1	32259.545	28923.48	114538.069
93	98881	1201.22	6327.77	5619.92	24302.845	21906.38	82278.5243
94	79547	1012.48	4942.25	4418.7	17975.071	16286.46	57975.6791
95	62762	837.691	3785.82	3406.23	13032.822	11867.76	40000.6078
96	48458	675.356	2837.87	2568.54	9246.9975	8461.528	26967.7862
97	36580	531.868	2079.85	1893.18	6409.1313	5892.992	17720.7887
98	26945	408.921	1487.41	1361.31	4329.2771	3999.811	11311.6574
99	19315	304.34	1035.16	952.392	2841.8689	2638.499	6982.38035
100	13466	219.245	700.674	648.052	1806.7041	1686.107	4140.51148
101	9126	153.661	461.021	428.807	1106.0299	1038.055	2333.80733
102	5993	104.092	293.932	275.146	645.00886	609.2484	1227.77741
103	3807	68.0975	181.28	171.054	351.07653	334.1027	582.768554
104	2334	42.8642	107.902	102.956	169.79701	163.0487	231.692027
105	1379	60.0922	61.895	60.0922	61.895015	60.09225	61.8950149

CL1(2000—2003):中国人寿保险经验生命表(2000—2003)非养老金业务男表

利率:3%

年龄	q_x	l_x	C_x	D_x	M_x	N_x	R_x	S_x
0	0.000722	1000000	700.971	1000000	114683	30395890	7807196	775545183
1	0.000603	999278	567.975	970173	113982	29395890	7692513	745149293
2	0.000499	998675	456.051	941347	113414	28425717	7578531	715753402
3	0.000416	998177	368.937	913473	112958	27484370	7465117	687327685
4	0.000358	997762	308.123	886498	112589	26570897	7352159	659843315
5	0.000323	997405	269.805	860370	112281	25684398	7239570	633272418
6	0.000309	997082	250.512	835041	112011	24824028	7127290	607588020
7	0.000308	996774	242.354	810469	111760	23988987	7015279	582763992
8	0.000311	996467	237.514	786621	111518	23178518	6903518	558775005
9	0.000312	996157	231.265	763472	111281	22391898	6792000	535596486
10	0.000312	995847	224.459	741003	111049	21628426	6680720	513204588
11	0.000312	995536	217.854	719196	110825	20887423	6569670	491576162
12	0.000313	995225	212.12	698031	110607	20168226	6458846	470688739
13	0.00032	994914	210.482	677488	110395	19470195	6348239	450520513
14	0.000336	994595	214.5	657545	110184	18792707	6237844	431050318
15	0.000364	994261	225.531	638179	109970	18135163	6127659	412257611
16	0.000404	993899	242.935	619365	109744	17496984	6017689	394122448
17	0.000455	993498	265.527	601083	109501	16877619	5907945	376625464
18	0.000513	993046	290.522	583310	109236	16276536	5798444	359747845
19	0.000572	992536	314.339	566030	108945	15693226	5689208	343471309
20	0.000621	991969	331.137	549229	108631	15127197	5580262	327778083
21	0.000661	991353	341.988	532901	108300	14577968	5471631	312650886
22	0.000692	990697	347.369	517038	107958	14045067	5363331	298072918
23	0.000716	990012	348.706	501631	107611	13528029	5255374	284027851
24	0.000738	989303	348.702	486671	107262	13026399	5147763	270499822
25	0.000759	988573	347.923	472148	106913	12539727	5040501	257473423
26	0.000779	987823	346.427	458048	106565	12067579	4933588	244933696
27	0.000795	987053	342.977	444360	106219	11609531	4827023	232866117
28	0.000815	986268	341.093	431075	105876	11165171	4720804	221256586
29	0.000842	985464	341.851	418178	105535	10734096	4614928	210091415
30	0.000881	984635	346.974	405656	105193	10315917	4509394	199357319
31	0.000932	983767	356.055	393494	104846	9910261	4404201	189041402
32	0.000994	982850	368.337	381677	104490	9516767	4299355	179131141
33	0.001055	981873	379.177	370192	104121	9135089	4194865	169614374
34	0.001121	980838	390.751	359031	103742	8764897	4090743	160479285

续表

年龄	q_x	l_x	C_x	D_x	M_x	N_x	R_x	S_x
35	0. 001194	979738	403. 621	348183	103352	8405867	3987001	151714387
36	0. 001275	978568	417. 95	337638	102948	8057684	3883650	143308521
37	0. 001367	977321	434. 501	327386	102530	7720046	3780702	135250836
38	0. 001472	975985	453. 627	317416	102095	7392661	3678172	127530790
39	0. 001589	974548	474. 721	307717	101642	7075245	3576076	120138129
40	0. 001715	972999	496. 65	298280	101167	6767528	3474434	113062884
41	0. 001845	971331	517. 845	289095	100670	6469248	3373267	106295356
42	0. 001978	969539	538. 01	280157	100153	6180153	3272597	99826108
43	0. 002113	967621	556. 887	271459	99614. 6	5899996	3172444	93645955
44	0. 002255	965576	575. 782	262996	99057. 8	5628537	3072829	87745959
45	0. 002413	963399	596. 831	254760	98482	5365541	2973772	82117422
46	0. 002595	961074	621. 648	246743	97885. 1	5110781	2875290	76751880
47	0. 002805	958580	650. 691	238935	97263. 5	4864038	2777405	71641099
48	0. 003042	955891	683. 194	231325	96612. 8	4625104	2680141	66777061
49	0. 003299	952984	717. 144	223904	95929. 6	4393779	2583528	62151957
50	0. 00357	949840	750. 966	216665	95212. 5	4169876	2487599	57758177
51	0. 003847	946449	782. 859	209604	94461. 5	3953210	2392386	53588302
52	0. 004132	942808	813. 225	202716	93678. 6	3743607	2297925	49635091
53	0. 004434	938912	843. 744	195998	92865. 4	3540891	2204246	45891484
54	0. 004778	934749	878. 808	189446	92021. 7	3344893	2111381	42350593
55	0. 005203	930283	924. 665	183049	91142. 9	3155447	2019359	39005700
56	0. 005744	925442	985. 921	176793	90218. 2	2972398	1928216	35850253
57	0. 006427	920127	1064. 87	170658	89232. 3	2795605	1837998	32877854
58	0. 00726	914213	1160. 35	164622	88167. 4	2624948	1748766	30082249
59	0. 008229	907576	1267. 64	158667	87007. 1	2460325	1660598	27457302
60	0. 009313	900107	1381. 38	152778	85739. 4	2301658	1573591	24996976
61	0. 01049	891725	1496. 57	146947	84358	2148880	1487852	22695318
62	0. 011747	882371	1610. 03	141170	82861. 5	2001934	1403494	20546437
63	0. 013091	872005	1721. 51	135448	81251. 4	1860763	1320632	18544504
64	0. 014542	860590	1832. 32	129782	79529. 9	1725315	1239381	16683740
65	0. 016134	848075	1945	124169	77697. 6	1595533	1159851	14958425
66	0. 017905	834392	2061. 82	118608	75752. 6	1471364	1082153	13362892
67	0. 019886	819453	2183. 43	113091	73690. 8	1352756	1006401	11891528
68	0. 022103	803157	2309. 31	107614	71507. 4	1239664	932709. 9	10538773
69	0. 024571	785405	2437. 31	102170	69198	1132050	861202. 5	9299108. 2
70	0. 027309	766107	2565. 38	96757. 2	66760. 7	1029880	792004. 5	8167057. 9
71	0. 03034	745185	2691. 53	91373. 7	64195. 4	933122. 7	725243. 7	7137177. 9

续表

年龄	q_x	l_x	C_x	D_x	M_x	N_x	R_x	S_x
72	0. 033684	722576	2813. 13	86020. 8	61503. 8	841749	661048. 4	6204055. 2
73	0. 037371	698237	2928. 08	80702. 2	58690. 7	755728. 2	599544. 6	5362306. 2
74	0. 04143	672143	3033. 78	75423. 6	55762. 6	675026	540853. 9	4606578
75	0. 045902	644296	3128. 15	70193	52728. 8	599602. 5	485091. 3	3931552
76	0. 050829	614722	3208. 66	65020. 4	49600. 7	529409. 5	432362. 4	3331949. 5
77	0. 056262	583476	3272. 91	59917. 9	46392	464389. 1	382761. 8	2802540
78	0. 062257	550648	3318. 35	54899. 8	43119. 1	404471. 2	336369. 7	2338150. 8
79	0. 068871	516367	3342. 08	49982. 4	39800. 8	349571. 4	293250. 6	1933679. 6
80	0. 076187	480804	3342. 21	45184. 6	36458. 7	299589	253449. 9	1584108. 2
81	0. 084224	444173	3313. 87	40526. 3	33116. 5	254404. 4	216991. 2	1284519. 2
82	0. 093071	406763	3255. 86	36032. 1	29802. 6	213878. 1	183874. 8	1030114. 8
83	0. 1028	368905	3166. 51	31726. 7	26546. 7	177846. 1	154072. 2	816236. 71
84	0. 113489	330982	3045. 04	27636. 1	23380. 2	146119. 3	127525. 4	638390. 65
85	0. 125221	293419	2891. 77	23786. 1	20335. 2	118483. 2	104145. 2	492271. 3
86	0. 13808	256677	2708. 19	20201. 6	17443. 4	94697. 09	83810. 05	373788. 07
87	0. 152157	221235	2497. 29	16905	14735. 2	74495. 52	66366. 65	279090. 99
88	0. 167543	187572	2263. 51	13915. 3	12237. 9	57590. 53	51631. 44	204595. 47
89	0. 184333	156146	2012. 72	11246. 5	9974. 41	43675. 21	39393. 52	147004. 94
90	0. 202621	127363	1752. 03	8906. 22	7961. 69	32428. 71	29419. 1	103329. 73
91	0. 2225	101557	1489. 41	6894. 79	6209. 67	23522. 49	21457. 41	70901. 02
92	0. 244059	78960. 3	1233. 22	5204. 56	4720. 26	16627. 7	15247. 75	47378. 53
93	0. 267383	59689. 3	991. 588	3819. 75	3487. 04	11423. 14	10527. 49	30750. 828
94	0. 292544	43729. 4	771. 664	2716. 91	2495. 45	7603. 394	7040. 451	19327. 686
95	0. 319604	30936. 6	579. 044	1866. 11	1723. 78	4886. 488	4545. 004	11724. 292
96	0. 348606	21049. 2	417. 214	1232. 71	1144. 74	3020. 381	2821. 221	6837. 804
97	0. 379572	13711. 3	287. 293	779. 593	727. 525	1787. 67	1676. 483	3817. 4233
98	0. 412495	8506. 87	188. 063	469. 593	440. 232	1008. 077	948. 9581	2029. 7535
99	0. 447334	4997. 83	116. 33	267. 853	252. 169	538. 4838	508. 7262	1021. 6764
100	0. 48401	2762. 13	67. 5366	143. 722	135. 839	270. 6309	256. 5574	483. 19258
101	0. 522397	1425. 23	36. 5165	71. 9989	68. 3025	126. 9094	120. 7183	212. 56166
102	0. 562317	680. 695	18. 2263	33. 3853	31. 786	54. 91051	52. 41578	85. 65225
103	0. 603539	297. 929	8. 31278	14. 1866	13. 5596	21. 52518	20. 62979	30. 74174
104	0. 64577	118. 117	3. 42359	5. 46061	5. 24687	7. 338586	7. 070143	9. 21656
105	1	41. 8406	1. 82328	1. 87797	1. 82328	1. 877974	1. 823275	1. 8779736

CL1(2000—2003):中国人寿保险经验生命表(2000—2003)非养老金业务男表

利率:5%

年龄	q_x	l_x	$\bar{C}_x$	D_x	$\bar{M}_x$	N_x	$\bar{R}_x$	S_x
0	0.000722	1000000	704.6	1000000	35099.5	20280675	1990352	385104097
1	0.000603	999278	560.041	951693	34394.9	19280675	1955253	364823421
2	0.000499	998675	441.115	905828	33834.8	18328982	1920858	345542746
3	0.000416	998177	350.057	862263	33393.7	17423154	1887023	327213764
4	0.000358	997762	286.786	820861	33043.6	16560891	1853629	309790610
5	0.000323	997405	246.339	781493	32756.9	15740030	1820586	293229719
6	0.000309	997082	224.367	744038	32510.5	14958537	1787829	277489689
7	0.000308	996774	212.926	708389	32286.1	14214499	1755318	262531152
8	0.000311	996467	204.698	674448	32073.2	13506110	1723032	248316653
9	0.000312	996157	195.517	642132	31868.5	12831662	1690959	234810543
10	0.000312	995847	186.148	611363	31673	12189530	1659091	221978882
11	0.000312	995536	177.229	582069	31486.9	11578166	1627418	209789352
12	0.000313	995225	169.278	554179	31309.6	10996097	1595931	198211186
13	0.00032	994914	164.771	527624	31140.4	10441918	1564621	187215089
14	0.000336	994595	164.718	502338	30975.6	9914294	1533481	176773171
15	0.000364	994261	169.89	478257	30810.9	9411955.7	1502505	166858877
16	0.000404	993899	179.515	455317	30641	8933699	1471694	157446922
17	0.000455	993498	192.471	433460	30461.5	8478382.3	1441053	148513223
18	0.000513	993046	206.578	412631	30269	8044922.4	1410592	140034840
19	0.000572	992536	219.256	392780	30062.4	7632291.4	1380323	131989918
20	0.000621	991969	226.573	373863	29843.2	7239511	1350260	124357627
21	0.000661	991353	229.541	355838	29616.6	6865648.5	1320417	117118115
22	0.000692	990697	228.711	338670	29387	6509810	1290801	110252467
23	0.000716	990012	225.219	322319	29158.3	6171140.2	1261414	103742657
24	0.000738	989303	220.927	306751	28933.1	5848820.8	1232255	97571516.8
25	0.000759	988573	216.234	291928	28712.2	5542069.7	1203322	91722696
26	0.000779	987823	211.203	277816	28495.9	5250141.4	1174610	86180626.3
27	0.000795	987053	205.117	264380	28284.7	4972325.5	1146114	80930484.9
28	0.000815	986268	200.105	251591	28079.6	4707945	1117829	75958159.5
29	0.000842	985464	196.729	239415	27879.5	4456354.2	1089750	71250214.5
30	0.000881	984635	195.874	227822	27682.8	4216939.2	1061870	66793860.3
31	0.000932	983767	197.172	216782	27486.9	3989117	1034187	62576921
32	0.000994	982850	200.088	206267	27289.7	3772334.5	1006700	58587804.1
33	0.001055	981873	202.054	196250	27089.7	3566067.5	979410.7	54815469.6
34	0.001121	980838	204.255	186707	26887.6	3369817.9	952321.1	51249402.1

续表

年龄	q_x	l_x	$\overline{C}_x$	D_x	$\overline{M}_x$	N_x	$\overline{R}_x$	S_x
35	0.001194	979738	206.964	177617	26683.4	3183110.8	925433.5	47879584.1
36	0.001275	978568	210.229	168957	26476.4	3005493.8	898750.1	44696473.3
37	0.001367	977321	214.391	160706	26266.2	2836536.7	872273.7	41690979.5
38	0.001472	975985	219.565	152844	26051.8	2675830.4	846007.6	38854442.8
39	0.001589	974548	225.398	145352	25832.2	2522986	819955.8	36178612.4
40	0.001715	972999	231.318	138210	25606.8	2377634.2	794123.6	33655626.4
41	0.001845	971331	236.596	131403	25375.5	2239423.8	768516.8	31277992.2
42	0.001978	969539	241.127	124915	25138.9	2108020.6	743141.3	29038568.4
43	0.002113	967621	244.833	118731	24897.8	1983105.7	718002.4	26930547.8
44	0.002255	965576	248.319	112839	24652.9	1864374.3	693104.7	24947442.1
45	0.002413	963399	252.494	107223	24404.6	1751535.8	668451.7	23083067.8
46	0.002595	961074	257.983	101871	24152.1	1644312.9	644047.1	21331532
47	0.002805	958580	264.892	96767.9	23894.1	1542442.2	619895	19687219.1
48	0.003042	955891	272.827	91901.4	23629.2	1445674.3	596000.9	18144776.9
49	0.003299	952984	280.93	87258.9	23356.4	1353772.9	572371.6	16699102.7
50	0.00357	949840	288.575	82829.6	23075.5	1266514	549015.2	15345329.8
51	0.003847	946449	295.101	78603.7	22786.9	1183684.4	525939.7	14078815.8
52	0.004112	942808	300.708	74572.7	22491.8	1105080.7	503152.8	12895131.4
53	0.004434	938912	306.051	70728.1	22191.1	1030508.1	480661	11790050.7
54	0.004778	934749	312.697	67061.4	21885.1	959779.97	458469.9	10759542.6
55	0.005203	930283	322.747	63562.9	21572.4	892718.53	436584.8	9799762.67
56	0.005744	925442	337.574	60221.1	21249.6	829155.66	415012.5	8907044.13
57	0.006427	920127	357.661	57024	20912	768934.57	393762.9	8077888.47
58	0.00726	914213	382.305	53959.5	20554.4	711910.58	372850.8	7308953.9
59	0.008229	907576	409.701	51016.9	20172.1	657951.06	352296.5	6597043.32
60	0.009313	900107	437.957	48187.7	19762.4	606934.13	332124.4	5939092.26
61	0.01049	891725	465.441	45465.7	19324.4	558746.41	312362	5332158.13
62	0.011747	882371	491.187	42846.4	18859	513280.75	293037.6	4773411.72
63	0.013091	872005	515.195	40326.8	18367.8	470434.34	274178.6	4260130.97
64	0.014542	860590	537.911	37903.7	17852.6	430107.58	255810.9	3789696.63
65	0.016134	848075	560.115	35573.8	17314.7	392203.92	237958.3	3359589.05
66	0.017905	834392	582.447	33333.2	16754.6	356630.15	220643.6	2967385.13
67	0.019886	819453	605.053	31177.5	16172.1	323296.99	203889	2610754.97
68	0.022103	803157	627.747	29102.4	15567.1	292119.52	187716.9	2287457.99
69	0.024571	785405	649.92	27103.9	14939.3	263017.17	172149.9	1995338.47
70	0.027309	766107	671.042	25179	14289.4	235913.27	157210.5	1732321.29
71	0.03034	745185	690.629	23325.1	13618.4	210734.28	142921.1	1496408.03

续表

年龄	q_x	l_x	$\overline{C}_x$	D_x	$\overline{M}_x$	N_x	$\overline{R}_x$	S_x
72	0.033684	722576	708.081	21540.4	12927.7	187409.16	129302.8	1285673.75
73	0.037371	698237	722.976	19823.7	12219.36	165868.75	116375.1	1098264.59
74	0.04143	672143	734.808	18174.1	11496.7	146045.09	104155.4	932395.838
75	0.045902	644296	743.233	16591.6	10761.9	127870.96	92658.76	786350.752
76	0.050829	614722	747.84	15076.2	10018.6	111279.37	81896.9	658479.792
77	0.056262	583476	748.286	13628.5	9270.79	96203.172	71878.27	547200.425
78	0.062257	550648	744.222	12249.2	8522.5	82574.707	62607.48	450997.253
79	0.068871	516367	735.267	10939.7	7778.28	70325.47	54084.98	368422.546
80	0.076187	480804	721.291	9701.17	7043.01	59385.815	46306.7	298097.076
81	0.084224	444173	701.552	8535.3	6321.72	49684.644	39263.69	238711.261
82	0.093071	406763	676.143	7444.21	5620.17	41149.342	32941.97	189026.616
83	0.1028	368905	645.062	6429.88	4944.02	33705.127	27321.81	147877.274
84	0.113489	330982	608.502	5494.18	4298.96	27275.247	22377.78	114172.147
85	0.125221	293419	566.866	4638.71	3690.46	21781.068	18078.82	86896.8996
86	0.13808	256677	520.766	3864.62	3123.6	17142.353	14388.36	65115.8317
87	0.152157	221235	471.066	3172.37	2602.83	13277.734	11264.76	47973.4785
88	0.167543	187572	418.834	2561.6	2131.76	10105.36	8661.934	34695.7445
89	0.184333	156146	365.335	2030.87	1712.93	7543.7647	6530.171	24590.3845
90	0.202621	127363	311.958	1577.64	1347.59	5512.8905	4817.242	17046.6198
91	0.2225	101557	260.146	1198.07	1035.64	3935.2552	3469.648	11533.7293
92	0.244059	78960.3	211.297	887.142	775.489	2737.1854	2434.013	7598.47413
93	0.267383	59689.3	166.66	638.692	564.192	1850.0433	1658.524	4861.28872
94	0.292544	43729.4	127.226	445.635	397.532	1211.3508	1094.331	3011.24545
95	0.319604	30936.6	93.6499	300.255	270.306	765.71555	696.7991	1799.89467
96	0.348606	21049.2	66.1915	194.564	176.656	465.46097	426.4928	1034.17912
97	0.379572	13711.3	44.7112	120.703	110.465	270.89715	249.8364	568.718146
98	0.412495	8506.87	28.7106	71.3212	65.7537	150.19457	139.3715	297.820997
99	0.447334	4997.83	17.4212	39.9062	37.0431	78.873371	73.61772	147.626426
100	0.48401	2762.13	9.92142	21.0046	19.6219	38.967122	36.57461	68.7530549
101	0.522397	1425.23	5.26226	10.3221	9.70048	17.962525	16.95271	29.7859327
102	0.562317	680.695	2.5765	4.69509	4.43822	7.640466	7.252225	11.8234076
103	0.603539	297.929	1.15272	1.95711	1.86172	2.9453742	2.814004	4.18294154
104	0.64577	118.117	0.4657	0.73897	0.70899	0.9882677	0.952286	1.23756733
105	1	41.8406	0.24329	0.2493	0.24329	0.2492997	0.243292	0.24929966

CL2(2000—2003):中国人寿保险经验生命表(2000—2003)非养老金业务女表

利率:3%

年龄	q_x	l_x	C_x	D_x	M_x	N_x	R_x	S_x
0	0.000661	1000000	641.748	1000000	99268.1	30925130	7320224	810435115
1	0.000536	999339	504.897	970232	98626.3	29925130	7220956	779509985
2	0.000424	998803	387.556	941468	98121.4	28954898	7122329	749584855
3	0.000333	998380	295.387	913659	97733.9	28013430	7024208	720629957
4	0.000267	998047	229.867	886752	97438.5	27099771	6926474	692616527
5	0.000224	997781	187.18	860695	97208.6	26213019	6829036	665516756
6	0.000201	997557	163.032	835439	97021.4	25352324	6731827	639303737
7	0.000189	997357	148.804	810942	96858.4	24516885	6634805	613951413
8	0.000181	997168	138.329	787174	96709.6	23705943	6537947	589434528
9	0.000175	996988	129.824	764108	96571.3	22918769	6441238	565728585
10	0.000169	996813	121.7	741723	96441.4	22154661	6344666	542809816
11	0.000165	996645	115.339	719998	96319.7	21412938	6248225	520655155
12	0.000165	996481	111.962	698911	96204.4	20692941	6151905	499242217
13	0.000169	996316	111.317	678443	96092.4	19994029	6055701	478549276
14	0.000179	996148	114.451	658571	95981.1	19315586	5959608	458555247
15	0.000192	995969	119.166	639275	95866.7	18657015	5863627	439239661
16	0.000208	995778	125.312	620536	95747.5	18017740	5767760	420582646
17	0.000226	995571	132.163	602337	95622.2	17397204	5672013	402564905
18	0.000245	995346	139.07	584661	95490	16794867	5576391	385167701
19	0.000264	995102	145.454	567493	95351	16210207	5480901	368372833
20	0.000283	994840	151.341	550819	95205.5	15642714	5385550	352162627
21	0.0003	994558	155.716	534624	95054.2	15091895	5290344	336519913
22	0.000315	994260	158.692	518897	94898.4	14557271	5195290	321428018
23	0.000328	993946	160.377	503624	94739.8	14038375	5100392	306870747
24	0.000338	993620	160.401	488795	94579.4	13534750	5005652	292832372
25	0.000347	993285	159.822	474398	94419	13045955	4911073	279297622
26	0.000355	992940	158.689	460421	94259.2	12571556	4816654	266251667
27	0.000362	992587	157.049	446852	94100.5	12111135	4722394	253680111
28	0.000372	992228	156.63	433680	93943.4	11664284	4628294	241568975
29	0.000386	991859	157.732	420892	93786.8	11230604	4534351	229904692
30	0.000406	991476	161.011	408475	93629.1	10809712	4440564	218674088
31	0.000432	991074	166.264	396417	93468	10401237	4346935	207864376
32	0.000465	990645	173.677	384704	93301.8	10004820	4253467	197463139
33	0.000496	990185	179.776	373326	93128.1	9620115.9	4160165	187458319
34	0.000528	989694	185.709	362272	92948.3	9246790.2	4067037	1778382033

续表

年龄	q_x	l_x	C_x	D_x	M_x	N_x	R_x	S_x
35	0.000563	989171	192.15	351535	92762.6	8884517.9	3974088	168591413
36	0.000601	988614	199.033	341104	92570.5	8532982.9	3881326	159706895
37	0.000646	988020	207.579	330970	92371.4	8191879	3788755	151173912
38	0.000699	987382	217.927	321122	92163.9	7860909.1	3696384	142982033
39	0.000761	986692	230.185	311551	91945.9	7539786.8	3604220	135121124
40	0.000828	985941	242.971	302247	91715.7	7228235.4	3512274	127581337
41	0.000897	985124	255.341	293201	91472.8	6925988.5	3420558	120353102
42	0.000966	984241	266.734	284405	91217.4	6632787.9	3329086	113427113
43	0.001033	983290	276.659	275855	90950.7	6348382.5	3237868	106794325
44	0.001103	982274	286.506	267544	90674	6072527.5	3146917	100445943
45	0.001181	981191	297.503	259465	90387.5	5804983.7	3056243	94373415
46	0.001274	980032	311.215	251610	90090	5545519	2965856	88568432
47	0.001389	978783	329.005	243970	89778.8	5293909	2875766	83022913
48	0.001527	977424	350.669	236535	89449.8	5049938.6	2785987	77729004
49	0.00169	975931	376.222	229295	89099.1	4813403.2	2696537	72679065
50	0.001873	974282	404.133	222241	88722.9	4584107.9	2607438	67865662
51	0.002074	972457	433.654	215363	88318.8	4361867.2	2518715	63281554
52	0.002295	970440	464.92	208657	87885.1	4146503.8	2430396	58919687
53	0.002546	968213	499.596	202115	87420.2	3937846.7	2342511	54773183
54	0.002836	965748	538.918	195728	86920.6	3735731.9	2255091	50835336
55	0.003178	963009	584.655	189489	86381.7	3540003.6	2168170	47099605
56	0.003577	959949	636.862	183385	85797	3350515	2081789	43559601
57	0.004036	956515	695.159	177407	85160.2	3167130.1	1995992	40209086
58	0.004556	952655	758.792	171544	84465	2989723.4	1910831	37041956
59	0.005133	948314	826.209	165789	83706.2	2818179.1	1826366	34052233
60	0.005768	943447	896.751	160134	82880	2652389.9	1742660	31234053
61	0.006465	938005	970.21	154573	81983.3	2492255.9	1659780	28581663
62	0.007235	931941	1047.33	149101	81013.1	2337682.6	1577797	26089408
63	0.008094	925198	1129.32	143711	79965.7	2188581.7	1496784	23751725
64	0.009059	917709	1217.21	138396	78836.4	2044870.9	1416818	21563143
65	0.010148	909396	1311.83	133148	77619.2	1906475.1	1337982	19518272
66	0.011376	900167	1413.25	127958	76307.4	1773327.5	1260363	17611797
67	0.01276	889927	1521.51	122818	74894.1	1645369.8	1184055	15838470
68	0.014316	878572	1636.18	117719	73372.6	1522552.3	1109161	14193100
69	0.016066	865994	1757.18	112654	71736.4	1404833.5	1035788	12670548
70	0.018033	852081	1884.11	107616	69979.3	1292179.5	964052	11265714
71	0.020241	836715	2016.18	102597	68095.2	1184564	894073	9973534.8

续表

年龄	q_x	l_x	C_x	D_x	M_x	N_x	R_x	S_x
72	0. 022715	819779	2152. 25	97592. 6	66079	1081966. 9	825978	8788970. 9
73	0. 025479	801158	2290. 58	92597. 8	63926. 7	984374. 37	759899	7707003. 9
74	0. 028561	780745	2429. 35	87610. 2	61636. 1	891776. 54	695972	6722629. 5
75	0. 031989	758446	2566. 24	82629. 1	59206. 8	804166. 32	634336	5830853
76	0. 035796	734185	2698. 82	77656. 2	56640. 6	721537. 21	575129	5026686. 7
77	0. 040026	707904	2824. 96	72695. 6	53941. 7	643881. 01	518488	4305149. 5
78	0. 044726	679569	2942. 07	67753. 2	51116. 8	571185. 45	464547	3661268. 5
79	0. 049954	649175	3047. 57	62837. 8	48174. 7	503432. 2	413430	3090083
80	0. 055774	616746	3138. 5	57960	45127. 1	440594. 42	365255	2586650. 8
81	0. 062253	582347	3211. 37	53133. 3	41988. 6	382634. 44	320128	2146056. 4
82	0. 069494	546095	3263. 81	48374. 4	38777. 3	329501. 12	278139	1763421. 9
83	0. 077511	508144	3288. 69	43701. 6	35513. 4	281126. 74	239362	1433920. 8
84	0. 086415	468758	3283. 77	39140	32224. 8	237425. 13	203849	1152794. 1
85	0. 096294	428250	3245. 6	34716. 3	28941	198285. 08	171624	915368. 96
86	0. 107243	387012	3171. 43	30459. 5	25695. 4	163568. 81	142683	717083. 87
87	0. 119364	345508	3059. 53	26400. 9	22524	133109. 29	116987	553515. 06
88	0. 132763	304266	2909. 5	22572. 4	19464. 4	106708. 37	94463. 5	420405. 77
89	0. 147553	263871	2722. 64	19005. 5	16554. 9	84135. 942	74999. 1	313697. 4
90	0. 16385	224936	2502. 18	15729. 3	13832. 3	65130. 462	58444. 2	229561. 46
91	0. 181775	188080	2253. 48	12769	11330. 1	49401. 175	44611. 9	164431
92	0. 201447	153892	1983. 88	10143. 6	9076. 63	36632. 201	33281. 8	115029. 82
93	0. 222987	122891	1702. 55	7864. 26	7092. 75	26488. 616	24205. 2	78397. 619
94	0. 246507	95487. 9	1419. 85	5932. 65	5390. 2	18624. 353	17112. 4	51909. 003
95	0. 272115	71949. 4	1146. 59	4340. 01	3970. 35	12691. 698	11722. 2	33284. 651
96	0. 299903	52370. 9	893. 018	3067. 02	2823. 77	8351. 684	7751. 89	20592. 953
97	0. 329942	36664. 7	667. 787	2084. 67	1930. 75	5284. 6638	4928. 12	12241. 269
98	0. 362281	24567. 5	477. 003	1356. 17	1262. 96	3199. 9923	2997. 37	6956. 6057
99	0. 396933	15667. 2	323. 582	839. 663	785. 959	1843. 8264	1734. 41	3756. 6134
100	0. 433869	9448. 34	207. 088	491. 624	462. 377	1004. 1636	948. 451	1912. 787
101	0. 473008	5349	124. 092	270. 217	255. 289	512. 5394	486. 075	908. 62337
102	0. 514211	2818. 88	69. 0214	138. 255	131. 197	242. 3222	230. 786	396. 08397
103	0. 557269	1369. 38	35. 2791	65. 2064	62. 1753	104. 06754	99. 589	153. 76177
104	0. 601896	606. 268	16. 3786	28. 0281	26. 8962	38. 861141	37. 4137	49. 694229
105	1	241. 358	10. 5176	10. 8331	10. 5176	10. 833088	10. 5176	10. 833088

CL2(2000—2003)：中国人寿保险经验生命表(2000—2003)非养老金业务女表

利率：5%

年龄	q_x	l_x	$\overline{C}_x$	D_x	$\overline{M}_x$	N_x	$\overline{R}_x$	S_x
0	0.000661	1000000	645.07	1000000	27078.7	20445053	1698740	394532290
1	0.000536	999339	497.844	951751	26433.6	19445053	1671661	374087238
2	0.000424	998803	374.863	905944	25935.7	18493301	1645228	354642185
3	0.000333	998380	280.271	862438	25560.9	17587357	1619292	336148884
4	0.000267	998047	213.949	821096	25280.6	16724919	1593731	318561527
5	0.000224	997781	170.9	781787	25066.7	15903823	1568451	301836608
6	0.000201	997557	146.017	744393	24895.8	15122035	1543384	285932785
7	0.000189	997357	130.735	708803	24749.7	14377643	1518488	270810750
8	0.000181	997168	119.217	674923	24619	13668840	1493738	256433107
9	0.000175	996988	109.756	642667	24499.8	12993917	1469119	242764267
10	0.000169	996813	100.928	611957	24390	12151250	1444620	229770350
11	0.000165	996645	93.8312	582718	24289.1	11739293	1420230	217419100
12	0.000165	996481	89.3483	554878	24195.3	11156575	1395941	205679808
13	0.000169	996316	87.1422	528368	24105.9	10601697	1371745	194523233
14	0.000179	996148	87.8885	503122	24018.8	10073330	1347639	183921535
15	0.000192	995969	89.7663	479078	23930.9	9570207.3	1323621	173848206
16	0.000208	995778	92.5982	456177	23841.1	9091129	1299690	164277998
17	0.000226	995571	95.8005	434364	23748.5	8634951.5	1275848	155186869
18	0.000245	995346	98.8868	413587	23652.7	8200587.2	1252100	146551918
19	0.000264	995102	101.457	393796	23553.8	7787000.3	1228447	138351331
20	0.000283	994840	103.552	374945	23452.4	7393204.6	1204893	130564330
21	0.0003	994558	104.516	356989	23348.8	7018260	1181441	123171126
22	0.000315	994260	104.484	339888	23244.3	6661271	1158092	116152866
23	0.000328	993946	103.583	323600	23139.8	6321383.5	1134848	109491595
24	0.000338	993620	101.625	308090	23036.3	5997783.1	1111708	103170211
25	0.000347	993285	99.329	293320	22934.6	5689693.3	1088672	97172428.1
26	0.000355	992940	96.7464	279255	22835.3	5396373.6	1065737	91482734.8
27	0.000362	992587	93.9229	265863	22738.6	5117118.4	1042902	86086361.3
28	0.000372	992228	91.8881	253111	22644.6	4851255.6	1020163	80969242.8
29	0.000386	991859	90.7722	240968	22552.7	4598144.5	997518.6	76117987.3
30	0.000406	991476	90.8939	229405	22462	4357176	974965.8	71519842.8
31	0.000432	991074	92.0718	218392	22371.1	4127770.8	952503.8	67162666.8
32	0.000465	990645	94.345	207903	22279	3909378.3	930132.8	63034896
33	0.000496	990185	95.798	197911	22184.7	3701475.4	907853.8	59125517.6
34	0.000528	989694	97.0742	188393	22088.9	3503564.6	885669.1	55424042.2

续表

年龄	q_x	l_x	$\bar{C}_x$	D_x	$\bar{M}_x$	N_x	$\bar{R}_x$	S_x
35	0.000563	989171	98.528	179327	21991.8	3315171.7	863580.2	51920477.6
36	0.000601	988614	100.113	170692	21893.3	3135844.6	841588.4	48605305.9
37	0.000646	988020	102.423	162466	21793.2	2965153	819695.2	45469461.3
38	0.000699	987382	105.481	154629	21690.7	2802687.3	797902	42504308.3
39	0.000761	986692	109.292	147163	21585.2	2648058	776211.3	39701621
40	0.000828	985941	113.166	140049	21476	2500895	754626	37053563
41	0.000897	985124	116.662	133269	21362.8	2360846.4	733150.1	34552668
42	0.000966	984241	119.546	126809	21246.1	2227577.2	711787.3	32191821.6
43	0.001033	983290	121.632	120654	21126.6	2100768	690541.2	29964244.4
44	0.001103	982274	123.562	114790	21004.9	1980114	669414.6	27863476.5
45	0.001181	981191	125.861	109203	20881.4	1865324.1	648409.6	25883362.5
46	0.001274	980032	129.154	103880	20755.5	1756121	627528.3	24018038.4
47	0.001389	978783	133.936	98807.4	20626.4	1652240.9	606772.7	22261917.4
48	0.001527	977424	140.036	93971.6	20492.4	1553433.4	586146.4	20609676.6
49	0.00169	975931	147.379	89360.1	20352.4	1459461.9	565653.9	19056243.1
50	0.001873	974282	155.297	84961	20205	1370101.8	545301.5	17596781.3
51	0.002074	972457	163.467	80763.7	20049.7	1285140.7	525096.5	16226679.5
52	0.002295	970440	171.915	76758.3	19886.3	1204377	505046.8	14941538.8
53	0.002546	968213	181.218	72935.4	19714.3	1127618.7	485160.5	13737161.7
54	0.002836	965748	191.758	69285.4	19533.1	1054683.4	465446.2	12609543
55	0.003178	963009	204.07	65799	19341.4	985397.99	445913.1	11554859.6
56	0003577	959949	218.058	62466.5	19137.3	919599.03	426571.7	10569461.6
57	0.004036	956515	233.485	59279.1	18919.2	857132.51	407434.4	9649862.59
58	0.004556	952655	250.003	56228.4	18685.8	797853.39	388515.1	8792730.08
59	0.005133	948314	267.03	53306.9	18435.8	741624.95	369829.4	7994876.69
60	0.005768	943447	284.309	50507.9	18168.7	688318.02	351393.6	7253251.74
61	0.006465	938005	301.739	47825.3	17884.4	637810.12	333224.9	6564933.72
62	0.007235	931941	319.518	45253.4	17582.7	589984.81	315340.5	5927123.6
63	0.008094	925198	337.969	42786.7	17263.2	544731.36	297757.8	5337138.8
64	0.009059	917709	357.335	40419.4	16925.2	501944.66	280494.7	4792407.44
65	0.010148	909396	377.776	38146	16567.9	461525.24	263569.5	4290462.78
66	0.011376	900167	399.231	35960.8	16190.1	423379.28	247001.6	3828937.54
67	0.01276	889927	421.626	33858.8	15790.8	387418.47	230811.6	3405558.26
68	0.014316	878572	444.766	31835	15369.2	353559.68	215020.7	3018139.8
69	0.016066	865994	468.561	29885	14924.5	321724.69	199651.5	2664580.12
70	0.018033	852081	492.837	28004.6	14455.9	291839.69	184727.1	2342855.43
71	0.020241	836715	517.338	26190.1	13963.1	263835.06	170271.2	2051015.74

续表

年龄	q_x	l_x	$\overline{C}_x$	D_x	$\overline{M}_x$	N_x	$\overline{R}_x$	S_x
72	0.022715	819779	541.733	24438.1	13445.7	237644.94	156308.1	1787180.69
73	0.025479	801158	565.571	22745.7	12904	213206.84	142862.4	1549535.75
74	0.028561	780745	588.41	21110.6	12338.4	190461.13	129958.4	1336328.91
75	0.031989	758446	609.724	19531.1	11750	169350.5	117620	1145867.78
76	0.035796	734185	629.011	18006.1	11140.3	149819.36	105870	976517.277
77	0.040026	707904	645.871	16534.8	10511.3	131813.31	94729.72	826697.912
78	0.044726	679569	659.833	15117.1	9865.39	115278.54	84218.46	694884.6
79	0.049954	649175	670.475	13753.3	9205.56	100161.45	74353.06	579606.057
80	0.055774	616746	677.329	12444.1	8535.09	86408.148	65147.5	479444.607
81	0.062253	582347	679.852	11190.5	7857.76	73964.082	56612.42	393036.459
82	0.069494	546095	677.794	9994.14	7177.91	62773.596	48754.66	319072.376
83	0.077511	508144	669.952	8856.77	6500.11	52779.459	41576.75	256298.78
84	0.086415	468758	656.208	7781.21	5830.16	43922.692	35076.64	203519.322
85	0.096294	428250	636.226	6770.28	5173.95	36141.482	29246.48	159596.63
86	0.107243	387012	609.844	5826.99	4537.73	29371.2	24072.53	123455.148
87	0.119364	345508	577.122	4954.37	3927.88	23544.205	19534.8	94083.9481
88	0.132763	304266	538.367	4155.24	3350.76	18589.833	15606.92	70539.7432
89	0.147553	263871	494.194	3431.98	2812.39	14434.597	12256.16	51949.9103
90	0.16385	224936	445.527	2786.26	2318.2	11002.621	9443.771	37515.3137
91	0.181775	188080	393.601	2218.8	1872.67	8216.3561	7125.573	26512.6932
92	0.201447	153892	339.912	1729.02	1479.07	5997.5609	5252.901	18296.3371
93	0.222987	122891	286.154	1314.97	1139.16	4268.5383	3773.831	12298.7762
94	0.246507	95487.9	234.093	973.092	853.004	2953.5705	2634.674	8030.23795
95	0.272115	71949.4	185.439	698.303	618.91	1980.478	1781.67	5076.66746
96	0.299903	52370.9	141.678	484.08	433.471	1282.1749	1162.76	3096.18941
97	0.329942	36664.7	103.927	322.765	291.793	798.09446	729.2886	1814.01456
98	0.362281	24567.5	72.8216	205.973	187.865	475.32948	437.4959	1015.9201
99	0.396933	15667.2	48.4587	125.098	115.044	269.35685	249.6305	540.590623
100	0.433869	9448.34	30.4221	71.8498	66.5851	144.25908	134.5867	271.233775
101	0.473008	5349	17.8825	38.7395	36.1629	72.409233	68.00165	126.974697
102	0.514211	2818.88	9.75697	19.4432	18.2805	33.669782	31.83874	54.5654633
103	0.557269	1369.38	4.89212	8.99553	8.52349	14.226562	13.55828	20.8956816
104	0.601896	606.268	2.22794	3.79295	3.63137	5.2310354	5.034796	6.66912003
105	1	241.358	1.40343	1.43808	1.40343	1.4380846	1.403427	1.43808464

英国 AM92 生命表

x	$l_{[x]}$	$l_{[x-1]+1}$	l_x	$d_{[x]}$	$d_{[x-1]+1}$	d_x	x
17	9997.8091		10000.0000	4.2691		6.0000	17
18	9991.8904	9993.5400	9994.0000	4.2565	5.4765	5.9364	18
19	9986.0351	9987.6338	9988.0636	4.2441	5.4333	5.8630	19
20	9980.2432	9981.7911	9982.2006	4.2416	5.4001	5.8096	20
21	9974.5046	9976.0016	9976.3909	4.2392	5.3671	5.7564	21
22	9968.8391	9970.2654	9970.6346	4.2567	5.3341	5.7032	22
23	9963.1967	9964.5824	9964.9313	4.2742	5.3211	5.6700	23
24	9957.5775	9958.9225	9959.2613	4.2917	5.3081	5.6469	24
25	9951.9913	9953.2858	9953.6144	4.3291	5.3051	5.6337	25
26	9946.3982	9947.6622	9947.9807	4.3764	5.3220	5.6405	26
27	9940.7984	9942.0218	9942.3402	4.4435	5.3488	5.6671	27
28	9935.1818	9936.3549	9936.6730	4.5205	5.3855	5.7037	28
29	9929.5088	9930.6613	9930.9694	4.6172	5.4519	5.7600	29
30	9923.7497	9924.8916	9925.2094	4.7237	5.5381	5.8559	30
31	9917.9145	9919.0260	9919.3535	4.8598	5.6439	5.9715	31
32	9911.9538	9913.0547	9913.3821	5.0254	5.7892	6.1166	32
33	9905.8282	9906.9285	9907.2655	5.2204	5.9640	6.3010	33
34	9899.4984	9900.6078	9900.9645	5.4447	6.1780	6.5346	34
35	9892.9151	9894.0536	9894.4299	5.7082	6.4410	6.8173	35
36	9886.0395	9887.2069	9887.6126	6.0107	6.7530	7.1586	36
37	9878.8128	9880.0281	9880.4540	6.3620	7.1334	7.5585	37
38	9871.1665	9872.4508	9872.8954	6.7617	7.5820	8.0267	38
39	9863.0227	9864.4047	9864.8688	7.2296	8.1184	8.5824	39
40	9854.3036	9855.7931	9856.2863	7.7652	8.7421	9.2353	40
41	9844.9025	9846.5384	9847.0510	8.3780	9.4724	9.9849	41
42	9834.7030	9836.5245	9837.0661	9.0676	10.3185	10.8601	42
43	9823.5994	9825.6354	9826.2060	9.8531	11.2995	11.8701	43
44	9811.4473	9813.7463	9814.3359	10.7533	12.4340	13.0236	44
45	9798.0837	9800.6939	9801.3123	11.7675	13.7406	14.3589	45
46	9783.3371	9786.3162	9786.9534	12.9140	15.2373	15.8744	46
47	9766.9983	9770.4231	9771.0789	14.2110	16.9517	17.6075	47
48	9748.8603	9752.7874	9753.4714	15.6664	18.9009	19.5850	48
49	9728.6499	9733.1938	9733.8865	17.2975	21.1210	21.8136	49

续表

x	$l_{[x]}$	$l_{[x-1]+1}$	l_x	$d_{[x]}$	$d_{[x-1]+1}$	d_x	x
50	9706. 0977	9711. 3524	9712. 0728	19. 1307	23. 6374	24. 3579	50
51	9680. 8990	9686. 9669	9687. 7149	21. 1915	26. 4648	27. 2128	51
52	9652. 6965	9659. 7075	9660. 5021	23. 4850	29. 6553	30. 4499	52
53	9621. 1006	9629. 2115	9630. 0522	26. 0443	33. 2400	34. 0808	53
54	9585. 6916	9595. 0563	9595. 9715	28. 8913	37. 2384	38. 1536	54
55	9545. 9929	9556. 8003	9557. 8179	32. 0554	41. 6963	42. 7139	55
56	9501. 4839	9513. 9375	9515. 1040	35. 5546	46. 6468	47. 8134	56
57	9451. 5938	9465. 9293	9467. 2906	39. 4226	52. 1289	53. 4902	57
58	9395. 6971	9412. 1712	9413. 8004	43. 6806	58. 1672	59. 7965	58
59	9333. 1284	9352. 0165	9354. 0040	48. 3643	64. 8001	66. 7876	59
60	9263. 1422	9284. 7641	9287. 2164	53. 4854	72. 0498	74. 5020	60
61	9184. 9687	9209. 6568	9212. 7143	59. 0869	79. 9398	82. 9973	61
62	9097. 7405	9125. 8818	9129. 7170	65. 1762	88. 4846	92. 3197	62
63	9000. 5884	9032. 5642	9037. 3973	71. 7707	97. 6872	102. 5202	63
64	8892. 5741	8928. 8177	8934. 8771	78. 8860	107. 5565	113. 6159	64
65	8772. 7359	8813. 6881	8821. 2612	86. 5343	118. 0682	125. 6412	65
66	8640. 0481	8686. 2016	8695. 6199	94. 6949	129. 1899	138. 6082	66
67	8493. 5187	8545. 3532	8557. 0118	103. 3576	140. 8616	152. 5202	67
68	8332. 1396	8390. 1611	8404. 4916	112. 5005	153. 0281	167. 3586	68
69	8154. 9318	8219. 6390	8237. 1329	122. 0712	165. 5846	183. 0785	69
70	7960. 9776	8032. 8606	8054. 0544	132. 0089	178. 4098	199. 6036	70
71	7749. 4659	7828. 9686	7854. 4508	142. 2259	191. 3478	216. 8300	71
72	7519. 7027	7607. 2400	7637. 6208	152. 6199	204. 2316	234. 6124	72
73	7271. 1461	7367. 0828	7403. 0084	163. 0409	216. 8427	252. 7683	73
74	7003. 5216	7108. 1052	7150. 2401	173. 3372	228. 9379	271. 0728	74
75	6716. 8231	6830. 1844	6879. 1673	183. 3223	240. 2586	289. 2415	75
76	6411. 3459	6533. 5008	6589. 9258	192. 7699	250. 5206	306. 9456	76
77	6087. 8084	6218. 5759	6282. 9803	201. 4456	259. 4079	323. 8122	77
78	5747. 3624	5886. 3628	5959. 1680	209. 0833	266. 6051	339. 4104	78
79	5391. 6400	5538. 2791	5619. 7577	215. 4176	271. 8187	353. 2973	79
80	5022. 7931	5176. 2224	5266. 4604	220. 1641	274. 7435	364. 9815	80
81	4643. 5129	4802. 6290	4901. 4789	223. 0604	275. 1330	373. 9828	81
82	4257. 0056	4420. 4525	4527. 4960	223. 8589	272. 7817	379. 8252	82
83	3866. 9884	4033. 1467	4147. 6708	222. 3557	267. 5468	382. 0710	83
84	3477. 5929	3644. 6327	3765. 5998	218. 4067	259. 3849	380. 3519	84

续表

x	$l_{[x]}$	$l_{[x-1]+1}$	l_x	$d_{[x]}$	$d_{[x-1]+1}$	d_x	x
85	3093. 2863	3259. 1862	3385. 2479	211. 9396	248. 3467	374. 4084	85
86	2718. 7128	2881. 3467	3010. 8395	202. 9818	234. 6050	364. 0978	86
87	2358. 5299	2515. 7310	2646. 7416	191. 6494	218. 4334	349. 4440	87
88	2017. 2298	2166. 8805	2297. 2976	178. 1839	200. 2306	330. 6478	88
89	1698. 9089	1839. 0458	1966. 6499	162. 9288	180. 4913	308. 0954	89
90	1407. 0550	1535. 9801	1658. 5545	146. 3197	159. 7895	282. 3639	90
91		1260. 7354	1376. 1906		138. 7464	254. 2017	91
92			1121. 9889			224. 4864	92
93			897. 5025			194. 1783	93
94			703. 3242			164. 2600	94
95			539. 0643			135. 6620	95
96			403. 4023			109. 1962	96
97			294. 2061			85. 5001	97
98			208. 7060			64. 9940	98
99			143. 7120			47. 8644	99
100			95. 8476			34. 0743	100
101			61. 7733			23. 3937	101
102			38. 3796			15. 4512	102
103			22. 9284			9. 7925	103
104			13. 1359			5. 9391	104
105			7. 1968			3. 4373	105
106			3. 7596			1. 8927	106
107			1. 8669			. 9885	107
108			0. 8784			. 4881	108
109			0. 3903			. 2271	109
110			0. 1632			. 0992	110
111			0. 0640			. 0405	111
112			0. 0234			. 0154	112
113			0. 0080			. 0055	113
114			0. 0025			. 0018	114
115			0. 0007			. 0005	115
116			0. 0002			. 0001	116
117			0. 0000			. 0000	117
118			0. 0000			. 0000	118
119			0. 0000			. 0000	119
120			0. 0000			. 0000	120

英国 AM92 生命表

x	$q_{[x]}$	$q_{[x-1]+1}$	q_x	$\mu_{[x]}$	$\mu_{[x-1]+1}$	μ_x	x
17	.000427		.000600	0.000367		0.000603	17
18	.000426	.000548	.000594	0.000367	0.000488	0.000597	18
19	.000425	.000544	.000587	0.000367	0.000485	0.000591	19
20	.000425	.000541	.000582	0.000369	0.000483	0.000585	20
21	.000425	.000538	.000577	0.000370	0.000482	0.000580	21
22	.000427	.000535	.000572	0.000374	0.000480	0.000574	22
23	.000429	.000534	.000569	0.000377	0.000481	0.000570	23
24	.000431	.000533	.000567	0.000380	0.000481	0.000568	24
25	.000435	.000533	.000566	0.000385	0.000482	0.000566	25
26	.000440	.000535	.000567	0.000391	0.000485	0.000566	26
27	.000447	.000538	.000570	0.000400	0.000489	0.000568	27
28	.000455	.000542	.000574	0.000408	0.000495	0.000572	28
29	.000465	.000549	.000580	0.000419	0.000502	0.000577	29
30	.000476	.000558	.000590	0.000430	0.000512	0.000585	30
31	.000490	.000569	.000602	0.000443	0.000523	0.000596	31
32	.000507	.000584	.000617	0.000460	0.000537	0.000609	32
33	.000527	.000602	.000636	0.000479	0.000555	0.000626	33
34	.000550	.000624	.000660	0.000500	0.000576	0.000647	34
35	.000577	.000651	.000689	0.000524	0.000601	0.000674	35
36	.000608	.000683	.000724	0.000551	0.000630	0.000706	36
37	.000644	.000722	.000765	0.000582	0.000665	0.000744	37
38	.000685	.000768	.000813	0.000616	0.000706	0.000788	38
39	.000733	.000823	.000870	0.000656	0.000754	0.000840	39
40	.000788	.000887	.000937	0.000701	0.000810	0.000902	40
41	.000851	.000962	.001014	0.000752	0.000875	0.000974	41
42	.000922	.001049	.001104	0.000808	0.000950	0.001057	42
43	.001003	.001150	.001208	0.000871	0.001037	0.001154	43
44	.001096	.001267	.001327	0.000943	0.001136	0.001265	44
45	.001201	.001402	.001465	0.001023	0.001250	0.001394	45
46	.001320	.001557	.001622	0.001113	0.001380	0.001541	46
47	.001455	.001735	.001802	0.001214	0.001529	0.001709	47
48	.001607	.001938	.002008	0.001326	0.001698	0.001902	48
49	.001778	.002170	.002241	0.001451	0.001890	0.002122	49

续表

x	$q_{[x]}$	$q_{[x-1]+1}$	q_x	$\mu_{[x]}$	$\mu_{[x-1]+1}$	μ_x	x
50	.001971	.002434	.002508	0.001592	0.002108	0.002372	50
51	.002189	.002732	.002809	0.001750	0.002354	0.002656	51
52	.002433	.003070	.003152	0.001925	0.002633	0.002978	52
53	.002707	.003452	.003539	0.002122	0.002947	0.003343	53
54	.003014	.003881	.003976	0.002342	0.003300	0.003756	54
55	.003358	.004363	.004469	0.002588	0.003696	0.004221	55
56	.003742	.004903	.005025	0.002862	0.004139	0.004747	56
57	.004171	.005507	.005650	0.003170	0.004636	0.005340	57
58	.004649	.006180	.006352	0.003513	0.005189	0.006005	58
59	.005182	.006929	.007140	0.003898	0.005806	0.006005	59
60	.005774	.007760	.008022	0.004327	0.006493	0.007593	60
61	.006433	.008680	.009009	0.004809	0.007254	0.008533	61
62	.007164	.009696	.010112	0.005348	0.008099	0.009586	62
63	.007974	.010815	.011344	0.005949	0.009032	0.010763	63
64	.008871	.012046	.012716	0.006623	0.010063	0.012078	64
65	.009864	.013396	.014243	0.007377	0.011199	0.013544	65
66	.010960	.014873	.015940	0.008220	0.012449	0.015176	66
67	.012169	.016484	.017824	0.009162	0.013821	0.016993	67
68	.013502	.018239	.019913	0.010216	0.015326	0.019012	68
69	.014969	.020145	.022226	0.011393	0.016972	0.021255	69
70	.016582	.022210	.024783	0.012709	0.018771	0.023741	70
71	.018353	.024441	.027606	0.014178	0.020733	0.026496	71
72	.020296	.026847	.030718	0.015819	0.022869	0.029543	72
73	.022423	.029434	.034144	0.017648	0.025190	0.032912	73
74	.024750	.032208	.037911	0.019687	0.027708	0.036631	74
75	.027293	.035176	.042046	0.021959	0.030436	0.040732	75
76	.030067	.038344	.046578	0.024487	0.033385	0.045251	76
77	.033090	.041715	.051538	0.027300	0.036569	0.050223	77
78	.036379	.045292	.056956	0.030423	0.040000	0.055689	78
79	.039954	.049080	.062867	0.033892	0.043691	0.061689	79
80	.043833	.053078	.069303	0.037737	0.047656	0.068271	80
81	.048037	.057288	.076300	0.041996	0.051909	0.075481	81
82	.052586	.061709	.083893	0.046709	0.056462	0.083372	82
83	.057501	.066337	.092117	0.051916	0.061329	0.091999	83
84	.062804	.071169	.101007	0.057665	0.066524	0.101417	84

续表

x	$q_{[x]}$	$q_{[x-1]+1}$	q_x	$\mu_{[x]}$	$\mu_{[x-1]+1}$	μ_x	x
85	.068516	.076199	.110600	0.064000	0.072061	0.111691	85
86	.074661	.081422	.120929	0.070978	0.077952	0.122884	86
87	.081258	.086827	.132028	0.078646	0.084213	0.135066	87
88	.088331	.092405	.143929	0.087067	0.090853	0.148309	88
89	.095902	.098144	.156660	0.096302	0.097889	0.162691	89
90	.103990	.104031	.170247	0.106409	0.105333	0.178289	90
91		.110052	.184714		0.113198	0.195190	91
92			.200079			0.213482	92
93			.216354			0.233257	93
94			.233548			0.254610	94
95			.251662			0.277645	95
96			.270688			0.302462	96
97			.290613			0.329170	97
98			.311414			0.357882	98
99			.333058			0.388711	99
100			.355505			0.421777	100
101			.378702			0.457202	101
102			.402588			0.495111	102
103			.427090			0.535631	103
104			.452127			0.578890	104
105			.477608			0.625023	105
106			.503432			0.674162	106
107			.529493			0.726443	107
108			.555674			0.782002	108
109			.581857			0.840973	109
110			.607918			0.903494	110
111			.633731			0.969700	111
112			.659171			1.039723	112
113			.684114			1.113695	113
114			.708442			1.191744	114
115			.732042			1.274000	115
116			.754809			1.360581	116
117			.776648			1.451603	117
118			.797477			1.547178	118
119			.817225			1.647417	119
120			1.000000			2.000000	120

英国 AM92 生命表

4%

x	$D_{[x]}$	$D_{[x-1]+1}$	D_x	$N_{[x]}$	$N_{[x-1]+1}$	N_x	x
17	5132.61		5133.73	119958.58		119959.94	17
18	4932.28	4933.09	4933.32	114824.96	114825.98	114826.20	18
19	4739.80	4740.55	4740.76	109891.73	109892.68	109892.88	19
20	4554.85	4555.56	4555.75	105151.06	105151.94	105152.13	20
21	4377.15	4377.80	4377.98	100595.40	100596.21	100596.38	21
22	4206.41	4207.01	4207.16	96217.50	96218.25	96218.40	22
23	4042.33	4042.89	4043.04	92010.40	92011.10	92011.24	23
24	3884.66	3885.19	3885.32	87967.43	87968.07	87968.21	24
25	3733.16	3733.64	3733.77	84082.16	84082.76	84082.88	25
26	3587.56	3588.01	3588.13	80348.43	80349.00	80349.12	26
27	3447.63	3448.06	3448.17	76760.35	76760.88	76760.99	27
28	3313.16	3313.55	3313.66	73312.22	73312.71	73312.82	28
29	3183.91	3184.28	3184.38	69998.60	69999.06	69999.16	29
30	3059.68	3060.03	3060.13	66814.23	66814.68	66814.78	30
31	2940.27	2940.60	2940.69	63754.13	63754.56	63754.65	31
32	2825.48	2825.79	2825.89	60813.46	60813.87	60813.96	32
33	2715.13	2715.43	2715.52	57987.58	57987.98	57988.07	33
34	2609.03	2609.33	2609.42	55272.07	55272.45	55272.55	34
35	2507.02	2507.31	2507.40	52662.65	52663.03	52663.13	35
36	2408.92	2409.20	2409.30	50155.24	50155.63	50155.73	36
37	2314.57	2314.86	2314.96	47745.94	47746.33	47746.43	37
38	2223.83	2224.12	2224.22	45430.98	45431.37	45431.47	38
39	2136.53	2136.83	2136.93	43206.74	43207.15	43207.25	39
40	2052.54	2052.85	2052.96	41069.80	41070.21	41070.31	40
41	1971.72	1972.04	1972.15	39016.82	39017.25	39017.36	41
42	1893.92	1894.27	1894.37	37044.65	37045.10	37045.21	42
43	1819.02	1819.40	1819.50	35150.25	35150.73	35150.84	43
44	1746.89	1747.30	1747.41	33330.72	33331.23	33331.34	44
45	1677.42	1677.86	1677.97	31583.27	31583.82	31583.93	45
46	1610.47	1610.96	1611.07	29905.26	29905.86	29905.96	46
47	1545.95	1546.49	1546.59	28294.14	28294.79	28294.89	47

续表

x	$D_{[x]}$	$D_{[x-1]+1}$	D_x	$N_{[x]}$	$N_{[x-1]+1}$	N_x	x
48	1483.73	1484.32	1484.43	26747.50	26748.20	26748.30	48
49	1423.70	1424.37	1424.47	25263.01	25263.77	25263.87	49
50	1365.77	1366.51	1366.61	23838.46	23839.30	23839.41	50
51	1309.83	1310.65	1310.75	22471.77	22472.69	22472.79	51
52	1255.78	1256.70	1256.80	21160.92	21161.94	21162.04	52
53	1203.53	1204.55	1204.65	19904.01	19905.14	19905.24	53
54	1152.98	1154.11	1154.22	18699.23	18700.48	18700.59	54
55	1104.05	1105.30	1105.41	17544.87	17546.25	17546.37	55
56	1056.63	1058.02	1058.15	16439.29	16440.82	16440.95	56
57	1010.66	1012.19	1012.34	15380.96	15382.66	15382.81	57
58	966.04	967.73	967.90	14368.41	14370.30	14370.47	58
59	922.70	924.57	924.76	13400.27	13402.37	13402.57	59
60	880.56	882.61	882.85	12475.24	12477.57	12477.80	60
61	839.55	841.80	842.08	11592.08	11594.68	11594.96	61
62	799.59	802.06	802.40	10749.66	10752.54	10752.88	62
63	760.62	763.33	763.74	9946.87	9950.07	9950.48	63
64	722.59	725.54	726.03	9182.71	9186.25	9186.74	64
65	685.44	688.64	689.23	8456.21	8460.12	8460.71	65
66	649.11	652.57	653.28	7766.46	7770.77	7771.48	66
67	613.56	617.30	618.14	7112.62	7117.36	7118.20	67
68	578.75	582.78	583.77	6493.86	6499.06	6500.06	68
69	544.65	548.97	550.14	5909.43	5915.12	5916.29	69
70	511.25	515.87	517.23	5358.59	5364.78	5366.14	70
71	478.53	483.43	485.01	4840.63	4847.34	4848.92	71
72	446.48	451.68	453.48	4354.86	4362.10	4363.91	72
73	415.12	420.59	422.64	3900.59	3908.38	3910.43	73
74	384.46	390.20	392.51	3477.14	3485.47	3487.78	74
75	354.54	360.52	363.11	3083.84	3092.69	3095.27	75
76	325.40	331.60	334.46	2719.96	2729.30	2732.16	76
77	297.09	303.48	306.62	2384.76	2394.56	2397.70	77
78	269.69	276.21	279.63	2077.47	2087.67	2091.08	78
79	243.27	249.89	253.56	1797.25	1807.78	1811.45	79

续表

x	$D_{[x]}$	$D_{[x-1]+1}$	D_x	$N_{[x]}$	$N_{[x-1]+1}$	N_x	x
80	217.91	224.57	228.48	1543.20	1553.98	1557.89	80
81	193.71	200.35	204.47	1314.35	1325.29	1329.41	81
82	170.75	177.31	181.60	1109.67	1120.65	1124.94	82
83	149.14	155.55	159.97	928.03	938.92	943.34	83
84	128.97	135.16	139.65	768.19	778.88	783.37	84
85	110.30	116.22	120.71	628.87	639.22	643.72	85
86	93.22	98.79	103.23	508.67	518.57	523.01	86
87	77.76	82.94	87.26	406.14	415.45	419.77	87
88	63.95	68.69	72.83	319.75	328.38	332.51	88
89	51.78	56.06	59.95	247.93	255.80	259.69	89
90	41.24	45.02	48.61	189.12	196.15	199.74	90
91		35.53	38.78		147.88	151.13	91
92			30.40			112.35	92
93			23.38			81.95	93
94			17.62			58.56	94
95			12.99			40.94	95
96			9.34			27.95	96
97			6.55			18.61	97
98			4.47			12.06	98
99			2.96			7.59	99
100			1.90			4.63	100
101			1.18			2.73	101
102			.70			1.55	102
103			.40			.85	103
104			.22			.45	104
105			.12			.23	105
106			.06			.11	106
107			.03			.05	107
108			.01			.02	108
109			.01			.01	109
110			.00			.00	110

英国 AM92 生命表

x	$C_{[x]}$	$C_{[x-1]+1}$	C_x	$M_{[x]}$	$M_{[x-1]+1}$	M_x	x
17	2.11		2.96	518.82		519.89	17
18	2.02	2.60	2.82	515.93	516.71	516.93	18
19	1.94	2.48	2.68	513.19	513.91	514.11	19
20	1.86	2.37	2.55	510.58	511.25	511.43	20
21	1.79	2.26	2.43	508.09	508.72	508.88	21
22	1.73	2.16	2.31	505.73	506.31	506.46	22
23	1.67	2.08	2.21	503.47	504.01	504.14	23
24	1.61	1.99	2.12	501.30	501.80	501.93	24
25	1.56	1.91	2.03	499.23	499.69	499.81	25
26	1.52	1.85	1.96	497.23	497.67	497.78	26
27	1.48	1.78	1.89	495.31	495.72	495.82	27
28	1.45	1.73	1.83	493.46	493.83	493.93	28
29	1.42	1.68	1.78	491.66	492.01	492.10	29
30	1.40	1.64	1.74	489.90	490.23	490.33	30
31	1.39	1.61	1.70	488.19	488.50	488.59	31
32	1.38	1.59	1.68	486.50	486.80	486.89	32
33	1.38	1.57	1.66	484.84	485.12	485.21	33
34	1.38	1.57	1.66	483.18	483.46	483.55	34
35	1.39	1.57	1.66	481.53	481.80	481.90	35
36	1.41	1.58	1.68	479.87	480.14	480.24	36
37	1.43	1.61	1.70	478.19	478.46	478.56	37
38	1.46	1.64	1.74	476.48	476.76	476.86	38
39	1.51	1.69	1.79	474.74	475.02	475.12	39
40	1.56	1.75	1.85	472.94	473.23	473.33	40
41	1.61	1.82	1.92	471.07	471.38	471.48	41
42	1.68	1.91	2.01	469.12	469.46	469.56	42
43	1.75	2.01	2.11	467.09	467.44	467.55	43
44	1.84	2.13	2.23	464.94	465.33	465.43	44
45	1.94	2.26	2.36	462.68	463.10	463.20	45
46	2.04	2.41	2.51	460.27	460.74	460.84	46
47	2.16	2.58	2.68	457.71	458.23	458.33	47

续表

x	$C_{[x]}$	$C_{[x-1]+1}$	C_x	$M_{[x]}$	$M_{[x-1]+1}$	M_x	x
48	2. 29	2. 77	2. 87	454. 98	455. 55	455. 65	48
49	2. 43	2. 97	3. 07	452. 05	452. 68	452. 78	49
50	2. 59	3. 20	3. 30	448. 91	449. 61	449. 71	50
51	2. 76	3. 44	3. 54	445. 53	446. 32	446. 42	51
52	2. 94	3. 71	3. 81	441. 90	442. 78	442. 88	52
53	3. 13	4. 00	4. 10	437. 99	438. 96	439. 07	53
54	3. 34	4. 31	4. 41	433. 78	434. 86	434. 97	54
55	3. 56	4. 64	4. 75	429. 24	430. 44	430. 55	55
56	3. 80	4. 99	5. 11	424. 35	425. 68	425. 80	56
57	4. 05	5. 36	5. 50	419. 08	420. 55	420. 69	57
58	4. 32	5. 75	5. 91	413. 41	415. 03	415. 19	58
59	4. 60	6. 16	6. 35	407. 30	409. 09	409. 28	59
60	4. 89	6. 59	6. 81	400. 74	402. 71	402. 93	60
61	5. 19	7. 03	7. 29	393. 70	395. 85	396. 12	61
62	5. 51	7. 48	7. 80	386. 14	388. 50	388. 83	62
63	5. 83	7. 94	8. 33	378. 05	380. 63	381. 02	63
64	6. 16	8. 40	8. 88	369. 41	372. 22	372. 69	64
65	6. 50	8. 87	9. 44	360. 20	363. 25	363. 82	65
66	6. 84	9. 33	10. 01	350. 40	353. 70	354. 38	66
67	7. 18	9. 78	10. 59	339. 99	343. 56	344. 37	67
68	7. 51	10. 22	11. 18	328. 98	332. 81	333. 77	68
69	7. 84	10. 63	11. 76	317. 37	321. 47	322. 59	69
70	8. 15	11. 02	12. 33	305. 15	309. 53	310. 84	70
71	8. 44	11. 36	12. 87	292. 35	297. 00	298. 51	71
72	8. 71	11. 66	13. 39	278. 98	283. 90	285. 64	72
73	8. 95	11. 90	13. 88	265. 09	270. 27	272. 24	73
74	9. 15	12. 08	14. 31	250. 72	256. 14	258. 37	74
75	9. 30	12. 19	14. 68	235. 93	241. 57	244. 06	75
76	9. 41	12. 23	14. 98	220. 78	226. 63	229. 38	76
77	9. 45	12. 17	15. 19	205. 37	211. 38	214. 40	77
78	9. 43	12. 03	15. 31	189. 79	195. 92	199. 20	78
79	9. 35	11. 79	15. 33	174. 14	180. 36	183. 89	79

续表

x	$C_{[x]}$	$C_{[x-1]+1}$	C_x	$M_{[x]}$	$M_{[x-1]+1}$	M_x	x
80	9.18	11.46	15.23	158.56	164.80	168.56	80
81	8.95	11.04	15.00	143.16	149.37	153.34	81
82	8.63	10.52	14.65	128.07	134.21	138.34	82
83	8.25	9.92	14.17	113.45	119.44	123.69	83
84	7.79	9.25	13.56	99.42	105.20	109.52	84
85	7.27	8.52	12.84	86.12	91.63	95.96	85
86	6.69	7.73	12.00	73.65	78.85	83.12	86
87	6.08	6.92	11.08	62.14	66.96	71.11	87
88	5.43	6.10	10.08	51.65	56.06	60.04	88
89	4.78	5.29	9.03	42.25	46.22	49.96	89
90	4.12	4.50	7.96	33.97	37.47	40.93	90
91		3.76	6.89		29.84	32.97	91
92			5.85			26.08	92
93			4.86			20.23	93
94			3.96			15.37	94
95			3.14			11.41	95
96			2.43			8.27	96
97			1.83			5.84	97
98			1.34			4.01	98
99			.95			2.67	99
100			.65			1.72	100
101			.43			1.07	101
102			.27			.64	102
103			.17			.37	103
104			.10			.21	104
105			.05			.11	105
106			.03			.05	106
107			.01			.03	107
108			.01			.01	108
109			.00			.01	109
110			.00			.00	110

英国 AM92 生命表

4%

x	$S_{[x]}$	$S_{[x-1]+1}$	S_x	$R_{[x]}$	$R_{[x-1]+1}$	R_x	x
17	2398085.62		2398087.20	27724.52		27725.81	17
18	2278125.81	2278127.03	2278127.26	27204.73	27205.71	27205.92	18
19	2163299.72	2163300.85	2163301.06	26687.90	26688.80	26689.00	19
20	2053406.94	2053407.99	2053408.17	26173.87	26174.71	26174.89	20
21	1948254.91	1948255.88	1948256.05	25662.51	25663.29	25663.45	21
22	1847658.63	1847659.51	1847659.67	25153.71	25154.42	25154.57	22
23	1751440.30	1751441.12	1751441.27	24647.32	24647.98	24648.11	23
24	1659429.12	1659429.89	1659430.03	24143.23	24143.85	24143.97	24
25	1571460.98	1571461.70	1571461.82	23641.35	23641.93	23642.04	25
26	1487378.14	1487378.82	1487378.94	23141.58	23142.12	23142.23	26
27	1407029.07	1407029.71	1407029.82	22643.84	22644.35	22644.45	27
28	1330268.14	1330268.73	1330268.83	22148.06	22148.53	22148.63	28
29	1256955.35	1256955.92	1256956.02	21654.16	21654.60	21654.70	29
30	1186956.21	1186956.76	1186956.85	21162.07	21162.50	21162.60	30
31	1120141.46	1120141.98	1120142.07	20671.77	20672.17	20672.27	31
32	1056386.83	1056387.32	1056387.42	20183.20	20183.59	20183.68	32
33	995572.87	995573.36	995573.46	19696.32	19696.70	19696.79	33
34	937584.81	937585.29	937585.38	19211.11	19211.48	19211.57	34
35	882312.25	882312.74	882312.84	18727.56	18727.93	18728.02	35
36	829649.12	829649.61	829649.71	18245.66	18246.03	18246.12	36
37	779493.40	779493.88	779493.98	17765.43	17765.79	17765.89	37
38	731746.96	731747.45	731747.56	17286.86	17287.23	17287.33	38
39	686315.48	686315.99	686316.09	16809.99	16810.38	16810.47	39
40	643108.22	643108.74	643108.84	16334.87	16335.26	16335.36	40
41	602037.89	602038.43	602038.53	15861.52	15861.93	15862.03	41
42	563020.51	563021.07	563021.17	15390.01	15390.45	15390.55	42
43	525975.27	525975.86	525975.96	14920.43	14920.89	14920.99	43
44	490824.40	490825.02	490825.13	14452.85	14453.35	14453.45	44
45	457493.03	457493.69	457493.79	13987.39	13987.91	13988.01	45
46	425909.06	425909.76	425909.86	13524.14	13524.71	13524.81	46
47	396003.05	396003.80	396003.90	13063.26	13063.87	13063.97	47

续表

x	$S_{[x]}$	$S_{[x-1]+1}$	S_x	$R_{[x]}$	$R_{[x-1]+1}$	R_x	x
48	367708. 11	367708. 91	367709. 01	12604. 88	12605. 55	12605. 65	48
49	340959. 74	340960. 61	340960. 71	12149. 17	12149. 90	12150. 00	49
50	315695. 79	315696. 73	315696. 84	11696. 32	11697. 12	11697. 22	50
51	291856. 30	291857. 33	291857. 43	11246. 53	11247. 41	11247. 51	51
52	269383. 41	269384. 53	269384. 64	10800. 02	10800. 99	10801. 09	52
53	248221. 26	248222. 49	248222. 60	10357. 04	10358. 12	10358. 22	53
54	228315. 88	228317. 24	228317. 35	9917. 85	9919. 05	9919. 15	54
55	209615. 14	209616. 65	209616. 77	9482. 75	9484. 07	9484. 19	55
56	192068. 59	192070. 27	192070. 40	9052. 04	9053. 51	9053. 63	56
57	175627. 43	175629. 30	175629. 44	8626. 06	8627. 69	8627. 83	57
58	160244. 38	160246. 47	160246. 64	8205. 17	8206. 98	8207. 14	58
59	145873. 64	145875. 97	145876. 17	7789. 75	7791. 76	7791. 95	59
60	132470. 75	132473. 37	132473. 60	7380. 21	7382. 44	7382. 67	60
61	119992. 59	119995. 52	119995. 80	6976. 98	6979. 47	6979. 73	61
62	108397. 21	108400. 50	108400. 84	6580. 53	6583. 29	6583. 61	62
63	97643. 87	97647. 55	97647. 96	6191. 34	6194. 39	6194. 79	63
64	87692. 86	87696. 99	87697. 49	5809. 91	5813. 29	5813. 76	64
65	78505. 54	78510. 15	78510. 74	5436. 77	5440. 50	5441. 07	65
66	70044. 17	70049. 32	70050. 03	5072. 46	5076. 57	5077. 25	66
67	62271. 97	62277. 71	62278. 55	4717. 54	4722. 06	4722. 87	67
68	55152. 99	55159. 35	55160. 35	4372. 60	4377. 55	4378. 51	68
69	48652. 08	48659. 12	48660. 29	4038. 20	4043. 61	4044. 74	69
70	42734. 88	42742. 64	42744. 01	3714. 94	3720. 83	3722. 14	70
71	37367. 77	37376. 29	37377. 86	3403. 41	3409. 79	3411. 31	71
72	32517. 84	32527. 14	32528. 95	3104. 17	3111. 06	3112. 79	72
73	28152. 89	28162. 99	28165. 04	2817. 78	2825. 19	2827. 16	73
74	24241. 39	24252. 30	24254. 61	2544. 78	2552. 69	2554. 91	74
75	20752. 53	20764. 24	20766. 83	2285. 66	2294. 06	2296. 55	75
76	17656. 21	17668. 69	17671. 56	2040. 87	2049. 74	2052. 49	76
77	14923. 03	14936. 25	14939. 39	1810. 80	1820. 09	1823. 11	77
78	12524. 40	12538. 27	12541. 69	1595. 76	1605. 43	1608. 71	78
79	10432. 48	10446. 93	10450. 60	1396. 00	1405. 97	1409. 51	79

续表

x	$S_{[x]}$	$S_{[x-1]+1}$	S_x	$R_{[x]}$	$R_{[x-1]+1}$	R_x	x
80	8620.33	8635.24	8639.15	1211.64	1221.85	1225.62	80
81	7061.91	7077.14	7081.26	1042.74	1053.09	1057.05	81
82	5732.17	5747.56	5751.85	889.21	899.59	903.72	82
83	4607.11	4622.49	4626.91	750.83	761.13	765.38	83
84	3663.90	3679.09	3683.57	627.27	637.38	641.69	84
85	2880.92	2895.71	2900.21	518.06	527.85	532.17	85
86	2237.83	2252.05	2256.49	422.60	431.95	436.22	86
87	1715.71	1729.16	1733.48	340.15	348.95	353.10	87
88	1297.05	1309.57	1313.71	269.86	278.01	281.99	88
89	965.85	977.30	981.19	210.79	218.21	221.95	89
90	707.63	717.91	721.51	161.90	168.54	171.99	90
91		518.51	521.76		127.94	131.06	91
92			370.63			98.09	92
93			258.28			72.01	93
94			176.34			51.78	94
95			117.78			36.41	95
96			76.84			25.00	96
97			48.88			16.73	97
98			30.28			10.89	98
99			18.22			6.89	99
100			10.63			4.22	100
101			6.00			2.50	101
102			3.27			1.43	102
103			1.72			.79	103
104			.87			.41	104
105			.42			.21	105
106			.19			.10	106
107			.09			.05	107
108			.04			.02	108
109			.01			.01	109
110			.01			.00	110

英国 AM92 生命表

6%

x	$\ddot{a}_{[x]}$	$A_{[x]}$	${}^2A_{[x]}$	$\ddot{a}_x$	A_x	${}^2A_x$	x
17	16.977	0.03902	0.00611	16.974	0.03921	0.00630	17
18	16.946	0.04080	0.00630	16.943	0.04099	0.00648	18
19	16.912	0.04270	0.00652	16.909	0.04288	0.00669	19
20	16.877	0.04472	0.00677	16.874	0.04489	0.00693	20
21	16.839	0.04686	0.00705	16.836	0.04703	0.00721	21
22	16.798	0.04914	0.00738	16.796	0.04930	0.00753	22
23	16.756	0.05157	0.00775	16.753	0.05172	0.00790	23
24	16.710	0.05414	0.00816	16.708	0.05428	0.00831	24
25	16.662	0.05686	0.00863	16.660	0.05701	0.00877	25
26	16.611	0.05976	0.00916	16.609	0.05990	0.00930	26
27	16.557	0.06282	0.00975	16.554	0.06296	0.00988	27
28	16.499	0.06607	0.01041	16.497	0.06620	0.01054	28
29	16.439	0.06951	0.01115	16.436	0.06964	0.01128	29
30	16.374	0.07316	0.01197	16.372	0.07328	0.01210	30
31	16.306	0.07701	0.01289	16.304	0.07714	0.01301	31
32	16.234	0.08109	0.01390	16.232	0.08121	0.01403	32
33	16.158	0.08540	0.01503	16.156	0.08552	0.01515	33
34	16.078	0.08995	0.01627	16.075	0.09007	0.01640	34
35	15.993	0.09475	0.01765	15.990	0.09488	0.01778	35
36	15.903	0.09982	0.01916	15.901	0.09995	0.01930	36
37	15.809	0.10516	0.02084	15.806	0.10530	0.02098	37
38	15.709	0.11079	0.02267	15.707	0.11094	0.02282	38
39	15.605	0.11672	0.02469	15.602	0.11688	0.02485	39
40	15.494	0.12296	0.02690	15.491	0.12313	0.02707	40
41	15.378	0.12952	0.02933	15.375	0.12970	0.02951	41
42	15.257	0.13641	0.03198	15.253	0.13660	0.03218	42
43	15.129	0.14365	0.03487	15.125	0.14385	0.03509	43
44	14.995	0.15123	0.03802	14.991	0.15146	0.03826	44
45	14.855	0.15918	0.04145	14.850	0.15943	0.04172	45
46	14.708	0.16750	0.04517	14.703	0.16778	0.04548	46
47	14.554	0.17619	0.04921	14.548	0.17651	0.04956	47
48	14.393	0.18528	0.05359	14.387	0.18563	0.05398	48
49	14.226	0.19476	0.05832	14.219	0.19516	0.05876	49
50	14.051	0.20463	0.06342	14.044	0.20508	0.06392	50

续表

x	$\ddot{a}_{[x]}$	$A_{[x]}$	${}^2A_{[x]}$	$\ddot{a}_x$	A_x	${}^2A_x$	x
51	13.870	0.21491	0.06892	13.861	0.21542	0.06949	51
52	13.681	0.22560	0.07483	13.671	0.22617	0.07548	52
53	13.485	0.23669	0.08118	13.474	0.23734	0.08192	53
54	13.282	0.24818	0.08797	13.269	0.24892	0.08882	54
55	13.072	0.26008	0.09524	13.057	0.26092	0.09621	55
56	12.855	0.27237	0.10298	12.838	0.27333	0.10409	56
57	12.631	0.28506	0.11123	12.612	0.28614	0.11250	57
58	12.400	0.29812	0.11998	12.378	0.29935	0.12144	58
59	12.163	0.31155	0.12926	12.138	0.31294	0.13093	59
60	11.919	0.32533	0.13907	11.891	0.32692	0.14098	60
61	11.670	0.33945	0.14941	11.638	0.34125	0.15160	61
62	11.415	0.35388	0.16029	11.379	0.35592	0.16280	62
63	11.155	0.36861	0.17171	11.114	0.37091	0.17457	63
64	10.890	0.38360	0.18366	10.844	0.38620	0.18692	64
65	10.621	0.39883	0.19614	10.569	0.40177	0.19985	65
66	10.348	0.41427	0.20913	10.289	0.41758	0.21335	66
67	10.072	0.42988	0.22262	10.006	0.43361	0.22740	67
68	9.794	0.44564	0.23658	9.720	0.44982	0.24200	68
69	9.513	0.46150	0.25100	9.431	0.46617	0.25712	69
70	9.232	0.47743	0.26583	9.140	0.48265	0.27274	70
71	8.950	0.49338	0.28106	8.848	0.49919	0.28882	71
72	8.669	0.50933	0.29664	8.555	0.51578	0.30534	72
73	8.388	0.52521	0.31254	8.262	0.53236	0.32226	73
74	8.109	0.54101	0.32870	7.969	0.54890	0.33955	74
75	7.832	0.55667	0.34509	7.679	0.56535	0.35714	75
76	7.559	0.57215	0.36164	7.390	0.58169	0.37501	76
77	7.289	0.58742	0.37833	7.105	0.59786	0.39309	77
78	7.024	0.60244	0.39508	6.822	0.61383	0.41133	78
79	6.763	0.61717	0.41186	6.544	0.62956	0.42969	79
80	6.509	0.63159	0.42860	6.271	0.64501	0.44811	80
81	6.260	0.64566	0.44525	6.004	0.66016	0.46652	81
82	6.018	0.65935	0.46177	5.742	0.67497	0.48488	82
83	5.783	0.67265	0.47811	5.487	0.68942	0.50313	83
84	5.556	0.68553	0.49422	5.239	0.70346	0.52121	84
85	5.336	0.69797	0.51005	4.998	0.71710	0.53907	85
86	5.124	0.70997	0.52557	4.765	0.73029	0.55667	86
87	4.920	0.72150	0.54075	4.540	0.74304	0.57396	87

续表

x	$\ddot{a}_{[x]}$	$A_{[x]}$	${}^2A_{[x]}$	$\ddot{a}_x$	A_x	${}^2A_x$	x
88	4.724	0.73258	0.55555	4.323	0.75531	0.59088	88
89	4.537	0.74318	0.56994	4.114	0.76711	0.60741	89
90	4.358	0.75332	0.58390	3.914	0.77843	0.62350	90
91				3.723	0.78925	0.63913	91
92				3.541	0.79959	0.65426	92
93				3.367	0.80944	0.66888	93
94				3.201	0.81880	0.68296	94
95				3.044	0.82769	0.69649	95
96				2.896	0.83610	0.70946	96
97				2.755	0.84406	0.72187	97
98				2.622	0.85156	0.73370	98
99				2.498	0.85863	0.74496	99
100				2.380	0.86527	0.75565	100
101				2.270	0.87151	0.76579	101
102				2.167	0.87736	0.77537	102
103				2.070	0.88283	0.78442	103
104				1.980	0.88794	0.79293	104
105				1.895	0.89271	0.80094	105
106				1.817	0.89715	0.80845	106
107				1.744	0.90128	0.81548	107
108				1.676	0.90511	0.82205	108
109				1.614	0.90866	0.82817	109
110				1.556	0.91195	0.83387	110
111				1.502	0.91499	0.83917	111
112				1.452	0.91779	0.84408	112
113				1.407	0.92037	0.84861	113
114				1.365	0.92275	0.85280	114
115				1.326	0.92492	0.85666	115
116				1.291	0.92693	0.86022	116
117				1.258	0.92880	0.86355	117
118				1.224	0.93072	0.86694	118
119				1.172	0.93364	0.87210	119
120				1.000	0.94340	0.89000	120

Note. ${}^2A_{[x]} = A_{[x]}$ at 12.36% and ${}^2A_x = A_x$ at 12.36%.

英国 AM92 生命表

6%

x	$(I\ddot{a})_{[x]}$	$(IA)_{[x]}$	$(I\ddot{a})_x$	$(IA)_x$	x
17	268. 142	1. 79955	268. 083	1. 79940	17
18	266. 392	1. 86708	266. 336	1. 86692	18
19	264. 567	1. 93681	264. 514	1. 93664	19
20	262. 666	2. 00874	262. 615	2. 00856	20
21	260. 687	2. 08289	260. 638	2. 08270	21
22	258. 626	2. 15925	258. 579	2. 15906	22
23	256. 482	2. 23782	256. 437	2. 23762	23
24	254. 253	2. 31858	254. 210	2. 31837	24
25	251. 936	2. 40151	251. 896	2. 40129	25
26	249. 531	2. 48657	249. 491	2. 48635	26
27	247. 034	2. 57373	246. 996	2. 57350	27
28	244. 444	2. 66293	244. 407	2. 66270	28
29	241. 759	2. 75410	241. 724	2. 75386	29
30	238. 978	2. 84718	238. 943	2. 84692	30
31	236. 099	2. 94206	236. 065	2. 94180	31
32	233. 120	3. 03864	233. 087	3. 03837	32
33	230. 041	3. 13681	230. 008	3. 13653	33
34	226. 861	3. 23643	226. 827	3. 23613	34
35	223. 579	3. 33735	223. 545	3. 33702	35
36	220. 194	3. 43940	220. 159	3. 43904	36
37	216. 706	3. 54239	216. 671	3. 54200	37
38	213. 116	3. 64613	213. 079	3. 64569	38
39	209. 424	3. 75037	209. 385	3. 74989	39
40	205. 630	3. 85489	205. 589	3. 85435	40
41	201. 736	3. 95942	201. 692	3. 95880	41
42	197. 744	4. 06368	197. 696	4. 06297	42
43	193. 654	4. 16736	193. 603	4. 16655	43
44	189. 471	4. 27014	189. 416	4. 26922	44
45	185. 197	4. 37170	185. 136	4. 37062	45
46	180. 834	4. 47166	180. 768	4. 47041	46
47	176. 388	4. 56965	176. 315	4. 56820	47
48	171. 863	4. 66529	171. 783	4. 66359	48
49	167. 264	4. 75818	167. 175	4. 75618	49

续表

x	$(I\ddot{a})_{[x]}$	$(IA)_{[x]}$	$(I\ddot{a})_x$	$(IA)_x$	x
50	162. 597	4. 84789	162. 497	4. 84555	50
51	157. 867	4. 93400	157. 757	4. 93126	51
52	153. 082	5. 01609	152. 959	5. 01287	52
53	148. 249	5. 09372	148. 113	5. 08994	53
54	143. 376	5. 16647	143. 224	5. 16203	54
55	138. 472	5. 23389	138. 302	5. 22868	55
56	133. 545	5. 29558	133. 356	5. 28947	56
57	128. 605	5. 35113	128. 394	5. 34397	57
58	123. 662	5. 40016	123. 427	5. 39176	58
59	118. 726	5. 44229	118. 464	5. 43247	59
60	113. 808	5. 47720	113. 516	5. 46572	60
61	108. 918	5. 50457	108. 594	5. 49118	61
62	104. 067	5. 52416	103. 707	5. 50856	62
63	99. 267	5. 53574	98. 868	5. 51759	63
64	94. 528	5. 53913	94. 087	5. 51808	64
65	89. 861	5. 53421	89. 374	5. 50985	65
66	85. 277	5. 52093	84. 740	5. 49280	66
67	80. 785	5. 49928	80. 196	5. 46688	67
68	76. 397	5. 46931	75. 752	5. 43209	68
69	72. 121	5. 43114	71. 416	5. 38851	69
70	67. 965	5. 38497	67. 198	5. 33628	70
71	63. 939	5. 33101	63. 105	5. 27560	71
72	60. 048	5. 26959	59. 146	5. 20673	72
73	56. 300	5. 20107	55. 326	5. 12999	73
74	52. 700	5. 12586	51. 652	5. 04577	74
75	49. 251	5. 04444	48. 128	4. 95452	75
76	45. 958	4. 95731	44. 758	4. 85672	76
77	42. 822	4. 86504	41. 545	4. 75291	77
78	39. 846	4. 76819	38. 491	4. 64369	78
79	37. 028	4. 66737	35. 596	4. 52964	79
80	34. 369	4. 56320	32. 860	4. 41142	80
81	31. 866	4. 45630	30. 283	4. 28968	81
82	29. 517	4. 34729	27. 861	4. 16509	82
83	27. 320	4. 23678	25. 594	4. 03831	83
84	25. 268	4. 12536	23. 475	3. 91000	84
85	23. 359	4. 01361	21. 503	3. 78082	85
86	21. 586	3. 90205	19. 671	3. 65139	86

续表

x	$(I\ddot{a})_{[x]}$	$(IA)_{[x]}$	$(I\ddot{a})_x$	$(IA)_x$	x
87	19.944	3.79119	17.974	3.52231	87
88	18.426	3.68149	16.406	3.39416	88
89	17.026	3.57336	14.962	3.26746	89
90	15.738	3.46716	13.634	3.14270	90
91			12.417	3.02033	91
92			11.303	2.90075	92
93			10.287	2.78431	93
94			9.361	2.67132	94
95			8.518	2.56202	95
96			7.754	2.45663	96
97			7.061	2.35532	97
98			6.435	2.25821	98
99			5.869	2.16537	99
100			5.358	2.07686	100
101			4.898	1.99270	101
102			4.483	1.91286	102
103			4.111	1.83731	103
104			3.776	1.76598	104
105			3.475	1.69878	105
106			3.205	1.63563	106
107			2.963	1.57639	107
108			2.746	1.52096	108
109			2.551	1.46920	109
110			2.377	1.42096	110
111			2.221	1.37611	111
112			2.081	1.33450	112
113			1.956	1.29598	113
114			1.845	1.26040	114
115			1.744	1.22760	115
116			1.654	1.19734	116
117			1.570	1.16904	117
118			1.481	1.14018	118
119			1.345	1.09631	119
120			1.000	0.94340	120

英国 AM92 生命表

6%

x	$\ddot{a}_{[x]:\overline{n}\rceil}$	$A_{[x]:\overline{n}\rceil}$	$n=60-x$	$\ddot{a}_{x:\overline{n}\rceil}$	$A_{x:\overline{n}\rceil}$	x
17	16.076	0.09005	43	16.072	0.09024	17
18	15.990	0.09493	42	15.986	0.09511	18
19	15.898	0.10011	41	15.895	0.10028	19
20	15.801	0.10561	40	15.798	0.10577	20
21	15.698	0.11145	39	15.695	0.11160	21
22	15.588	0.11764	38	15.586	0.11779	22
23	15.472	0.12422	37	15.470	0.12436	23
24	15.349	0.13119	36	15.347	0.13133	24
25	15.218	0.13859	35	15.216	0.13872	25
26	15.080	0.14643	34	15.078	0.14656	26
27	14.933	0.15475	33	14.931	0.15487	27
28	14.777	0.16357	32	14.775	0.16369	28
29	14.612	0.17292	31	14.610	0.17303	29
30	14.437	0.18283	30	14.435	0.18294	30
31	14.251	0.19333	29	14.249	0.19344	31
32	14.054	0.20446	28	14.053	0.20457	32
33	13.846	0.21626	27	13.844	0.21636	33
34	13.625	0.22875	26	13.624	0.22885	34
35	13.392	0.24198	25	13.390	0.24208	35
36	13.144	0.25599	24	13.142	0.25609	36
37	12.882	0.27082	23	12.880	0.27093	37
38	12.605	0.28653	22	12.603	0.28664	38
39	12.311	0.30316	21	12.309	0.30327	39
40	12.000	0.32076	20	11.998	0.32088	40
41	11.671	0.33938	19	11.669	0.33951	41
42	11.323	0.35910	18	11.320	0.35923	42
43	10.954	0.37996	17	10.952	0.38010	43
44	10.564	0.40203	16	10.561	0.40219	44
45	10.151	0.42539	15	10.149	0.42556	45
46	9.715	0.45011	14	9.712	0.45028	46
47	9.253	0.47626	13	9.249	0.47645	47
48	8.764	0.50394	12	8.760	0.50415	48
49	8.246	0.53324	11	8.242	0.53346	49
50	7.698	0.56426	10	7.694	0.56449	50
51	7.118	0.59711	9	7.114	0.59735	51
52	6.503	0.63191	8	6.499	0.63216	52
53	5.851	0.66879	7	5.847	0.66904	53
54	5.160	0.70791	6	5.156	0.70815	54
55	4.427	0.74941	5	4.423	0.74965	55
56	3.648	0.79350	4	3.645	0.79370	56
57	2.820	0.84036	3	2.817	0.84052	57
58	1.939	0.89024	2	1.937	0.89034	58
59	1.000	0.94340	1	1.000	0.94340	59

英国 AM92 生命表

6%

x	$\ddot{a}_{[x]:\overline{n}\rceil}$	$A_{[x]:\overline{n}\rceil}$	$n=65-x$	$\ddot{a}_{x:\overline{n}\rceil}$	$A_{x:\overline{n}\rceil}$	x
17	16.409	0.07121	48	16.405	0.07140	17
18	16.343	0.07495	47	16.339	0.07513	18
19	16.272	0.07892	46	16.269	0.07909	19
20	16.198	0.08313	45	16.195	0.08330	20
21	16.119	0.08761	44	16.116	0.08777	21
22	16.035	0.09236	43	16.032	0.09251	22
23	15.946	0.09740	42	15.943	0.09754	23
24	15.852	0.10274	41	15.849	0.10288	24
25	15.751	0.10842	40	15.749	0.10855	25
26	15.645	0.11443	39	15.643	0.11456	26
27	15.532	0.12081	38	15.530	0.12094	27
28	15.413	0.12758	37	15.411	0.12770	28
29	15.286	0.13475	36	15.284	0.13486	29
30	15.152	0.14234	35	15.150	0.14246	30
31	15.010	0.15039	34	15.008	0.15050	31
32	14.859	0.15892	33	14.857	0.15903	32
33	14.700	0.16795	32	14.698	0.16806	33
34	14.531	0.17751	31	14.529	0.17762	34
35	14.352	0.18763	30	14.350	0.18774	35
36	14.163	0.19833	29	14.161	0.19845	36
37	13.963	0.20967	28	13.960	0.20979	37
38	13.751	0.22165	27	13.749	0.22178	38
39	13.527	0.23433	26	13.525	0.23446	39
40	13.290	0.24774	25	13.288	0.24787	40
41	13.040	0.26191	24	13.037	0.26206	41
42	12.775	0.27689	23	12.772	0.27705	42
43	12.495	0.29272	22	12.492	0.29289	43
44	12.200	0.30944	21	12.197	0.30963	44
45	11.888	0.32711	20	11.884	0.32731	45
46	11.558	0.34578	19	11.554	0.34599	46
47	11.210	0.36549	18	11.206	0.36572	47
48	10.842	0.38630	17	10.837	0.38656	48
49	10.454	0.40828	16	10.449	0.40857	49
50	10.044	0.43150	15	10.038	0.43181	50
51	9.610	0.45602	14	9.604	0.45635	51
52	9.153	0.48191	13	9.146	0.48228	52
53	8.669	0.50927	12	8.662	0.50967	53
54	8.159	0.53819	11	8.151	0.53862	54
55	7.618	0.56877	10	7.610	0.56922	55
56	7.047	0.60112	9	7.038	0.60160	56
57	6.442	0.63536	8	6.433	0.63586	57
58	5.801	0.67165	7	5.792	0.67216	58
59	5.121	0.71015	6	5.112	0.71066	59
60	4.398	0.75104	5	4.390	0.75152	60
61	3.630	0.79454	4	3.622	0.79497	61
62	2.811	0.84090	3	2.805	0.84123	62
63	1.936	0.89042	2	1.933	0.89060	63
64	1.000	0.94340	1	1.000	0.94340	64

MU1893—1897 经验疾病率表

职业：A，H，J

疾病率(每年患病周数)

年龄	最初三个月	第二个三个月	第二个六个月	第二个十二个月	两年以后	整个未来生存期间	年龄
16	.816	.048	.017	.000	.000	.881	16
17	.796	.050	.020	.000	.000	.866	17
18	.766	.054	.024	.004	.000	.848	18
19	.732	.059	.029	.009	.000	.829	19
20	.698	.065	.035	.013	.004	.815	20
21	.670	.071	.041	.019	.009	.810	21
22	.651	.075	.046	.026	.016	.814	22
23	.640	.078	.050	.031	.024	.823	23
24	.635	.080	.053	.034	032	.834	24
25	.633	.082	.056	.035	.039	.845	25
26	.633	.084	.058	.036	.045	.856	26
27	.635	.085	.060	.038	.049	.867	27
28	.638	.086	.062	.041	.054	.881	28
29	.643	.088	.064	.044	.059	.898	29
30	.649	.090	.066	.048	.065	.918	30
31	.656	.093	.068	.052	.072	.941	31
32	.663	.096	.070	.055	.082	.966	32
33	.670	.100	.073	.055	.093	.991	33
34	.677	.105	.077	.056	.105	1.020	34
35	.685	.110	.081	.058	.118	1.052	35
36	.696	.115	.086	062	.132	1.091	36
37	.709	.121	.091	.068	.147	1.136	37
38	.726	.128	.096	.074	.166	1.190	38
39	.744	.136	.102	.080	.187	1.249	39
40	.764	.143	.109	.087	.210	1.313	40
41	.784	.151	.116	.092	.235	1.378	41
42	.803	.159	.124	.098	.259	1.443	42
43	.821	.166	.133	.105	.283	1.508	43
44	.839	.174	.141	.112	.308	1.574	44
45	.858	.182	.148	.120	.335	1.643	45
46	.879	.190	.156	.129	.363	1.717	46
47	.904	.201	.165	.138	.396	1.804	47
48	.932	.215	.176	.148	.436	1.907	48
49	.962	.232	.189	.161	.486	2.030	49
50	.994	.249	.206	.177	.551	2.177	50
51	1.027	.268	.225	.196	.631	2.347	51
52	1.061	.288	.247	.219	.724	2.539	52
53	1.096	.309	.272	.244	.829	2.750	53
54	1.134	.330	.300	.275	.939	2.978	54
55	1.175	.353	.332	.310	1.051	3.221	55
56	1.218	.378	.368	.352	1.165	3.481	56

续表

年龄	最初三个月	第二个三个月	第二个六个月	第二个十二个月	两年以后	整个未来生存期间	年龄
57	1. 262	. 405	. 407	. 400	1. 285	3. 759	57
58	1. 308	. 435	. 449	. 455	1. 418	4. 065	58
59	1. 356	. 471	. 495	. 516	1. 575	4. 413	59
60	1. 409	. 510	. 547	. 585	1. 770	4. 821	60
61	1. 466	. 555	. 607	. 665	2. 017	5. 310	61
62	1. 526	. 602	. 674	. 759	2. 332	5. 893	62
63	1. 587	. 653	. 747	. 865	2. 718	6. 570	63
64	1. 650	. 707	. 824	. 980	3. 174	7. 335	64
65	1. 715	. 761	. 906	1. 106	3. 695	8. 183	65
66	1. 779	. 820	. 997	1. 244	4. 277	9. 117	66
67	1. 841	. 882	1. 100	1. 406	4. 924	10. 153	67
68	1. 893	. 945	1. 213	1. 596	5. 655	11. 302	68
69	1. 929	1. 008	1. 332	1. 803	6. 487	12. 559	69
70	1. 948	1. 064	1. 449	2. 017	7. 435	13. 913	70
71	1. 952	1. 110	1. 554	2. 224	8. 506	15. 346	71
72	1. 947	1. 147	1. 646	2. 427	9. 679	16. 846	72
73	1. 940	1. 178	1. 725	2. 592	10. 974	18. 409	73
74	1. 932	1. 205	1. 793	2. 756	12. 350	20. 036	74
75	1. 921	1. 228	1. 856	2. 906	13. 802	21. 713	75
76	1. 901	1. 247	1. 913	3. 031	15. 305	23. 397	76
77	1. 871	1. 260	1. 956	3. 118	16. 856	25. 061	77
78	1. 824	1. 266	1. 990	3. 180	18. 428	26. 688	78
79	1. 764	1. 259	1. 973	3. 216	20. 053	28. 265	79
80	1. 696	1. 238	1. 932	3. 219	21. 692	29. 777	80
81	1. 625	1. 206	1. 864	3. 193	23. 313	31. 201	81
82	1. 559	1. 161	1. 784	3. 133	24. 819	32. 456	82
83	1. 497	1. 107	1. 707	3. 042	26. 134	33. 487	83
84	1. 436	1. 055	1. 648	2. 926	27. 246	34. 311	84
85	1. 365	1. 006	1. 607	2. 811	28. 183	34. 972	85
86	1. 278	. 965	1. 580	2. 701	29. 027	35. 551	86
87	1. 177	. 935	1. 560	2. 601	29. 846	36. 119	87
88	1. 078	. 910	1. 544	2. 522	30. 645	36. 699	88
89	1. 078	. 910	1. 544	2. 522	31. 177	37. 231	89
90	1. 078	. 910	1. 544	2. 522	31. 610	37. 664	90
91	1. 078	. 910	1. 544	2. 522	31. 891	37. 945	91
92	1. 078	. 910	1. 544	2. 522	31. 891	37. 945	92
93	1. 078	. 910	1. 544	2. 522	31. 891	37. 945	93
94	1. 078	. 910	1. 544	2. 322	31. 891	37. 945	94
95	1. 078	. 910	1. 544	2. 522	31. 891	37. 945	95
96	1. 078	. 910	1. 544	2. 522	31. 891	37. 945	96
97	1. 078	. 910	1. 544	2. 522	31. 891	37. 945	97
98	1. 078	. 910	1. 544	2. 522	31. 891	37. 945	98
99	1. 078	. 910	1. 544	2. 522	31. 891	37. 945	99
100	1. 078	. 910	1. 544	2. 522	31. 891	37. 945	100

MU1893—1897 经验疾病率表

职业：A，H，J　　　　利率：4%

未来生存期间疾病给付中每周单位给付的预期现值							
年龄	最初三个月	第二个三个月	第二个六个月	第二个十二个月	两年以后	整个未来生存期间	年龄
16	18.096	3.776	3.611	3.844	14.306	43.633	16
17	18.002	3.881	3.741	4.002	14.890	44.516	17
18	17.929	3.989	3.874	4.165	15.501	45.458	18
19	17.885	4.099	4.010	4.333	16.139	46.466	19
20	17.875	4.207	4.145	4.502	16.804	47.533	20
21	17.900	4.314	4.280	4.675	17.493	48.662	21
22	17.954	4.420	4.415	4.848	18.205	49.842	22
23	18.029	4.525	4.550	5.021	18.939	51.064	23
24	18.117	4.632	4.686	5.196	19.693	52.324	24
25	18.213	4.740	4.824	5.375	20.469	53.621	25
26	18.315	4.851	4.965	5.559	21.269	54.959	26
27	18.420	4.965	5.110	5.751	22.096	56.342	27
28	18.528	5.082	5.258	5.948	22.953	57.769	28
29	18.638	5.203	5.411	6.151	23.840	59.243	29
30	18.749	5.327	5.568	6.359	24.761	60.764	30
31	18.858	5.454	5.730	6.572	25.714	62.328	31
32	18.967	5.584	5.897	6.790	26.702	63.940	32
33	19.075	5.717	6.070	7.014	27.723	65.599	33
34	19.181	5.852	6.246	7.248	28.775	67.302	34
35	19.286	5.988	6.427	7.492	29.863	69.056	35
36	19.389	6.125	6.612	7.745	30.985	70.856	36
37	19.488	6.263	6.800	8.005	32.144	72.700	37
38	19.581	6.402	6.992	8.271	33.341	74.587	38
39	19.663	6.540	7.188	8.543	34.573	76.507	39
40	19.733	6.678	7.388	8.822	35.842	78.463	40
41	19.790	6.815	7.590	9.108	37.148	80.451	41
42	19.834	6.952	7.795	9.402	38.493	82.476	42
43	19.867	7.088	8.004	9.706	39.884	84.549	43
44	19.889	7.226	8.215	10.020	41.324	86.674	44
45	19.901	7.364	8.430	10.344	42.816	88.855	45
46	19.903	7.503	8.651	10.678	44.364	91.099	46
47	19.893	7.644	8.878	11.023	45.974	93.412	47
48	19.871	7.785	9.111	11.381	47.653	95.801	48
49	19.829	7.922	9.349	11.752	49.394	98.246	49
50	19.772	8.055	9.593	12.137	51.208	100.765	50
51	19.696	8.184	9.839	12.534	53.081	103.334	51
52	19.601	8.307	10.087	12.942	55.016	105.953	52
53	19.489	8.425	10.336	13.362	57.011	108.623	53
54	19.361	8.539	10.584	13.744	59.072	111.300	54
55	19.213	8.648	10.832	14.235	61.208	114.136	55
56	19.044	8.753	11.076	14.686	63.436	116.995	56

续表

年龄	最初三个月	第二个三个月	第二个六个月	第二个十二个月	两年以后	整个未来生存期间	年龄
57	18.854	8.852	11.316	15.143	65.775	119.940	57
58	18.642	8.946	11.549	15.605	68.245	122.987	58
59	18.408	9.032	11.776	16.068	70.858	126.142	59
60	18.150	9.106	11.995	16.531	73.623	129.405	60
61	17.863	9.165	12.202	16.990	76.532	132.772	61
62	17.544	9.209	12.391	17.440	79.570	136.154	62
63	17.188	9.224	12.558	17.871	82.704	139.545	63
64	16.793	9.217	12.697	18.274	85.900	142.881	64
65	16.355	9.183	12.805	18.644	89.127	146.114	65
66	15.870	9.121	12.880	18.974	92.362	149.207	66
67	15.336	9.025	12.912	19.255	95.581	152.109	67
68	14.750	8.891	12.888	19.464	98.766	154.759	68
69	14.119	8.715	12.798	19.575	101.882	157.089	69
70	13.455	8.497	12.633	19.567	104.879	159.031	70
71	12.772	8.240	12.390	19.431	107.693	160.526	71
72	12.081	7.951	12.078	19.165	110.247	161.522	72
73	11.390	7.639	11.705	18.770	112.496	162.000	73
74	10.700	7.306	11.280	18.273	114.353	161.912	74
75	10.009	6.956	10.811	17.671	115.797	161.244	75
76	9.317	6.590	10.298	16.967	116.783	159.955	76
77	8.628	6.207	9.738	16.175	117.292	158.040	77
78	7.950	5.812	9.141	15.325	117.322	155.550	78
79	7.296	5.407	8.505	14.427	116.864	152.499	79
80	6.677	5.001	7.882	13.499	113.878	148.937	80
81	6.100	4.603	7.268	12.562	114.343	144.876	81
82	5.567	4.224	6.713	11.635	112.245	140.384	82
83	5.074	3.874	6.224	10.743	109.650	135.565	83
84	4.614	3.564	5.805	9.913	106.684	130.580	84
85	4.186	3.294	5.446	9.172	103.500	125.598	85
86	3.797	3.065	5.132	8.524	100.222	120.740	86
87	3.466	2.874	4.854	7.975	96.903	116.072	87
88	3.217	2.716	4.608	7.527	93.508	111.576	88
89	3.068	2.540	4.394	7.177	89.957	107.136	89
90	2.929	2.473	4.196	6.853	86.417	102.868	90
91	2.802	2.365	4.013	6.555	82.892	98.627	91
92	2.685	2.266	3.846	6.282	79.432	94.511	92
93	2.578	2.176	3.692	6.031	76.266	90.743	93
94	2.480	2.094	3.552	5.802	73.369	87.297	94
95	2.391	2.018	3.424	5.593	70.724	84.150	95
96	2.309	1.949	3.307	5.403	68.315	81.283	96
97	2.234	1.886	3.201	5.228	66.107	78.656	97
98	2.165	1.828	3.102	5.067	64.074	76.236	98
99	2.100	1.775	3.013	4.918	62.179	73.985	99
100	2.043	1.722	2.922	4.771	60.370	71.828	100

MU1893—1897 经验疾病率表

职业：A，H，J

死亡率采用英国 ELT12 生命表

利率：4%

	疾病给付换算函数						
年龄 x	D_x	K_x^{13}	$K_x^{13/13}$	$K_x^{26/26}$	$K_x^{52/52}$	$K_x^{104/all}$	年龄 x
16	51 621	934 156	194 925	186 421	198 447	738 483	16
17	49 597	892 859	192 496	185 561	198 447	738 483	17
18	47 642	854 158	190 065	184 588	198 447	738 483	18
19	45 758	818 386	187 543	183 467	198 260	738 483	19
20	43 947	785 554	184 896	182 167	197 857	738 483	20
21	42 206	755 486	182 096	180 659	197 297	738 311	21
22	40 535	727 768	179 159	178 963	196 511	737 939	22
23	38 931	701 901	176 179	177 135	195 477	737 303	23
24	37 394	677 477	173 202	175 227	194 294	736 387	24
25	35 919	654 200	170 270	173 284	193 048	735 214	25
26	34 503	631 912	167 383	171 312	191 816	733 841	26
27	33 143	610 502	164 541	169 351	190 598	732 319	27
28	31 836	589 870	161 780	167 401	189 363	730 727	28
29	30 580	569 959	159 096	165 466	188 084	729 041	29
30	29 372	550 684	156 458	163 548	186 765	727 273	30
31	28 210	531 998	153 867	161 647	185 383	725 401	31
32	27 092	513 859	151 295	159 767	183 945	723 410	32
33	26 016	496 253	148 746	157 908	182 485	721 233	33
34	24 982	479 168	146 196	156 047	181 082	718 861	34
35	23 986	462 592	143 625	154 161	179 711	716 291	35
36	23 028	446 490	141 039	152 257	178 347	713 517	36
37	22 105	430 783	138 444	150 317	176 948	710 538	37
38	21 216	415 425	135 823	148 345	175 475	707 354	38
39	20 360	400 332	133 162	146 350	173 937	703 903	39
40	19 535	385 490	130 449	144 315	172 341	700 172	40
41	18 740	370 869	127 712	142 229	170 676	696 153	41
42	17 973	356 477	124 940	140 099	168 987	691 839	42
43	17 232	342 342	122 141	137 917	167 262	687 280	43
44	16 516	328 488	119 340	135 672	165 490	682 505	44
45	15 824	314 921	116 527	133 392	163 679	677 524	45
46	15 155	301 631	113 707	131 100	161 820	672 335	46
47	14 507	288 594	110 889	128 786	159 907	666 951	47
48	13 878	275 764	108 037	126 444	157 949	661 331	48
49	13 269	263 113	105 118	124 055	155 940	655 413	49
50	12 676	250 633	102 109	121 604	153 851	649 108	50
51	12 100	238 319	99 023.9	119 052	151 658	642 282	51
52	11 539	226 180	95 856.3	116 392	149 342	634 824	52
53	10 992	214 228	92 611.9	113 610	146 875	626 668	63
54	10 458	202 473	89 297.8	110 692	144 258	617 777	54
55	9 936.7	190 909	85 932.6	107 633	141 453	608 201	55
56	9 427.3	179 533	82 514.8	104 419	138 452	598 025	56

续表

疾病给付换算函数							
年龄 x	D_x	K_x^{13}	$K_x^{13/13}$	$K_x^{26/26}$	$K_x^{52/52}$	$K_x^{104/all}$	年龄 x
57	8 929.4	168 353	79 045.3	101 041	135 221	587 332	57
58	8 442.7	157 391	75 527.4	97 505.6	131 746	576 170	58
59	7 967.2	146 659	71 958.2	93 821.5	128 013	564 536	59
60	7 502.5	136 170	68 315.0	89 992.7	124 022	552 353	60
61	7 049.0	125 918	64 604.3	86 012.7	119 765	539 475	61
62	6 606.8	115 908	60 814.7	81 868.1	115 225	525 702	62
63	6 176.2	106 155	56 967.0	77 560.2	110 374	510 797	63
64	5 757.6	96 685.4	53 070.6	73 102.9	105 212	494 579	64
65	5 351.3	87 520.4	49 143.5	68 526.0	99 768.8	476 949	65
66	4 957.7	78 680.3	45 220.9	63 855.9	94 067.8	457 903	66
67	4 577.4	70 198.6	41 311.4	59 102.6	88 136.8	437 512	67
68	4 210.7	62 109.0	37 435.8	54 269.0	81 958.7	415 875	68
69	3 858.0	54 471.9	33 623.2	49 375.3	75 519.8	393 060	69
70	3 519.6	47 356.1	29 904.9	44 461.7	68 868.8	369 131	70
71	3 195.8	40 815.2	26 332.2	39 596.3	62 096.1	344 166	71
72	2 887.1	34 878.1	22 956.1	34 869.8	55 331.8	318 294	72
73	2 593.6	29 542.4	19 812.8	30 359.0	48 680.7	291 770	73
74	2 315.9	24 780.1	16 921.0	26 124.4	42 317.8	264 830	74
75	2 054.0	20 558.6	14 288.1	22 206.7	36 296.0	237 846	75
76	1 808.4	16 848.7	11 916.5	18 622.3	30 683.7	211 190	76
77	1 579.5	13 628.4	9 804.08	15 381.6	25 549.1	185 263	77
78	1 367.4	10 871.5	7 947.48	12 499.5	20 954.8	160 426	78
79	1 172.5	8 554.97	6 339.66	9 972.18	16 916.2	137 023	79
80	994.93	6 643.24	4 975.23	7 833.95	13 430.8	115 290	80
81	834.73	5 091.68	3 842.65	6 066.48	10 486.0	95 445.5	81
82	691.80	3 851.37	2 922.15	4 643.75	8 048.87	77 651.5	82
83	565.84	2 871.03	2 192.09	3 521.92	6 078.75	62 044.7	83
84	456.37	2 105.89	1 626.29	2 649.45	4 523.95	48 687.3	84
85	362.61	1 517.86	1 194.27	1 974.61	3 325.78	37 530.2	85
86	283.61	1 076.82	869.22	1 455.37	2 417.51	28 424.0	86
87	218.17	756.18	627.11	1 058.97	1 739.86	21 141.4	87
88	164.95	530.71	448.01	760.13	1 241.61	15 424.2	88
89	122.50	375.78	317.22	538.22	879.14	11 019.7	89
90	89.310	261.61	220.84	374.70	612.05	7 717.90	90
91	63.896	179.03	151.13	256.43	418.85	5 296.46	91
92	44.849	120.42	101.65	172.48	281.72	3 562.44	92
93	30.878	79.60	67.20	114.01	186.23	2 354.93	93
94	20.854	51.72	43.66	74.08	121.00	1 530.03	94
95	13.817	33.03	27.88	47.31	77.28	977.20	95
96	8.9827	20.74	17.51	29.71	48.53	613.65	96
97	5.7331	12.81	10.81	18.35	29.97	379.00	97
98	3.5940	7.78	6.57	11.15	18.21	230.28	98
99	2.2141	4.65	3.93	6.67	10.89	137.67	99
100	1.3414	2.74	2.31	3.92	6.40	80.98	100